# 현장교육 연구
## 이론과 실제

조주호 · 이윤식 공저

학지사

The fear of the LORD is the beginning of knowledge(proverbs 1:7).
여호와를 경외하는 것이 지식의 근본이다(잠언 1:7).

 교원교육 연구 분야에는 '교사발달'이라는 중요한 연구 주제가 있다. '유아발달' '아동발달' '청년발달' 등의 용어는 미성숙한 존재에서 성숙한 존재로의 변화 및 발달을 의미하는 용어로 사용되고 있다. 교사가 경력을 쌓아 가면서 교직생활 전체 기간 중에 교사로서 필요한 여러 영역과 관련하여, 가치관, 신념, 태도, 지식, 기능, 행동과 연관되는 양적 · 질적 변화를 갖게 되는데, 이를 의미하는 용어가 '교사발달'이다. 처음부터 완벽한 교사는 없다. 미성숙한 초임 교사에서 시작하여, 선배 교원들의 지도와 조언을 받으며, 자기 계발을 위하여 노력하면서 보다 성숙한 교사로 발달해 가는 것이다. 보다 성숙한 방향으로 '교사발달' 과정을 밟아 가는 교사들에게 중국 오경(五經)의 하나인 『예기(禮記)』의 「학기(學記)」 편에 나오는 '교학상장(敎學相長)'이라는 고사성어는 의미가 크다. '가르치고 배우면서 더불어 성장한다'는 이 고사성어의 원리처럼, 교사는 교직생활 중에 좋은 교육활동을 위해 끊임없이 노력해야 한다.
 현장교육 연구는 좋은 교육활동을 위하여 노력하는 교사들에게 중요한 의미가 있다. 이 연구는 교육현장에서 교사들이 부딪히는 여러 가지 문제를 효과적으로 연구 및 해결해 감으로써 궁극적으로 학생들의 성장과 발달에 도움을 주고자 하는 중요한 활동이다. 현장교육 연구는 특수한 경우를 제외하고는 대체로 학생들의 바람직한 행동 변화를 추구하기 때문에 석 · 박사 논문이나 일반 논문과는 그 성격이 다소 다르다. 그러나 학교현장에서 좋은 교육활동을 위하여 힘

쓰는 교사라면 조금만 노력을 기울여도 누구라도 쉽게 추진할 수 있다.

교사들은 여러 가지 방법으로 교재 연구를 한다. 현장교육 연구 역시 교재 연구의 한 방법이다. 교재 연구의 결과로 나타나는 사례들을 일정한 양식으로 정리하여 쉽게 이해할 수 있다. 따라서 교재 연구는 '무엇을 가르칠까?(What to teach?)'보다 '어떻게 가르칠까?(How to teach?)'라는 입장에서 생각하는 것이 바람직하다. 또한 학생들은 '무엇을 배울까?(What to learn?)'보다 '어떻게 배울까?(How to learn?)'라는 입장에서 지도 방법과 배우는 방법이 새롭게 창의적으로 전환되어야 한다.

가르치는 내용, 즉 학습 내용은 이미 국가에서 제시된다. 제시된 학습 내용을 '메뉴'라고 한다면, 이 메뉴를 학생들의 수준에 알맞게 먹여 주어야 한다. 학생들이 메뉴를 잘 먹도록 방법을 모색하는 일은 교재연구에 비유된다. 또한 가르치는 내용과 방법은 현장교육 연구의 실행 과제에 해당된다. 무엇보다도 효과적인 방법으로 학생들을 지도하려면 내용과 방법이 학생 수준에 적합해야 한다. 학생 수준을 고려한 효과적인 지도 전략과 이에 수반되는 학습자료 매체의 사용을 병행하여야 하며, 이러한 과정을 거쳐 나타난 성과가 곧 현장교육 연구의 결과 부분에 해당된다.

이 책은 현장교육 연구에 대한 거부감을 없애고, 교사들에게 현장교육 연구에 도움이 되는 자료를 제공해 주고자 발간하게 되었다. 또한 이 책은 현장교육 연구 입선 논문들을 수집하여 실천 사례를 중심으로 수정·보완하여 현장교사들이 쉽게 이해할 수 있도록 편찬하였다.

제1장은 일반적인 논문 작성 시 고려해야 할 논문의 요건, 논문의 주제 선정, 논문의 작성 단계, 논문 작성의 유의점 등을 제시하였다. 제2장은 교육연구에 대한 이해를 위하여 연구의 의미, 교육연구의 필요성, 교육연구의 특성, 교육연구법의 특징 등에 대한 일반적인 내용을 제시하였다. 제3장은 현장교육 연구 계획서의 작성 요령으로, 연구 계획서에 포함되어야 하는 필수적인 항목들을 사례 중심으로 상세하게 제시하였다. 제4장은 현장교육 연구 보고서의 작성 요령으로, 보고서에 포함되어야 하는 항목들을 전국대회 입선 보고서를 수집하여 예시

중심으로 이해하기 쉽게 제시하였다. 제5장은 현장교육 연구의 검증 및 평가방법으로, 이를 이해하기 쉽도록 사례 중심으로 제시하였고, 통계 처리방법에 대한 설명도 제시하였다.

현장교육 연구를 추진하려고 하는 교원들과 현장교육 연구를 지도하려는 연구기관이나 교육기관 관련자들에게 사례 중심의 이해하기 쉬운 책이 되도록 노력하였으나, 미흡한 점이 많은 것 같다. 이에 독자 여러분의 기탄없는 충고와 지도를 바라며, 현장교육 연구에 다소 도움이 된다면 보람이라고 생각한다.

이 책의 발간을 위해 수고해 주신 학지사의 김선우 선생님을 비롯하여 편집·교정위원 여러분에게 감사의 마음을 전한다. 아울러 이 책을 펴내는 데 저자들을 도와준 가족들에게도 고마움을 전한다. 끝으로 집필 과정에서 부족한 저자들에게 끊임없는 지혜를 주신 하나님께 진심으로 감사 드린다.

2012년 1월
저자 일동

## 제4장 현장교육 연구 보고서 작성의 실제     83

# 제1장

# 일반적인 논문 작성법

제 1 장

# 일반적인 논문 작성법

 ## 1. 논문의 개념 및 요건

### 1) 논문의 개념

논문이란 학술적인 연구 결과를 독자가 이해할 수 있도록 연구자의 착상과 그에 따른 증거를 체계적으로 서술한 것이라고 할 수 있다. 다시 말하면, 논문이란 어떠한 주제에 관하여 조사하고 연구한 결과와 그 결과에 대한 자신의 의견이나 평가를 종합한 것을 일정한 양식에 따라 체제에 맞추어 제시한 것이다.

논문의 성격은 다음과 같다. 첫째, 논문이 어떠한 연구 주제에 대하여 연구를 시작하여 결론에 이르기까지 모든 과정을 논리성 있게 정리하여 기록에 의한 연구 정보를 전달한다는 점에서 논문 작성은 하나의 기술이다.

둘째, 논문은 연구 결과와 학술상의 발견을 같은 분야의 연구자들에게 알려서 학문적인 기여를 한다는 점에서 발표성 내지는 선취성을 지닌다. 논문은 학문의 발전에 공헌하고, 나아가 인류 문화의 총화에 무엇인가 보탬이 되는 창의적인 것이기도 하다.

셋째, 논문은 연구의 목적, 성격, 내용, 방법, 절차, 결과 및 해석을 제삼자에게 가장 효과적으로 전달할 수 있도록 꾸며야 하는 까닭에 논문의 계획에서 완성에 이르기까지의 과정을 논문 작성 양식에 알맞게 작성해야 한다.

## 2) 논문의 요건

### (1) 논리성

논문은 어떠한 문제에 대하여 연구한 결과를 양식에 맞추어 정리한 것이다. 따라서 논문은 연구 제목, 연구 문제, 가설 형성, 객관적인 자료 수집, 자료 분석에 의한 검증 그리고 결론에 이르기까지 연구 진행 절차에 따라 하나의 실로 연결되듯이 체계적으로 논리성을 갖추도록 구성하여야 한다.

### (2) 창의성

논문의 생명은 창의성 여부에 달려 있다. 가급적 다른 사람들이 다루지 않은 문제나 분야를 다루어야 한다. 설사 다른 사람들이 다룬 분야거나 소재라 하더라도 연구방법이나 연구 관점상에 차이가 있어야 하며, 결론 또한 상이해야만 가치 있는 논문이 된다. 이렇듯 논문으로서 선취권을 얻기 위해서는 창조성이 전제되어야 한다.

### (3) 보편성

연구자는 연구 과정이나 보고서 작성 과정에서 연구자로서의 편견을 배제해야 한다. 논문에서 보편타당성을 유지할 때 논문으로서의 가치를 인정받을 수 있기 때문이다.

### (4) 객관성

논문은 그 취지의 전개나 서술에 있어 객관성을 지녀야 하며, 자료 분석에 의한 검증이 객관화되어야 한다. 다시 말하면, 논지가 전개될 때는 연구 과정에서 얻은 자료가 분명히 제시되어 증거로서의 뒷받침이 있어야 하고, 검증이나 인증을 통해 객관적인 사실로 인정되어야 한다.

### (5) 정확성

논문의 근본적인 목적이 효율적인 정보 전달이라고 한다면 우선 그 정보 자체가 정확성을 지녀야 한다. 논문에 담긴 자료는 정확성을 기해야 하며, 참고문헌의 기입도 정확해야 한다.

### (6) 검증성

논문은 그 내용의 진위를 관찰하고 측정할 수 있게 진술되어야 한다. 제시한 문제나 가설을 자료와 검증에 의하여 입증하고, 검증하는 절차가 마련되어야만 비로소 논문으로서의 가치성을 인정받을 수 있다.

### (7) 계량성

사실에 기초를 두지 않은 연구는 허구요, 조작이다. 과학적인 연구로서의 진가는 사실에 근거한 자료를 수집하고 그것을 객관적인 측정방법에 의해서 분석 및 처리함으로써 계량성을 지닌다. 또한 일반적인 언어에 의존하기보다 '정확한 수치'라는 언어에 의하여 자료를 분석하고 종합해야 한다.

### (8) 평이성

논문이란 '연구자가 느낀 연구의 필요로부터 문제의 인식, 논리적인 추정 또는 가설, 그것에 대한 실험 또는 조사, 확인 그리고 결론에 이르기까지 모든 것을 전하는 것'이다. 따라서 논문은 독자에게 잘 전달되도록 평이하게 서술해야 한다.


### (9) 체제성

논문은 체제성을 요한다. 논문은 새로운 것을 발견하여 이를 독자나 같은 분야의 연구자에게 신속하게 전달하는 수단이다. 논문이 규격화된 어떠한 체제나 외형적인 요건을 갖추었을 때, 독자와 연구자 간의 연결이 용이할 것이다.


## 2. 논문의 작성


### 1) 논문 주제의 선정

### (1) 유형 파악

문제의 유형에 따라 연구방법에 차이가 있으며, 논문의 성격도 달라진다. 문제는 대체로 세 가지로 구별된다. 첫째, 사실 확인의 문제(problems of fact)다. 이것은 검증적 관찰이 가능한 개개의 사실과 그러한 사실 사이의 관계를 규명하는 것이다. 둘째, 가치판단의 문제(problems of value)다. 가치판단의 문제는 '무엇이 바람직한가?' 혹은 '어떠한 일을 어떻게 볼 것인가?'를 다루는 연구라고 할 수 있다. 셋째, 기술에 관한 문제(technical problems)다. 이것은 어떠한 문제를 해결하여 원하는 목적을 달성하기 위한 수단과 관계가 있는 것이므로, 수단에 관한 문제(problems of means)라고 할 수 있다. 또한 문제의 성격에 따라 여러 유형이 혼합되어 이루어진 문제도 있다.

## (2) 참신성

선행 연구자들이 이미 취급했던 문제라면 아무리 훌륭한 것을 선택했다 할지라도 그 연구 결과는 의미를 상실한다. 선행 연구자들이 다루지 않은 새로운 문제를 택하여야 연구 주제의 참신성을 기할 수 있다.

## (3) 흥미성

학위 논문의 경우 연구 주제 또는 내용에 있어 무슨 흥미가 있겠느냐는 반응이 있을 수 있으나, 연구에서의 흥미란 세속적 흥미와는 다른 학문적 흥미를 말한다. 문제가 새롭고 인간의 호기심을 자아내는 것이라면 연구하는 사람이나 읽는 사람이 다 같이 흥미가 있을 수 있다. 사실상 학문도 학문 자체가 내포한 흥미성이 있을 때 보다 발전하는 것이다. 따라서 연구 문제에 있어서도 학문적인 흥미가 내포된 주제를 선택하는 것이 바람직하다.

## (4) 발전성

앞으로 다루려는 연구 문제가 완결될 성질의 것인지, 발전할 수 있는 것인지에 대해 생각해 보아야 한다. 가능한 한 완결될 성질의 문제보다는 앞으로 발전할 수 있고, 여유가 보이는 문제를 택하는 편이 좋다.

## (5) 효용성

아무리 훌륭한 연구 문제라 해도 그 연구 결과의 적용에 있어 별다른 효용성이 없다면 그것은 가치가 없는 것이다. 문제의 실효성, 현재와의 관련성, 실용성 등을 고려하여 연구할 가치가 있고, 또한 일상생활이나 관련 분야에 적용하여 기여할 수 있는 연구가 바람직하다.

### (6) 소요 경비

연구의 규모나 성격에 따라서 연구에 필요한 경비도 달라진다. 연구의 규모가 크면 클수록 비용은 증대되는 법이다. 따라서 연구자의 경제적 부담 능력을 감안한 적절한 연구 주제를 선택해야 한다.

### (7) 소요 시간

연구의 범위나 성격에 따라 연구 소요 시간도 다르다. 일생 동안 하여도 끝이 안 나는 연구도 있으며, 경우에 따라 몇 달 만에 깔끔하게 끝맺을 수 있는 연구도 있다. 따라서 연구자의 입장과 연구에 투입할 수 있는 시간을 고려하여 적절한 연구 주제를 선택해야 한다.

### (8) 가능성

첫째, 연구 문제가 아무리 좋아도 연구자의 연구 역량이 그에 미치지 못하면 할 수 없으므로 자기 역량에 맞는 범위 내에서 주제를 선택해야 한다. 둘째, 자료 수집의 가능성 문제도 소홀히 할 수 없는 주제 선택의 기준이다. 셋째, 연구 결과를 도출할 수 있는 가능성 있는 연구인지 살펴보아야 한다.

## 2) 논문 작성의 단계

### (1) 제1단계 : 주제의 설정

문제를 선정할 때 순차적으로 고려해야 할 사항은 다음과 같다.

- 지금 당면한 문제들 중에서 해결해야 할 문제는 무엇인가?
- 문제들 중에서 어느 문제를 먼저 해결해야 할 것인가?
- 왜 이 문제를 해결하지 않으면 안 되는가?

- 이 문제를 어떻게 해결할 것인가?
- 이 문제를 어느 범위 내에서 다루어야 할 것인가?

### (2) 제2단계 : 기존 연구자료의 조사

주제 설정이 끝나면 다음 단계는 연구자가 선정한 주제와 비슷한 선행연구가 있는지 살펴보아야 한다. 만약 비슷한 문제를 다룬 연구물이 있다면 그 문제를 어떻게 연구하여 어떠한 결과가 도출되었는지 조사하여 연구 진행에 참고해야 한다. 계획한 연구 주제를 이미 다른 사람이 다루었다면, 내용의 중복은 피해야 하고, 연구방법이나 범위에 있어서도 차이가 있어야 하며, 새로운 방향으로 연구를 모색하도록 노력해야 한다.

### (3) 제3단계 : 문헌자료의 조사

설정한 주제를 연구하기에 앞서 그 주제와 직간접적으로 관련 있는 문헌을 폭넓게 조사해야 한다. 이를 통해 체계적으로 이론적 근거를 제시할 수 있고, 자질 있는 해석과 결론을 구성할 수 있어 연구의 질을 향상시킬 수 있다.

### (4) 제4단계 : 가설 형성(연구 문제)

- 가설은 개념적으로 명백해야 한다.
- 가설은 경험적 근거를 가져야 한다.
- 가설은 특정화한 것이어야 한다.
- 가설은 실제로 적용할 자료의 표집이나 분석방법과 적절한 관계를 가져야 한다.
- 가설은 이론적 근거에 입각해야 한다.

### (5) 제5단계 : 자료 수집

연구 과정에서 중요한 단계 중 하나가 자료 수집 단계다. 자료 수집은 이미 형성된 연구 문제에 대한 자료이거나, 형성된 가설을 증명 또는 반증하기 위한 자료의 획득이다. 자료를 수집할 때 얼마나 객관적이고, 타당한 것인가, 얼마나 철저하고 분별 있게 하느냐에 따라서 연구 결과의 정확도가 결정된다.

### (6) 제6단계 : 자료 분석

자료의 취합 및 선택에 있어 필요한 기준으로는, 첫째 확실성의 관점에서 출처가 분명하고 문제가 없는 자료를 택한다. 둘째, 사실에 근거한 자료를 선택한다. 셋째, 주제에 관계있는 자료를 택한다. 넷째, 이치에 맞지 않는 전후 모순적인 자료는 사용하지 않는다.

## 3) 논문 작성상의 유의점

### (1) 논문 작성에 대한 자신감

논문을 작성한다는 것은 글을 쓴다는 말과 같다. 글을 쓴다는 것은 결코 쉬운 일은 아니지만 그렇다고 지나치게 어렵게 생각하는 것도 좋지 않다. 좋은 논문을 쓰고 싶은 것은 누구나 마찬가지겠지만 석사학위 논문이나 현장연구에서 대작(大作)을 기대하는 것은 다소 무리다.

### (2) 사고의 연속성

글을 쓰는 데 가장 중요한 것은 사고의 연속성을 유지하는 일이다. 여러 가지 자료를 조사하고 수집하였어도, 자료를 정리하여 체계적으로 논리를 전개하는 것은 일종의 창작 활동이다. 따라서 좋은 구상이 떠오르면 그대로 글을 써 내려가야 하며, 연속적인 사고를 유지하도록 한다.

### (3) 간결한 표현

글이란 자연스럽고 간결하게 쓰면 이해하기도 용이할 뿐 아니라, 문법적으로도 큰 오류를 범하지 않는다. 물론 논문의 문장은 품위가 있고, 구체적이며, 객관적이어야 한다.

### (4) 삼인칭의 사용

우리말에는 원래 주어를 생략하는 경우가 많으므로 자칫하면 인칭을 소홀히 생각하기 쉽다. 논문을 쓸 때는 삼인칭으로 쓰는 것이 보통이다.

### (5) 초고에 대한 검토

초고(草稿)를 힘들게 작성하고 나서 이를 다시 읽어 보면 대체로 필요 없는 것이 많이 내포되어 있다. 따라서 논문을 쓸 때는 모든 자료를 정리해 두었다가 필요 없는 부분을 차례로 삭제하는 것이 필요하다. 훌륭한 논문이란 필요한 것은 모두 포함하면서 필요하지 않은 것은 하나도 포함하지 않은 논문이다.

## 4) 논문 개요의 작성

- 연구의 의의(연구의 동기, 필요성, 가치)
- 연구의 목적(문제점 파악, 연구의 목적)
- 연구의 범위(연구의 문제, 문제 취급의 범위)
- 선행연구(기존 연구의 조사 및 소개)
- 연구방법(자료 수집방법, 분석방법 등 구체적인 연구방법)
- 용어의 정의(특수 용어의 정의)
- 연구의 성과(기대되는 연구 성과, 결과 활용 방안)

# 제2장

# 교육연구의 개념

제 2 장

# 교육연구의 개념

## 1. 연구의 의미와 필요성

연구를 수행하기 전에, 그리고 연구가 왜 필요한가를 따지기 전에 우선 밝혀야 할 점은 연구가 무엇인가 하는 점이다. 연구가 무엇인지를 확실하게 아는 방법은 많은 연구를 직접 수행해 보는 것이다. 연구를 할 필요가 있는지 없는지를 가장 확실하게 깨닫는 방법 역시 연구를 철저하게 수행해 보는 일이다(허경철, 1989).

연구에 대해 아는 확실한 방법은 연구를 직접 해 보는 것이지만 연구를 수행해 보지 않고도 연구에 대해 아는 간접적인 방법은 연구를 많이 해 본 경험이 있는 사람들의 이야기를 들어 보는 일이다. 연구 전문가의 이야기를 들어 보는 것은 직접 연구 활동을 해 보지 않고도 연구의 전반적인 특성이나 성격을 포괄적으로 접하게 됨으로써 구체적인 연구 활동에 대한 조망과 폭넓은 안목을 갖게 되어 연구 활동을 보다 잘 수행할 수 있게 된다는 장점이 있다.

연구에 대한 정의는 학자들에 따라 다르나, 국내외 학자들의 연구에 대한 정의를 개관해 보면, 연구자 나름대로의 특징과 강조점 등 다소 다른 점들이 발견되기도 한다. 그런데 그들의 정의는 근본적으로 몇 가지 공통된 특징을 보여 준다. 즉, 연구란 '형식적이고 체계적이며 과학적인 탐구 활동'이라는 점이다.

연구는 일정한 형식을 따르는 탐구 활동이고, 활동의 모든 단계와 내용이 통합된 하나의 논리적 체계를 이루는 활동이며, 과학적인 탐구 활동이다. 여기서 '과학적'이란 용어의 뜻을 명확히 규정하기는 어려우나 잠정적으로 과학적 탐구 활동이란, 객관적인 방법으로 사물이나 현상을 기술하고 그들 간의 관계를 밝힘으로써 새로운 지식을 창조해 내는 활동이라고 정의한다.

연구 활동을 '형식적이고 체계적이면서도 과학적인 탐구 활동'이라고 정의해 본다면 엄격한 형식을 지니지 않으며, 체계가 수립되어 있지 않고, 과학적 성격이 내포되지 않은 활동이나 노력은 연구라고 할 수 없다. 그러한 활동이나 노력의 결과로 얻은 산물은 연구의 결과라고 볼 수 없다. 따라서 어느 현상이나 문제에 대한 개인의 의견이나 신념, 주장 등을 펴는 활동은 연구라고 볼 수 없다.

연구란 인간의 지식을 넓히기 위해 아직 풀리지 않은 문제를 해결하는 과정이다. 이미 축적되어 있는 자료나 새롭게 관찰한 사실에서 어떠한 규칙을 발견하거나 의미 있는 관계를 찾으려는 노력을 하는 것이 곧 연구 활동이다. 그러면 연구자들이 추구하는 목표는 무엇인가? 사람들은 오래전부터 주변에서 일어나는 다양한 현상을 현명하게 파악하고 적절하게 대처할 수 있기를 원하였다. 과학자들은 이러한 인간의 열망에 부응하면서 동시에 자신들의 지적 호기심을 충족시키기 위하여 부단히 연구 활동을 벌이고 있다.

흔히, 과학은 사실에서 출발하여 사실로 되돌아간다고 한다. 과학자가 사실에서 출발하여 사실로 되돌아가는 과정에서 귀납·연역·검증의 단계를 거치게 된다. 이러한 순환 과정을 케메니(Kemeny)는 [그림 2-1]과 같이 설명하고 있다. 그에 따르면 과학자에게는 사실의 세계와 수리·논리의 세계가 있다고 한다. 과학자는 사실의 세계에 있는 개별적 사실로부터 귀납적 이론을 이끌어 내고, 이를 토대로 수리·논리의 세계에서 연역적으로 예측하며, 그 예측된 내용은 다시 사실의 세계에서 구체적인 사실을 가지고 검증한다.

과학적 탐구의 목적은 현상을 기술(記述), 설명(說明), 예측(豫測), 통제(統制)하

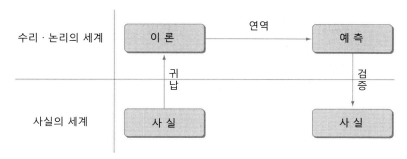

[그림 2-1] 과학 활동의 순환과정

출처: 이종승(1984). 교육연구법. 서울: 배영사. p. 24 재인용.

려는 데 있다. 이와 같은 목적을 위하여 과학자들은 경험의 세계에서 낱낱이 사실을 주의 깊게 관찰·분석하고, 그 배후에 숨어 있는 '질서'를 파악하여 일반적인 법칙을 찾아낸다. 그리고 이러한 법칙들을 상호 관련시켜 하나의 이론을 정립한다. 초기에 세운 이론은 앞에서 설명한 과학 활동의 순환과정을 거치면서 완벽한 이론의 위치를 차지하거나 아니면 수정된다.

앞서 기술한 '형식적이고 체계적이며 과학적인 탐구 활동'이라는 연구는 왜 하여야 하는가? 우선 연구는 인간이 자기 자신과 자연의 세계를 이해하기 위하여 수행하는 활동이다. 인간에게는 자신과 자연을 이해하려는 본능적 욕구가 있다. 인간은 다른 특별한 이유나 목적 없이, 그저 순수하게 자연적으로 우주 삼라만상의 본질과 그 운행의 법칙을 알려는 욕구가 있다.

즉, 우리가 연구를 해야 할 필요성은 우리의 인식과 이해의 세계를 확장하는 데 필요한 지식을 생산하기 위한 것과 삶의 여건을 개선하고 삶의 문제들을 해결하는 데 필요한 정보나 방법을 획득하기 위한 것이라 할 수 있다.

좀 더 구체적으로 연구의 필요성을 생각해 보자. 만약 의사의 경우, 의학적 지식이 없다면 그는 결국 그의 직업을 포기할 수밖에 없다. 의사가 심장의 기능이나 구조, 마취방법이나 효과, 심장 이상의 증거나 징후, 처방의 부작용 등에 대한 지식이 없다면 심장 절개 수술은 할 수 없다. 결론은 인간 생명의 연장이다. 이러한 지식은 어디에서 얻어지는가? 결국은 연구 활동을 통해서 얻어진다. 이 경우 연구를 통하여 얻어진 지식은 인간의 생명을 연장시키고 인간의 건강 증진에 기여하게 됨으로써 인류의 행복에 이바지하게 된다.

## 2. 교육연구의 필요성

지금까지 연구 일반에 대하여 그 의미와 필요성을 기술하고, 그 예로 의학계의 경우를 들었다. 그렇다면 교육계의 경우는 어떠한가? 교육계도 의학계의 경우처럼 연구가 절실히 필요한가? 이러한 의문에 대하여 대다수의 교육학자들은 교육이 보다 교육다워지려면 교육 현상 속에 숨어 있는 관계의 망을 밝혀야 한다는 입장을 취하고 있고, 실제로 그러한 입장에서 수많은 교육연구를 수행하여 왔다.

아직 탐색되지 않은 새로운 교육 현상에 대한 연구나, 연구는 많이 되었어도 그 결과가 만족할 만한 지식을 형성하지 못한 교육 영역에 대한 반복 연구는 모두 교육 현상을 철저하게 이해하여 확실한 지식에 도달하려는 인간성의 발현으로 보아야 한다. 따라서 교육을 우연에 맡기지 않고 교육 내에 존재하는 관계와 법칙을 탐색하고, 이를 교육 현실에 활용함으로써 교육적 노력의 효율성을 증가시키려는 인간의 귀한 이성의 발로로 보아야 한다. 이 같은 연구의 분위기가 우리 사회에서도 무르익기를 고대하면서, 교육연구의 필요성을 몇 가지 살펴보기로 한다(교육대학교 교직과 교재편찬위원회, 1970).

첫째, 교직의 전문성을 높이기 위한 연구가 필요하다. 교육자는 일반 직업군에 속하는 것이 아니라 의사, 법률가, 건축가와 같이 특별한 훈련 과정과 적성을 요구하는 전문직이라는 직업 분류에 속한다. 이러한 전문직에 있어서 연구는 필수적이다. 교육자에게 창의적인 연구 활동이 없다면 특별한 훈련을 받지 않고도 할 수 있는 일반 직업과 다를 바가 없게 된다. 오늘날 교육자가 대접받지 못하는 가장 큰 이유 중의 하나가 다른 전문직에 비하여 전문적 지식과 기술이 빈약하다는 점이다. 교직이 명실공히 전문직으로서 사회적·경제적 지위를 확립하려면 무엇보다도 교육연구에 힘써야 한다.

둘째, 급속한 사회 변천에 따른 지식과 기술의 팽창에 적응하기 위하여 교육연구가 필요하다. 과거의 정적인 사회에서는 변화의 속도가 매우 느렸기 때문에 선대의 사회적·문화적 유산을 그대로 답습해도 별로 문제가 되지 않거나 지장이 없었다. 그러나 오늘날과 같이 급격히 변화하는 사회에서는 선대의 지식이나 기술이 무용지물이 되어 버리는 것은 물론 10년 전, 아니 심지어는 일 년 전의 지식이나 기술조차도 이미 낡은 것이 될 정도로 판이하게 변화해 가고 있다. 이처럼 급격히 변화하는 사회·문화에 대처하고, 팽창하는 지식과 기술을 효과적으로 학생들에게 교육하기 위하여 연구가 필요하다.

셋째, 교육의 발전과 현대화를 이루기 위하여 연구가 필요하다. 앞서 이미 지적한 것처럼 급격한 사회 변천의 원동력은 과학과 기술의 발달에 있다. 오늘날 공학의 진보는 자동화 시대를 불러오고 있다. 컴퓨터가 인간의 두뇌를 대신할 수 있는 고도로 기계화·정보화된 시대에 이르고 있다. 사회, 경제 등 각 분야에 있어서는 이처럼 놀라운 발전을 하였으나, 오늘날의 학교는 교육 내용, 교수–학습방법, 학교 시설·설비 등에 걸쳐 크게 달라진 것이 없다.

교육의 발전을 저해하는 요인을 흔히 정치·경제·사회 등의 교육 외적 조건에 돌리는 경향이 있으나, 교육자의 창의성, 성격 특성, 연구 의욕, 신념 등의 교육 내적 조건이 보다 문제시되는 경우가 많다. 교육 문제에 관한 반성적 사고와 과학적 연구에 힘쓰는 일이 교육의 발전이나 현대화에 이바지하는 길이다.

그러기 위해서는 교육현장의 문제해결 과정에서 교사들이 새로운 교수–학습 이론이나 방법을 적용하려는 의지를 불태워야 한다. 대개 일선 교사들의 의식은 교과별 교사용 지도서가 제시하는 학습 내용과 방법에 의존하는 제한적 교수관을 갖고 있으며, 새로운 이론의 적용을 두려워하는 경향이 있다. 여기서 과감히 탈피해야만 획기적인 학습 효과의 극대화 방안을 모색할 수 있다.

앞으로 더욱 질적으로 우수하고, 교육적 가치가 있으며, 과학성을 띤 연구가 활발히 전개되어 교육 발전의 획기적인 전환기를 맞이하도록 힘써야 하겠다.

넷째, 국가 발전에 이바지할 수 있는 교육이 되기 위하여 연구가 필요하다. 한 세대를 30년으로 잡을 때 16년간의 학교 주기(school cycle)가 두 번만 지나면 자연적으로 세대교체가 이루어진다. 두 번의 학교 주기가 경과하는 과정에서 학교교육이 정말로 민주적이고, 생산적이며, 창의적인 인간을 길러 낼 수 있다면 능히 '교육 혁명'도 할 수 있을 만큼 위력을 발휘할 수 있다.

교육은 국가 발전을 촉진할 수 있도록 뒷받침함과 아울러, 그것을 선도해야 할 책임을 안고 있다. 앞으로 다가올 미래 사회에서의 국가 발전은 양질의 교육을 받은 우수한 인력에 따라 그 결과가 좌우된다. 교육은 개인·사회·국가 발전의 원동력으로서 교육의 발전이 없는 국가의 발전은 상상할 수도 없다.

교육은 국가의 백년대계를 세우는 일이다. 그러나 아무런 의식적 노력을 기울이지 않는다면 교육이 백년의 대계가 될 수 없다. 따라서 국가 발전에 직결하는 교육은 어떠한 것이며, 어떻게 해야 그렇게 될 수 있는가를 탐구하고 노력해야 한다.

오늘날의 교육은 21세기를 이끌어 갈 차세대 국민을 양성하는 활동이므로, 현재보다는 미래의 상황과 역할에 적합한 인간상을 구현하는 데 역점을 두어야 한다. 21세기를 주도할 한국인상으로는 자주적 인간, 창조적 인간, 도덕적 인간을 들 수 있다. 이러한 인간상을 구현하기 위한 전략과 계획은 그렇게 용이한 일은 아니나 충분히 교육이 가능한 일임을 여러 연구가 입증해 주고 있다. 이러한 방면의 교육연구가 활발히 이루어져 국가 발전에 직결될 수 있는 교육의 자리가 마련되어야 할 것이다.

## 3. 교육연구법의 특징

교육연구법은 각 영역에 따라서 다르기 때문에 한마디로 정의할 수 없으며, 몇 가지 특징을 살펴보면 다음과 같다(김종서, 1991).

첫째, 교육연구는 원자료(原資料)로부터 새로운 지식이나 자료를 수집하는 것이다. 원자료는 직접적인 자료, 최초의 자료라는 뜻이다. 새롭다는 개념은 연구의 중복을 피하고, 독창적인 연구가 이루어져야 한다는 것을 의미한다.

둘째, 교육연구는 교육에 관한 사실의 객관적 인식이다. 교육 실천상의 장애·모순·곤란점 등이 명백히 파악되어야 한다. 이 파악은 의도적인 관찰에 의한 것일 수도 있고, 자연 관찰의 누적에 의한 것일 수도 있다. 그것이 사실로서 인식될 만한 충분한 증거가 있어야 한다.

셋째, 교육연구는 복잡한 현상을 올바르게 이해하기 위하여 문제를 분석한다. 교육의 문제는 아무리 간단한 것이라도 여러 현상과 밀접히 관련되어 있다. 이 관련된 요인들이 어떠한 것인지를 찾아내지 못하면 해결을 위한 가설을 세울 수가 없다. 현상을 여러 요인으로 분석하고 상호 관련성을 찾아냄으로써 문제 안에 숨어 있는 원인을 찾을 수 있다.

넷째, 교육연구는 논리적이고 객관적이며, 수집된 자료 및 절차·방법에 대한 검증을 위하여 가능한 모든 방법을 채택한다. 연구가 논리성을 띠기 위해서는 계획을 철저히 해야 한다. 철저한 계획 없이 자료를 수집하고, 수집된 자료를 버리기가 아까워서 보고서의 여기저기에 끼워 놓는 경우가 간혹 있는데, 이는 논리적인 꾸밈새를 허물어뜨리는 요인이 된다. 따라서 객관성을 확보하기 위해서는 연구에서 사용되는 자료의 수집방법에 대한 검증이 필요하다. 검증방법으로 가장 좋은 것은 예비조사(presurvey)를 실시하는 것이다. 질문지를 작성하여 이를 연구 대상자에게 직접 실시하는 것은 위험하다. 질문지를 작성하면 이것을 소집단에서 실시하고, 그 결과에 따라서 문항을 수정·보충·삭제한 후에 다시 질문지를 꾸미는 것이 객관성을 확보하는 가장 좋은 방법이다.

다섯째, 교육연구는 자료 수집을 위한 도구로서 신뢰롭고 타당한 것을 사용한다. 객관적인 자료의 뒷받침이 있는 연구라야만 과학적인 연구가 될 수 있는데, 그 자료를 어떠한 방법으로 수집했느냐가 문제시된다. 질문지, 면접, 관찰, 검사 및 기타 방법에 의하여 자료가 수집되겠지만, 이러한 자료 수집을 위한 도구가 과연 얼마나 신뢰롭고 타당한지를 살피는 일은 과학적 연구를 위해 반드시 해야 할 일이다.

여섯째, 교육연구는 가능한 한 자료를 양적인 개념으로 조직하며, 수적인 측정으로 표현하기 위한 노력이다. 연구에 있어서 수집된 자료나 그 자료를 토대로 한 검증은 이를 모두 수량화함이 이상적이다. 그러나 모든 자료를 수량화해야만 과학적인 연구이고, 그렇게 하지 않는 것은 상식적인 방법이라고 단정하는 것은 옳지 않다. 특히, 교육 실천을 개선하고자 하는 연구에 있어서 모든 자료를 수량화한다는 것은 하나의 모험이기도 하다. 수량화해서 무리가 없는 경우에 한해서만 수량화를 하고, 그렇지 않은 경우에는 아동의 작품, 사진, 녹음, 관찰 기록 등 여러 측면에 걸쳐서 자료가 수집되어야 한다. 또한 수치라고 하면 덮어놓고 믿는 것도 문제다. 우리의 건전한 상식으로는 그러한 수치가 나올 수 없는데, 질문지의 집계 결과는 딴판일 수 있다. 이러한 때는 흔히 질문지의 집계 결과를 고집하려고 한다. 그러나 우리가 가지고 있는 건전한 상식이란 다년간에 걸친 자연적인 면접과 관찰의 결과이기 때문에 어느 정도는 정확한 것이다. 만일 건전한 상식과 자료 수치 간의 차이가 심한 경우에는 자료 수집방법을 재검토해 보아야 한다. 이를 통해 많은 경우 방법에 결함이 있음을 발견하게 될 것이다.

일곱째, 교육연구는 조심성 있게 기록되고 보고되어야 한다. 어떠한 연구든지 그것이 보고서로 발표됨으로써 일단 완결을 짓는 것이다. 물론 구두 발표인 경우도 있으나 이것이 연구의 완결이라 보기는 힘들다. 따라서 어느 정도의 형식을 갖춘 보고서로 꾸며져야 한다. 자료 처리 및 분석에 너무나 많은 정력을 쏟은 나머지 보고서 작성을 소홀히 하거나, 이와는 반대로 알맹이는 별로 없는데 보고서의 분량을 늘리려는 경향은 모두 삼가야 할 일이다.

여덟째, 교육연구는 그 대상이 인간의 행동에 있다. 교육은 인간이 인간을 대상으로 하여 바람직한 방향으로 변화·발전을 추구하는 인격적 상호작용이다. 이러한 교육 현상을 연구한다는 것은 그만큼 어렵고도 복잡한 일이다. 바로 이 점이 자연과학 분야의 연구와 구별되는 교육연구의 특성이다.

아홉째, 교육연구는 연구에 있어서 제한점이 많다. 인간의 행동에 대한 연구는 자연과학의 연구에 비하여 여러 가지 제한점이 있음을 베스트(Best)는 다음과 같이 지적하고 있다.

- 느낌이나 동기, 감정이 같은 사람은 없다. 어떤 사람에게는 합리적으로 보이는 일이 다른 사람에게는 비합리적으로 보일 수 있다.
- 시간의 경과와 완전히 무관하게 일관성 있는 행동을 하는 사람은 없다. 인간의 행동은 순간순간 변하는 환경과 개인 간의 상호작용에 의하여 영향을 받는다.
- 인간은 연구 과정 자체에 의하여 영향을 받는다. 인간은 그들에게 주의가 집중되고 있다는 사실에 의하여 영향을 받으며, 그들 또한 자신의 행동이 관찰되고 있다는 사실에 의하여 영향을 받는다.
- 행동과학은 충분한 정의를 내릴 수 없다는 제한점을 지니고 있다. 과학의 발달에 있어서는 관찰 가능한 조작적 정의가 중요하다. 그러나 지능, 학습 의욕, 근심이나 동기 같은 것은 직접적으로 관찰할 수 없다.

## 4. 현장교육 연구

### 1) 현장교육 연구의 개념 및 유형

교육 일선에서 근무하고 있거나 근무해 본 경험이 있는 사람이라면 누구나 학교나 학급에서 크고 작은 문제점들을 발견하게 되고, 발견된 문제점들이 같은 종류의 것이라 할지라도 그 해결책이나 개선방법은 학교나 학급의 상황에 따라 달라진다는 것을 짐작하리라 생각된다.

이와 같이 특수한 분위기나 상황에 따라 알맞은 해결책을 강구하기 위하여 행하는 것이 현장교육 연구다. 구체적으로 현장교육 연구는 현장교육을 개선하기 위하여, 교육 활동을 계획, 수행, 평가하는 업무를 담당하는 교원, 교육전문직, 교육행정가들이 현장교육에 관련된 문제를 과학적인 방법을 사용하여 조사 · 연구하며, 연구 결과를 교육 활동에 적용하는 것을 의미한다.

교육현장을 분석하여 보면 이질적이고 개인차가 심한 학생들, 즉 지능, 개성, 흥미, 태도, 가정환경과 배경, 생활 경험 등이 서로 다른 학생들이 한곳에 모여 있다. 또한 서로 다른 교사들이 모여 있다. 그리고 교육현장에 대한 학부모들의 갖가지 요구와 지역사회 및 국가의 요구들이 복잡하게 한데 엉켜 있다. 이러한 갖가지 요구들은 때로는 같은 것도 있겠지만, 서로 다른 요구들로 인해 교육현장은 대단히 복잡 미묘하다고 볼 수 있다. 따라서 복잡하게 얽힌 교육현장에서 발생되는 문제들 역시 각양각색임을 쉽게 짐작할 수 있다.

각양각색인 교육현장의 문제를 중심으로 교육현장 연구 내지 연구법을 일정한 유형으로 정확하게 구분한다는 것은 쉬운 일이 아니다. 그러나 대체로 현장에서 발생되는 문제의 성격이나 내용에 따라 해결방법이나 해결 과정이 다소간 다를 수 있을 것이다. 현장연구의 유형은 대체로 다음과 같다.

첫째, 진단형 현장연구다. 개인이나 집단에서 발생되는 문제나, 문제되는 행동을 중심으로, 그러한 행동이나 문제가 발생하게 된 원인과 동기를 조사·분석하여 이를 진단하고, 진단된 원인이나 동기에 따라 문제나 문제 행동을 교정할 수 있는 방법을 고안·강구하며, 강구한 방법을 실천하여 문제나 문제 행동을 교정·치료하는 것을 진단형 현장연구라 한다. 대체로 진단형 현장연구에는 사례연구, 즉 문제아에 속하는 학습 지진아, 생활 지도상의 부적응아 등에 관한 연구들이 이에 속한다. 예를 들면, 어떠한 문제아를 발견하고 연구 대상으로 선정하여 그 아동의 생육사, 지능, 인성, 흥미, 가치관, 가족 상황, 교우 관계 등의 자료를 수집하여 발견된 문제 자체가 나타나게 된 원인과 동기를 찾고, 가능한 치료방법을 강구하여 이를 실천에 옮겨 정상적인 발달을 도모하는 것이다.

둘째, 경험형 현장연구다. 현장에서 나타나는 여러 문제에 대하여 그 해결 방안을 가설적으로 정하고 이를 실천하며, 이 실천의 증거를 누가적으로 기록하여 가설적으로 정한 해결 방안의 합리성 여부를 검증하는 것이다. 교육 실천상에서 발견된 문제가 큰 문제가 아니어도 다소 비효율적이거나 더 나은 방법이 있다고 생각하는 경우에 한하여 새로운 방안을 현장에서 실천하여 보고, 실천되는 과정과 결과를 계속적으로 기록하여 성과 여부를 분석·평가하고 검증하는 연구다. 경험형 현장연구에는 학습 지도 기술에 관한 연구, 인간관계에 관한 연구, 학생 집단 구성에 관한 연구, 시청각 교구에 관한 연구 등이 이에 속한다.

셋째, 실험형 현장연구다. 실험형 현장연구는 실험 연구와 유사한 것으로 일정한 가설의 합리성을 평가하거나 상호 관계를 발견하기 위하여 통제된 조건이나 변인의 조건을 관찰하는 계획된 절차를 의미한다. 교육 실천상에 나타나는 여러 문제를 개선하기 위하여 가설을 설정하고, 설정한 가설의 합리성 여부를 검증하기 위하여 비교 집단을 구성하되 조건의 통제는 현장의 여건을 고려하여 아동의 성장이나 발달 그리고 학습에 어떠한 피해도 가져오지 않도록 하는 실험 방안이어야 한다. 이 연구방법은 원래 실험연구와는 달리 엄격한 통제를 하지 않는 것이며, 대체적인 경향만을 비교하는 것이다.


## 2) 연구 윤리

연구 문제를 해결하기 위하여 연구자는 가능한 한 모든 수단과 방법을 생각해 낸다. 연구의 타당성과 신뢰성만 보장된다면 어떠한 방법이든지 적용하려는 경향이 있다. 그러나 여기서 주의할 것은 연구의 수행에만 너무 집착한 나머지 연구에서 윤리 문제를 소홀히 해서는 안 된다는 점이다. 연구자는 언제나 다음과 같은 질문, 즉 이 연구가 피험자들에게 부정적인 영향을 미치지 않을까 혹은 피험자의 개인적인 권리나 사생활을 침해하는 것은 아닌가와 같은 문제를 충분히 고려해야 한다. 최근에 이르기까지 연구자들은 이러한 문제들을 심각하게 고려하지 않았던 것이 사실이다. 실제로 유명한 심리학자들이 수행한 연구 가운데 비윤리적인 방법을 사용한 예가 많았다.

근래에 와서야 비로소 연구의 윤리적인 문제에 관심을 기울이기 시작하였다. 미국 심리학회에서 '연구 윤리 강령'을 만들어 권장하기 시작한 것도 그리 오래전의 일이 아니다. 특히, 인간을 대상으로 하는 연구를 할 때는 연구자가 지켜야 할 윤리적인 규범이 있다.

첫째, 심신의 상해 문제다. 연구자가 우선 생각해야 할 점은 연구에 참여함으로써 피험자들이 신체적·정신적으로 어떠한 피해를 입게 될지도 모른다는 점이다. 인간을 대상으로 하는 연구를 할 때 연구자가 유의할 것은, 연구에 참여하는 사람들이 신체적 또는 정신적으로 어떠한 피해를 입는 것은 아닌가 항상 조심하고 그들에게 피해를 주지 않도록 노력하는 것이다.

둘째, 사생활의 침해 문제다. 윤리 문제의 두 번째 중요한 사항은 개인의 사생활과 비밀의 침해에 관한 것이다. 사례연구의 경우 연령이나 성별과 같은 기본적 사항만을 기술하고, 피험자의 구체적인 인적 사항은 기술하지 않는 것이 좋다. 이렇게 공식적으로 보고하는 것 외에, 연구자가 다른 학생이나 동료들과 비공식적으로 토론할 때도 피험자의 신원이 노출되지 않도록 조심해야 한다. 또한 다른 사람이 그러한 정보를 알 가능성이 있을 때는 연구에 참여하는 동의를 구하는 과정에서 비밀 보장에 대한 계획과 그 비밀이 알려질 가능성에 대해 참여자에게 미리 설명해야 한다.

셋째, 사회적 책임 문제다. 연구자가 유의해야 할 또 다른 윤리적 문제는 연구 결과를 발표함에 있어서 그 연구 결과가 사회에 어떤 영향을 미칠 것인가를 고려해 볼 필요가 있다는 점이다. 연구자는 자신이 관심을 가지고 있는 어떤 분야든 연구하고 그 결과를 발표하는 데 자유로워야 하지만, 동시에 자신의 연구 보고에 따른 사회적인 책임을 어느 정도 받아들여야 한다.

## 3) 현장교육 연구에 임하는 자세

현장교육 연구에 임하는 연구자에게 필요한 자세에 대해 살펴보면 다음과 같다. 첫째, 뚜렷한 목적의식이 있어야 한다. 현장교육 연구는 학생들의 성장과 발달을 도모하는 데 궁극적인 목적이 있으므로 학생들에게 행동의 변화를 주고자 하는 목적의식을 가져야 한다.

둘째, 문제의식이 있어야 한다. 지도교사의 절실한 필요에 의하여 문제의식을 갖고 연구에 임해야 한다.

셋째, 정확한 실행 일지 기록이 필요하다. 학생들의 행동 변화에 활용하는 모든 자료는 정확히 기록하여 누가적으로 보관하도록 한다.

넷째, 논리성, 일관성, 체계성이 유지되어야 한다. 연구에 관련된 기록은 논리성, 일관성, 체계성이 유지되도록 정리하여야 한다.

다섯째, 정직하게 보고하여야 한다. 연구 결과를 비약하지 말고 있는 그대로 보고서에 담아야 한다.

여섯째, 지도 조언을 받아야 한다. 어려운 사안에 대해서는 전문가의 지도 조언을 받는 것이 좋다.

일곱째, 연구의 진실성이 유지되어야 한다.

여덟째, 연구자의 능력이 고려되어야 한다. 아무리 좋은 연구 주제라 하더라도 본인의 능력과 수준에 맞아야 한다. 자신의 능력에 비하여 수준 높은 연구를 추진하다 보면 연구의 참신성을 잃고 좌절하는 경우가 생기게 된다. 연구자는 항상 과학적 사고 과정을 거침으로써 연구의 타당성과 신뢰성을 높일 수 있다. 연구자는 사실에 기초를 둔 분석적 접근방법, 객관적 근거 제시, 이론적 기초 등을 튼튼히 쌓아 두어야 한다. 특히, 다음과 같은 자질을 갖추기 위하여 항상 노력하여야 한다.

- 연구자는 교육 목표와 내용을 깊이 있게 이해하고 있어야 한다.
- 연구자는 심신의 발달 수준, 동기, 태도, 학생들의 제 특성을 잘 파악하여야 한다.
- 교육과정 운영의 효율화를 위한 연구가 되어야 한다.
- 동료들이 이해할 수 있는 평이한 문장으로 기술해야 한다.
- 어떠한 문제에 대한 분석, 자료의 소재 및 수집방법, 가능한 결론에 관해 일관된 추리를 할 수 있어야 한다.
- 세심함과 조심성을 가지고 아무리 작은 현상이라도 결코 무시하고 지나쳐서는 안 된다. 이러한 부주의가 자료 처리 과정에서 전혀 다른 결과를 초래할 수 있다.
- 장기간에 걸쳐 연구한 결과가 처음의 가설이나 연구 목적과 배치되는 경우에

이를 수정하고 싶은 욕구가 생길 수 있다. 하지만 연구자는 양심에 따라 연구 결과를 솔직하게 인정해야 한다.

- 연구자가 자신과 다른 교육적 입장에 배타적이어서는 안 된다. 연구자는 각자 나름대로의 입장이 있겠지만 의식적으로든, 무의식적으로든 그것을 합리화하기 위해 편협한 연구 자세를 취해서는 안 된다.
- 연구자는 자신의 연구가 기존 연구에 비추어 객관성이 있는지, 만약 없다면 그 원인이 무엇인지 항상 검토해야 한다.

# 제3장

# 현장교육 연구 계획서 작성 요령

제 3 장

# 현장교육 연구 계획서 작성 요령

현장교육의 연구는 발전적인 교사의 위상을 밝게 규명하고 정립하기 위한 스스로의 노력이라고 보아야 할 것이다. 그러한 의미에서 현장연구를 계획하는 일은 연구 결과를 얻기 위한 조직적인 활동의 길잡이가 되는 결정적인 설계도를 그리는 일이다. 한 연구의 성공 여부는 두 가지 요건으로 인해 결정된다고 말할 수 있다. 그중 하나는, 연구 문제 선택의 타당성이고, 다른 하나는 연구방법의 타당성이다.

흔히 연구 문제가 잘 선정되면 연구의 80%는 성공한 셈이다. 연구 문제 선정의 타당성을 높이기 위하여 계획 단계부터 치밀하게 분석해 가며 집중한다면 현장교육 연구에 바르게 접근할 수 있다. 여기서는 먼저 몇 가지 유의 사항을 살펴보고자 한다(김재은, 1971).

**1. 연구 문제의 발견**

## 1) 문제의식

현장교육 연구의 문제는 학교를 경영하는 가운데, 학급에서 학생을 지도하는 중에, 지역사회인과 연관된 사회교육의 장에서 현실적으로 당면하는 고민거리, 문제점, 잘 안 되고 있는 점을 찾아내어 이를 연구 문제화하는 것이 좋다. 연구에 관심이 있다면 평소 문제의식을 갖고 사태를 관찰하여 냉철한 자세로 문헌 탐색 및 이론적인 뒷받침으로 현상을 고찰하려는 태도를 갖는 것이 매우 중요하다. 이러한 문제의식은 현장에서 고민이 깊으면 깊을수록 좋은 연구 논문이 될 가능성이 높고, 입선될 확률, 교육의 공헌도도 높아진다.

한편 연구 문제의식은 개인적 성격을 갖고 있기는 하지만, 그것이 사회성, 객관성, 일반성이 있을 때 연구로서 높은 가치를 지니게 된다. 누구나 동감하고 문제의식을 느끼고 있는 교육적인 문제를 표출하는 것이 좋다. 예컨대, 1학년 입학생들이 실내 생활에 익숙하지 못하여 떠들 때 이를 조용하게 하는 방법을 연구 문제로 선택한다면 안 된다는 이야기다. 이는 1주나 2주, 3주가 지나면 아이들이 학교생활에 익숙해지고 규범을 알게 되면서 저절로 해결되기 때문이다.

## 2) 문제의식의 원천

연구 문제를 어디서 찾을 것인가에 대하여 좀 더 구체적으로 살펴본다. 일반적으로는 현행 교육과정에 근거를 두고, 이를 비판하고 분석하여 들어가는 것이 타당하나 때로는 현행 교육과정을 바꿀 수 있는 자료를 제공할 연구 문제도 발견할 수 있어야 한다.

현장에서 잘 안 되고, 잘못하고 있다는 기준을 어디에 둘 것인가에 대한 준거는 교육의 관점, 철학, 이론에 따라서 다르기 때문에 일률적으로 말하기 어렵다. 대체적으로 평소에 연구자의 소양이 길러져야 하고, 문헌연구와 사고를 통해서 교육을 보는 관점을 길러야 하며, 분석력, 종합력, 평가력 등의 고등 정신 기능을 개발해 두어야 현장에서의 문제점이 신속히 파악된다.

교직생활의 주변 사회 변화에 따른 새로운 문제의 파생, 전공 분야에 대한 독서와 깊은 탐구, 최신의 연구 보고서와 연구 논문의 접촉, 해당 분야의 전문인들과의 상담이나 접촉을 통해서 연구 문제를 발견하는 일은 매우 의미 있으며 대단히 중요한 일이다.

예리한 눈으로 통찰하면 우리 주변에서 많은 연구 문제들을 발견할 수 있을 것이다. 연구 문제 선정의 원천으로서 다음과 같은 사항들이 제시될 수 있다.

## (1) 교직생활 과정의 문제 분석

현장교육 연구는 전문가가 아닌 현장에서 근무하는 교사만이 할 수 있으며, 연구 문제는 교육자들의 주변 가까이에서 쉽게 찾을 수 있다.

## (2) 최근의 연구 논문 및 교육 전문서의 탐독

최근의 연구 보고서나 신간 교육 서적, 교육 전문잡지 등을 계속 탐독하고 검토함으로써 새로운 정보를 얻어 필요하고 참신한 연구 문제를 발견할 수 있다.

- **종 류**  관련 연구 논문집, 학술지, 석사논문, 박사논문, 연구학교의 연구 보고서, 전문 연구기관의 연구물, 교육 신문이나 잡지
- **방 법**  계속 탐독하여 검토해 보고 주제별로 내용, 방법, 결과 등을 요약하며, 관련 내용을 스크랩함
- **장 소**  시·도 교육청 산하 도서관, 시·도 및 교육과학연구원, 교육연수원, 교육연구원, 한국교원단체총연합회, 교육전문연구기관 등

### (3) 전공 분야의 독서

전공 분야에 대한 강의, 폭넓은 독서나 깊은 사고를 통하여 정보를 얻을 수 있다. 특히, 전공 분야와 관련하여 집중적인 사고를 함으로써 교육현장의 문제와 관련시킬 수 있는 능력이 길러진다. 연구자는 독서 과정에서 충분히 해명된 개념, 원리, 법칙은 무엇이며, 사람에 따라 주장이 달라 합의되지 않은 것은 무엇이며, 연구 결과에 대한 결론을 지나치게 직선적으로 표현한 것은 무엇이며, 문제만 제기하고 해명은 하지 않은 것은 무엇인지 등을 살피는 비판적인 독서 태도가 필요하다.

### (4) 선행연구의 반복과 확대

다른 연구자나 연구기관이 연구한 논문에서 시사점을 찾아 연구자가 처한 상황에서 새로운 방법으로 다시 시도해 볼 수도 있다. 선행연구자가 두 단계의 결과를 얻었다면 자신은 그 연구의 토대 위에 3, 4단계로 발전시켜 볼 수도 있다. 또한 국어과에서 연구한 방법을 사회과에 적용해 볼 수도 있다.

### (5) 전문가와의 긴밀한 협의 및 협조

교육과정의 요구 면이나 전문적인 이론 등에 비추어 정확한 방향이나 초점을 맞출 수 있도록 해당 분야의 전문가와 접촉함으로써 좋은 연구 문제를 얻을 수도 있다.

그 대상으로는 연구 경험이 많은 교사, 대학 교수 및 연구원, 한국교육개발원이나 한국교육과정평가원 등 교육전문기관에 있는 전문 분야의 인사를 만나 의논하고 협의하는 것은 매우 바람직하다고 볼 수 있다. 직접적인 대면이 어려울 경우 서신이나 메일 또는 전화 등으로 질의나 토론을 전개하는 방법도 효과적이다.

## 3) 연구 문제의 선정

무엇을 연구할 것인가 할 때, '무엇'에 해당하는 것이 연구 문제다. 연구 논문이 하나의 사고의 소산이라면 무엇을, 왜, 어떻게 연구해서, 어떠한 연구 성과를 거두느냐 하는 것은 줄거리가 되어야 할 부분이다. 이러한 관점에서 연구 문제 선정의 타당성을 높이기 위하여 연구 문제의 선정 기준을 반드시 고려해야 한다. 이때 고려해야 할 기준은 다음과 같다.

### (1) 중요성

현장교육 연구는 일반적으로 교육현장에서 실제 문제를 해결하거나 교육실천 행위의 의미를 이해할 목적으로 교사 개인이나 집단이 수행하는 체계적인 연구다.

따라서 연구 문제가 갖는 학문적 의의, 의미, 시사성, 연구 결과의 적용이라는 점에서 실제적인 가치가 있어야 한다. 한 나무에 비유한다면 나무의 둥치, 잎, 가지가 아니고, 그 중간쯤 되는 줄기에 해당하는 것이 연구 문제여야 하며, 그 분야나 그 분과의 중심 부분에 얼마나 가까이 위치하느냐가 중요하다.

예를 들면, 학습 지도 분야에서 교사가 잘 가르치고 학생이 적극적으로 참여하여 학습하는 데 수반되는 학습 목표의 상세화, 학습자료의 개발 및 적용, 학습에 대한 흥미, 학습에 대한 적성 등이 학습 지도에서 실제적인 가치가 있다. 이에 반하여 교실 게시물 환경이 학습 성과에 미치는 영향에 관한 연구는 너무 주변적인 연구 문제로서 교실 게시물이 학습 활동에 미치는 영향이 5%도 안 되는 중요도가 매우 낮은 문제라고 볼 수 있다.

### (2) 참신성

연구라는 것 자체가 새로운 것을 찾아서 파고드는 데 의의가 있다고 한다면, 연구 문제는 지금까지 밝혀지지 않은 것을 새롭게 발견하고 정립하는 데 그 의미가 있다. 또한 상대적으로 다른 연구보다 우수해야 한다는 비교의 관점에서 보면 더욱 강조되어야 할 것이 참신성이다. 그것은 연구 문제의 선정 과정이 현장 중심일 때 참신할 수 있으며, 현장의 고민거리나 문젯거리에서 연구 문제를 추출해 낼 때보다 참신성이 있다.

예를 들면, 미술교육 분과의 '연상 지도를 통한 창의적 회화 표현력의 신장'이라는 연구물에서 영감을 받아 국어교육 분과에서 '연상을 통한 글짓기 능력 신장'이라는 연구를 처음 시도했다면 이는 얼마든지 참신성을 유지할 수 있다는 이야기가 된다. 또한 참신성은 연구에서 사용되는 각종 자료와도 연결된다. 연구 문제를 참신하게 설정하고도 사용되는 자료나 도구가 참신하지 못하다면 연구의 가치가 떨어지는 경우도 볼 수 있다.

### (3) 연구자의 능력

현장교육 연구에서 교사는 연구와 관련된 소양과 자질이 갖추어져 있어야 한다. 연구자에게 필요한 능력이란 문제의식을 갖고, 연구 문제의 의의, 연구 가치에 대한 이해력, 알맞은 연구방법, 연구 도구의 제작 및 활용 능력, 연구 결과를 논리적으로 해석할 수 있는 능력, 필요한 통계 처리 능력 등을 말한다. 연구를 시작하기 전에 '연구 대상이 협조해 줄 것인가?' '자료의 확보 및 제공은 어느 정도 될 것인가?' 하는 문제도 염두에 두고 추진해야 한다.

연구자의 흥미, 적성, 평소의 관심사, 자료 수집 가능성, 연구비 투입 능력, 검증 가능성 등이 중요하다. 특히, 필요한 자료를 수집할 가능성이 없다면 연구는 불가능하다. 따라서 그 연구 문제에 가장 알맞은 연구방법을 구사할 수 있어야 한다.

이상과 같은 사항들을 참고로 할 때 연구 문제의 선정 기준은 다음과 같다.

- 연구 문제가 연구 과정을 통해서 잘 해결될 수 있는 구체적인 문제인가?
- 교육의 발전에 공헌할 수 있는 것인가?
- 연구자의 지적 호기심을 만족시켜 줄 수 있는 문제인가?

- 연구자의 지식, 경험, 기술로써 어느 정도 해결이 가능한 것인가?
- 문제를 해결해 가는 데 필요한 행정적 협조를 쉽게 얻을 수 있는 것인가?
- 문제해결에 필요한 자료와 방법의 입수가 가능한 것인가?
- 문제해결에 필요한 시설, 준비와 시간이 가능한 것인가?
- 연구를 수행해 갈 용기와 결심이 연구자에게 굳게 서 있는가?

## 2. 연구 주제의 선정

### 1) 연구 주제의 원천

연구에 있어서 제일 첫 단계이면서 가장 중요한 것이 주제 선정이다. 연구 주제는 선정된 연구 문제와 내용과 방법을 나타내는 적당한 이름을 갖도록 깊이 생각해 보아야 한다.

연구 주제를 올바르게 선정한다는 것은 연구의 절반은 성공적으로 이끌었다고 볼 수 있다. 연구 주제를 어디에서 찾을 것이냐 하는 문제에 대하여 다음과 같은 사항이 참고가 된다.

- 연구 문제의 자원으로서 우리의 학급, 학교, 지역사회를 들 수 있다.
- 사회의 변화와 기술의 발달은 항상 새로운 문제를 파생시키고, 새로운 연구에의 길을 터놓는다.
- 전공 분야에 대한 학문적인 탐색을 통해 풍부한 문제 자원에 접근할 수 있다.
- 최신의 연구 보고서와 연구 논문을 항상 접하는 것이 좋다.
- 대학이나 대학원의 학생으로서 연구를 추진해야 할 때는 그 방면의 전문가, 지도교수, 연구자들과 상담해 보는 것이 좋다.

앞의 다섯 가지 중에서 가장 중요한 원천으로는 학급, 학교, 지역사회를 들 수 있다. 교사가 교육현장에서 문제를 발견하는 것이 가장 바람직하기 때문이다.

요약해 보면, 연구 주제의 원천으로서 연구자 자신의 관찰과 경험, 탐구와 독서, 선행연구와 관련 문헌의 분석, 특정 분야의 지식 분석, 현재의 실천이나 필요 분석, 과거 연구의 반복과 확대, 진행 중인 연구 분석, 특수 영역에서의 문제 발견 등이 있을 수 있다.

## 2) 연구 주제의 선정 방향

연구 주제를 선정함에 있어서는 몇 가지 기본적인 방향을 정해야 한다. 첫째, 현상 간의 관계를 취급하는 연구를 할 것인지, 또는 하나의 현상을 취급하는 연구를 할 것인지를 정해야 한다. 전자의 경우는 가설이 형성되나 후자는 가설을 형성하기 어렵다. 전자는 기술적인 형태의 연구와 실험적인 형태의 연구가 가능한 반면에 후자는 실험적인 형태의 연구에는 해당하지 않을 수 있다. 전자의 예로는 창의성과 지능 및 인성의 관계, 프로그램 학습이 학업 성취에 미치는 영향, 연상력과 창의성의 관계 등을 들 수 있다. 후자의 예로는 한글 및 구구법 미해득자 조사, 학습 동기 조사와 같은 것이 있다. 현재의 현장교육 연구는 전자의 경우가 많음을 볼 수 있다.

둘째, 지적·기능적 영역의 연구를 할 것인지 또는 정의적 연구를 할 것인지를 정해야 한다. 지적·정의적 영역의 연구는 어느 정도 객관적인 증거의 수집이 용이하지만, 인간의 흥미, 태도, 가치관, 신념 등의 내면적 행동에 대한 증거의 수집은 대단히 어렵다. 따라서 정의적 영역의 연구를 추진하는 경우는 증거 수집방법에 대한 구상부터 먼저 해 보고 연구를 추진하여야 한다.

셋째, 어떠한 연구방법을 채택할 것인지를 정해야 한다. 관찰에 기초를 둔 연구에는 기술적 연구, 실험적 연구, 실천연구가 있다. 이들 방법 중 연구 내용에 가장 알맞은 연구방법은 어떠한 것인지를 잘 검토하고, 연구방법과 주제를 동시에 생각해야 한다.

넷째, 미시적 연구를 할 것인지 거시적 연구를 할 것인지를 정해야 한다. 현장교육 연구를 처음 하는 초보자의 경우 가급적 연구 주제를 미시적인 방향에서 잡는 것이 좋다. 거시적 연구는 자칫하면 연구의 한계를 명백히 하기가 힘들어 연구의 초점이 흐려질 우려가 있기 때문이다. 그러므로 처음 연구하는 교사는 최근의 주제 목록, 진술방법, 변인 간의 관계 등을 알아 두어 현재 당면하고 있는 문제를 정확히 정리한 뒤에 관련 분야의 주제를 개관하면서 진술상의 기법도 익혀 나가야 할 것이다.

한 가지 예를 들어 보면, '아동의 성격 형성에 영향을 주는 제 요인에 관한 연구' 보다는 '텔레비전이 아동의 시각 발달에 미치는 영향'이 연구 주제로서 훨씬 낫다고 할 수 있다.

## 3) 연구 주제의 선정 기준

연구 주제가 포착되면 연구 주제로서 타당한 기준에 비추어 평가해야 한다. 다음은 연구 주제의 선정 기준이 될 수 있는 것들이다.

- 참신하며 중복되지 않는가?
- 연구할 만한 가치가 있는가?
- 연구자의 흥미나 지적 호기심을 충족시킬 수 있는가?
- 연구자의 능력에 알맞은가?
- 자료, 도구, 시설의 이용 가능성이 있는가?
- 행정적 협조를 얻을 수 있는가?
- 기간 내에 해낼 수 있는가?
- 연구 자금은 충분한가?

연구 주제는 이상의 여덟 가지 연구 주제 선정 기준을 모두 만족시켜야 한다. 이러한 각각의 기준으로 연구 주제를 평가할 필요가 있으며, 다음과 같이 체크해 볼 필요가 있다.

**〈표 3-1〉 연구 주제 평가표(예)**

| 주제 \ 기준 | 참신성 | 가 치 | 흥 미 | 능 력 | 자료 도구 | 행정적 협조 | 시 간 | 자 금 |
|---|---|---|---|---|---|---|---|---|
| ① ○ ○ ○ ○ | ○ | ○ | ? | × | ○ | ? | × | ○ |
| ② ○ ○ ○ ○ | ? | ○ | ○ | ○ | ○ | ○ | ? | × |
| ③ ○ ○ ○ ○ | ○ | ○ | ? | ? | ○ | × | ○ | ○ |
| ④ ○ ○ ○ ○ | ○ | ○ | ○ | ○ | ○ | ○ | ○ | ○ |

〈표 3-1〉과 같이 세밀하게 분석하고 검토하여 모든 기준을 만족시켜야 연구 주제로 확정될 수 있으며, 훌륭한 연구가 될 수 있다.

## 4) 연구 주제의 선정 절차

현장연구법 자체가 지니고 있는 특수성을 고려할 때 다음과 같은 절차를 거치는 것이 좋다. 이 절차는 공동 연구를 전제로 하는 학교에서의 연구 주제 선정 절차지만 개인 연구도 이와 비슷하므로 이를 응용하면 될 것이다.

- 인지된 문제점들을 적어 본다.
- 적어 놓은 문제점들을 종합해 본다.
- 종합된 문제점들을 정리한다.
- 연구 주제 선정에 따른 문제점을 평가·검토한다(1차).
- 최종적으로 다시 검토한다(2차).
- 연구 주제를 기술한다.

이와 같은 주제 선정 절차에 따라서 연구 주제가 선정되면 이를 서술해야 하는데, 이때 유의할 점은 다음과 같다.

- 간단명료하게 진술한다. 일반적으로 내용을 구성하는 단어는 3~5개 정도가 적당하다. 예를 들면, '창의성과 지능 및 인성과의 관계에 관한 연구'와 같은 경우다. 너무 간단히 하여 의사소통이 안 되어도 문제가 된다. 이상적으로는 연구 주제만 보아도 연구의 내용과 방법을 짐작할 수 있어야 한다. 즉, 연구 주제는 연구 전체를 가장 간략하게 요약한 용어라고 생각할 수 있다.
  한 가지 강조하고 싶은 것은 연구 주제를 미리 정하지 말고, 연구 문제가 정해진 뒤에 정선해서 연구 문제를 대표할 수 있는 제목으로 정해야 부르기도 좋고, 듣기도 좋으며, 내용에도 알맞은 말이 된다. 종종 주제부터 미리 이름을 지어 놓고 연구 문제를 생각해 내는 것은 순서에 어긋나는 일이다. 주제는 마치 사람의 얼굴과 같이 중요한 것이니 연구 보고서가 최종 정선되어서 인쇄가 완료될 때까지 변화 가능성이 있는 잠정적 표현이어야 한다.
- 필요하면 부제를 붙인다.
- 독립변인과 종속변인의 관계가 있는 연구 주제인 경우 독립변인을 먼저 진술하고 종속변인을 후에 진술한다.
- 주제 진술에서 '연구'라는 용어는 필요에 따라 쓰도록 한다.
- 실험적 연구와 실천에 있어서는 가능하면 독립변인과 종속변인이 함께 진술됨이 바람직하다.
- 가치중립적인 진술을 하도록 한다.
- 추상적으로 서술하지 말고 구체적으로 진술한다.
- 불필요한 수식어는 피하는 것이 좋다.

 ## 3. 연구의 필요성

연구가 시작되는 글로서 간결하면서도 의미 있게 연구를 해야 하는 이유, 연구가 교육 실천의 개선에서 차지하는 가치, 문제 뒤에 숨어 있는 요인, 관련되는 선행연구의 수준이나 현재의 위치, 예상되는 연구 결과와 효과 등에 대해서 객관적으로 간단명료하게 진술되어야 한다.

 ## 4. 연구 목적의 진술

　　연구의 목적은 주제에 관한 연구를 통하여 얻고자 하는 것, 혹은 발견하고자 하는 것이 무엇인가를 핵심적으로 밝혀야 한다. 그런데 이때 가설을 진술하지 않은 연구라면 연구의 목적을 구체적으로 진술하여야 한다.

　　연구 목적의 진술에서 유의해야 할 점은 연구 목적을 교육 목적과 유사하게 진술하지 않는 것이다. 예를 들어, '정직한, 근면한, 책임을 다하는 사람이 되게 한다.'라는 진술은 윤리 · 도덕의 덕목으로 교육 목적이나 교육 목표에 가깝지, 연구의 목적은 아니다. 이때의 연구 목적은 정직한 사람이 된다는 교육 목적보다는 정직한 사람을 육성할 수 있는 교육 방안을 찾거나 이 방안에 관련된 구체적인 사실을 밝히는 데 두는 것이 바람직하다. 또한 연구 목적의 진술에서 연구의 의의나 공헌도를 강조하는 것은 좋지 않다. 예를 들어, '학습 효과를 높이고, 사고력을 증진시키며, 정직한 사람이 되게 한다.'는 목적이라기보다 연구 결과가 가져다줄 연구 공헌도에 가깝다.

## 5. 연구 문제의 진술

- 연구 문제란 연구 주제를 하위 문제로 분석한 것이다.
- 연구 문제는 해답을 얻고자 하는 문제가 무엇인지를 명확히 밝힌 것이다.
- 가설 형성의 근거를 마련하는 것이 연구 문제다.

• 연구 문제를 둘 이상의 변인 간의 관계에 대하여 진술하도록 한다.
• 연구 문제의 표현은 일반적으로 의문형의 형태를 취한다.

이상에서 연구 문제의 성격을 밝혔는데 좀 더 이해를 돕고자 예를 들어 본다.

### 예시 1

📝 **주제: 사회과 수준별 교수–학습 활동이 학습 능력에 미치는 영향[1]**

학생들의 학습 능력을 신장시킬 수 있는 교육 활동을 위하여 다음과 같이 연구 문제를 설정하고 실천하였다.

• 사회과 학습 능력의 신장을 위한 사회과 수준별 교육과정을 어떻게 구성할 것인가?
• 재구성된 수준별 교육과정 지도 자료를 어떻게 구안·제작할 것인가?
• 수준별 교수–학습 활동을 어떻게 전개하여 사회과 학습 능력을 신장시킬 것인가?

### 예시 2

📝 **주제: 식물과의 상호 교류 활동이 과학적 태도에 미치는 효과[2]**

식물에 대한 호기심, 성장 과정에 대한 믿음, 식물 관찰을 위한 접근방법을 조사한 결과, 다음과 같은 연구 문제를 제기하게 되었다.

• 식물에 대한 흥미와 호기심을 유발하기 위하여 어떠한 방법으로 관찰 주제를 설정하여 접근할 것인가?
• 점진적인 식물의 성장 과정과 변화를 인식시키기 위하여 어떤 방법으로 단

---

1) 이병삼(2003). 제47회 전국현장교육 연구대회. 국사·사회교육분과, 1등급.
2) 홍성근(2001). 제45회 전국현장교육 연구대회. 과학교육분과, 1등급.

계적인 탐구 활동을 전개할 것인가?

- 올바른 과학적 태도를 지니게 하기 위하여 어떤 방법으로 식물과의 상호 교류 활동을 전개할 것인가?

## 6. 연구의 범위와 제한점

일반적으로 연구의 범위는 연구자가 의도적이거나 계획적으로 연구 내용을 일정하게 규정하여 정하며, 제한점은 연구자의 의도라기보다 외부에 의하여 한정된 내용이라고 할 수 있다.

현장교육 연구에서 '연구의 범위' 또는 '연구의 제한점'이라고 제시하면서 범위와 제한점이 함께 진술되는 경우가 많으나, 연구자는 이 경계를 분명히 알고 구분하여 적용하는 것이 바람직하다. 또한 연구 내용과 관련된 것뿐만 아니라 자료나 방법의 한계나 이점 또는 제한점을 솔직하게 제시한다면 연구로서의 가치가 한결 돋보일 것이다.

## 7. 용어의 정의방법

연구 계획서나 보고서에는 용어의 사전적 정의나 조작적 정의가 모두 포함되어야 한다. 선행연구와 어떻게 관계되는지를 나타내면서 자신이 내린 조작적 정의에 대한 이론적 근거를 짧게 다룰 수 있다면 더욱 좋다. 용어의 정의는 그 개념을 빨리 알려 처음부터 개념상 혼동이 없도록 해야 한다는 점에서 앞에서 제시하는 것이 좋다. 그러나 용어의 정의가 이론적 배경의 구실도 하는 경우에는 '이론적 배경'의 말미에 제시하는 것도 좋다.

## 8. 이론적 배경의 구성

### 1) 관련 이론의 탐색

흔히 교육자는 철학과 신념이 있어야 한다고 한다. 이 철학과 신념 등은 이론적 배경을 말하는 것이다. 이론이란 사상적으로 기술하고, 설명, 통제, 예언할 수 있는 기능을 가질 때 강력한 힘을 발휘한다. 이와 같은 이론의 기능을 참작하여 현장연구 논문에는 반드시 다음의 내용이 포함되어야 한다.

- 해당 연구의 독립변인과 종속변인에 관한 논의가 반드시 있어야 한다.
- 독립변인과 종속변인의 관계에 대한 논의를 해야 한다.
- 독립변인과 종속변인에 대한 역사적 배경과 현실적 배경 및 이론적 근거가 탐색되어야 한다.
- 연구자의 주장(예: '그러하니 나는 이러이러하다고 생각한다.')이 반드시 있어야 한다.
- 논리성과 잠정적인 결론이 암시되어 있어야 한다.
- 개념의 정립과 가설의 도출이 뚜렷이 보여야 한다.

연구자는 이와 같은 내용을 참작하여 문헌연구를 집중적으로 실시한다. 2~3개의 연구 문제 후보에 관계되는 자료 목록을 작성하여 관련 이론을 탐색할 준비를 갖춘다. 이 계획 단계의 추진 절차에서는 심도 있는 이론을 찾기보다 다음과 같은 관점에서 연구를 실시한다. 즉, 이 연구 문제가 가치가 있는가? 이미 선행연구에서 모두 다룬 것은 아닌가? 가장 좋은 접근 방법은 무엇인가? 자료 수집은 가능한 가? 참신성이 있는가? 등에 초점을 둔다.

### 2) 문헌연구와 이론적 배경과의 관계

문헌연구는 여러 사람이 서술해 놓은 문헌이나 이론을 탐색하여 연구의 종속변 인이나 독립변인에 관계되는 내용을 깊이 있게 탐색하여 그대로 요약·정리하고 기록하는 것이다. 이론적 배경은 문헌연구한 결과를 바탕으로 논리적으로 일관성 있게 정리하여 하나의 주장으로 나타낸 것이라고 할 수 있다. 문헌연구한 결과는 이론적 배경 신장의 토대가 된다. 문헌연구에는 연구자의 주장이 없으며 양적으로 많으나, 이론적 배경에는 연구자의 주장이 있으며 되도록 정선해서 간결하게 기록 해야 한다.

## 9. 선행연구의 고찰

참고문헌이나 참고 이론, 선행연구가 전혀 없을 때는 연구 수행 여부를 신중히 검토해야 한다. 검토 결과 연구할 가치가 충분히 있다고 생각될 때는 과감히 수행 해야 한다. 연구할 가치가 없을 때는 미련 없이 궤도를 수정한다.

주제: 다의적 개념의 장단 체험학습을 통한 전통음악의 창의적 표현 능력
    신장[3]

〈표 3-2〉 선행연구의 분석

| 연구자 | 주 제 | 내 용 |
|---|---|---|
| 유선옥<br>(1992,<br>연세대학교<br>교육대학원) | 장단과 붙임새를 이용한 국민학교 고학년의 국악 창작 지도 방안 | 장단 학습을 위하여 구음, 장구 치기, 신체 표현하기 등 다양한 음악 활동을 하여 장단을 쉽게 익힐 수 있었고, 음의 수를 늘려 가며 창작 수업을 하여 선율 창작력은 향상되었으나 국악적 선율이 아님을 제시 |
| 송용자<br>(1994,<br>연세대학교<br>교육대학원) | 개념 수업 모형을 통한 민속악 장단 지도 | 음악 개념의 습득 면에서 음악 개념이 단순하고 구분하기 쉬울수록 쉽게 개념을 습득한다는 것과 먼저 지도해야 할 개념과 나중에 지도해야 할 개념이 있다는 것을 제시 |
| 황병희<br>(1994,<br>현장연구 논문) | 민속조의 리듬 및 가락 짓기를 통한 전통음악의 창의적 표현 능력 신장 | 민속조의 리듬 짓기, 가락 짓기를 통해 창작 표현 학습 전개 |
| 박남례<br>(1994,<br>현장연구 논문) | 다양한 신체 표현 활동을 통한 전통음악 언어 형성 | 저학년 아동에게 맞는 신체 표현 및 춤사위, 민속놀이 등의 활동으로 전통음악 언어 형성 |
| 한윤이<br>(2000,<br>한국교원대학교<br>대학원) | 장단의 개념 및 지도 단계에 관한 연구 | 장단의 본질적인 개념을 상위 개념으로 하고 그것에서 파생된 것을 하위 개념으로 정의하여 10학년까지 통합적인 지도를 제기 |

---

3) 신건수(2003). 제47회 전국현장교육 연구대회. 음악교육분과, 1등급.

| 이은혜 (2002, 현장연구 논문) | 육자배기조 민요 체험학습을 통한 전통음악 어법의 이해력 신장 | 육자배기조의 민요 체험학습을 통하여 전통음악에 사용되는 어법의 이해 |
|---|---|---|
| 김숙희 (2002, 현장연구 논문) | 장단 짓기 소집단 협동학습을 통한 전통음악의 창의적 표현 능력 신장 | 장단 지도를 체계화하고, 소집단 협동 활동을 통한 장단 짓기 학습으로 전통음악의 창의적 표현 능력 신장 |

● 연구자의 논의

   선행 연구물을 고찰한 결과 전통음악 교육방법에 대한 다양한 연구물이 있음을 알게 되었다. 특히, 한윤이의 논문은 본 연구의 주제인 다의적인 개념을 찾아내는 데 도움을 주었고, 이은혜의 논문은 창작 영역의 지도 방안에 많은 참고가 되었다. 강형순은 장단의 지도 순서를 자진모리, 중중모리, 중모리의 순서로 하였는데, 학생들에게 익숙한 자진모리장단으로 시작하여 단모리장단과의 비교 체험, 장단의 기저가 되는 진양조장단으로 되돌아가 장단의 구조에 접근할 수 있도록 하였다. 그다음으로 중모리, 중중모리 순으로 지도하였다. 본 연구자는 장단 기초하에 3음이나 4음 구조에 알맞은 가락 짓기를 투입하기로 하고, 그에 알맞은 새로운 정간보를 개발하여 투입하고자 한다. 또 위 논문은 대체로 한 가지 영역의 활동을 심도 있게 지도하는 방안을 마련하였으나, 현장에서는 전통음악의 창의력 신장을 위해 가창, 기악, 창작, 감상 활동이 유기적으로 통합된 다의적 개념의 장단 체험학습이 실질적으로 더 효과가 있을 것이라 생각하고 구체적인 지도 방안을 구안하고자 한다.

   연구자는 선행연구를 하나하나 분석하면서 좋은 점, 잘못된 점 등을 비판하고 자신의 연구와 관련지어야 한다. 많은 연구자들이 선행연구를 검토하는 이유는 연구로부터 무엇인가를 배우고, 이 연구가 현재 어디까지 왔는가를 확인하는 데 있다. 교육연구, 특히 실험연구에서는 기존의 이론으로부터 새로운 가설을 찾아내는 연역적 사고가 중심을 이루어야 한다. 달리 말하면, 다음에 이루어질 '실행 목표'의 설정이 이론에 입각하여 선행연구의 결과로부터 논리적으로 추출되어야 함을 말한다. 관련 이론의 고찰과 '실행 목표'가 아무 논리와 연관성을 띠지 못한 다면 기존 이론을 고찰할 필요가 전혀 없다. 이 점이 대부분의 현장연구에서 보이는 미흡한 점이다.

## 10. 연구방법 및 절차

현장교육 연구의 계획에 있어서 연구방법과 절차는 그 무엇보다도 중요하다. 연구방법보다는 연구의 설계, 실행 계획, 연구 절차 등으로 구분하고 있다. 여기서는 연구방법으로서 대상의 표집, 도구의 선정, 연구 절차, 자료의 처리 등에 대하여 살펴보기로 한다.

### 1) 대상의 표집

첫째, 경비의 절약을 위해서 표본을 표집한다. 모집단 전체보다는 적은 부분에 대해서 자료를 수집하게 되면 경비가 적게 든다.

둘째, 시간의 단축을 위해서 표본을 표집한다. 모집단을 가지고 완전한 계산을 하기보다는 표본을 가지고 자료를 모으고 처리하여 결과를 발표하면 훨씬 빨리할 수 있다. 정보의 수집이 긴급히 요청되는 경우에 표본은 매우 중요성을 갖는다.

셋째, 표집을 통해서 정보의 정밀성을 확보할 수 있다. 전집을 대상으로 자료를 얻는 것보다 표본에서 정확한 정보를 얻을 수 있다. 이 방법이 주어진 시간 내에서는 실용적이다. 경비가 절약되는 것은 물론, 결과가 빨리 나오고, 실시하기가 손쉬우며, 같은 값이어도 정밀한 분석적 처리를 할 수 있는 점 등이 표집방법이 가지는 큰 이점이다.

## 2) 표집방법

연구에서 표집은 가능한 한 전집을 대표할 수 있는 표본이어야 한다. 연구자는 연구의 목적과 내용을 명확히 인식하고, 연구 결과를 일반화할 수 있는 전집의 한계를 분명히 하며, 전집이나 표집이 가진 속성을 분석하여 표집 기준을 제시하고, 표집의 편파성이나 누락 및 대치될 경우를 고려하여야 한다. 표집의 크기는 전집을 대표하기에 적절해야 하며, 표집방법으로는 무작위 표집, 계통적 표본 추출, 유층화 표집, 군별 표집 등을 들 수 있다.

## 3) 도구의 선정

현장교육 연구에서 활용되는 도구는 어떠한 자극이나 처리를 하는 도구와 그 결과의 반응을 밝히는 도구로 구분할 수 있다. 전자는 사상을 자극하거나 처리·강화하는 처치 도구이고, 후자는 사실을 관찰하고 측정 및 수집하는 반응 도구다. 처치 도구는 실험연구나 실천연구에서 조건을 마련하여 제시함으로써 연구를 진행하고자 할 때 계획을 조건에 따라 자극하고 강화하는 도구를 말한다.

현장교육 연구에서 처치 도구와 반응 도구에 관한 제작과 선정 시에 유의해야 할 점은 다음과 같다.

- 연구 목적에 합당한 도구인가?
- 연구 내용을 구체적으로 분석하면서 체계적으로 종합한 도구인가?
- 이론이나 모형에 기초를 둔 도구인가?
- 타당한 체제와 형식을 가진 도구인가?

## 4) 연구 절차

설정된 연구 문제와 가설을 검증할 적절한 도구가 선정되면 일정한 연구 절차가 마련되어야 한다. 현장연구에서는 실행 과정을 분석적이고 구체적으로 제시해야만 연구의 전체 흐름을 명확히 이해할 수 있다.

실행 과정은 연구 내용과 연구방법에 따라 다르게 제시되나 일반적으로 어떠한 대상에게 어떠한 도구를 언제, 어디서, 어떻게 실행하였는가를 다음 사항을 중심으로 구체적으로 기술해야 한다.

- 연구의 일정과 진행 계획
- 연구자의 훈련
- 도구의 실시 단계
- 실시 과정상의 여건과 상황
- 연구 조직 상황

## 5) 자료 처리

연구 도구에 의하여 새로운 자료를 수집한 절차, 채점 요령, 통계 처리방법 그리고 수집 자료의 분석과 종합 결과 등을 밝혀야 한다.

- 어떠한 형태로 자료를 수집하였는가?
- 연구 대상은 통제 또는 조작된 상황이었는가?
- 표집 대상자는 개인별로 취급하였는가, 집단별로 취급하였는가?
- 집단별로 분류하였다면 그 기준은 무엇인가?
- 도구의 배포와 수합에 관한 사항은 무엇인가?

## 6) 연구방법 및 절차의 예시

다음에서 조주호의 '학습 상황과 학습 결과에 대한 교사의 간헐강화가 학습 성취에 미치는 영향'[4]에서 제시한 연구방법을 들어 본다.

- 연구 대상: 인천교육대학 부속 초등학교 3학년 A반 60명, B반 60명, C반 60명, 계 180명

- 연구 기간: 1980. 3~1981. 7(1년 5개월)
  - 도구 제작 기간
    - 1차 실험처치를 위한 도구 제작: 1980. 3~1980. 8(6개월간)
    - 2차 실험처치를 위한 도구 제작: 1980. 12.~1981. 2(3개월간)

  - 실험처치 기간
    - 1차 실험처치 기간: 1980. 8~1980. 12(16주간)
    - 2차 실험처치 기간: 1980. 3~1981. 7(19주간), 합 8개월 3주간

- 연구 절차

| 절 차 | 일 정 | 비 고 |
|---|---|---|
| • 연구 계획 수립<br>• 연구 주제 설정<br>• 연구 문제 선정 | 3. 16~3. 31<br>4. 1~4. 15 | 자원 인사 방문 |
| • 문헌연구 및 선행연구 분석<br>• 도구 제작(1차) | 4. 16~7. 20 | • 1차 실험처치를 위한 도구 제작 |
| −준비도 검사 카드 작성 | 3. 1~3. 31 | • 교재 내용 분석 및 개인별 성취도 고려 |
| −준비도 검사 보충학습 자료 | 4. 1~4. 30 | • 문항 작성 기준안 준수 |
| −형성평가 카드 작성 | 5. 1~5. 31 | • 신뢰도 지수 .86 이상 |
| −능력별 과제학습 카드 작성<br>(㉮형, ㉯형) | 6. 1~7. 31 | • 목표 지향 평가 |
| −총괄평가 카드 작성 및 발전학습 카드 작성(㉮형, ㉯형) | 8. 1~8. 24 | |

---

4) 조주호(1982). 제25회 전국현장교육 연구대회. 학습지도분과, 1등급.

| | 3. 1~3. 10 | • 가설 설정 배경 추출 |
|---|---|---|
| • 가설 설정 및 실행 계획 수립 | | |
| • 실천 및 결과 검증(1차) | 8. 25~12. 14 | • 1차 실험처치 |
| • 도구 제작(2차) | | • 2차 실험처치를 위한 도구 제작 |
| −준비도 검사카드 작성 | 12. 15~12. 31 | • 교재 내용 분석 및 개인별 성취도 고려 |
| −준비도 검사 보충학습 자료 | 1981. 1. 1~1. 15 | • 문항 작성 기준안 작성 |
| −형성평가 카드 작성 | 1. 16~1. 31 | • 신뢰도 지수 .86 이상 |
| −능력별 과제학습 카드(㉮형, ㉯형) | 2. 1~2. 15 | • 목표 지향 평가 |
| −총괄평가 카드 작성 및 발전 학습 자료 카드(㉮형, ㉯형) | 2. 16~2. 28 | |
| • 실천 및 결과 검증(2차) | 3. 5~7. 21 | 2차 실험처치 |
| • 결과 처리 및 보고서 작성 | 7. 21~8. 31 | 1, 2차 실험처치 결과 처리 |

| 구 분 | →<br>사전 | →<br>처치 | →<br>사후 | 비 고 |
|---|---|---|---|---|
| 실험반(3의 A) | ○1 | ×p | ○2 | 비율계획 간헐강화반 |
| 비교반(3의 B) | ○3 | ×r | ○4 | 시간계획 간헐강화반 |
| 비교반(3의 C) | ○5 | × | ○6 | 비간헐강화반 |

● 실험처치
  • 처치방법 : 생략
  • 처치를 위한 강화
  • 가설의 처치 계획 : 생략

● 도구 제작
  실험처치를 위한 목적으로 제작하여 사용할 도구는 다음과 같다.
  −이하 생략−

● 측정 도구
  본 연구에서 사용할 측정 도구는 다음과 같다.

- 산수과 표준화 새 학력검사
  - 코리안 테스팅센터 3학년(㉮형, ㉯형)
    본 검사지는 사전검사, 사후검사용으로 사용한다.

- 교차 처치 검사지
  - 준비도 검사 및 준비도 검사 보충학습 자료 출발점 행동 수준을 같게
    하고 학습 결손 부분 보충용으로 사용한다.
  - 형성평가 및 총괄평가 발전학습 자료(㉮형, ㉯형)
    학습성취도와 자율학습 지속력을 검사하는 데 사용한다.
  - 총괄평가 및 총괄평가 발전학습 자료(㉮형, ㉯형)
    학습성취도와 자율학습 지속력을 검사하는 데 사용한다.

- 강화 메뉴 선택지
  토큰 10개를 수집하였을 때는 즉시 아동 각자가 선택한 강화표 중 가능한
  한 가지에 대하여 보상할 것을 약속한다.

- 자료 처리의 검증
  - 가설 1의 검증
    - 실천 기간별 학습성취도 비교(전후)(변량분석 및 관찰)
    - 산수과 표준화 새 학력검사 전후 비교(변량분석 및 관찰)

  - 가설 2의 검증
    - 실천 기간별 학습 우수아 및 부진아의 차이 의의도 전후 비교(CR.p.) 관찰

  - 가설 3의 검증
    - 실천 기간별 과제학습 이행률과 해결력의 전후 비교(CR.p.) 관찰
    - 과제학습의 효과 비교($\chi^2$, 관찰)

  - 가설 4의 검증
    - 과제학습 지도 유형과 학습 효과와의 상관(r1, r2)
    - 과제학습 지도 유형에 의한 지도 효과 비교

# 11. 기초 조사 및 실태 분석

연구 문제 선정에 있어서 가장 바람직한 것은 현장의 고민거리, 문제점, 잘 안 되고 있는 점에서 문제를 찾아내야 한다는 것은 앞에서 언급했다.

잘 안 되고 있는 점을 찾아내려면 어떠한 형태로든지 사실을 파악하여 사실 뒤에 숨어 있는 요인을 발견하고, 요인 간의 관계를 구별하는 기초 조사, 즉 실태 분석이 필요하다. 특히, 현장교육 연구에서는 현장의 문제점을 파헤치게 되므로 기초 조사는 더욱 중요하다. 이 기초 조사는 연구를 추진하는 데 밑바탕이 되므로 합리적이어야 한다. 연구 계획서에는 대개의 경우 조사 항목만 나열하는 경우가 많은데 가급적이면 기초 조사 결과까지 명시하는 것이 바람직하다. 조사 연구에서는 기초 조사 자체가 조사 내용의 일부분일 수도 있으나 실천연구에서는 기초 조사가 반드시 선행되어야 한다. 이 기초 조사를 '문제 분석' 또는 '실태 분석'이라고도 한다.

여기서 유의할 것은 실태 분석에 너무 많은 시간과 노력을 낭비하는 일이 없어야 한다. 또한 조사방법도 질문지 일변도에서 벗어나 기록 분석, 현장 관찰, 면접 방법을 이용하는 것이 효율적이다.

📝 **주제**: 어린이 안전교육을 위한 초등학교 교사의 학교 관련 학생 사고 판례집 분석 활용[5]

● **실태 조사 도구**

본 연구에서 사용된 실태 조사 도구는 질문지로 그 내용 구성을 두 가지로 하였다. 첫째는, 판례 분석 내용을 연수자료로 제작하여 연수 활동으로 안전

5) 김백원(2002). 제46회 전국현장교육 연구대회. 교육행정분과, 1등급.

교육에 대하여 인식 변화를 꾀한 것이고, 둘째는 연수자료가 안전교육에 미치는 효과를 알아보는 내용으로 하였다. 본 질문지는 이론적 배경으로 논의된 내용을 바탕으로 조사 분석 영역을 설정한 다음 이를 근거로 문항을 작성하여 본 연구의 질문지로 사용하였다. 작성된 질문지의 영역별 문항 구성 내용은 〈표 3-3〉과 같다.

〈표 3-3〉 영역별 문항 구성

| 영 역 | 조사 내용 | 방법 | 도구 | 대상 | 비교 |
|---|---|---|---|---|---|
| 판례 분석 추진 과정 | 1. 판례 분석의 안전교육 자료 선정 과정의 합리성 | 설문 반응에 의한 전후 비교 | 질문지 | 교사 | 전후 비교 |
| | 2. 선정된 연수 내용에 대한 인식 | | | | |
| | 3. 안전교육 영역 추출 지도의 합리성 | | | | |
| | 4. 안전교육 교사 조직 운영의 합리성 | | | | |
| 판례 분석 추진 결과 | 1. 판례 분석 팀 구성을 통한 판례 분석에 대한 인식 변화 | 설문 반응에 의한 전후 비교 | 질문지 | 교사 | 전후 비교 |
| | 2. 아동들의 안전교육에 대한 교사들의 상황 인식 변화 | | | | |
| | 3. 판례 분석을 통한 안전교육에 대한 교사들의 안전의식 변화 | | | | |
| | 4. 판례 분석을 통한 안전교육에 대한 자료의 활용도 변화 | | | | |
| | 5. 판례 분석을 통한 안전교육으로 아동의 안전의식 변화 | 실천에 대한 관찰 기록 | 관찰 기록 | 아동 | |
| | 6. 판례 분석 내용의 효용도 | 토론 반응 | 기록 | 교사 | 결과 기록 |

● **실태 조사와 결과 분석**

• **실태 조사**

　본교 교사들의 실태를 분석한 결과 안전교육 방향 설정에서 나타남과 같이 어떻게 지도해야 되는지 확실히 방향을 못 잡고 있는 형편이다. 이는 지금까지 안전교육은 교사들이 해 왔음에도 체계적으로 자료를 구안하여 지도하지 않았기 때문에 교사들의 안전교육 의식 및 방법에 대하여 인식이 미흡한 편이다.

• **결과 분석**

　이상과 같이 실태 분석 결과를 보면 다음과 같다.

−판례 분석이 안전교육에 도움을 주지 못할 것이라고 막연히 답하고 있는 것으로 분석되었다.
−안전교육 인식에 대하여 관심이 많음을 볼 수 있다.
−안전교육 영역의 추출에서 나타남과 같이 어떻게 지도해야 되는지 확실히 방향을 못 잡고 있다.
−안전교육 운영의 합리성에 대하여 별로 관심이 없음을 보이고 있다.

　추진상 효과에 대한 의견을 보면 다음과 같다.

−판례 분석 내용과 안전교육에 크게 관심이 없음을 알 수 있다.
−교사들이 안전의식에 대한 관심이 적고 그저 막연히 지도하고 있음을 알 수 있다.
−판례 분석의 자료의 효용도에서는 안전 지도를 막연히 하고 있음을 알 수 있다.
−교사를 통한 어린이의 안전교육 의식은 별로 높지 않음을 알 수 있다.

　이상으로 살펴본 결과 안전교육을 절감하면서도 안전교육 지도방법을 모색하는 데 어려움을 느껴, 판례 분석을 통하여 안전교육 지도를 실천하면 효과가 있을 것이라 생각하고 실행 목표를 설정하여 실천하였다.

## 12. 가설 · 실행 중점 설정

가설이란, 이미 알려진 사상이나 경험을 넘어서서 투사되는 명제를 말한다. 현장연구에서는 가설보다는 실천 목표 또는 실행 중점이라고 해서 가설 설정 형식을 취하지 않고 있다.

가설은 아직 사실로서 증명은 안 됐지만 추구하여 볼 만한 가치가 있는 조건을 가진 추측이다. 어떤 문제에 대한 잠정적 해답으로 생각할 수도 있고, 미지의 사실의 잠정적 설명이라고 할 수도 있다.

따라서 같은 연구 문제라도 연구자의 기호나 능력에 따라 가설을 설정하기도 하고, 실행 중점을 설정하기도 하여 획일적으로 말하기는 어렵다.

실행 중점은 기초 조사한 실태나 문제점을 바탕으로 이론적 배경에서 논의하고 정리하여 어느 정도 결론이 난 것을 이론만 가지고 주장해서는 설득력이 떨어질 때 근거를 제시하여 주장하고자 하는 것을 객관화하는 과정이라고 볼 수 있다. 실행 목표나 실행 중점, 실천 목표 등은 거의 비슷한 개념이다. 연구학교보다는 시범학교의 시범 보고서에 주로 쓰고 있는 것은 시범학교 운영은 계획적 활동의 특성이 더 강하기 때문이다. 현재의 연구 추세는 대체로 가설을 내세워 연구의 과학성을 더 과시하는 경향이 있다.

### ☑ 실행 중점 내용 조직의 요령

- 얼마나 참신성이 있는 내용인가?
- 실행 중점(가설)을 충족시킬 수 있는 실천 내용을 망라했는가?
- 연구의 목적 달성, 연구 문제의 해결 차원에서 실천 내용을 조직하고 있는가?
- 탐색된 이론과 선행연구 분석의 결과, 문제 분석의 결과와 연관성이 유지되고 있는가?

## 1) 가설의 진술

가설의 진술에 있어서, 첫째 변인 간의 관계인 전제와 방법과 결과가 함께 진술되어야 하고, 둘째 예상되는 결과를 논박할 여지가 있도록 진술되어야 하며, 셋째 분명한 하나의 해답을 주는 현재형으로 진술되어야 한다.

최근의 현장연구에서 가설을 명문화하여 제시하지 않는 경향을 보이는 것도 가설을 진술할 필요가 없기 때문인 경우와 가설을 설정할 만한 이론적 배경이 적절하지 못하거나 문제의 목적과 가설을 명확하게 구분하여 진술하기 어렵기 때문이라고 볼 수 있다. 예를 들면, '수학과의 프로그램 학습과 일제 수업 방식 간에(독립변인) 나타나는 학업 성취는 의의 있는 차이가 있을 것이다.'(종속변인)라는 가설은 전제와 방법과 결과를 모두 진술한 예다.

반면, '책을 읽으면 독해력이 신장될 것이다.'의 경우, 실제적으로 자명한 사실로서 예상되는 결과를 논박할 여지가 없으므로 가설이라고 할 수 없다.

## 2) 가설의 유형

첫째, 독립변인과 종속변인을 하나씩 가진 가설의 유형이다. 예를 들어, 교사 주도형과 학생 주도형의 학습 지도는 그 성과에 있어서 의의 있는 차이가 있을 것이다.

둘째, 독립변인 하나에 종속변인을 여러 개 가진 가설의 유형이다. 예를 들어, 의사소통 강조형 학교행정가의 인성 특성은 다음과 같은 영역에서 의의 있는 차이가 있을 것이다.

- 지배성과 의의 있는 상관관계
- 충동성과 의의 있는 상관관계
- 사려성과 의의 있는 상관관계
- 사회성과 의의 있는 상관관계

셋째, 독립변인이 여러 개이고 종속변인이 하나인 가설의 유형이다. 예를 들어, 다음과 같은 완전학습의 원리를 교수-학습에 적용하면 학생들의 학력이 의미 있게 신장될 것이다.

- 학습 목표의 제시
- 형성평가의 실시
- 학습자료의 활용
- 협동학습의 실시

넷째, 독립변인과 종속변인을 각기 여러 개 가진 가설의 유형이다. 예를 들어, '가'와 같은 동적 학습자료를 개발하여 활용하면 '나'와 같은 능력이 의미 있게 향상될 것이다.

① '가'의 동적 학습자료
- 삽화자료
- PPT 자료

② '나'의 능력
- 어휘 확충
- 표현력 확대
- 심도 있는 주의 집중
- 사고력 증진

다음의 '가'와 같은 방법으로 수업장학을 하면 '나'와 같은 효과가 있을 것이다.

① '가'
- 소규모 수업장학의 모델을 구안하여 실천 프로그램을 개발한다.

- 소규모 수업장학 모델 적용을 위한 교내 수업장학 전담실과 전담교원제를 운영한다.
- 소규모 수업장학 프로그램을 단계별로 적용한다.

② '나'
- 교사의 수업기술이 향상될 것이다.
- 학생들의 학업성취도가 향상될 것이다.
- 수업장학에 대한 이해와 의욕이 높아질 것이다.

요컨대, 가설은 반드시 실태 조사에서 밝혀진 내용과 이론적 배경을 바탕으로 연구 목적과 연구 문제 및 논리성이 뒷받침되도록 진술되어야 한다. 그러므로 가설은 연구자가 결론적으로 주장하려는 내용이어야 하며, 앞 장의 이론적 배경에서 논의되고 주장된 후 잠정적으로 그러한 결론이 나오도록 한 상태에서 가설이 도출되어야 한다. 가설은 일반적으로 '······하면 ······될 것이다.'로 진술될 수 있으며, '······면 ······다.' 또는 '······는 ······이 아니다.'라는 논리적 형식을 취할 수도 있다. 연구의 초심자일수록 가설이 단순한 것이 서술하기 좋고, 뒤에 검증, 해설, 해석하기도 좋으며, 전반적인 논문 내용도 좀 더 명확해진다.

## 13. 실행(실천) 계획

가설이나 실천 과제, 실행 중점, 실천 목표들을 어떻게 실행(실천)할 것인지 보다 구체적으로 계획을 세운다. 필요하면 가설별(실천 과제별, 실행 중점별, 실천 목표별)로 실행(실천) 계획을 세우는 것도 좋다. 연구 계획서만 보아도 어떠한 작업을 하여야 하는지 분명히 나타나야 한다. 특히, 가설이라든가, 실행 중점 또는 실천 목표가 설정되면 구체적인 실행 계획이 제시되어야 한다.

기초 조사(문제 분석)와 이론적 고찰 그리고 선행연구를 통하여 얻어진 것이 연구의 실천 목표다. 대개의 경우 연구 계획서에서는 실천 목표만 제시하는데, 이는 잘못된 것이다. 실천 목표를 구현할 수 있는 실행 계획이 수립되어야 한다. 예를 들면, 기초 연구에서는 가설의 실증, 실천 과정, 새로운 사실의 수집 과정 등으로, 현장연구에서는 연구의 실제, 운영의 실제, 연구의 실행 등으로 나타내고 있다. 이와 같이 다양하게 나타내는 이유는 연구 문제나 연구 내용에 따라 가설을 실행하는 과정이 다르게 진행되기 때문이다. 특히, 실행에서 취급될 내용을 분석적으로 인식하고 합당한 내용을 정리하는 것이 이상적이다.

## 1) 실행 계획의 예시

현장교육 연구 계획서 중에서 비교적 잘 정리된 연구의 실행 계획을 다음에 소개하고자 한다.

> ⎧ **실천 계획** ⎫
>
> 📝 **주제 : 교내 네트워크망을 이용한 초임교사와 협력교사 간에 동료장학을 통한 교수–학습 능력 향상 방안**[6]
>
> **1. 실행 중점 '1'의 실천**
>
> | 교수–학습 정보 공유를 위한 교내 네트워크망의 기반을 구축한다. |
> | --- |
>
> ――――― **실행 중점 '1'의 실천 과제** ―――――
>
> 가. 교내 네트워크 정보 공유체제 구축
>      1) 교내 네트워크망 구축
>      2) 네트워크 공유체제 구축

―――――――――――――

6) 유기환(2001). 제45회 전국현장교육 연구대회. 교육행정분과, 1등급.

　나. 네트워크 정보 활용을 위한 소양 연수 실시
　　1) 집단별 소양 연수
　　2) 동호회별 소양 연수

## 2. 실행 중점 '2'의 실천

　공유한 정보를 활용하기 위한 초임교사와 협력교사 간의 일대일 동료장학 체제를 확립한다.

### ━━ 실행 중점 '2'의 실천 과제 ━━

　가. 초임교사와 협력교사 간의 일대일 동료장학 체제 확립
　　1) 동료장학 협력 교사팀 조직 운영
　　2) 협력 교사팀 운영 전략 수립 및 실천

　나. 교수─학습 능력 신장의 접근 방법 모색 적용
　　1) 교수─학습 지도 전략안 작성 활용
　　2) 수업모형 자료 제시 활용

## 3. 실행 중점 '3'의 실천

　초임교사와 협력교사 간 일대일 동료장학 실시로 교수─학습 능력을 향상시킨다.

### ━━ 실행 중점 '3'의 실천 과제 ━━

　가. 초임교사와 협력교사 간 일대일 동료장학 계획 수립 및 실천
　　1) 일대일 수업 공개 동료장학 계획 수립
　　2) 일대일 수업 공개 동료장학의 실천

　나. 공동 교수─학습과정안의 작성 활용
　　1) 학년별 교수─학습과정안의 공동 개발
　　2) 학습 지도 방법 개선을 위한 자료 공동 개발 및 확보
　　3) 네트워크 장학 정보를 활용한 교수─학습 전개 및 수업 관찰 분석

다. 초임교사와 협력교사 간의 일대일 동료장학 실시 결과 반응
  1) 초임교사의 입장
  2) 협력교사의 입장

## 14. 검증 및 평가 계획

　검증 및 평가 계획은 실천 내용을 염두에 둔 적절한 것이어야 한다. 검증 및 평가란, 가설별로 실천된 모든 자료를 분석·종합하여 체계적으로 기술하고 정리하여 가설의 유효성을 검사하거나 평가하여 증명하는 것을 말한다. 그러므로 현장연구에서는 실행 과정에서 수집한 원자료를 조직, 정리, 해석하는 분석과 종합의 과정이라고 할 수 있다. 연구 이전과 이후에 행동의 변화가 나타나는 것을 각종 방법으로 수집하여 그 변화량을 측정한다든지, 실험군이 비교군과 달리 어떻게 변화했는지를 비교하는 일이 곧 검증 및 평가다. 따라서 어떤 방법으로 검증할 것인지, 또는 사용할 통계치는 무엇인지에 대해 기술해야 한다.

　검증 및 평가방법에는 두 가지 방법이 있다. 하나는 통계적 방법으로 연구 결과를 수치로 나타내는 것으로, 빈도, 집중경향치, 변산도치, 상관계수, 백분율, t검증, 변량분석 $\chi^2$법 등 수집한 원자료를 분석하여 수량화하는 것이다. 다른 하나는 논리적 방법으로, 관찰, 면접 및 각종 기록물을 분석하지만, 엄밀한 통계적 처리는 하지 않는 방법을 말한다.

　즉, 지적·기능적 영역에 속하는 내용의 검증에는 통계적인 검증을 주로 하고, 논리적인 검증은 할 수 있는 데까지 하는 것이 좋다. 정의적 영역을 내용으로 하는 연구에서는 논리적 방법을 주로 사용하고 가능한 데까지 통계적 방법을 사용하도록 연구 계획서에 자세히 나타내는 것이 좋다.

📝 **주제 : 만화 자료 구안ㆍ적용을 통한 주제 표현력 신장 방안**[7]

〈표 3-4〉 검증 내용 및 방법

| 평가 영역 및 내용 | 도구(대상) | 시 기 | 처리방법 |
|---|---|---|---|
| 1. 만화 활동 자료에 대한 자료적 가치 | 면담(교사) | 5월 9월 | 인천광역시 미술교과 회원들과 면담을 통한 의견 수렴 |
| 2. 만화 감상 자료에 대한 자료적 가치 | 면담(교사) | 4월 8월 | 인천광역시 미술교과 회원들과 면담을 통한 의견 수렴 |
| 3. 만화 지도에 대한 학생들의 반응 | 면담, 감상기록장 분석, 설문조사 (학생) | 6월 11월 | 수행평가 시 면담과 관찰, 설문지를 통한 전후 비교, 감상기록장 분석 |
| 4. 학생생활 결과에 나타난 주제 표현력의 변화 ① 만화에 대한 인지도 변화 ② 만화 감상에 대한 인식의 변화 ③ 수행평가한 표현활동 결과 분석 | 만화 활동, 자료 분석, 설문조사, 작품 분석 (학생) | 8월 12월 | 설문지를 통한 전후 비교, 연구반과 비교반의 작품 분석, 수행평가 시 면담과 관찰, 감상기록장 평가와 분석 |

---

7) 서형신(2001). 제45회 전국현장교육 연구대회. 미술교육분과, 1등급.

## 15. 기대되는 성과

　　현장연구 계획서를 작성할 때 기대되는 성과는 반드시 있어야 하는 항목이다. 기대되는 성과를 생각해 보면서 연구 설계 전체를 조망해 본다. 기대되는 성과를 진술할 때는, 첫째 검증 결과와 해석, 논의를 미리 예상해서 기술한다. 둘째, 잠정적인 결론을 진술한다. 셋째, 교육적인 효과를 예언한다.

　　연구 내용에 따라서 가설(실천 목표, 실천 과제, 실행 중점)별로 뚜렷이 나타나는 것도 있을 수 있고, 통합적으로 나타나는 것도 있을 수 있다. 그러므로 기대되는 성과는 이 연구를 추진하고 난 후에 예견되는 결과를 말하는 것이다. 어디까지나 예견되는 것으로서 확정된 것은 아니지만 가급적 이 예상이 적중되는 것이 연구자로서 기대하는 것이다. 현장연구이기 때문에 그 기대가 적중하지 않을 수도 있으며, 그때그때 지도하다 보면 더 좋은 결과를 얻을 수도 있다.

　　실제 기록 면에서는 미래형으로 진술하는 것이 좋다. 예를 들면, '학생들의 학력이 전체적으로 향상될 것이나, 학습 우수아에게는 더 큰 효과가 나타나고, 학습부진아에게는 그 파급 효과가 작을 것이다.' 또는 '모듈 연수자료는 자체 연수 효과에 크게 도움이 될 것이다.'와 같이 진술하는 것은 무방하다. 너무 친절히 한다고 해서 지나치게 정확한 수치로 나타내는 것은 오히려 비합리적이다.

　　다음과 같은 예시를 제시함으로써 이해를 돕고자 한다.

### 1) 가설별로 제시하는 경우

#### (1) 실천 과제 '1'에 대한 기대 성과

- 제시된 학습 문제 사태를 자신의 생활 문제로 생각하고 합리적 근거에 의해 가치를 추구하려는 학습 활동이 활발하게 진행될 것이다.
- 도덕적 문제 사태에 대하여 적극적으로 해결하려 하며, 자신의 입장에 나름

대로 근거를 갖고 결정하려는 태도가 길러질 것이다.

## (2) 실천 과제 '2'에 대한 기대 성과

- 도덕적 논의 활동에 의하여 기본적인 학습 태도가 길러져 다른 교과의 학습 활동에 미치는 영향이 클 것이다.
- 역할놀이 활동에 의하여 일상생활에서 문제 행동을 보이는 자기중심적인 편협한 생각에서 벗어나 상대방의 입장을 이해하고 자신의 행동을 반성 및 실천하려는 태도가 길러질 것이다.
- 도덕적인 문제 사태를 합리적 근거에 의하여 사고하여 해결하려는 가치판단 능력이 신장될 것이다.

## 2) 종합하여 제시하는 경우

### 📝 주제 : PBL 프로그램 구안 · 적용을 통한 창의력 신장 방안[8]

이와 같은 PBL 프로그램의 적용 결과를 검증하기 위하여 연구반과 비교반(다른 교사 지도반)을 대상으로 창의성, 과학적 태도, 인지 수준의 변화를 SPSS를 이용하여 t검증하였으며, 연구반을 대상으로 프로그램 평가 자료를 수집하였다. 분석한 결과는 다음과 같다.

첫째, PBL 프로그램 활동은 학생들의 창의성을 신장시켰다. 연구반과 비교반의 변화 정도를 사전/사후 검사의 점수 차이로 알아본 결과 연구반은 창의성 지수가 17.47점 향상되었으며 0.001 수준에서 의미 있는 향상을 보였으나, 이에 비해 비교반은 의미 있는 변화를 보여 주지 못했다. 창의성의 하위 요소별 분석 결과도 연구반은 유창성, 유연성, 독창성, 정교성 모두 통계적으로 의

8) 김경아(2003). 제47회 전국현장교육 연구대회. 과학교육분과, 1등급.

미 있는 향상을 보였다.

둘째, PBL 프로그램 활동은 학생들의 과학 태도 면에서 전통적 수업에 비하여 통계적으로 유의미한 효과를 나타냈다. 과학 수업의 흥미 면에서는 '과학 수업은 재미있다.' '과학 수업이 기다려진다.' 등의 질문에 대해 사전 평균 2.98에서 사후 평균 3.60으로 의미 있는 향상을 보여 주었다. 그러나 비교반의 경우 사전 평균 3.06에서 사후 평균 2.4로 역상관관계가 있는 것으로 나타났다. 수업 내용 면에서는 '과학 수업 내용이 우리 일상생활에서 사용되는 유용한 것' '과학 시간에 배운 내용이 장래 나의 생활에 유용할 것'이라는 항목에 대하여 연구반과 비교반 모두 평균 점수의 향상을 보였다. 그러나 비교반의 경우 유의도가 0.129로 유의한 차이가 없는 것으로 나타났으며, 연구반은 0.01 수준에서 의미 있는 향상을 보였음을 알 수 있었다. 과학 학습에 대한 질문인 '과학은 내가 좋아하는 과목' '과학은 어려워서 똑똑한 학생들만 이해할 수 있다.' '장래에 과학과 관련된 분야에서 일하고 싶다.'에서 연구반의 경우 0.001 수준에서 유의한 차이가 있는 향상을 보였다. 그러나 비교반의 경우에는 평균이 2.97에서 2.82로 낮아졌으나, 유의도가 0.365로서 유의한 차이가 없는 것으로 나타났다. 이러한 결과로 볼 때 PBL 프로그램의 투입은 학생들에게 과학 학습에 대한 흥미를 향상시키고, 과학을 잘할 수 있다는 자신감을 심어 주었으며, 앞으로 과학과 관련된 분야에서 일하고 싶어 하는 경향을 증가시켰음을 알 수 있다.

셋째, 인지 면인 학업성취도를 살펴보면 1학기 1차 지필평가 때는 비교반보다 성적이 5.54 떨어졌으나 그 이후 성적이 상승하여 시학력고사 때는 비교반보다 성적이 3.70 앞섰다. 물론 이러한 성적의 차이는 유의도 면에서 차이가 없는 것으로 나타났다.

이상의 결과를 종합해 보면, PBL 수업활동은 전통적인 수업보다 창의성을 향상시켰고, 과학 학습에 대한 흥미를 향상시켰으며, 과학을 잘할 수 있다는 자신감을 심어 주었고, 앞으로 과학과 관련된 분야에서 일하고 싶어 하는 경향을 증가시켰다. 학업 성취 면에서는 인지 능력의 향상에 효과가 있기는 하였으나 의미 있는 향상을 보여 주지는 못하였다.

---

**연구 계획서의 일반적 체제**

• 연구의 주제: 생략

Ⅰ. 연구의 개요(또는 서론)
    1. 연구의 필요(또는 동기·취지)    2. 연구의 목적(또는 문제)
    3. 연구의 범위(또는 제한)    4. 연구의 의의(또는 공헌도)

Ⅱ. 기초 조사(또는 진행 연구의 분석)

Ⅲ. 이론적 배경(또는 이론적 기초)

Ⅳ. 실천 목표의 제시(또는 가설의 설정)
    1. 용어의 정의    2. 실천 목표의 설정

Ⅴ. 연구의 방법
    1. 연구의 대상(또는 대상의 표집)    2. 연구의 도구(또는 도구의 선정)
    3. 연구의 절차(또는 실행 과정)    4. 통계 처리(또는 자료 처리)

Ⅵ. 실행 과정(또는 연구의 과정)
    1. 실천 목표 1의 실행 과정    2. 실천 목표 2의 실행 과정
    3. 실천 목표 3의 실행 과정

Ⅶ. 기대되는 성과(또는 예상되는 결과)

Ⅷ. 연구의 일정과 조직

• 참고문헌
• 부록: 1. 보고서의 양식  2. 처치도구  3. 검증도구  4. 기타 자료(참고자료)

---

**예 1**

1. 연구 주제
2. 연구의 필요성 및 목적
3. 가설 혹은 실천 목표
4. 이론적 배경
    (1) 실행연구의 결과
    (2) 이론적 분석
    (3) 용어의 정의
5. 연구의 내용, 방법 및 절차

    (1) 연구 내용(실천 내용)
    (2) 연구방법
    (3) 연구 대상
    (4) 연구 기간 및 절차
6. 연구의 제한점
7. 검증 및 평가 계획
8. 보고서 작성 계획
9. 기타 필요한 사항

예 2

Ⅰ. 연구의 취지 및 목적          Ⅳ. 연구방법
Ⅱ. 연구 문제                      Ⅴ. 예상되는 성과
Ⅲ. 이론적 배경                   • 참고문헌

예 3

Ⅰ. 문제의 제기                  Ⅴ. 연구방법 및 절차
Ⅱ. 문제 분석                    Ⅵ. 기대되는 성과
Ⅲ. 연구 문제                    • 참고문헌
Ⅳ. 이론적 배경

예 4

Ⅰ. 연구의 취지 및 목적          Ⅴ. 가설
Ⅱ. 기초 조사                    Ⅵ. 연구방법
Ⅲ. 연구 문제                    Ⅶ. 기대되는 성과
Ⅳ. 이론적 배경

예 5

Ⅰ. 연구의 필요성                Ⅴ. 연구방법
Ⅱ. 실태 분석                    Ⅵ. 기대되는 성과
Ⅲ. 연구 문제                    • 참고문헌
Ⅳ. 실행 목표

연구 계획서는 이루어진 연구 설계의 내용에 따라 이와 같은 여러 유형의 모습을 지닐 수 있다. 대체적으로 이와 같은 유형의 체제로 이러한 과정을 밟아서 연구 계획서까지 작성해 보도록 한다.

## ☑ 연구 계획서 작성 지침

- 합리적인(과학적인) 사고 과정을 근간으로 함
- 명확한 문제의식을 제시함
- 타당한 이론적 배경을 기초로 함
- 가설을 설정함
- 체계적 연구방법을 적용함
- 실태 분석(기초 조사) 자료를 명확히 제시함
- 실태 분석방법을 총동원하여 제시함
- 타당한 가설 도입(실행 중점)을 유도함
- 실행 중점 간의 타당성을 입증함
- 기대 성과를 예견함

# 제4장

# 현장교육 연구 보고서 작성의 실제

제 4 장

# 현장교육 연구 보고서 작성의 실제

## 1. 연구 주제

연구 주제는 연구의 전체를 가장 간결하게 표현해 줄 수 있는 제목으로서, 연구 내용과 방법이 함께 제시되어야 하고, 독자들의 관심을 끌 수 있는 매력적인 것이어야 한다.

연구의 초보자는 연구 문제를 명확히 의식하기도 전에 연구 주제부터 선정하는 경우가 있으나 특수한 경우를 제외하고는 연구 문제를 선정한 후에 연구의 가설을 생각하면서 차츰 분명한 연구 주제를 부각시키는 것이 일반적인 사고 과정이다.

다음에 사례를 제시하면서 연구 주제의 진술에 대하여 살펴보고자 한다.

첫째, 연구 주제는 연구의 내용과 방법을 대표하는 요약 형태여야 한다. 연구 주제는 연구의 내용과 방법을 시사해 주되, 아주 간결하게 진술하는 것이 좋다. 일반적으로 연구 주제는 15~20자 정도를 2행 이내로 배치하는 것이 적절하다.

예를 들면, '학습의 효율화를 위한 목표 지향적 평가 문항 개발 · 활용' 또는 '시청각 기교재의 적절한 활용으로 교수 · 학습의 질을 향상시키는 실천연구'와 같은 경우는 길이도 길지만 모호한 단어와 불명료한 형용사를 나열한 것으로 비칠 수 있다.

이 연구의 내용으로 보아 주제를 좀 더 다듬어 보면, '학습의 성취도를 높이기 위한 평가 문항의 개발·활용' '시청각 기교재의 활용을 통한 교수-학습의 질 향상'으로 제시할 수 있다.

둘째, 연구 주제는 구체적인 용어로 진술되어야 한다. 연구 주제의 용어는 의미 있게 정의하고 연구 내용을 구체적으로 표현한 단어여야 한다. 문학적이거나 감정적인 모호한 어휘는 피한다. 또한 '……에 관한 연구'란 말은 붙이지 않아도 좋다. '형성평가 방법 개선을 통한 흥미 유발이 수학과 학력 신장에 미치는 영향' '역할 학습의 구안과 적용을 통한 자율적인 도덕 생활의 습관화'와 같은 연구 주제는 '연구'란 용어를 생략해도 의미가 분명하다.

셋째, 연구 주제는 독립변인과 종속변인의 순서로 제시하는 것이 좋다. 연구 주제는 독립변인을 먼저 제시하고 다음에 종속변인을 제시하여 변인 관계를 분명히 밝혀야 한다. 그런데 현장연구의 경우 예상되는 결과를 강조하려는 뜻에서 종속변인을 독립변인보다 먼저 내세우는 경우가 많다.

여기서 독립변인은 작용하는 변인이고, 종속변인은 작용의 결과로 나타나는 변인을 말한다. 예를 들면, '독해력 신장을 위한 독서 기능 훈련' '도덕적 판단력 신장을 위한 가치 갈등 교재 개발 및 체계적 적용' 등에서 보는 바와 같이 대개는 처치를 가하는 독립변인보다 결과로서 나타날 종속변인을 먼저 제시하고 있다.

이를 수정하여 '독서 기능 훈련이 독해력 신장에 미치는 영향' '가치 갈등 교재 개발 및 체계적 적용을 통한 도덕적 판단력 신장' 등 독립변인을 먼저 제시하고 종속변인은 뒤에 진술하는 것이 바람직하다.

넷째, 연구 주제에 따른 부제는 가급적 설정하지 않는 것이 좋다. 그런데 주제만으로는 연구의 범위나 방법이 명백하지 않으면 부제를 붙이는 경우가 있다. 가능한 한 주제가 연구의 전체를 대변할 수 있도록 진술하고 부제는 붙이지 않는 것이 바람직하다.

## 2. 연구의 필요성

　　연구의 필요 또는 연구의 필요성, 연구의 취지, 문제의 제기, 주제 설정의 근거 등은 서장의 가장 첫머리에 제시하는 항목이다. 이러한 연구의 필요는 '시작하는 글'로서 간결하면서도 의미 있는 표현이어야 한다.

　　첫째, 연구의 필요성은 연구 주제와 연구 문제에 직접 관련을 갖도록 구체적인 내용으로 진술하여야 한다. 연구의 필요성은 연구가 이루어져야 할 근본적인 필요라든가 근원적인 동기라든가 취지 등이 구체적인 내용으로 진술되어야 한다. 즉, 연구 주제의 범위를 제시하면서 연구 문제에 직접적인 원인과 동기를 진술하여야 한다.

　　둘째, 연구의 필요성은 객관적인 근거를 기초로 하여 진술하여야 한다. 연구자의 잠재적인 의식이나 개인적인 주장을 단정적인 용어로 제시하는 것은 가급적 삼가고, 연구 결과나 기초 조사 및 실태 조사 등으로 추출된 내용을 근간으로 하되, 이때는 각주를 제시하여 출처를 분명히 하여야 한다. 그렇다고 지나치게 인용하여 연구 방향에 일관성을 잃어서는 안 된다.

　　셋째, 연구의 필요성은 가설적인 문제의식이 부각되어야 한다. 현장연구에서는 문제의식을 분석적이고 구체적으로 제시함과 더불어 현장 문제 속에서 연구의 필요와 동기를 구체화해야 한다. 즉, 현장 문제 속에서 가설적인 문제의식을 추출하여 연구 문제를 부각시키고 가설로 제기되어야 하는 근원적인 동기와 취지 및 이유가 분명하게 진술되어야 한다.

　　이상의 내용을 요약하면, 연구의 필요성은 연구를 해야 하는 이유, 연구가 교육 실천 개선에서 차지하는 가치, 문제 뒤에 숨어 있는 요인, 연구 결과, 예상되는 효과 등에 대해서 객관적으로 분명하게 진술하도록 한다.

예시 1

📝 **주제: 변용적 봉사 체험활동 프로그램 구안·적용을 통한 공동체 의식의 함양 방안**[1]

● **연구의 필요성**

　인간이 즐거운 삶을 영위하기 위해서는 공동체 의식의 함양이 필요하다. 고대 그리스 철학자 아리스토텔레스(Aristoteles)는 "인간은 사회적 동물이다."라고 하였다. 이는 인간은 사회를 떠나 영위할 수 없고, 사회를 이루지 않고 존재한다는 것은 삶의 의미가 없음을 깨닫게 해 주는 말이다. 인간이 타인과 더불어 사는 데 필요한 타인에 대한 이해와 존중 그리고 타인과 원만한 관계를 맺고 유지하는 기본적인 태도를 갖추지 못한다면 사람의 공동체적 삶은 근본적으로 불가능하게 된다.

　우리 조상들은 계, 두레, 향약, 품팔이 등 상부상조의 정신으로 이웃을 사랑하고 실천하는 태도를 중시하였다. 오늘날 산업화, 도시화가 가속화되면서 전래적으로 내려오던 미풍양속은 점차 사라져 가고 있으며 개인주의, 가족주의, 이기주의 등은 날로 팽배해지고 있다. 이러한 현대사회에서 인간의 마음을 따뜻하게 연결해 줄 더불어 살아가는 공동체 의식이 절실히 필요한 시점이다. 인간 소외, 사회적 무책임, 연대감 상실 등 현대사회가 가지고 있는 병리 현상을 치유할 수 있는 중요한 대체 기제로서 피터 드러커(Peter Drucker)는 "21세기는 자원봉사 활동이 인류의 중요한 미래 활동 중 하나가 될 것이다."라며 봉사활동의 중요성에 대하여 말하고 있다.

　현재까지 우리나라 교육은 민주시민에게 요구되는 능력의 함양에는 어느 정도 성공하고 있으나 민주시민에게 요구되는 덕성을 함양하는 일에는 크게 실패하고 있다. 민주사회의 건설과 발전을 위하여 요구되는 주요 덕성 내지 심성은, 첫째 인간을 인간으로서 존중히 여기는 마음, 둘째 모든 인간을 동등하게 대접하는 평등사상, 셋째 나의 자유와 타인의 자유 그리고 나의 권익

1) 최왕림(2003). 제47회 전국현장교육 연구대회. 특별활동분과, 1등급.

과 타인의 권익을 동등하게 존중하는 공정심, 넷째 공동체에 대한 참여의식과 봉사정신 등이다. 그런데 오늘의 우리 한국인에게는 이러한 덕성 내지 심성이 크게 부족하다.

학교교육은 '전인적(全人的) 인간'을 육성하기 위해 다양한 노력을 꾸준히 전개해 왔다. 그럼에도 불구하고 산업사회가 발달되면서 교육도 인성적 측면보다는 사회 및 경제 발전에 필요한 인재를 육성하는 데 치중하게 되었다. 그 결과 인간 가치의 경시 풍조가 만연되었고, 물질만능주의와 이기주의가 팽배해졌다. 이러한 변화 속에서 인성교육의 터전으로 인식되어 온 가정마저 핵가족화됨에 따라 그 기능이 약화되었으며, 인간교육, 인성교육의 부재 현상이 심각해졌다.

물질만능주의와 인간 경시 풍조는 도를 넘어 우리 사회의 안전을 위협하는 지경에 이르고 있다. 이러한 인간성 상실의 위기에 처한 이 시점에서 특단의 교육이 절실히 요구된다.

본교는 도서 벽지의 소규모 학교로 교내 활동과 지역사회를 위한 봉사 활동이 필요한 실정이나 열악한 교육환경과 가정교육 기능의 저하, 봉사 활동의 경험 부족, 봉사 체험 활동의 체계적인 연계 교육의 결여 등으로 봉사 체험 활동이 미진한 상태다. 또한 제7차 교육과정 특별활동의 봉사 활동 영역에는 일손 돕기 활동, 위문 활동, 캠페인 활동, 자선·구호 활동, 환경·시설 보전 활동, 지역사회 문화·예술 활동 등 극히 제한적인 봉사 활동이 제시되어 있다.

따라서 본 연구는 종래의 교과서 위주의 봉사정신 교육 및 제한적인 봉사 활동으로는 이웃을 사랑하는 마음과 삶의 진정한 가치와 보람을 느끼고 사회의 한 구성원으로서 책임과 역할을 다하는 공동체 의식을 함양시키는 데 한계가 있으므로 도서 지역의 특수성을 감안하여 변용적 봉사 체험 활동 프로그램을 구안·적용하면 공동체 의식의 함양에 효과가 클 것으로 판단되어 본 연구를 시도하였다.

연구의 방향과 예상되는 효과를 제시하고, 교과 내용 분석과 관계 문헌연구를 통하여 지도상의 문제점을 발견한 후, 현장의 제 요인을 분석·고찰하여 연구 문제를 추출하고, 그 추진 방향을 제시하면서 연구의 필요를 진술한 형태는 다음과 같다.

( 예시 2 )

☑ 주제 : 실생활 중심의 프로젝트 학습을 통한 영어 의사소통 능력 신장 방안[2]

● 연구의 필요성

오늘날 세계화 · 정보화 시대를 맞이하여 수천 년간 단일민족으로 우리말을 지켜 온 우리나라 일각에서도 영어 공용화 논란이 일어날 정도로 이제 영어는 점점 더 그 필요성을 더해 가고 있다. 외국의 한 통계에 의하면, 전 세계 라디오 방송의 60%, 우편물의 70%, 전화 통화의 85%가 영어로 이루어지고 있으며, 전 세계의 약 7억 대의 컴퓨터에 들어 있는 정보의 80%가 영어로 되어 있다고 한다. 이러한 지식기반 사회와 정보화 사회에 능동적으로 대처하며 적극적으로 살아가기 위해서는 세계 공용어인 영어 의사소통 능력을 갖추는 것이 필수적이다. 이러한 인식의 확산과 더불어 영어 의사소통 능력을 기르려는 노력은 영어 유치원, 조기 해외 유학, 어학연수 등의 열풍을 불러일으켰다. 그래서 외국에 어학연수를 가도 연수생의 대부분이 한국 사람이어서 한국말만 하다 온다는 웃지 못할 현상까지 일어나고 있다.

그러나 이것은 어디까지나 일부 계층의 일이고, 우리나라 초등학교 대다수의 학습자들은 아직도 '교실'에서 '교과서'로 3, 4학년은 주당 1시간, 5, 6학년은 주당 2시간의 영어학습을 하고 있다. 이러한 학습 시간량은 충분한 양의 입력과 지속적인 언어 사용이 주어져야 하는 언어 교육의 특성에 비추어 볼 때 우려할 만한 일이 아닐 수 없다. 실제로 1997년부터 줄곧 영어를 가르쳐 온 연구자의 경험에 의하면, 영어시간을 좋아하고 적극적으로 참여하여 그 시간의 주요 언어를 다 익힌 것 같아도, 일주일 뒤나 3, 4일 뒤 영어시간에 전시학습 상기를 해 보면 까맣게 잊어버린 아동들을 발견하는 것은 어려운 일이 아니다. 또 3~6학년 영어를 가르쳐 본 바에 의하면 학년이 올라갈수록 영어가 어렵고 재미없다고 여기는 학습자들이 많아지는 것도 부인할 수 없는 현실이다.

그렇다면 아동들이 재미있게 영어 공부를 하면서 학습한 언어를 쉽게 잊

---

2) 신연옥(2003). 제47회 전국현장교육 연구대회. 영어교육분과, 1등급.

지 않고 기억하면서 유의미하게 사용하려면 어떻게 해야 할까? 물론 영어에 흥미와 자신감을 기른다는 교육과정의 반쪽 목표에 도달하는 것만으로도 만족할 수 있겠지만, 연구자는 가르치는 교사로서 아동들이 학습한 영어만큼은 자기 것으로 만들어 의미 있게 사용할 수 있게 해 주고 싶었다. 그러던 중 딸아이가 유치원을 다닐 때 프로젝트 학습을 받았는데, 집에 오면 아주 흥미 있어 하며 프로젝트 수행을 위한 간단한 조사와 과제, 준비물 마련을 위해 도움을 청하거나, 부모님 앞에서 복습이 될 만한 간단한 내용의 읽기나 암송을 하던 생각이 났다. 그래서 영어 학습에도 프로젝트 학습을 접목시켜 시도하면, 학급의 아동들이 집에 가서도 부담되지 않을 간단한 영어 과제를 스스로 해결하거나 부모님에게 도움을 청하고, 다음 영어시간에 필요한 준비물을 챙기며 영어시간에 있었던 일을 되새겨 보거나 다음 영어시간에 대한 기대감을 유지하게 되어 결과적으로는 학습 시간 외에 '교실 밖'까지 영어를 사용하는 경험을 갖게 될 것으로 판단되었다. 또 프로젝트 학습은 아동들의 생활과 경험에 근거하여 설계되므로, 자신의 의사나 생활과 관계없는 교과서의 의사소통 기능문을 학습하는 것보다 아동들의 흥미와 동기 유발에도 효과적일 것으로 여겨졌다.

이미 연구자는 학위 논문을 위해 주제 중심의 통합적 교수 요목을 설계하여 성공적으로 수행해 본 경험이 있어, 똑같이 내용 중심의 언어학습(content-based instruction)에 근거한 프로젝트 학습을 설계하여 수행할 자신이 있었다. 따라서 본 연구는 '외국어로서의 영어' 학습 상황에 있는 우리나라 영어 학습자들에게 영어 사용과 경험의 기회를 '교실 밖'까지 확대하고, 아동들의 생활과 경험에 기초한 프로젝트 학습을 설계하여 현장에 적용함으로써, 3학년부터 6학년까지 영어시간마다 4년 동안이나 천편일률적으로 적용되는 듣고 따라 하기, 노래나 챈트하기, 알파벳이나 단어 읽기-쓰기, 게임으로 일관된 현장의 영어 교수방법과는 다른, 새로운 영어 학습방법을 시도해 보고자 한다.

연구의 필요성을 진술하는 데 있어 문제점이나 필요성이 요구되는 문제를 영역별로 구분하여 제시한 예를 소개하면 다음과 같다.

( 예시 3 )

📝 **주제 : 창작 도메인 프로젝트 활동을 통한 음악성 신장 방안**[3]

● **연구의 필요성**

21세기 정보화 산업의 발달은 미디어 매체의 발달과 보급을 가속화함으로써 다양한 문화적 체험의 기회를 확대시켰다. 이제 우리는 세계 여러 나라의 다양한 문화를 생생하게 접하고 느낄 수 있게 되었다. 특히, 음악은 동서를 막론한 세계인의 공통적 문화로 미디어 매체의 발달과 함께 빠르게 전파·교류되고 있다. 우리는 안방에서 우리나라는 물론 세계의 다양한 음악을 듣고, 즐길 수 있게 되었다.

그러나 이와 같은 풍성한 음악 환경의 제공이 곧 질 높고, 의미 있는 음악 환경의 제공만을 의미하지 않는다. 개인으로서는 좀 더 질 높은 음악에 대한 기호와 환경을 선택할 수 있는 안목, 즉 심미적 성향이 필요하다. 이와 같은 심미적 성향은 예술의 체험과 예술 교육의 혜택을 받은 정도에 따라 달라질 수 있다. 따라서 학교에서의 음악교육은 학생 개개인이 직접 체험함으로써 느낄 수 있는 음악 체험의 장을 제공하여 심미적 성향을 키워 주어야 한다. 이는 곧 바람직한 '음악성 성장: 음악적 능력과 음악적 심성이 포괄적이고 균형 있게 발달하는 상태'를 의미하며 학교에서의 음악교육은 이를 기본 목표로 전개되어야 한다.

음악 교과는 보이지 않는 '소리'를 매개로 이루어지기 때문에 다른 교과보다 개념의 이해와 기능 습득을 위한 꾸준한 활동이 필요하다. 이를 위하여 교사는 음악적 기능과 함께 계획된 학습의 전개를 필요로 한다. 그러나 교사가 음악 기능이나 소양이 부족한 경우 교사 자신이 음악 활동 자체를 기피하게 되어 음악 수업은 '음악 활동: 음악을 듣고, 노래를 부르고, 악기로 연주하며, 음악을 만드는 등'을 중심으로 지속적이고, 효과적으로 이루어지지 못하게 된다.

따라서 이와 같은 수업 전개의 어려움을 돕기 위한 교수 자료로서 최근 학

---

3) 원은숙(2004). 제48회 전국현장교육 연구대회. 음악교육분과, 1등급.

교 현장은 다양한 멀티 시설이 보급되어 활용되고 있다. 그러나 음악과와 같이 '소리'를 매개로 하기 때문에, 청각적이며 순간적인 성격을 갖는 교과에서는 멀티 시설의 '보여 주는 수업'이 학습 효과 면에서 제한적일 수밖에 없다.

7차 음악 교과에서도 활동 중심의 음악교육을 지향하며 이를 통하여 음악성 계발, 창의성 계발, 음악적 정서의 함양을 목표로 하고 있다. 또한 이해와 활동 영역이 통합적으로 운영되어 음악 개념의 이해와 음악 활동이 의미 있게 연계되어 지도(교육부, 2001)되어야 함을 강조하고 있다. 따라서 학생들의 음악적 성장을 위해서는 '보여 주는 수업'이 아닌 활동 중심의 다양한 학습이 이루어져야 한다. 또한 활동 중심의 수업과 함께 학습자의 요구에 부응함으로써 음악 학습의 효과를 높일 수 있다.

본 연구자의 음악 학습에 대한 학생들의 실태 조사에서는 '활동 중심'의 음악 수업에 대한 직접적인 요구를 나타내고 있었다. 학생들은 가정학습으로 다양한 연주 경험이 있고, 연주 기능은 좋았으나 이를 지루하고 흥미 없는 활동으로 생각하고 있었다. 또한 가창 중심의 음악 학습으로 다른 음악 활동, 특히 창작 학습에 대한 인식이 매우 낮았다. 반면, 위와 같은 실태에도 불구하고 학생들은 자신들이 직접 했다는 이유로 음악 교과의 선호도가 높았다.

음악적 성장을 위한 좀 더 재미있고 의미 있는 음악 학습에 대한 새로운 요구로는 다양한 음악 경험, 즉 노래 부르기 외에 신체 표현, 연주, 작곡, 감상 등의 음악 활동이 게임이나 직접 참여하는 활동 중심의 수업으로 이루어지기를 요구하였다.

그리고 음악 개념에 대한 이해도가 매우 낮아 같은 활동을 반복해도 좋으니 '가락'이나 '리듬' 등과 같은 음악적 개념을 확실하게 알게 되기를 바랐다.

따라서 위와 같은 학생의 요구를 반영한 활동 중심 그리고 개념의 이해를 위한 교수–학습 활동이 이루어져야 한다. 도메인 프로젝트(Domain Project)의 활동은 음악 교과과정에서 중심 주제를 생산–지각–반성의 과정을 반복적으로 활동하도록 한다. 이는 곧 실음을 통한 활동 중심으로, 개념에 대한 이해와 음악 개념을 활용할 수 있는 기회를 제공할 수 있다.

또한 생산−지각−반성의 과정에서 만들어진 연주 활동은 가정에서 학습된 음악 연주 기능을 활용할 수 있는 기회로 학생 자신의 연주에 대한 흥미를 높일 수 있다. 뿐만 아니라 학생들의 참여도를 높일 수 있기 때문에 창작 수업에 대한 인식과 흥미를 높이며, 활동 중심으로 음악성 신장을 위한 바람직한 음악 수업 전개의 바탕이 될 것이다. 따라서 본 연구자는 창작 도메인 프로젝트 활동을 적극적으로 활용하고자 하였다. 그리고 효과적인 교수−학습의 과정과 방법을 위해 아츠 프로펠(Arts Propel)에 대한 이론과 음악과에서 창작 포트폴리오 평가방법을 활용하여 음악적 사고, 인지적 민감성, 연주 기술의 음악성을 신장시키고자 본 연구를 시도하였다.

## 3. 연구의 목적

연구의 목적은 주제에 관한 연구를 통하여 얻고자 하는 것 혹은 발견하고자 하는 것이 무엇인가를 밝히는 것이다. 그런데 가설을 진술하지 않는 연구라면 연구 목적을 세분하여 구체적으로 진술해야 한다. 대체로 연구 목적을 구체적으로 진술함으로써 연구 문제와 그 연구 방향이 명백해지며, 얻고자 하는 연구 결과가 분명해진다. 연구 목적을 진술하는 데는 여러 가지 방법이 활용되는데, 구체적인 예를 들어 보면 다음과 같다(최지운, 1979).

## 1) 특정 사실이나 사건에 대한 명확한 기술이나 설명을 위한 목적인 경우

예시 1

📝 **주제 : 채팅 도우미 프로그램 구안·적용을 통한 한글 파괴 현상 감소 방안**[4]

앞서 살펴본 바와 같이 표준어 파괴 현상에 대한 심각성을 인식하고 체계적인 채팅 도우미 프로그램을 구안·적용하여 한글 파괴 현상의 감소 방안을 모색하고자 다음과 같은 목적을 설정하였다.

- 한글 파괴 현상의 감소를 위한 채팅 도우미 프로그램을 구안한다.
- 채팅 도우미 프로그램을 적용하여 한글 파괴 현상을 감소시킨다.
- 도우미 프로그램과 병행하여 바른 한글 사용의 내면화를 위한 다양한 활동 방안을 모색한다.

예시 2

📝 **주제 : 초등학교 교사의 생활 가치관에 관한 분석적 연구**[5]

- 연구의 목적
  첫째, 교사의 생활 가치관의 현황을 비교·분석한다.
  둘째, 교사의 성별, 연령별, 경력별, 지역별, 계층별 차이점과 문제점을 분석·진단한다.
  셋째, 교직의 품위를 높이기 위한 몇 가지 자료를 제공함으로써 교직의 역할 효능을 향상시킨다.

4) 박현호(2003). 제47회 전국현장교육 연구대회. 국어교육분과, 1등급.
5) 김달배(1979). 국민학교 교사의 생활 가치관에 관한 분석적 연구. 한국의 교육 13집, p. 139.

## 2) 연구의 종합적인 방법을 제시하고 이어 구체적인 목적을 분석적으로 나열하는 경우

예시 1

📝 **주제**: 담화 유형별 ICT 활용 요소 적용을 통한 의사 표현 능력 신장 방안[6]

● **연구의 목적**

본 연구의 목적은 국어과 표현 영역(말하기, 쓰기)의 교수-학습의 방향으로 담화 유형을 중심으로 다양한 ICT 활용 학습방법의 적용을 통하여 학생들의 의사 표현 능력을 신장시키고자 하며, 그 구체적인 목적은 다음과 같다.

- 국어과 표현 영역에서 담화 유형별로 ICT 활용 요소를 추출하여 학습 내용 요소를 선정한다.
- 선정된 내용 요소를 바탕으로 ICT 활용방법 중심의 교수-학습 활동을 구안한다.
- 구안된 ICT 활용방법의 적용을 통하여 학생들의 국어과 의사 표현 능력을 신장시킨다.

예시 2

📝 **주제**: 교감의 임상장학을 통한 초임교사의 반성적 교수 능력 신장 방안[7]

● **연구의 목적**

본 연구는 교내 장학 수준에서 임상장학에 대한 초임교사의 인식 수준을 알아보고, 이를 대상으로 임상장학을 실시해서 반성적 사고 활동을 촉진시

---

6) 김웅균(2003). 제47회 전국현장교육 연구대회. 국어교육분과, 1등급.
7) 박덕순(2002). 제46회 전국현장교육 연구대회. 교육행정분과, 1등급.

커 반성적 교수 능력을 신장시키고자 하는 데 근본 목적이 있으며, 그 구체적인 목적은 다음과 같다.

- 임상장학에 대한 초임교사의 지각과 기대 수준을 알아본다.
- 초임교사의 수업관찰과 수업분석을 실시하여 그 자료를 제공할 방법을 모색한다.
- 초임교사를 대상으로 임상장학을 실시해서 반성적 교수 능력의 효과성을 밝힌다.

## 3) 어떠한 예측을 위한 연구 목적을 구체적으로 진술하는 경우

예시 1

📝 **주제: 대중매체 자료 활용을 통한 쓰기 구성력 신장 방안[8]**

본 연구는 중학교 1학년 학생들에게 국어교과 언어 사용 관련 단원인 말하기·듣기, 읽기, 쓰기의 교수–학습 활동에 대중매체 자료를 선별하여 쓰기 지도의 요소와 쓰기 과정에 맞는 학습지를 제작하고, 이를 말하기·듣기, 읽기가 연계된 쓰기 지도에 활용하여 학생들의 언어 사용 기회를 확대시켜 줌으로써 쓰기 구성력을 신장시키는 데 그 목적이 있다. 이 목적을 달성하기 위해 밝혀낼 구체적인 내용은 다음과 같다.

- 말하기·듣기, 읽기가 연계된 쓰기 지도 과정을 구안한다.
- 대중매체 자료를 선정하여 구안된 쓰기 지도 과정에 맞게 교재화한다.
- 교재화된 자료를 활용하여 말하기·듣기, 읽기가 연계된 쓰기 교수–학습 활동을 전개함으로써 쓰기 구성력을 신장시킨다.

---

8) 박숭순(2000). 제44회 전국현장교육 연구대회. 국어교육분과, 1등급.

---

예시 2

📝 **주제 : 농업계 고등학교 학생들의 입학 동기에 관한 연구**

● **연구의 목적**

　　우리나라 직업농업 교육의 부진 현상을 가져오게 한 제요인을 구명하여 농업계 고등학교의 교육과정 편제와 운영의 합리화, 신입생 선발 절차의 개선 및 졸업생들의 농촌에의 유입 유인을 위한 정책 수립에 기여함과 동시에 직업농업 교육과 일체적 연관을 지니고 있는 농업 교사 양성 교육의 진흥책에 기여하고자 함이 본 연구의 목적이다.

---

## 4) 새로운 이론이나 방법의 적용을 목적으로 하는 진술의 경우

예시 1

📝 **주제 : 창의성 신장을 위한 발상법 훈련에 관한 실천 연구[9]**

● **연구의 목적**

　　시대적·사회적 변천에 따른 교육관의 변화와 최근의 창의성 계발을 위한 제이론 연구를 바탕으로 설정한 연구의 목적은 다음과 같다.

- 창의적인 발상을 촉진시킬 수 있는 방법을 모색한다.
- 초등학교 아동들에게 적합한 창의성 계발 기법을 찾아 적용해 본다.
- 창의적 활동이 전개될 수 있는 교실 분위기를 조성한다. 이론 적용의 근거를 밝히고, 구체적인 적용 대상에 따른 적용방법을 명확히 진술해야 한다.

---

9) 김영희(1986). 제30회 전국현장교육 연구대회. 주제분과, 1등급.

━━━━━━━━━━━━━━━━━━━━
( 예시 2 )

✏️ **주제: 환경보호 정신의 내면화를 위한 자연보호 교재화와 실천 방안**[10]

● **연구의 목적**

　환경의 보존과 파괴는 인간 활동의 소산이며 환경보호는 어떠한 특정인의 임무가 아니고, 인간 개개인의 책임이라는 것을 인식하고, 나아가서는 환경문제에 대한 합리적 결정 작용을 통하여 자기 가치를 결정하고 행동할 수 있도록 하기 위해서다.

　첫째, 교과서 내용을 중심으로 환경교육 내용을 학년 수준에 맞추어 체계화하고 계속성 있게 지도할 수 있도록 교재를 향토사회와 관련지어 재구성하는 방법을 밝힌다. 둘째, 환경문제에 관한 가치 내면화를 위한 교수–학습 과정의 전개 요령을 탐색한다.
━━━━━━━━━━━━━━━━━━━━

　연구의 목적을 특정 사실에 대한 명확한 기술적 설명에 두느냐, 연구의 종합적인 방법을 제시하고 이어 구체적인 목적을 분석적으로 나열하느냐, 어떠한 예측을 위한 연구 목적을 구체적으로 진술하느냐 하는 것은 이미 선정된 주제의 성질에 따라 결정될 문제다. 동시에 반대로 연구의 목적을 어디에 두느냐에 따라 선정된 주제의 내용이나 범위의 한정에 수정을 가져올 수도 있다.

　연구 목적의 진술에 있어서 특별히 유의해야 할 점은 다음과 같다(진보영, 1979).

　첫째, 연구 목적을 교육 목적과 유사하게 진술해서는 안 된다. 현장연구에서 연구 목적은 교육 목적을 효율적으로 수행하기 위해 이루어지는 선행 활동이며, 교육 목적과는 다른 성격을 갖게 된다. 다음은 연구 목적을 교육 목적과 유사하게 진술한 경우다.

- 협동하는 사람이 되게 한다.
- 양보하는 사람이 되게 한다.

---

10) 김유영(1992). 제36회 전국현장교육 연구대회. 특수영역분과, 1등급.

• 맡은 일을 끝까지 하게 하는 사람이 되게 한다.

앞의 진술은 윤리·도덕의 덕목으로 교육 목적이나 교육 목표에 가깝지, 연구의 목적이라고는 할 수 없다. 이때 연구 목적은 협동하는 사람이 되도록 하는 교육 목적보다는 협동하는 사람을 육성시킬 수 있는 교육방법을 찾거나 이 방안과 관련 있는 구체적인 사실을 밝히는 데 있다고 진술하는 것이 바람직하다. 즉, 연구 목적은 문제해결 방안을 탐색하는 내용과 밝히고자 하는 명백한 내용이어야 한다.

둘째, 연구 목적의 진술에서 연구의 의의나 공헌도를 강조하는 일은 시정되어야 한다. 예컨대, '사고력을 높이고, 창의적인 생각을 증진시키며, 협동하는 사람이 되게 한다.'와 같은 표현은 연구 목적이라기보다 연구 결과가 가져다줄 공헌도에 가깝다. 즉, 연구의 실제적 의의를 목적에 진술해 놓은 예다.

학습 효과에 관한 연구 목적을 제시하려면, '학습 효과를 높이는 것'과 같이 진술하지 말고 '……을 함으로써 학습 효과의 정도를 밝힌다.'고 진술하는 것이 좋다.

학습 효과를 높이는 것은 교육 목적에 속하는 것이고, 연구에서는 학습 효과를 높이는 방안을 구안하고 이를 적용함으로써 학습 효과가 높아진 정도를 밝히는 것이 연구 목적이 되어야 한다.

## 4. 연구 문제

일반적으로 연구 문제가 확정되고 주제가 결정되면 연구 문제를 항목별로 나누어 진술한다. 가능하면 질문 형식의 문장으로 진술하는 것이 좋고, 내용은 변인과 변인의 관계를 진술하는 것이 보통이다. 연구 문제는 그 내용에 따라 여러 층이 있고, 또 차이도 많기 때문에 어떠한 것이 최선의 진술방법이라고 단언할 수는 없다. 그러나 연구 주제와 연구 문제를 혼동하는 경우가 있다. 이를테면, 연구 문제가 연구 주제를 하위 문제로 분석한 경우다. 연구 주제는 포괄적이고 간단하게 진술되어 있어 연구를 추진하는 데 직접적인 길잡이가 될 수 없다. 따라서 연구를 실제로 추진함에 있어서는 구체적인 몇 개의 문제가 있어야 한다. 이것이 바로 연구 문제이며, 진술 요령은 다음과 같다(이정용, 1980).

첫째, 변인이나 변인 관계를 진술해야 한다. 연구 문제는 분명한 변인을 제시해야 하며, 변인이 둘 이상일 때는 변인 간의 관계가 구체적으로 표현되어야 한다. 여기서 말하는 변인은 독립변인과 종속변인을 뜻한다.

- 변인 A와 변인 B는 관계가 있는가?
- 변인 A와 변인 B는 어떻게 관련되어 있는가?
- 변인 A와 변인 B는 C와 D라는 조건하에서 어떻게 관련되어 있는가?

둘째, 서술문보다는 의문문으로 진술하여야 한다. 의문문으로 진술하는 이유는 연구 문제를 명확히 의식하기 위해서다. 요컨대, 환경보호 교육의 체계화를 위한 교재의 재구성을 어떻게 할 것인가? 또는 환경보호 교육을 위한 가치 내면화 과정의 적용은 어떻게 할 것인가? 등 의문문으로 표현하면 문제가 분명해진다.

셋째, 알고자 하는 문제를 명확히 진술해야 한다. 연구는 의문에서 출발한다. 이 의문이 무엇인지를 문장화해야 한다. 연구가 끝났을 때 알고자 하는 점이 무엇인지를 밝혀야 한다. 연구 문제가 명백하지 않으면 가설을 세울 수가 없다. 가설은 연구 문제에 대한 잠정적인 결론으로 보기 때문이다.

연구 문제 진술의 구체적인 예를 조사연구의 경우와 실천·실험 연구의 경우로 나누어 살펴본다.

## 1) 조사연구의 경우

조사연구에서 연구 문제는 몇 개의 하위 문제로 세분하거나 연구 문제의 구성 요소를 분석하고 하위 구성요소로 분할하여 제시한다. 현실적인 문제인 경우에는 그 문제가 파생하게 된 여러 사상, 사태, 사물과의 관계에서 연구 문제의 구성요소를 파악, 분석, 진술해야 한다. 구체적인 예를 들어 보면 다음과 같다.

예시 1

✎ **주제 : 마이크로 티칭기법 적용을 통한 수업 기술 향상 및 직무 만족도 조사**[11]

  초등학교 교사들의 직무 만족도를 높여 수업 기술을 향상시키고 아동들의 학습 행동을 개선하기 위해 다음과 같은 연구 문제를 갖고 실천하였다.

- 교사 집단의 특성과 필요 및 수준에 따른 다양한 마이크로 티칭 모형을 구안하여 적용하면 수업 기술이 향상될 것인가?
- 교사들에게 다양한 직무 연수 프로그램을 적용하면 직무 만족도에 효과가 있을 것인가?

예시 2

✎ **주제 : 집단 괴롭힘의 실태 분석과 그 요인별·상황별 지도 방안**[12]

  연구 목적을 달성하고자 다음과 같이 연구 문제를 설정한다.

- 집단 괴롭힘 행동의 사례에는 어떠한 것들이 있으며 그 빈도는 어느 정도인가?
- 집단 괴롭힘 행동은 대상, 성별, 기간, 시간, 장소에 따라 어떠한 경향으로 나타나고 있는가?
- 집단 괴롭힘 행동의 주요 원인은 무엇인가?
- 집단 괴롭힘을 당했을 때 어떻게 대처하고 있는가?
- 집단 괴롭힘 행동을 효율적으로 지도할 수 있는 방안은 무엇인가?

---

11) 정재현(1999). 제43회 전국현장교육 연구대회. 교육행정분과, 1등급.
12) 서정식(1999). 제43회 전국현장교육 연구대회. 생활지도분과, 1등급.

## 2) 실천·실험 연구의 경우

실천·실험 연구에서의 연구 문제 진술은 앞에서 제시한 바와 같이 변인 A와 변인 B는 관련이 있는가? 변인 A와 B는 C와 D라는 조건하에서 어떻게 관련되어 있는가? 하는 식으로 진술함이 원칙이다.

경험적 검증이 가능하지 않다면 실험연구는 불가능하다. 실험연구는 원래 과학적 법칙을 발견하거나 확인하기 위한 연구의 활용이므로 막연한 철학적·이념적 진술은 곤란하고 부적합하다. 그러므로 규명된 이론이나 원리에 입각한 연구 문제의 진술이 요망된다. 구체적인 예를 들어 설명하면 다음과 같다.

예시 1

✍ 주제: 수평적 사고 기법 훈련안 적용을 통한 크로키 완성 활동이 논리적 논술 능력의 신장에 미치는 영향[13]

이와 같은 연구의 목적을 달성시키기 위한 연구의 문제는 다음과 같다.

- 생활 중심의 논설 지도 요소를 추출하여 미완성 크로키 자료로 어떻게 작성할 것인가?
- 수평적 사고 기법 훈련안을 적용한 크로키 완성 활동 전개를 어떻게 할 것인가?
- 다양한 수평적 사고 기법 중심의 포트폴리오 평가 활동 기회를 어떻게 제공하여 논리적 논술 능력을 신장시킬 것인가?

---

13) 손수진(2000). 제44회 전국현장교육 연구대회. 국어교육분과, 1등급.

예시 2

📝 **주제 : 매체 활용 학습 프로그램을 통한 시 쓰기 능력의 신장 방안**[14]

   이 연구의 목적인 다양한 매체 활용 학습 프로그램을 통하여 시 쓰기 능력을 신장시키기 위하여 다음과 같이 연구의 문제를 설정하고 해결하고자 하였다.

- 교육과정의 분석을 통해 시 쓰기 학습 중에서 매체 활용 학습 지도방법을 어떻게 모색할 것인가?
- 매체 활용 학습 전략을 적용한 교수–학습 모형을 어떻게 구체화시킬 것인가?
- 어떻게 매체를 활용한 학습 프로그램을 제공하여 시 쓰기 능력 신장을 도울 것인가?

예시 3

📝 **주제 : 체중 조절행위 예방 프로그램 구안 · 적용을 통한 여고생의 자기효능감 증진 방안**[15]

   앞서 저술한 연구의 목적을 달성하기 위하여 다음과 같은 연구 문제를 설정하였다.

- 정상 체중 여고생들의 외모 불만 요소 및 체중 조절 욕구 요인을 어떻게 분석하여 체중 조절행위 예방 프로그램을 구안할 것인가?
- 정상 체중 여고생들의 외모 불만 요소 및 체중 조절행위 예방 프로그램을 적용한 모둠별 표현 전략을 어떻게 전개할 것인가?
- 여고생들에게 외모 불만을 극복할 다양한 체험의 기회를 어떻게 제공하여 자기효능감을 높일 것인가?

---

14) 한양선(2002). 제46회 전국현장교육 연구대회. 국어교육분과, 1등급.
15) 박숙희(2003). 제47회 전국현장교육 연구대회. 생활지도분과, 1등급.

## 5. 용어 정의

연구에서 사용하는 용어나 개념의 혼동을 피하기 위해서 용어를 미리 정의해 놓는 것이 필요하며, 일반화된 용어의 경우 다시 정의해 밝힐 필요는 없다. 연구에서 용어의 정의는 변인과 관련된 전문 술어의 정의여야 하고, 대개 직접 실험해서 조작할 수 있을 정도로 조작적으로 정의해야 한다. 조작적이라고 해도 이론적 뒷받침이 있어야 한다. 낱말의 뜻풀이가 아닌, 개념의 정립이 되어야 한다.

용어의 정의에 대한 실제에는 여러 가지 유형이 있는데, 구체적인 예를 들어 설명해 보면 다음과 같다.

### 1) 연구자의 조작적 정의에 의한 방법

조작적 정의는 사전에서 보는 바와 같이 동의어의 제시를 통해 용어를 정의하지 않고, 한 용어가 의미하는 바를 측정할 때 사용할 수 있는 조작과 관찰을 기술함으로써 용어를 정의하는 방법이다. 이는 물리학과 같은 자연과학 분야에서 많이 사용된 것이었다. 그리고 심리학자들이 많이 채택하여 사용하였다. 특히 행동주의 심리학자들은, 심리학적 개념은 직접적인 관찰이 불가능하고, 행동으로 미루어 짐작할 수밖에 없다고 판단함으로써 행동에 의한 정의를 주장하였다. 그래서 조작적 정의는 '행동적 정의'라고 일컬어지기도 한다. 예컨대, '언어 능력'이라고 할 때 조작적 정의는 '학습자가 지니고 있는 어휘의 양'으로 정의하고 기술하는 경우다.

'가치판단력'이란 '갈등 사태에 있는 둘 또는 그 이상의 가치 중에서 어느 하나 또는 일부를 합리적으로 선택하는 능력을 말하며, 가치 선택의 문제 사태에서는 정답이 있을 수 없다고 보아야 하기 때문에 선택의 결과보다는 선택 과정에서 합리적인 사고 절차를 거치는 것과 타당한 근거를 제시하는 능력'이라고 할 수 있다.

또한 '언어 능력'은 '학습자가 지니고 있는 어휘의 양'으로 측정해 볼 수 있다. 언어 능력은 평가하기가 곤란하기 때문에 '어휘의 양'으로 정의함으로써 측정이 가능해진다.

## 2) 설명적 예시를 통한 방법

용어를 구체적 사물과 연관시키는 데 가장 효과적인 방법은 예시다. 이는 개념을 명확히 파악하고 있는가를 해당 개념의 예를 적절히 제시하는가를 살펴봄으로써 확인할 수 있기 때문이다. 예시방법이란 '새'라는 용어를 규정하기 위해 참새, 비둘기, 앵무새 등의 예를 드는 것과 같다.

그러나 교육연구에서는 구체적 사물과 연결시킬 수 없는 개념이 대단히 많다. 지능지수, 자아개념, 수리력 같은 것은 예시를 구체적으로 지적할 수 없다. 사물을 구체적으로 지적하는 대신 설명적 예시를 통해 정의하는 방법이 있다. 예를 들면, 시청각 모조물을 영화, 슬라이드, 지도, 녹음기와 같은 교수 도구라고 정의하는 식이다. 한 가지 단점은 관련된 모든 예를 제시하지 않는 한 정의의 한계가 애매하다는 점이다. 몇 가지 예를 들어 보면 다음과 같다.

- 학습자료  본 연구에서는 아동들이 청취할 단원별 녹음자료와 이에 복합적으로 사용할 그림자료를 말한다. 녹음자료와 그림자료가 어떠하다고 하는 설명을 첨가함으로써 학습자료를 정의한다.
- 사물놀이  사물이란 농악에서 사용되는 꽹과리, 징, 북, 장구를 가리키며, 이들 악기가 서로 어울려 연주하는 것을 사물놀이라 한다.
- 학습부진아  본 연구에서 학습부진아란, 어느 요인에 의해 4학년 수학과 가감산 학습이 불가능하거나 곤란한 정도의 아동을 말한다.

## 3) 잠정적 약속에 의한 방법

어떠한 용어에 관련된 의미를 제시하고자 할 때 통일되었거나 확정된 표현 방식이 없을 경우, 연구자는 어떻게 규정된다고 공약하거나 약속하는 방법이 있다. 한 예로, '미성년'이라는 용어는 여러 가지로 다르게 사용되는데 이를 연구자 자신이 '이러이러하게 규정한다.'고 밝히는 방식이다.

즉, '미성년'은 20세 미만을 가리키기도 하고, 결혼하지 못한 사람을 연령에 관계없이 미성년이라 하기도 하며, 고등학교 연령까지를 미성년이라 하기도 한다. 이러한 용어에 대해 연구자 나름대로 규정하는 것이 약속에 의한 정의방법이다. 몇 가지 예를 들어 보면 다음과 같다.

- 발견학습   아동들이 문제 파악, 가설 설정, 가설 검증, 결론, 결론 적용의 과정을 통해 의미 있는 개념과 일반화를 발견할 수 있도록 교사가 아동의 활동을 촉진해 주는 교수방법을 말한다.
- 미완성 예화   미완성 예화는 아동의 도덕적 가치관을 알아보기 위해 상용되는 일종의 투사법으로 미완성 상태의 예화를 말하나, 본 연구에서는 각 제재에서 추출된 덕목의 요소가 내포되어 있는 미완성 상태의 예화를 말한다.
- 아동 한국화   아동들이 주체가 되어 아동의 세계를 그들의 눈과 생각과 손으로 한국화 재료와 용구를 사용하여 표현하는 회화를 말한다.

## 4) 본질적 특성을 열거하는 방법

용어가 가지는 본질적 특성을 진술하는 방법으로, 이는 의도하는 대상과 그렇지 않은 대상을 명백하게 구별 짓는 방법이다. 요컨대, '정삼각형'을 정의 내리기 위해서 '삼각형' 개념에 포함되는 이등변삼각형, 직각삼각형 등과 구별되는 점을 밝히는 방법이다. 즉, 정삼각형이란 '세 변의 길이가 서로 같고, 세 내각의 크기가 같은 삼각형'으로 정의하는 것과 같다. 몇 가지 예를 들어 보면 다음과 같다.

- 경제 의식   본 연구에서 경제 의식이란 경제생활 속에서 직면하는 경제 현상이나 경제 문제를 올바르게 이해하고 슬기롭게 대처하여, 합리적인 경제생활

을 영위해 나가게 하는 심리적·행동적 인식체계를 말하며, 소비자 의식, 노동가치 의식, 기업 의식, 국민 경제 의식 및 국가 경제 의식으로 구분한다.

• 발표력 　본 연구에서 발표력이란 자신의 생각이나 주장을 말이나 글을 통해 여러 사람에게 정확히 알릴 수 있는 능력으로 정의한다.

## 6. 연구의 제한점 및 범위

연구를 계획하거나 추진하다 보면 일정한 범위를 가지게 되고 제한을 받게 된다. 그런데 현장연구에서는 대개 연구의 제한점과 범위를 구별하지 않는 경향이 있다. 연구 계획이나 보고서를 작성할 때 제한점과 범위를 엄격히 구별해야 할 경우도 있고, 굳이 그렇게 해야 할 필요를 느끼지 않는 경우도 있다.

그러나 연구 내용과 관련된 것뿐만 아니라 자료나 방법의 한계나 약점 또는 제한점도 솔직히 지적해 두어야 한다.

연구의 제한점을 기술해 놓은 예를 형태별로 살펴보기로 한다.

### 1) 연구의 내용이나 표집 대상을 제한할 경우

> ( 예시 1 )
>
> ✎ 주제 : 문제해결 시나리오 온라인 토론 활동을 통한 도덕적 가치판단력의 신장 [16]
>
> • 연구의 제한점
> 　본 연구는 다음과 같은 범위에서 이루어지며, 몇 가지 제한점을 가지고 있다.

---

16) 김영인(2003). 제47회 전국현장교육 연구대회. 도덕·윤리교육분과, 1등급.

- 본 연구는 연구의 대상이 경기도 고양시의 B 고등학교 1학년 1개 학급을 대상으로 그 범위를 제한한다.
- 문제해결 시나리오 탐구지 제작은 학생들의 일상의 문제의식 중에서 고등학교 도덕 교과서의 각 단원별 관련 내용으로 한다.
- 검증방법은 면접 및 관찰과 설문지법을 통한 유의도 검증으로 한다.
- 본 연구는 학교교육 과정을 정상적으로 운영하는 범위 안에서 방과 후에 비실시간 온라인 토론으로 추진한다.

## 2) 기본 가정의 제한점을 밝히는 경우

예시 1

📝 **연구 문제 :** 복식학급의 수업은 단식수업과 방법적인 면에서 어떻게 달라야 할까?

- **연구의 제한점**

  본 연구에서는 연구의 수행상 다음과 같은 제한을 가지고 있다.

- 실태 조사의 범위가 전국적으로 이루어지지 못하고 2개 도에 국한되었다는 점이다.
- 교수–학습 자료 개발이 교사용 지도서와 학생용 배움 책에 국한되었으며, 그것도 전 학년 전 단원이 아니고, 2개 학년 1개 단원에 불과할 뿐 아니라, 인접 학년의 동 시간 동 교과 지도로만 한정되었다는 점이다.
- 본 연구에서 제시한 수업모형이나 자료 개발 지침은 완숙한 이론적 체제를 가지고 이루어지지 못하고 경험적인 것을 중심으로 하여 정리한 것이며, 아직 논의를 위한 문제 제기 정도에 불과하다는 점이다.

## 3) 연구방법 분야별로 제한점을 밝히는 경우

예시 1

📝 **주제 : 웹 기반 디베이트 학습을 통한 고급 사고력 신장 방안**[17]

● **연구의 제한점**

첫째, 본 연구는 2002년 3월부터 실시되었기 때문에 과정 선택 과목인 정치 교과서를 연구 대상으로 삼았다. 제7차 교육과정에 의한 심화 선택 과목의 하나인 정치 과목 교과서 제시본이 10월 중에 배부되었기 때문이다.

둘째, 본 연구는 도서 벽지의 소규모 학교의 2학년 인문계 전체 학생 24명을 연구 대상으로 하고, 도시 시내 학교와 좌우 비교하며 검증을 못하였기 때문에 지역별, 학교급별, 학년별, 학급별로 일반화시키는 데는 한계가 있다.

셋째, 본 연구는 자의적인 학급 편성을 별도로 하지 않고 기존의 학년 초에 편성된 것을 그대로 활용하였기 때문에 다양한 변인이 엄격히 통제되지 못하였다.

넷째, 본 연구는 각 학년당 인문계가 1개 학급인 관계로 웹 기반 디베이트 학습을 통한 고급 사고력 신장에 대한 좌우 비교 검증은 하지 못하고, 연구반에 대한 두 차례(3월, 11월) 설문조사 결과의 전후 비교와 학생들의 학습후 소감문 그리고 공개 수업 발표 후의 사회과 교사들의 평가로 검증하였다.

---

17) 변문식(2003). 제47회 전국현장교육 연구대회. 사회교육분과, 1등급.

## 4) 선행연구 결과로 제한하는 경우

예시 1

📝 **주제**: Problem Posing 활동 중심의 수준별 놀이학습을 통한 수학 기본 학습
능력의 신장 방안[18]

● **연구의 제한점**

본 연구는 다음과 같은 제한된 범위를 정하여 추진되었다.

- 본 연구의 연구반은 도서 지역에 있는 소인수의 학교로 어느 정도 개별화
  수업이 가능하여, 도시의 다인수 학급에 연구 결과를 적용하거나 일반화
  시키면 맞지 않을 수도 있다.
- Problem Posing 활동 중심의 수준별 놀이학습 자료는 먼저 학생들이
  Problem Posing 활동을 하고, 그것을 토대로 몇몇 학생들(수학 도우미)이
  다시 선별한 것을 본 연구자가 교육과정과 교과서를 토대로 연구반 수준
  에 맞추어 제작·활용하였으므로 일반화가 어려울 수도 있다.
- 연구방법 면에서 학습 목표에 도달하지 못한 학생은 수학 공부방 운영을
  통하여 수시로 보충 지도를 실시하였다. 따라서 실행 과제에 효과가 있었
  는지, 아니면 수업시간이 길어서 효과가 있었는지에 대한 객관적 검증이
  어렵다.
- 수업은 전체학습과 개별학습, 협동학습을 병행하였으며, 매 단원 정리 시
  간은 협동학습을 통한 수준별 놀이학습을 실시하였다. 따라서 협동학습
  을 위한 소집단 구성은 한 소집단에 4명씩 동질적인 소집단을 구성하여
  도서 지역에서 해 봄직한 학급 내 수준별 수업을 꾀하였다.
- 본 연구자가 속해 있는 학교는 각 학년에 한 학급밖에 없는 까닭에 비교반
  을 두지 않고 연구반만을 전후 비교하였다.

18) 유복현(2003). 제47회 전국현장교육 연구대회. 수학교육분과, 1등급.

## 5) 기 타

### (1) 연구의 제한점(예)

- 표집 대상을 인천광역시 내 학교로 제한하였다.
- 표집 대상 학교를 재적 1,000명 이상의 학교로 제한하였다.
- 기존 학급 사태를 그대로 이용한다.
- 검증방법은 환경문제에 관한 지식수준, 가치 내면화 정도를 자작 검사에 의하여 전후, 좌우 비교에 그침으로써 과학적인 결과를 구체적으로 제시하지 못하였다.

### (2) 연구의 범위(예)

- 교재 대상  교재의 대상은 환경보호 교육에 알맞은 2개의 단원(우리나라의 생활환경, 국토의 보존과 개발) 중 환경보호를 취급한 내용을 대상으로 21시간으로 한정하였다.
- 자료 개발  자료 개발은 교수자료와 학습자료로 구분하여 교수자료는 도서 벽지 학교의 실정에 맞게 도표자료 및 도해자료에 한하고, 학습자료는 독도 자료와 환경보호 자료집으로 한정하였다.
- 교수과정  교수과정의 적용은 선행 탐구 과정을 중심으로 하여 사회 탐구 과정과 가치 탐구 과정으로 구분하여 구안·적용했다.

## 7. 이론적 배경 및 선행연구 고찰

　새로운 사실을 발견하는 것은 기존의 사실에 기초를 두어야 하기 때문에, 새로운 현장의 문제를 해결하기 위해서는 기존의 이론을 배경으로 하는 것이 용이하다. 특히, 현장연구는 연구의 과정 및 결과가 곧 학생들에게 직접적으로 도움을 줄 수 있는 것이어야 한다. 곧 학생을 위한 연구이므로 연구의 목적을 달성하기 위해 절대로 학생을 희생시켜서는 안 된다. 이를 보장하기 위해서는 문헌의 이론에 근거를 두어야 한다.

이론을 정립시키는 일을 교육학자의 활동으로 본다면, 이 이론을 실천하는 일은 현장교사의 활동으로 볼 수 있다. 그러므로 현장교육 연구자는 기존 연구의 결과와 이론을 체계적으로 정리해야 한다. 물론 현장연구는 다양한 실제 문제를 취급하기 때문에 하나의 이론만 적용되지 않는 경우가 많다. 연구자의 경험이나 사고에 의한 경험적 사실이나 일반적 원리를 체계화함으로써 이론적 바탕을 마련하기도 한다. 이론적 기초를 정리하는 데는 대개 몇 개의 독립변인과 종속변인의 관계가 바탕이 된다. 각 변인과 그 관계까지 아우른 이론적 배경을 체계적으로 정리하는 일이 중요하다. 즉, 내용 변인 하나하나에 관한 이론을 분석적으로 제시하면서 여러 변인 간의 관계까지 종합적으로 정리해야 한다.

연구에서 체계화되고 정리되어야 할 이론적 배경이란 연구 문제와 가설을 도출하는 기본 바탕이 되어야 하므로, 자기가 설정한 연구의 가설이나 가정의 근거를 마련하도록 정리되어야 한다. 어떠한 이론을 열거한 후에는 그 이론에 대한 자신의 생각이나 연구에의 적용 여부를 반드시 밝혀야 한다. 선행연구나 학자들의 문헌을 충분히 탐독하여 음미하고, 그 내용을 토대로 논리적으로 자기주장을 내세움으로써 이론적 배경을 정리한다. 요약하면, ① 가설 도출의 기본 바탕, ② 변인에 관련된 논의, ③ 자기주장의 단계로 정리할 수 있다.

## 1) 이론적 배경의 기능

이론의 기능은 다음과 같이 네 가지가 있다(진보영, 1977). 첫째, 기술적 기능이다. 이론의 기술적 기능은 사실과 현상의 관계를 기술한 이론이 현상세계의 개별적 사실을 바르게 기술하고, 개별적 사실 간의 일반적 관계를 자명하게 기술하여 분석적이면서도 종합적인 기술에 의하여 현상세계를 바르게 이해할 수 있게 하는 기능이다.

둘째, 설명적 기능이다. 이는 의문이나 질문에 대한 원인을 밝히는 기능으로, 이론적 설명과 경험적 설명이 있다. 이론적 설명은 현상세계에서 일어나는 사상에 대해 왜, 무엇 때문에, 어째서 등의 질문에 대답하는 것이다. 경험적 설명은 볼 수 있고, 느낄 수 있는 것을 밝히는 것이다.

셋째, 예언적 기능이다. 교육의 실제 문제에 있어서 법칙이나 이론을 적용함으로써 문제해결 방향을 제시하며, 미지의 결과를 예언하는 기능이다.

넷째, 통제적 기능이다. 다양한 문제들을 보다 바람직한 방향으로 이끌어 나가고, 복잡한 문제들을 합리적으로 해결하기 위하여 이론이 통제적 기능을 갖게 된다. 이론은 현상세계에서 제기되는 문제를 해결하고 개선하는 데 공헌하며, 문제해결의 방향으로 사상을 통제하게 된다.


## 2) 이론적 배경의 내용

이와 같은 이론의 기능을 참작하여 현장연구 논문에서는 반드시 이론적 배경을 진술하여야 하며, 다음과 같은 내용이 포함되어야 한다(이철기, 1979).

첫째, 해당 연구의 독립변인과 종속변인에 관한 논의가 있어야 한다. '3·1 정신 지도가 학생의 국가관 확립에 미치는 영향'이라는 주제를 연구 보고서로 작성할 때 3·1 정신 지도(독립변인)에 관해서 그 유래나 당시의 역사적 배경을 충분히 찾아서 논의하고, 교과서와 관련하여 지도할 내용, 국민정신(종속변인)에 관한 내용, 즉 국민정신의 역사적 당위성, 국민정신 함양방법 등에 관한 논의를 반드시 해야 한다.

둘째, 독립변인과 종속변인의 관계에 대한 논의를 해야 한다. 본 연구가 3·1 정신 지도를 통하여 국민정신을 기르는 것이라면, 3·1 정신 지도와 국민정신 함양을 따로따로 논의할 것이 아니라, 이 양자를 관련지어서 어떠한 영향을 미치며, 어떻게 도움이 되는가 하는 내용을 구명해 주어야 한다. 즉, 각 변인 간의 인과관계나 상호관계를 통합적이고 체계적으로 정리하는 일이다. 예컨대, '가정환경과 학업성취와의 관계'라는 연구에서 가정환경과 학업성취는 두 개의 내용 변인에 해당되며, 이 연구에서는 먼저 가정환경의 개념과 더불어 가정환경이 학업성취에 미치는 제 이론을 체계적으로 제시함으로써 이론적 배경을 정리할 수 있다. 그리고 학업성취의 개념과 학업성취에 관련된 제 이론도 정리해야 한다. 이들 각 변인에 관한 이론뿐만 아니라 두 개의 내용 변인이 상호 간에 어떠한 관련을 맺고 있는가 하는 정리도 필요하다. 즉, 가정환경과 학업성취는 어떠한 관계가 있는지를 추정할 수 있는 이론이 정리되어야 이론적 배경이 형성된 것으로 볼 수 있다.

셋째, 연구의 독립변인과 종속변인에 관한 역사적 배경, 현실적 배경 및 이론적 근거가 탐색되어야 한다. '종합고등학교의 운영 개선에 관한 연구'를 한다면, 종합고등학교가 세계적으로 어떻게 변천되어 왔고, 우리나라에서는 어떻게 발전되어 왔으며, 그 법적 근거는 어떻게 되어 있고, 현재 어떠한 실태에 놓여 있으니 어떻게 해야 한다는 식의 논의가 뒤따라야 한다.

넷째, 연구자의 주장이 있어야 한다. 연구의 초심자일수록 이론적 주장이 없고, 다른 사람의 말을 옮겨 놓는 데 급급하다. A라는 사람은 이러이러한 이야기를 했고, B라는 학자는 이러한 말을 썼다는 식의 소개를 해 놓은 것으로 그치기 쉬운데, 항상 마지막에는 '그러하니 내 생각에는 이러이러하다.'는 주장이 반드시 뒤따라야 한다. 선행연구나 학자들의 문헌을 충분히 탐독하여 음미한 후 그 내용을 토대로 논리성 있게 주장해야 한다.

다섯째, 이론성이 있어야 한다. 연구의 취지, 목적 등과 일관된 논리성이 있어야 한다. 연구의 취지나 목적에서 주장한 내용과 논조가 다르거나 이론적 배경 안에서 앞부분에서는 '3·1 정신 지도가 국민정신 지도에 영향이 있다.'고 긍정적인 주장을 했다가 뒷부분에서는 부정적인 반응을 보이는 논조로 쓴다면, 이는 논리성의 결여를 가져온다. 만약 부정적인 입장에서 주장한 다른 사람의 의견이 있다면 이는 충분히 검토하여 참고만 하고, 표면에 나타나게 할 필요는 없고, 연구 논문의 말미에 논의나 해석의 장에서 반대 방향의 의견도 제시하여 검토할 수 있다.

여섯째, 잠정적인 결론이 암시되어야 한다. 서론 부분에서 제기한 문제를 이론적 배경 부분에서 논리적으로 전개시켜 어느 정도 결론을 내린다. 그러나 이것만 가지고는 설득력이 약하므로 그 입증자료로서 가설과 명제를 설정한 후에 검증자료를 첨부하여 결론이 암시되도록 한다. 이때 '과연 그렇겠구나.'라고 수긍이 갈 정도의 내용이어야 이론적 배경이 제대로 구성되었다고 볼 수 있다.

일곱째, 개념의 정립이 뚜렷해야 한다. 주제나 연구 문제에 대한 개념의 정립이 있어야 연구의 논리가 성립되기 때문에 이론적 배경을 정립해 가는 동안 개념의 규정이 명확해야 한다.

여덟째, 가설의 도출이 예견되어야 한다. 가설은 연구 목적과 연구 문제, 이론적 배경, 현실적 실태 등에 바탕을 두고 설정되어야 한다. 이때 중요한 것은 가설이 이론적 배경과 논리적으로 일관성이 있어야 하고, 연구 문제와는 어버이와 자식과 같은 관계가 성립되는 것이다.

전술한 바와 같이 이론적 배경에서 주장한 잠정적인 결론에 실증자료를 붙이는 것이 가설이기 때문에, 이론적 배경을 읽고 나면 가설이 도출되어야 한다. 가설이 '피드백(feedback)을 번번이 사용하는 교수방법을 적용하면 학습에서 개인차가 줄어들 것이다.'라면, 이론적 배경에서는 '피드백이 학습 효과에 크게 영향을 미친다.'는 이론 및 실제적 연구 또는 그것을 이용한 연구 결과를 소개하고, 학습에서의 개인차가 성질을 띤 변인이라는 것, 수업방법이 어떻게 개인차를 증가 또는 소멸시키는가 하는 변인들의 상호관계에 관한 연구들이 문헌연구의 과정을 통해서 밝혀져야 한다. 그리고 이를 읽었을 때 위와 같은 가설(결과)이 잠정적으로 시사되어야 한다. 최근에 현장연구의 수준이 높아짐에 따라 각급 학교의 현장연구에서도 이론적 배경의 수준을 상당히 강조하고 있다.

## 3) 문헌연구와 이론적 배경의 관계

일반적으로 문헌연구와 이론적 배경을 혼동하는 경우가 많다. 이에 대한 차이점을 살펴보면 다음과 같다.

첫째, 문헌연구는 여러 사람이 저술해 놓은 문헌이나 이론을 탐색하여 연구의 종속변인이나 독립변인에 관계되는 내용을 깊이 있게 탐색하여 그대로 요약·정리하고 기록하는 것이다. 이론적 배경은 문헌연구한 결과를 바탕으로 하나의 논리적 체계로 일관성 있게 정리하여 하나의 주장으로 나타낸 것이라고 할 수 있다.

구슬 하나하나에 관해 설명해 놓은 것은 문헌연구의 결과와 같고, 그 구슬 각각을 꿰어서 하나의 염주로 만들어 이름을 짓고 용도를 결정한다면, 이는 이론적 배경이라고 할 수 있다. '가치관의 변이에 따른 경로심 함양에 관한 연구'라는 주제로 연구할 때 경로정신, 도덕교육, 가치관 교육, 윤리와 윤리교육에 관해서 논의했다면, 이는 문헌연구의 결과에 가깝고, 가치관 교육, 윤리와 윤리교육에 관해서 논의했더라도 뒷부분에서 가치관과 경로심 함양에 관해 논의했다면 이론적 배경이 된다.

둘째, 문헌연구한 결과는 이론적 배경 설정의 토대가 된다. 광범위하고 깊이 있는 많은 문헌을 탐색한 결과는 이론적 배경을 설정하는 기초 자료가 되므로 이론적 배경은 문헌연구보다 이후에 이루어지는 것이다.

셋째, 문헌연구에서는 연구자의 주장이 없으나 이론적 배경에는 연구자의 주장이 있다. 문헌연구는 참고문헌이나 선행연구의 내용을 탐독·요약·정리하면 되겠으나 이론적 배경은 문헌연구한 내용을 토대로 자신의 주장을 첨가해야 한다.

넷째, 문헌연구는 양적으로 많으나 이론적 배경은 가능한 한 정선해서 간결하게 기록해야 한다. 이론적 배경 및 선행연구 고찰의 구체적인 예를 들어 설명해 보기로 한다.

## (1) 조사연구

연구 주제와 관련해서 직간접적으로 연구된 바 있는 선행연구를 종합하여 제시함으로써 현재까지 이 연구 주제를 어느 정도까지 연구했는지를 밝혀야 한다. 이같은 연구 결과의 제시방법에는 여러 가지가 있으나 그 연구의 특색, 공헌, 장단점 등을 분석하여 자신의 연구는 어떠한 측면에서 연구 주제에 접근해 갈 것인지를 제시할 수 있는 방향으로 진술해야 한다. 이론적 배경을 선행연구와 함께 다루거나 분리해서 다루어도 좋다. 다만 이론적 배경의 주된 점은 선행연구들의 이론 중

잘못된 점, 오류를 범하고 있는 점, 단점 등을 비판하면서 연구자가 이 연구 주제에 접근하려는 기본적인 이론, 전제, 가정, 명제들이 무엇인지를 밝히는 내용이 되어야 한다. 조사연구에서 이론적 배경과 선행연구 진술의 실제를 설명함에 있어서 먼저 이론체계, 다음에 그 이론의 전개로 나누어 설명한다.

예시 1

📝 주제 : 어린이 안전교육을 위한 초등학교 교사의 학교 관련 학생 사고 판례집 분석 활용[19]

● 이론적 배경 및 선행연구 고찰

Ⅱ. 이론적 배경

1. 판례집에 대한 이론
   가. 판례집
   나. 판례집 분석
   다. 판례집 분석 자료로 안전지도

2. 어린이 안전교육 이론
   가. 안전교육의 개념
   나. 어린이 안전사고의 실태
   다. 어린이 안전사고의 문제점
   라. 학교 안전교육의 중요 요소

3. 선행연구의 고찰 및 시사점
   가. 선행 연구의 고찰
   나. 선행 연구의 시사점

19) 김백원(2002). 제40회 전국현장교육 연구대회. 교육행정분과, 1등급.

## 1. 판례집에 대한 이론

### 가. 판례집

　　법원이 특정 소송 사건에 대하여 법을 해석·적용하여 내린 판결례로서 민사·형사·행정 소송에서 소송자의 권리에 대해 법원이 내리는 결정으로, 민사소송의 경우 원칙적으로 구두 변론을 거쳐 판결서의 언도로서 성립하고, 상소 기간의 경과로 확정된다. 소송을 종결시키는 종국판결과 심리 중 문제된 쟁점을 판단하는 중간판결 등이 있으며, 당사자와 특정인에게만 효력이 미친다. 판결이 확정되면 법원이나 당사자는 판결과 모순·저촉되는 주장이나 판단이 허용되지 않는다. 민사소송법상 이처럼 엄격한 방법으로 판결 원본에 의하여 당사자에게 고지하는 일을 서고라 한다. 판결로 재판할 사항은 원고청구의 적부, 원고청구의 당부에 관한 것이다. 즉, 소송의 결말을 이 형식으로 재판하는 것이 원칙이다. 가장 중요한 재판의 형식이다. 또 법원이 사인의 신청에 의거하여 원칙적으로 권리 또는 법률 관계의 존부(存否)를 판결로서 판단하는 것을 목적으로 하는 재판 절차다.

### 나. 판례집 분석

　　당사자의 제소에 의하여 법원이 그 구체적인 소송에서 내린 법원의 판단은 그 사건에 관하여서만 효력이 있는 것이고, 다른 사건에는 구속력이 없는 것이지만, 그러나 그 뒤에 같은 종류의 사건이 제소되어 법원이 재판을 할 때는 먼저의 재판이 참고가 된다.

　　이렇게 되면 먼저의 재판이 선례가 되어 사실상 구속력을 발휘하게 된다. 이처럼 선례가 되는 재판이 판례다. 영미법계에서는 불문법제도를 취하고 있으므로 판례에 법적 구속력이 인정되고 있다. 그러나 한국과 같은 성문법 국가에서는 판례가 다만 법률 해석의 기준을 제시하는 데 그치므로, 판례에는 구속력이 인정되지 않는다.

### 다. 판례집 분석 자료로 안전지도

　　이러한 점들을 고려하여 판례에 법원성을 인정하는 견해도 나올 수 있다. 더욱이 소액사건 심판법 제3조 2호 규정은 판례를 법원으로 보려는 견해에 유력한 근거를 제공하고 있다. 본 연구에서는 학교 관련 학생 사고에 대하여 관련된 판례집 자료들을 찾아서 그 결과를 참고하여 어린이의 안전지도를 하기 위하여 교수학습 자료로 구안하여 어린이에게 제공하는 연구를 추진하였다.

## 2. 어린이 안전교육 이론

### 가. 안전교육의 개념

'안전교육'이란 '일상생활에서 개인 및 집단의 안전에 필요한 지식, 기능, 태도 등을 이해시키고, 자신과 타인의 생명을 존중하며, 안전하고 건강한 생활을 영위할 수 있는 습관을 육성하는 교육'이라고 정의할 수 있다.

### 나. 어린이 안전사고의 실태

1) 어린이 안전사고의 유형

초등학교 어린이의 안전사고 유형을 살펴보면 대체로 일어난 경향이 비슷하다.

가) 어린이 안전사고의 실태를 시기 및 시간대별과 장소별, 원인별, 유형별, 피해 유형별, 예방 대책별로 구분하였다. 시기 및 시간대별로 보면 사고 발생 시기는 1년을 1월에서 12월까지 매월로 구분하여 설정하였다.

나) 사고 발생 시간은 어린이들의 활동 시간을 중심으로 6~9시, 9~12시, 12~15시, 15~18시, 18~21시, 21~24시, 24시 이후로 나누었다.

다) 어린이 안전사고 장소별 분류로는 크게 학교, 가정, 사회로 구분하였다.

(1) 학교에서 일어나는 사고: 운동장, 놀이터, 계단, 교실, 실험·실습실, 복도, 식당, 부대시설(화장실, 창고 등), 기타

(2) 가정에서 일어나는 사고: 부엌, 거실 바닥, 베란다·옥상, 계단, 마당, 부대시설(화장실 창고 등), 기타

(3) 사회에서 일어나는 사고: 도로, 골목, 놀이터, 학원, 산, 강(또는 물놀이 장소), 논밭, 공원, 기타

　　　라) 어린이 안전사고의 원인을 기초 원인과 2차 원인, 직접 원인, 자연
　　　　　재해로 분류하였다.
　　　마) 활동별 사고 유형을 학교, 가정, 사회 영역으로 구분하였다.
　2) 어린이 안전사고 실태 분석 결과
　　　가) 사고의 발생 시기와 관련하여 도시 지역과 농촌 지역 모두 6~7월
　　　　　에서 10월에 이르는 시기에 전체 사고의 70% 이상에 달하는 사고
　　　　　가 일어나고 있다.
　　　나) 사고 발생 시간은 정오 12시에서 오후 6시 사이에, 도시 지역은
　　　　　65%, 농촌 지역은 69%로 대부분의 사고가 일어나고 있다.

## 다. 어린이 안전사고의 문제점

　　어린이들은 정신적·육체적으로 완전히 성숙되어 있지 않으므로 예상
할 수 없는 많은 사고가 발생할 수 있다. 안전사고에는 다음과 같은 문제
가 연관되어 있다.
　1) 교육활동에 따른 위험
　2) 집단생활 중에 수반하는 위험
　3) 어린이의 자주성 존중 문제
　4) 교사와 부모의 협력 문제

## 라. 학교 안전교육의 중요 요소

　1) 안전교육의 4가지 원칙
　　　가) 원인 연계의 원칙
　　　나) 손실 우연의 원칙
　　　다) 예방 가능의 원칙
　　　라) 대책 선정의 원칙
　2) 사고 방지의 절차
　3) 하인리히(Heinrich)가 제시한 사고 발생 과정
　4) 위험 상황에서 대처 능력
　　　가) 부주의 발생 원인과 위험 상황 관계
　　　나) 재해 발생과 인간관계

5) 학교에서의 안전교육 방법

6) 학생들의 안전교육에 대한 보안점

7) 실천적인 안전교육의 방법

　　가) 학교 시설의 철저한 안전 관리

　　나) 체험학습을 통한 안전교육

　　다) 학교·가정·사회에서 실천적인 안전교육

## 3. 선행연구의 고찰 및 시사점

### 가. 선행연구의 고찰

선행된 안전교육에 대한 개인 연구는 찾아보기 힘들었다. 안전교육에 대한 시범학교들이 있어 이를 분석하였고, 인터넷 자료를 활용하였다.

〈표 4-1〉 선행연구의 분석 내용

| 순서 | 보고연도 | 시범학교 | 시범의 주제 | 결 과 | 시사점 |
|---|---|---|---|---|---|
| 1 | 1998 | 부산 봉래 초등학교 | 현장·사례 중심 조사 탐구 활동을 통한 안전생활 습관 형성 | 안전생활의 습관 형성 정착 및 내면화 | • 교재 분석<br>• 안전 탐구 활동<br>• 가두캠페인 |
| 2 | 1998 | 경기도 신곡 중학교 | 관련 교과 교육을 통한 안전교육의 효율적 지도 방안 | 안전생활의 습관 형성 | • 학교 안전관리 위원회 조직·운영<br>• 안전생활 환경 조성<br>• 안전교육 홍보 활동 강화 |
| 3 | 1998 | 경상북도 안동 고등학교 | 안전 구호를 통한 안전생활의 습관 형성 | 안전생활의 습관 형성 | • 안전생활 관련 홍보물 제작·활용<br>• 안전생활관의 운영<br>• 안전 교과 지도 자료 제작·활용 |

| 4 | 1999 | 전북 고창남 초등학교 | 교통안전 상황별 체험학습 지도 프로그램 | 체험학습으로 상황에 따른 안전의식 형성 | • 실내외의 환경 조성<br>• 아동 사고 사례 |
| 5 | 1999 | 부산 영도 초등학교 | 정보자료의 활용을 통한 교통 안전생활 습관 형성 | 교통안전 생활화 | • 정보자료 종류<br>• 정보자료 탐구 활동 |

## 나. 선행연구의 시사점

본 연구의 목적을 달성하기 위하여 선행연구물을 탐색한 결과 다음과 같은 시사점을 얻었다.

첫째, 대부분의 연구가 교육과정 운영의 안전생활에 관한 요소를 추출하여 재구성하여 지도하였고, 관련 단원 및 제재별 지도에서는 자료를 다양하게 개발하여 학생들에게 투입하였음을 알 수 있었다. 둘째, 안전생활의 습관은 학교 활동만으로는 성과를 기대하기 어려움을 알 수 있다. 셋째, 어린이들의 실천 행위는 전반적인 생활 습관의 변화를 통해서만 안전한 생활을 영위할 수 있음을 알게 되었으며, 이는 교육의 성과가 무엇보다도 큰 영향을 끼친다고 볼 수 있다. 따라서 어린이들에게 안전의식의 제고를 위한 교육자료의 투입은 단계적이고 계획적이어야 교육의 성과가 크다고 볼 수 있다. 그리고 어린이들의 안전사고 예방을 위한 교육은 의도적이고 체계적인 계획과 꾸준한 실천이 필요함을 알 수 있다.

그러나 본 연구는, 첫째 어린이들에 관하여 일상생활 중 안전교육에 대하여 종합적으로 분석하여 교육할 내용을 선정하여 지도하였으며, 둘째 안전교육의 습관 형성을 돕기 위하여 모든 활동에 어린이 스스로 참여하도록 하였으며, 학습 환경을 조성하여 안전교육 준수 의식을 높이는 데 연구의 중점을 두었다.

교권옹호단체에서 안전교육에 대한 판례 사항은 찾아볼 수 있으나 이에 대한 대책 및 지도 내용은 이렇다 할 자료가 없어 연구자 본인이 나름대로 연수자료를 구안하여 교사들에게 연수를 하고, 아동지도 자료를 제작하여 지도하도록 하였다.

## (2) 실천·실험 연구

실천·실험 연구에서 이론적 배경은 가설 설정의 전제 조건이 된다. 예컨대, 'A라는 학습방법은 B와 C라는 조건하에서 D라는 효과가 나타날 것'이라는 가설이 있다면, 이 가설이 왜 그렇게 될 것인지를 이론적으로 증명 및 논의하는 과정의 근거가 된다. A라는 학습방법은 이러한 효과가 있는 학습방법이고, B와 C라는 조건은 이러한 제약을 가하는 효과가 있으며, 그리고 그것이 D에 미치는 효과는 이러이러하기 때문에 자신이 세운 가설이 이론적으로 타당하다는 것을 입증하는 과정이다. 그러므로 이론적 배경에는 이러한 A, B, C, D 변인 각각에 관련된 연구 결과, 즉 이론이나 선행연구 결과를 동원하여 진술해야 한다. 이것을 위하여 필요한 작업으로 이러한 문제에 관련된 광범위하고 집중적인 문헌연구가 필요하다. 문헌연구를 통하여 수집·정리된 결과를 근거로 해서 가설에서 진술된 것이 그렇게 될 수밖에 없다는 증명을 해 줄 수 있어야 한다. 구체적인 예를 들어 설명하기로 한다. 우선 이론체계를 제시하고 그 이론을 전개하는 실제 내용을 소개하고자 한다.

예시 1

✏️ 주제: 육자배기조 민요 체험학습을 통한 전통음악 어법의 이해력 신장[20]

● 이론적 배경 및 선행연구 고찰

여기서는 앞 장에서 제시한 연구 문제를 규명하고, 이에 따라 가설을 설정하기 위하여 연구 문제에 관련된 이론 및 학습 과정을 고찰하고 관련된 선행연구를 검토한다.

---

20) 이은혜(2002). 제46회 전국현장교육 연구대회. 음악교육분과, 1등급

A. 문헌 고찰 및 선행연구 고찰
　1. 음악과 7차 교육과정의 특징
　2. 전통음악 체험활동
　3. 전통음악의 선법(육자배기조 민요와 관련하여)

B. 선행연구의 분석

A. 문헌 고찰 및 선행연구 고찰

　1. 음악과 7차 교육과정의 특징
　　　제7차 교육과정에서는 개정의 중점 사항으로 '우리 음악문화의 창달을 위한 국악교육'과 '활동 중심의 음악교육'을 강조하고 있다.
　　　21세기의 정보화, 세계화, 다문화 시대 속에서 우리의 음악 문화를 창조하고 이끌어 가기 위해 국악 교육을 강조하였다. 우리의 음악뿐만 아니라, 다양한 시대, 양식, 문화권의 음악을 접하여 우리의 음악 문화유산과 다른 나라의 음악 문화유산을 비교하여 각 음악 문화의 음악적 특질과 그 역사적 문화적 가치를 이해함으로써 우리의 음악 문화를 계승하고 발전시켜 새로운 음악 문화 창달에 기여하도록 하였다. 궁극적으로 학교에서의 음악교육은 우리의 음악 문화를 창달, 발전 그리고 계승시키는 학생을 길러 낼 수 있는 음악교육으로 발전되도록 하였다.
　　　'교사용 지도서'에서는 "음악과는 음악적 체험을 통하여 '심미적 안목'과 바람직한 가치관을 가지게 되는 교과"로서 이를 달성하기 위해서는 다양한 시대와 문화권의 음악을 통하여 음악 개념을 이해하고, 다양한 음악 활동을 통하여 음악성과 창의성을 기르는 것이 필요하다고 하였다.
　　　본 연구에서는 이를 위해서 육자배기조 민요 체험 요소를 가창, 기악, 창작, 감상 활동에 연계성 있게 투입하고 구체적인 체험활동을 통해 전통음악의 어법을 이해할 수 있도록 하였다.

　2. 전통음악 체험활동
　　　본 연구에서의 전통음악 체험활동은 가창, 기악, 창작, 감상활동으로 이루어진다. 이동재는 각 활동에 대한 구체적 지도방법을 제시하였는데 그중에서 본 연구와 관련이 깊은 내용을 발췌하였다(이동재, 2001).

### 3. 전통음악의 선법(육자배기조 민요와 관련하여)

장사훈에 의하면 한국음악은 평조와 계면조 두 선법에 5음계를 사용하나 조선 말엽 계면조는 5음계에서 3음계 또는 4음계로 변질되어 현재까지 이르고 있다. 아악에는 평조와 계면조의 음악이 골고루 있고, 그 음계와 변조 방법 등이 선명하지만, 가야고 산조, 시나위, 판소리 및 각 지방의 민요는 거의 계면조 일색의 음악이라고 할 수 있다. 즉, 아악을 비롯한 모든 음악은 거의 계면조에 속하며 계면조의 음악은 3음이 중심이 되고 '4도 + 장 2도' 음정을 가지고 있다(장사훈, 1991).

## B. 선행연구의 분석

본 연구와 관련 있는 선행연구를 분석한 결과는 다음과 같다.

⟨표 4-2⟩ 선행연구 논문 분석

| 연구자 | 주 제 | 내 용 |
|---|---|---|
| 황병희(1994, 현장교육 연구논문) | 민속조의 리듬 및 가락 짓기를 통한 전통음악의 창의적 표현 능력 신장 | 민속조의 리듬 짓기, 가락 짓기를 통한 창작 표현학습 전개 |
| 박남례(1994, 현장교육 연구논문) | 다양한 신체 표현 활동을 통한 전통음악 언어 형성 | 저학년 아동에게 맞는 신체 표현 및 춤사위, 민속놀이 등의 활동으로 전통음악 언어 형성 |
| 김재동(1995, 현장교육 연구논문) | 농현의 단계적 지도를 통한 시김새 표현 능력 신장 | 전통음악의 가창곡 지도 방안 연구로 시김새와 농현의 유현성을 느끼도록 함 |
| 이동재(1993, 한국교원대 대학원) | 한국 민요의 음계에 따른 가락지도의 단계 연구 | 한국 민요의 토리권별 특징을 기술하고 지도 단계를 5단계로 설정 |
| 강형순(1994, 한국교원대 대학원) | 육자배기조 민요의 장단과 선율을 이용한 창작 지도 방안 연구 | 육자배기조 민요의 장단과 선율의 유형 분석 및 창작 지도 방안 제시 |

| | | |
|---|---|---|
| 조묘구(2001, 한국교원대 대학원) | 남도민요 가창 지도 연구- 육자배기 토리를 중심으로 | 남도민요 중 육자배기 토리를 중심으로 어린이에게 알맞은 곡을 선정하여 단계별로 가창 지도 방안 제시 |
| 김정주(2001, 한국교원대 대학원) | 육자배기 토리 민요의 단소 연주 지도 방안 | 단소의 소리 내기 지도 요소를 고찰하고 초등학교 교과서에 수록된 육자배기 토리 민요의 단소 연주 지도 방안을 3단계로 제시 |

〈선행연구의 분석 결과〉

선행연구물을 고찰한 결과 전통음악 교육방법에 다양한 연구물이 있음을 알게 되었다. 특히, 이동재의 논문에서는 본 연구의 대상인 4학년 어린이 단계에 맞는 내용을 설정하는 데 시사받은 점이 많았다. 현장교육 연구물에서는 육자배기조 민요를 주제로 한 연구 논문을 찾을 수 없었으나, 한국교원대학교 대학원의 논문에서는 육자배기조 민요를 중심으로 한 연구가 수 편 있었다. 강형순의 논문은 육자배기조 민요의 창작지도 방안 연구에 많은 참고가 되었다. 그러나 강형순은 장단의 지도 순서를 자진모리, 중중모리, 중모리의 순서로 하였는데, 본 교사는 장단을 학습할 때 빠른 장단보다는 여유가 있는 중중모리로 시작하여 더 쉽게 접근할 수 있도록 하였다. 또 본 연구자는 2음이나 3음 구조에 알맞은 가락 짓기만 투입하기로 하고, 그에 알맞은 새로운 정간보를 개발하여 투입하고자 한다.

또 위 논문은 대체로 한 가지 영역의 활동을 심도 있게 지도하는 방안을 마련하였으나 현장에서는 전통음악 어법 이해를 위해 가창, 기악, 창작, 감상 활동이 유기적으로 통합된 육자배기조 민요의 다양한 체험학습이 실질적으로 더 효과가 있을 것이라 생각하고 구체적인 지도 방안을 구안하고자 한다.

예시 2

📝 **주제 : 다치적(多值的) 사고에 의한 언어 습관 형성이 올바른 의미 전달에 미치는 효과**[21]

● 이론적 배경

A. 관련 이론 탐색

**1. 언어의 특성과 기능**

a. 언어의 특성

국어를 비롯하여 세계의 모든 개별 언어들은 언어로서의 일반적인 특성을 지니고 있다. 노대규는 언어의 일반적 특성을 다음과 같이 대략 다섯 가지로 요약하고 있다.

첫째, 언어는 인간만이 가지고 있는 의사소통의 기본적인 수단으로서 창조성이 있다. 인간의 언어에 있어서는 누구나 전에 들어보지도, 써 보지도 않은 문장을 만들어 낼 수 있고, 또 그것을 이해할 수도 있다. 둘째, 언어는 이원성이 있다. 곧 언어는 소리와 의미로 이루어져 있는데 이 소리의 체계와 의미 체계가 독립적으로 분리되어 있다는 것이다. 셋째, 언어의 형식과 내용의 관계, 즉 말소리와 그 말소리가 상징하는 의미의 관계는 임의적이며 관습적이다. 언어에 있어서 음성과 의미의 관계는 필연적이 아니고, 의미 내용과 그것을 표상하는 기호인 음성 형식의 관계가 사회적 약속에 의해 맺어져 있다는 것을 뜻한다. 넷째, 언어는 분석적이고, 체계적이며, 구조적인 특성을 가지고 있다. 언어는 소리의 최소 단위인 음소와 의미의 최소 단위인 형태소 그리고 의미 성분과 통사적으로 분석될 수 있다. 다섯째, 언어는 문화적 전달을 가능하게 하는 특성을 지니고 있다. 인간은 사고, 태도, 가치 그리고 습관과 같은 문화의 구성요소를 이용하여 전달하는 것이다.

---

21) 이홍식(1992). 제36회 전국현장교육 연구대회. 국어교육분과, 1등급

b. 언어의 기능

언어의 기능에 대해 여러 학자들은 비슷한 내용으로 그들의 견해를 달리하고 있으나 언어의 기본적인 기능은 의사소통의 기능, 감정, 정서의 표출 기능, 사고의 기능이라는 점에서는 견해를 같이하고 있다. 유병학은 지시적·전달적 기능과 정서적·환기적 기능, 모사적·상징적 기능이 언어에 있다고 하였다. 배양서는 제보적 기능, 표현적 기능, 지시적 기능, 사고적 기능, 심미적 기능을 제시하였다. 정동화는 언어의 일차적 기능으로 의사소통(정보 교환)을 들고 있는데, 다음 세 가지 중요한 역할―① 자아실현의 기본 도구, ② 문화 창달의 기본 도구, ③ 교육의 기본 도구―을 하기 때문이라고 제시하였다. 다음은 인식, 사고의 기능을 들 수 있는데, 이는 인간이 언어를 통해서 외부 세계를 파악하고 정리하고 형성하는 바로 그 과정에서 인간의 정신적 기능이 발전하기 때문이다.

2. 음성언어 지도의 이론

언어의 교육과 방법은 언어구조에 관한 이론과 언어 습득에 관한 견해에 따라 달라진다. 남기심은 음성언어 지도 이론으로 세 가지 대표적 이론, 즉 전통적 방법, 청취회화 방법, 변형 생성문법 방법을 소개하고 있다.

전통적 방법은 문법교육과 번역 활동을 중시한다. 문법교육은 주로 품사를 정의하고 단편적인 규칙들을 보여 주는 전통문법으로 자연히 말하기 교육은 경시되고 학생들은 선택된 교재에 나타나는 어휘나 구조를 익히게 된다. 따라서 이러한 지도법은 말하기나 듣기보다는 문법 지도에 적합하다.

청취회화 방법은 대화를 통한 듣기와 말하기 그리고 습관을 형성하는 모형 연습이 그 특징이다. 보상을 통한 습관 형성을 주장하는 스키너(Skinner)의 습득이론에 기초한 방법으로, 언어지도도 강화에 의한 모방과 연습 과정을 거쳐야 한다는 것이다. 그리하여 그들은 초기 단계의 기본 문장 구조에 대한 학습을 강조하고 있다. (중략)

즉, 언어는 의미의 문법적인 기호화 내지 기호의 문법적 의미화로 이루어지는 의미 생성체인 문(文)의 집합이며, 그 표면 구조는 그 기저인 내면 구조의 유일한 변형 규칙을 습득하게 함으로써 무한문(無限文)을 만들어 내는 능력을 길러 주는 일이라 하여 인지학습이론을 수립하였다.

### 3. 음성언어 지도의 원칙

첫째, 언어지도는 의사소통 능력의 신장이 기본이 되어야 한다. 둘째, 창조적 언어 수행 능력에 역점을 두어야 한다. 셋째, 언어지도는 그 본질이 기능지도이므로 경험의 기회를 제공하여 규칙과 원리를 터득해서 습관화 및 자동화될 수 있는 경험학습 지도를 하여야 한다. 넷째, 학습자의 언어 발달, 인지 발달, 흥미 발달 등에 맞게 체계적이고 점진적으로 지도해야 한다. 다섯째, 교과서의 음성언어의 교재는 연극이나 영화의 시나리오와 같이 실제 언어 훈련의 연출 자료로 운영되어야 한다. 여섯째, 자유로운 언어지도 환경을 조성하여 지도해야 한다. 일곱째, 언어지도는 형식보다 내용을 중시해야 한다. 여덟째, 언어지도는 지적 기능이기도 하나 기능지도이므로 반복 다회성, 나선 형식의 지도를 하여야 한다. 아홉째, 언어지도는 발음 및 표준말 지도를 중요시해야 한다.

4. 언어와 사고(생략)

5. 언어 사용 규범(생략)

6. 일반 의미론의 기본 원리(생략)

7. 표준 발음지도(생략)

8. 교수–학습 모형(생략)

### B. 선행연구 논문 분석

〈표 4-3〉 선행연구 논문 분석

| 연도 | 연구자 | 연구 주제 | 연구 내용 및 방법 | 대상 |
|---|---|---|---|---|
| 1990 | 경남 운남국 정무남 | 말하기 과정의 구성과 기회 확대를 통한 능력 신장 연구 | • 말하기 과정을 단계별, 유형별로 구성하여 지도 <br> • 학교와 가정에서의 표현 기회 확대 | 국 6년 |

| 1990 | 대구교대 부속국 홍정근 | 말하기의 단계별 지도방법 구안 적용이 말하기 능력 신장에 미치는 효과 | • 단원별 지도 계통안 및 단계별 지도 방법<br>• 말하기 훈련안 구안 적용 | 국 3년 |
|---|---|---|---|---|

예시 3

📝 **주제 : 인천 3대 문화권 현장 체험 전략을 통한 역사적 사고력의 신장**[22]

A. 이론적 배경

1. 인천 3대 문화권 탐색교육의 교육적 가치

　　인천은 조선 시대에 인천부와 부평부로 행정구역이 나누어져 있어 크게 문학산을 중심으로 발달한 문학문화권과 계양산을 중심으로 발달한 부평문화권의 두 문화권이 따로 발달하였다. 1883년 문호를 열면서 동인천 일대에 개항문화권이 형성되어 지형을 따라 생활 터전이 형성된 곳이다. 향토 체험학습 전략으로 인천을 3대 문화권으로 나누어 향토 체험 전략을 세워 탐색해 보았다. 인천에 거주하는 기성세대는 뿌리 잃은 세대라고 말해도 큰 잘못이 아니라고 생각한다. 인천 역사를 통해 세계사를 보고, 세계사의 흐름에 따라 인천 역사의 희비가 엇갈리고 있어 우리 고장의 역사적 사실이라는 점에서 역사가 더욱 친근감 있는 과목으로 다가온다. 전국의 지역사가 하나로 묶여 한국 역사가 이루어지기 때문에, 내가 살고 있는 땅에서 바라보는 역사가 진짜 살아 있는 역사라고 외치면서, 향토교육에 작은 힘이나마 노력을 기울여야 한다는 사명감을 갖고 인천의 여러 문제점에 대해 생각해 보았다. 자신이 살아가고 있는 지역의 내일은 기성세대의 것이 아니라 마땅히 그곳에서 자라난 2세들의 몫이다. 인천 지역을 문학문화권, 부평문화권, 개항문화권 등의 3대 문화권으로 나누어 현장 탐색 체험학습을 통해 이들에게 자신의 지역사에 대해 흥미를 갖게 하고, 자신의 뿌

---

22) 장인선(2002). 제46회 전국현장교육 연구대회. 국사·사회교육분과, 1등급.

리를 찾고, 나아가 실천 위주의 다양한 탐색교육을 통해 사회의 제 문제를 합리적으로 판단하고 해결할 수 있도록 하여, 역사적 해석력과 사고력이 길러질 수 있다는 점에서 교육적 가치가 있다고 생각한다.

가. 학생 측면에서 인천 3대 문화권 현장 탐색교육의 가치 (생략)
나. 교사 측면에서 인천 3대 문화권 현장 탐색교육의 가치 (중략)

인천 3대 문화권 탐색교육의 교육적 가치를 종합해 보면, 첫째 향토 체험을 통해 향토 역사를 생동감 있게 구체적으로 실감할 수 있고, 이를 통해 지역의 역사 발전 과정을 구체적으로 파악할 수 있다. 둘째, 학생들의 삶의 터전인 향토의 생활 그 자체를 변화·발전이라는 관점에서 이해할 수 있다. 셋째, 향토의 문화유산에 대해 직접 보고 체험함으로써 향토사 이해를 심화시키고 향토의 문화유산을 애호하는 태도를 기를 수 있다. 넷째, 향토의 자료는 학습자의 직접적인 견학·조사가 가능한 만큼 향토 체험학습은 학습자의 역사 탐구를 효과적으로 실천할 수 있는 기회를 제공해 준다. 교사의 끊임없는 새로운 교수법 개발과 실천의지가 수반되는 교육활동으로 학생들이 인천 3대 문화권 탐색교육을 통해 역사적 사실을 체험하고 역사적 사고력을 신장시킬 수 있다는 측면에서 교육적 효과를 기대할 수 있다.

1학기에 향토 체험 모둠 발표수업을 시도하여 수행평가에 반영해 보았다. 점수와 연관되어서인지 학생들이 적극 참여하며 흥미를 보였다. 방학 프로젝트 과제로 '내가 교사라면 향토 체험학습 장소로 학생들을 데리고 가고 싶은 장소를 선정하여 선정 이유와 그곳에 대한 체험 보고서를 제출하도록' 하였는데 의외로 많은 학생들이 관심을 가졌으며 수준 높은 보고서도 많이 제출되어 교육적 효과가 있었다. 여기에 힘을 얻어 2학기에도 체험 과제를 주어 향토 체험학습을 실시한 결과 학생들의 적극적인 참여가 이루어져 자기 주도적 학습을 통해 역사적 사고력의 신장에 많은 영향을 줄 수 있다고 생각하였다. 체험학습이라는 과제를 해결하기 위하여 학생 상호 간에 조사한 자료 교환과 모둠별 활동을 통해 개별학습과 협력학습이 이루어지고, 체험학습 장소 선정, 사전 자료 조사 등의 활동을 통해 우리 고장의 문화유산을 탐구하여 향토애를 기르고, 조상들의 지혜와 슬기를 깨달아 고장 문화에 대한 보존의식을 함양시키고, 나아가 역사적 사고력을 신장시키는 수업이라는 점에서 교육적 의미가 크다고 생각하였다.

## 2. 인천 3대 문화권 탐색 내용

### 가. 인천 3대 문화권 탐색 연간 계획 수립

　　교사가 교과서를 금과옥조(金科玉條)로 여긴다면 문제가 있는 교사라고 스스로 반성해 봐야 할 것이다. 교과와 관련한 다양한 자료를 통하여 교과 목표를 달성할 수 있어야 하기 때문이다. 특히, 향토 체험학습 활동은 교사의 특별한 관심과 신념이 없다면 그것은 구호에 지나지 않는다. 다른 교과와 달리 시대적 연속성을 가진 역사 교과는 교사가 교과 내용을 재구성하여 학생들에게 가르칠 수 있어야 한다. 그러나 현장교사들 대부분이 호소하고 있는 내용은 수업 시수에 비해 교수–학습 내용이 많다는 것이다.

### 나. 인천 3대 문화권 탐색 내용

#### (1) 향토 체험학습의 현황과 당면 과제

　　고등학교에서는 입시 위주의 교육, 500여 쪽에 가까운 국사 교과서 내용을 2단위 내지 3단위로 나누어 합계 102시간을 활용하여 국사 교과 목표를 달성해야 하는 점, 교사 자신이 향토사에 대해 교육받을 기회가 없는 점, 전공자라 하더라도 대학에서 향토사를 교육받지 못했고 연수를 통해서도 개괄적인 교육을 이수하였을 뿐이다. 교사가 향토사에 대해 접근하였더라도 그것은 지속적이지 못하며 단기적 접근인 경우가 대부분이다. 특히, 인천 지역의 향토사 연구는 일부 기관에서 고대사 부분에 치중하고 있어 향토사 교육의 질적 변화가 이루어지기 어렵다. 현재의 교과서에는 향토사라고 볼 수 있는 별도의 단원이 수록되어 있지 않은 점 등이 문제점으로 제기되고 있다.

(2) 인천 3대 문화권 탐색 과정과 내용

　　학급 모둠별로 주제 접근적 체험학습 팀을 설정하게 하여 주로 모둠별로 과제를 주어 실행하였다. 체험학습은 다양한 모둠별 활동을 통해 학생들의 적극적이고 능동적인 참여로 구성원들의 유대를 강화하고 협동심과 책임감을 기르며, 이를 통해 즐거운 학교생활을 유도하는 데 초점을 두었다.

(3) 인천 3대 문화권 탐색과 관련한 다양한 연계 학습 프로그램

　　모둠별로 활동하고 조사한 내용을 발표하고 모둠별로 주제를 정해 체험학습 프로그램을 수행하며, 다양한 체험 과제 학습 프로그램을 수행하게 하였다.

### 3. 향토와 향토 체험학습의 의미

　　향토란 통상적 개념으로 '고장·고향'을 의미하며, '인간이 출생하여 성장하면서 인격 형성과 정신적·신체적 발달의 모체가 된 지역사회'다. 향토사(Local History)는 역사 파악에서 가장 기본적인 학문 단위라 할 수 있다. 향토사는 성격상 역사적 측면과 향토적 측면이라는 양면성을 가지고 있다. 역사적 측면이란 국가사 내지 민족사의 한 부분으로서 이를 보충·검증하고 설명하는 부차적인 가치만 인정하는 입장을 말한다. 향토사 측면이란 향토사나 지역사회의 역사는 국가사와 세계사와 대등한 중요성을 가지고 있는 것으로 보고, 시·도·군사처럼 하나의 완결된 지방사로 정리될 수 있다는 것이다.

## B. 역사적 사고력 신장

### 1. 역사적 사고력의 의미

　　역사적 사고란 역사적 감각을 가지고 사고하여 역사의 이해에 도달하는 정신 과정을 말한다. 역사의 이해니 인식이니 하는 자체가 학습자에게는 학습 현장에서 당면하게 되는 새로운 문제다. 삶의 현실에서 부딪히는 문제를 시간의 흐름과의 관계에서 고찰하고, 인과관계 및 연관 관계에서 분석·추리·판단·개념화하는 정신 작용을 통해 이해하고 인식하게 된다. 본 연구에서 역사적 사고력이란 체험학습을 통하여

이루어지는 여러 사회의 사상과 문제를 역사적으로 보고 생각하며 이를 파악하는 지적인 정신 과정과 능력을 말한다. 어떠한 사건의 인과 관계, 배경 등을 파악하거나 여러 가지 사건들의 관계성, 공통성 등을 추론하는 행동적 특징을 포함한다고 볼 수 있다. 즉, 역사적 변화 현상을 예측하고 상상하며 표상하는 능력을 의미한다.

## 2. 역사적 사고력의 신장 방안

역사교육의 목적은 역사적 사실을 객관적으로 파악할 수 있는 태도와 능력을 기르고, 바람직한 역사의식을 길러 민족사의 발전에 이바지할 수 있는 실천적 인간을 기르는 데 있다. 이러한 목적을 달성하기 위하여 탐구 과정을 통하여 자료 처리 능력을 기르도록 해야 한다. 즉, 역사 탐구 기능을 익히고 제사상을 역사적으로 사고할 수 있는 능력과 태도를 기르도록 해야 한다.

## C. 선행연구의 고찰

### 1. 선행연구 논문의 분석 내용

〈표 4-4〉 선행연구 논문의 분석 내용

| 연구자 및 기관 | 연 도 | 주 제 | 연구 내용 | 시사점 |
|---|---|---|---|---|
| (경북 울릉북 중학교) | 1997 | 체험 중심의 교육 활동을 통한 올바른 가치관 형성과 인성 함양 | 체험학습 방법과 체험 중심의 교육을 통한 올바른 가치관 형성 | 체험 중심의 교수-학습 모형 구안·적용 |
| 허현수 (울산 서여자 상업고등 학교) | 2001 | 사료를 활용한 향토사 학습이 국사 학습에 미치는 효과 | 향토에 산재해 있는 역사적 유물이나 향토와 유관한 사실들과 사료를 활용하여 이해하게 하는 수업 | 학습자료로 활용할 수 있는 향토사 사료 수집방법 |

| | | | | |
|---|---|---|---|---|
| 정승훈<br>(강원도<br>춘천<br>초등학교) | 1997 | 효과적인 향토사 교수–학습 활동을 통한 애향심 함양에 관한 연구 | 향토사 학습에 대한 아동의 학습방법 지도방법, 아동이 향토사에 대한 명확한 지식을 갖도록 연구함 | 학교 현장의 문제를 해결할 수 있는 향토사 교수–학습 활동 |
| 전인봉<br>(제주<br>중앙여자<br>고등학교) | 1995 | 향토사와 유적지 답사 학습을 통한 역사의식 함양 | 제주 지역 유적지 현장답사, 답사학습, 단원접근 방법을 활용한 향토사료 학습 지도 | 현장답사 방법<br>단원접근 방법 |

## 2. 분석 결과

(1) 향토사 학습은 학생들이 자신의 능력 범위 내에서 역사에 대한 내용을 구체적이고 직접적인 방법을 통해 배우게 함으로써 역사 이해에 도움을 줄 수 있으며, 학생에게 가까운 역사 자료를 활용함으로써 학생의 흥미와 관심을 확대할 수 있는 효과적인 학습 방안의 모색이 요구되고 있다.

(2) 향토 체험학습은 자기 주도적 학습력의 신장을 위한 학습이며, 주로 목표 중심, 학습 모형 중심으로 이루어지고 있으며, 향토의 삶이 어떠한 과거에 의해 이어져 왔는가를 인식하여 역사적 사고력을 신장시키는 데 유효한 학습임을 시사받았다.

(3) 학교교육 현장에서 인천 3대 문화권에 대한 관심과 인식, 향토사 학습 지도 실태 및 활용에 대해 파악하여 그 토대 위에서 향토사 학습 지도의 개선 방안을 모색하여 지도 전략이 요구되어 본 연구의 방향 설정의 근거로 하였다.

예시 4

✍ **주제 : 동 학년 중심 자율연수팀 구성·운영을 통한 연수 효과 증진 방안**[23]

## II. 이론적 배경

### A. 교내 자율연수에 관한 문헌 고찰

#### 1. 자율의 개념

　자율의 개념에 대해서는 여러 학자들이 견해를 밝히고 있다. 이윤식은 "자율은 일반적으로 외부의 규제나 간섭 없이 스스로 결정하고 실천하며, 그 결과에 대하여 책임지는 것을 의미하는 것으로, ① 자기 결정(자기 계획), ② 자기 실천(자기 행동), ③ 자기 책임(자기평가)의 의미를 포함하는 개념"[24]으로 정의하였다. 김종철은 학교에서의 자율성을 기관의 자율성과 학교 조직 구성원들이 누리는 자율성의 두 가지 차원에서 제시하고 있다.

#### 2. 학교의 자율적 활동과 자율연수

　학교 내에서 이루어지는 제반활동의 자율적 운영은 학교장이 주체적으로 학교를 이끌어 나가겠다는 의지가 선행되어야 하고, 교사 스스로도 자율을 추구하겠다는 강한 신념을 가지고 있어야 한다. 때문에 학교에서의 자율적 활동 및 풍토 조성을 위해서는 이들의 자율 심리를 북돋우고, 자율 역량을 신장시키는 일이 무엇보다도 가장 시급한 과제라 할 수 있다.[25]

　교내 자율연수는 교직원들의 교육활동 개선을 위하여 그들의 필요와 요구에 대해 단위 학교 자체에서 실시하는 연수활동을 의미한다. 단위 학교에서 교육활동 개선을 위한 전체 교직원들의 자율적이고 공동적인 노력의 과정을 교내 자율장학이라고 할 때, 교내 자율연수는 교내

---

23) 강혁희(2001). 제45회 전국현장교육 연구대회. 교육행정분과, 1등급.

24) 이윤식(1999). 장학론. 서울 : 교육과학사. p. 251.

25) 노종희(1997). 교육행정학. 서울 : 문음사. p. 498.

자율장학의 중요한 한 형태다.[26)

이와 같은 교내 자율연수는 교육행정기관에서도 장학 발전의 한 방향으로 보고 있으며, 실제로 경기도 교육청에서는 교내 자율연수 발전 방향의 하나로 교과별, 학년별, 교육 영역별로 소집단 연수 조직 운영을 강화해야 한다고 지적한 바 있다.[27)

### 3. 교내 자율연수의 특징과 모형

이상의 논의들을 종합해 볼 때 교내 자율연수의 주요 특징은 다음과 같이 정리해 볼 수 있다.[28)

- 교사들의 자율성, 협동성을 기초로 한다.
- 교사들의 필요와 요구를 기초로 그 내용과 방법의 다양성을 추구한다.
- 교사들의 전문적 발달 및 개인적 발달과 학교의 조직적 발달까지 도모할 수 있다.
- 학교의 전반적 운영 계획과 연계하여 원칙적으로 일정 계획에 의거하여 실시한다.
- 교내 자율연수 프로그램은 단위 학교 행정가의 적극적인 지원을 받아 구성되어야 한다.
- 자율연수 프로그램은 변화하는 요구에 수용적이어야 한다.
- 자율연수의 내용은 교사의 교수 행동을 변화시키는 것으로 방향 지어져야 한다.
- 자율연수 프로그램은 용이하게 접근할 수 있어야 한다.
- 자율연수 활동은 일정 시간마다 평가되어야 한다.

### 4. 현직연수의 절차

현직연수는 연수 대상자의 요구 분석, 목표 설정, 다양한 대안 프로그램의 창출, 선택 및 구체화, 프로그램 운영, 평가 및 피드백의 순서로

---

26) 이윤식(1999). 장학론. 서울: 교육과학사. p. 309.
27) 이윤식(1999). 장학론. 서울: 교육과학사. p. 309.
28) 강혁희(1999). 일반 연수의 교육효과에 대한 교원들의 인식 및 요구분석 연구. 인하대학교 교육대학원 석사학위논문. p. 10.

진행되는데 이를 단계별로 보면 다음과 같다.[29]

① 연수 대상자의 요구 분석
② 목표 설정
③ 다양한 대안 프로그램의 창출
④ 선택 및 구체화
⑤ 선정된 대안을 실제로 운영하는 단계로, 교육 내용, 강사, 장소, 연수방법, 행정적 · 재정적 지원 등이 프로그램에 포함되어야 함
⑥ 평가 및 피드백

## 5. 교내연수의 문제점

학교교육 현장은 교사연수를 위한 최적의 장소다. 학교마다 자체 연수 계획을 세워 이를 운영하고 있지만, 학교 자체가 안고 있는 여러 가지 구조적인 문제 때문에 큰 실효를 거두지 못하고 있는 것이 사실이다.

노종희와 한만길은 학교 자체 연수의 문제점으로 크게 다음의 두 가지를 지적하였다.[30] 첫째, 학교 자체 연수가 연구 수업에만 지나치게 의존하고 있으며, 다른 방법이 활용되지 못하고 있다. 연구 수업은 적어도 한 달에 1회 정도 실시하고 있으나, 전 직원을 대상으로 하는 세미나, 강연 등은 한 학기 내내 한 번도 실시하지 않는 학교가 50%를 넘고 있다. 이는 외래 강사 등 자원 인사의 초빙이 어렵고, 이를 위한 예산도 충분히 확보되어 있지 못하기 때문이다. 둘째, 학교 자체 연수에서 다루는 연수 내용이 극히 제한되어 있어 이의 다양성을 살리지 못하고 있다. 학습 지도에 관한 내용은 적게 다루어지고 있는 편이다. 한편, 학교 자체 연수가 전반적으로 활성화되지 못하는 이유는 과다한 업무에 따른 시간 부족과 교사들의 연구 의욕 부진에 기인하고 있다.

이상의 학교 중심 연수 프로그램의 문제점을 종합해 보면, 학교 자체 연수 환경의 미흡, 학교 중심 연수의 내용 및 방법의 부적절성, 교사 자신들의 연수 참여에 대한 태도 결여, 연수 프로그램 평가 체제의 미비

---

29) 서정화(1994). 교원인사행정. 서울 : 배영사. pp. 188−189.
30) 노종희, 한만길(1982). 교원현직교육의 발전 방향과 과제. 한국교육개발원. p. 76.

등으로 요약될 수 있다.

## B. 교내연수 프로그램 평가에 관한 문헌 탐색

### 1. 교사연수 프로그램의 효과성에 대한 원리와 평가 요소

교사연수 프로그램의 평가는 여러 가지 활동에 대한 가치판단이며, 장단점을 밝히는 것이고, 목표 달성을 확인하는 것이다. 이와 같은 가치판단이나 목표 달성을 측정하기 위해서는 일정한 기준이 있어야 한다. 즉, 프로그램 평가의 상황 속에서 평가자가 평가될 프로그램의 유형, 평가 목적, 프로그램의 현 단계 그리고 적절한 평가방법을 확인하였다고 가정했을 때, 어떠한 준거들이 특정 프로그램의 성공을 결정하는가에 대한 분명한 평가 준거가 정해져야 한다는 것이다.

교사연수 프로그램의 평가에 있어서는 다양한 자료와 관점에서 평가가 이루어져야 하고, 형성평가, 총괄평가가 동시에 이루어져야 한다. 그러나 이에 미치는 요인들이 복잡하기 때문에 실제적인 측면에서 평가가 계획되고 실시되어야 하며, 또한 교사연수 프로그램을 평가하기 위해서는 분명한 준거가 필요하다.

### 2. 교사연수 프로그램의 현황 및 특징

보다 효과적이고 성공적인 교사연수가 이루어지기 위해서는 교사연수의 목적이나 내용이 무엇인지, 그리고 효과적인 연수활동의 특징이 무엇인지 밝힐 필요가 있다. 본 연구에서는 교사연수의 필요성, 목적, 프로그램의 핵심 요소, 연수활동 내용, 교사연수의 접근 시각을 대상으로 다음과 같이 고찰하였다.

(1) 교사연수의 필요성: 교사연수는 교육의 과정에서 핵심적이다. 새로운 교사연수 프로그램은 학교를 생기 있게 유지하는 데 필수적이다.

(2) 프로그램의 목적: 교사연수도 하나의 수업 프로그램이라는 관점에서 교사연수 프로그램은 전통적인 학업구조 속에서 수업의 질을 향상시키는 데 초점을 두고 있다.

(3) 성공적인 프로그램의 핵심요소: 성공적인 교사연수 프로그램은 통

합적, 발달적, 포괄적, 역동적, 경제적이어야 하고, 평가 과정을 제공해야 한다.

(4) 연수활동 내용: 교사연수에 대한 내용은 개인의 성장과 직원들의 발달에 초점을 둔 교직원 발달, 학생들의 학습을 촉진하기 위하여 교육과정에 초점을 둔 수업 발달 그리고 교수와 학습을 위한 효과적인 환경을 만들기 위해 전체 기관이나 몇몇 하위 단위 조직에 관심을 둔 조직 발달의 내용으로 구성된다.

(5) 교사연수의 접근 시각: 결함의 치유에 초점이 맞추어져 있었던 교사연수 프로그램은 최근에는 결점 보완적 관점에서 발달 접근적인 관점으로 그 방향이 바뀌고 있으며, 이러한 발달적 관점의 교사연수는 교사의 교직 능력뿐만 아니라 의지, 요구, 관심을 근거로 개인의 자아 발달을 촉진시킨다.

### 3. 교사연수 프로그램의 조직 및 운영

학교 중심 교사연수 프로그램은 학교 전체 프로그램이다. 학교 중심 교사연수가 학교에서 보다 핵심적인 역할을 수행하고 성공하기 위해서는 행정가의 지원과 교사의 참여 그리고 핵심 교원들의 지원이 절대적이다.

## C. 선행연구 분석

본 연구와 관련이 있는 선행연구물을 분석하여 연구 추진에 참고하였다. 최순옥은 '교원 현직교육에 대한 교사들의 기대'[31]에서 교원 일반 연수에서의 문제점과 개선 방안을 제시함으로써 일반 연수의 활성화를 통한 연수 효과 증진 가능성을 제시하였다.

김한규는 '교원의 전문성 향상을 위한 교원연수제도에 관한 연구'[32]에서 교원연수제도의 문제점과 개선 방안 및 교원 현직연수의 내실화 방향

---

31) 최순옥(1994). 교원 현직교육에 대한 교사들의 기대. 이화여자대학교 교육대학원 석사학위논문.

32) 김한규(1994). 교원의 전문성 향상을 위한 교원연수제도에 관한 연구. 경희대학교 교육대학원 석사학위논문.

을 제시하였다.

변규선은 '교원들의 현직연수에 대한 기대와 효과 분석'[33])에서 기관 중심으로 실시되는 연수에 대하여 교사들의 기대와 연수 후의 변화 효과에 대한 인식의 차이를 밝히고, 그 요인과 문제점을 분석하여 현직연수 활동의 활성화와 연수 효과 극대화를 위한 연수 프로그램의 개선 방향을 제시하였다.

강영진은 '중등교원 자격연수의 개선을 위한 연구'[34])에서 자격연수 과정에서 연수제도상의 문제점을 분석해 보고, 이의 개선 방안을 논의해 봄으로써 보다 내실 있고 효율적인 교원 자격 연수의 방향과 과제 및 개선 방향을 제시하였다.

이상의 선행연구 분석을 통하여 현직연수의 제도적 장치, 교사의 연수 참여 욕구 증진을 위한 연수방법 개선, 연수 참여자 모두의 요구에 상응하는 연수 내용 선정 및 연수 프로그램 개발 등에 관한 시사점을 얻을 수 있었으며, 이를 본 연구 추진에 활용하였다.

## 8. 기초 조사 및 문제 분석

연구 문제가 선정되면 주제와 직접 관련이 있는 실태를 조사하거나 문제를 분석하여 진술한다. 주제의 범위나 문제의 원인, 사실 등을 규명하여 연구의 제한점, 연구방법, 애로점, 가설 형성 근거를 암시 또는 인정할 수 있도록 작성해야 한다. 연구의 중요 문제를 하위 문제로 조사·분석하고, 분석된 내용을 신중히 객관적 태도에서 철저하게 분석하되, 문제의 형태나 자료의 출처와 분석방법 등을 밝혀

---

33) 변규선(1995). 교원들의 현직연수에 대한 기대와 효과 분석. 창원대학교 교육대학원 석사학위논문.
34) 강영진(1997). 중등교원 자격연수 개선을 위한 연구. 인하대학교 교육대학원 석사학위논문.

문제의 일반적 성격에 관한 진술을 해야 한다. 구체적으로 조사연구와 실천·실험 연구로 나누어 설명하기로 한다.

## (1) 조사연구

조사연구에서는 원인 분석, 원인 규명이라는 용어를 쓰며, 지도, 실천, 개선을 위한 연구가 시작된 때는 대개의 경우 연구가 끝나게 되므로 문제를 규명할 때 사용한 방법과 그 방법에 의하여 발견되는 사실만 약술하면 된다. 연구 문제가 이론적 배경에서 탐색되었을 때는 이론적 배경과 선행연구의 선례에서 연역되도록 분석해야 하며, 현실적인 사태에서 도출된 문제인 경우에 그 문제가 파생하게 된 여러 현상 사례집단과의 관계 속에서 문제의 성격을 뚜렷이 규명할 수 있도록 현상 간의 관계를 바탕으로 연구 문제의 구성요소를 파악하고 분석해야 한다. 연구 문제가 크거나 선행연구가 없거나 근거가 빈약할 때는 예비조사를 해야 한다. 구체적인 사례를 살펴보자.

### 예시 1

📝 **주제: 초등학교 여교감의 직무행동과 애로점 분석 연구**[35]

● **기초 조사 및 문제 분석**

본 문제 분석에서는 문헌에 의한 조사로 법규 조사, 선행연구 분석을 했고, 집단 면담에 의한 조사로서 직무행동의 문제점과 애로점, 질문지에 의한 조사로서 교감 직무행동을 조사·분석하고, 선행연구나 이론적 배경이 다소 약하다고 생각되어 예비조사로서 인천 시내 여교감 재직 학교를 분석하였다.

---

35) 서정순(1984). 제28회 전국현장교육 연구대회. 교육행정분과, 1등급.

A. 문헌에 의한 조사

  1. 법규 조사

    「초・중등교육법」「초・중등교육법 시행령」「교육공무원법」 등에 나타나 있는 교감의 직무행동을 조사・분석하였다.

  2. 선행연구 분석

    선행연구 논문을 분석하여 여교감의 직무행동과 교직의 여성화 경향, 여교사의 문제점 등을 조사・분석하였다.

B. 집단 면담에 의한 조사

  1. 인천 시내 여교감과의 면담 조사

  2. 한국여자초등행정협의회 연수회를 통한 면담 조사

C. 질문지에 의한 조사

질문지 작성방법 및 절차를 요약하여 제시하면 다음과 같다.

[그림 4-1] 질문지 작성방법 및 절차

1. 질문지 조사 요소 표 작성

  교감 직무행동 요인을 조사・분석하기 위하여 제반 교육 관계 법규, 문헌 조사, 선행연구물과 교감 근무 성적 평정표를 참고하여 연구 문제를 해결하기 위한 질문지 조사 요소 표를 다음과 같이 작성하였다.

〈표 4-5〉 질문지 조사 요소 표

| 직무 영역 | 직무 요소 | 문항 내용 | 문항 수 | |
|---|---|---|---|---|
| | | | 질문지 1 | 질문지 2 |
| 1. 학교 관리적 직무 | 교육과정 아동 관리 | • 교육과정의 정상 운영<br>• 문제 아동 지도<br>• 기본 생활 습관 형성 지도 | 3 | 2 |
| | 교직원 관리 | • 보직교사 임명<br>• 학급담임 배정<br>• 포상 대상자 선정<br>• 복무 관리 | 4 | |
| | 시설 재정 관리 | • 시설 환경 관리·보수<br>• 교단 중심 예산 투자<br>• 회계관리의 공개성<br>• 회계관리 관계자 협조<br>• 물품 구입<br>• 숙직실 환경 위생 관리 | 6 | 2 |
| 2. 지도·조언적 직무 | 근무 의욕 고취 | • 교직원 근무 의욕 | 1 | 1 |
| | 수업장학 | • 교실 수업 참관 지도·조언 | 1 | |
| | 직원회의 및 협의회 통솔 | • 직원회 협의회 조언 능력 | 1 | |
| | 교직원 연수 및 연구 | • 현장연수, 현장연구 자료 출품 지도·조언<br>• 여교감의 연수 연구활동<br>• 여교감에 대한 선입견 | 3 | |
| 3. 대외 관계 직무 | 상급 교육기관 협조 | • 상급기관 협조 유대 | 1 | 1 |
| | 지역사회 협조·유대 | • 지역사회 기관 및 학부모 협조·유대 | 1 | |

| 4. 자질 | 개인적 특성 | • 신체적/정신적<br>• 일관성/융통성<br>• 사회성<br>• 성격 | 4 | 8 |
|---|---|---|---|---|
| | 인간관계 | • 상급 기관과의 인간관계<br>• 관리자와의 인간관계<br>• 교사와의 인간관계<br>• 학부형과의 인간관계<br>• 지역사회 기관장과의 관계 | 5 | 1 |

## 2. 질문 유형 결정(생략)

## 3. 질문지 초안 작성 및 재검토

통계분석을 고려하여 질문 유형을 결정한 다음 질문지 초안을 작성하여 교내 동료 교사, 선행연구자, 인천교육청 및 지정 연구학교 관계자, 대학 지도교수 등의 자문을 받아 수정·보완하였다. 이때 고려된 점은 다음과 같다.

• 직무 영역 중 중복된 문항은 삭제하였다.
• 응답자의 감정을 자극하는 내용은 삭제하거나 수정하여 우회적인 간접 질문을 하였다.
• 직무 영역의 부족한 내용을 보충하였다.
• 질문 내용이 어렵거나 애매한 문장은 일부 수정하였다.
• 5단계 평정척도 용어를 수정하였다.
• 수정·보완된 내용은 다음과 같다.

〈표 4-6〉 수정·보완 내용

| 질문지 종류 | 초안<br>문항 수 | 삭제<br>문항 수 | 보완<br>문항 수 | 일부 수정<br>문항 수 | 확정<br>문항 수 |
|---|---|---|---|---|---|
| 질문지 1 | 40 | 12 | 2 | 7 | 30 |
| 질문지 2 | 20 | 7 | 2 | 4 | 15 |
| 계 | 60 | 19 | 4 | 11 | 45 |

4. 예비 질문 조사(생략)

5. 질문지 편집·인쇄

6. 질문지 배부 및 회수

〈표 4-7〉 질문지 배부 및 회수 현황

| 대 상 | 배부 학교 수 | 배부 수 | 회수 수 | 회수율 (%) | 사용 수 | 조사방법 |
|---|---|---|---|---|---|---|
| 여교감 | 240 | 240 | 240 | 100 | 240 | 현지 집단 조사 |
| 교장 | 480 | 480 | 396 | 84.5 | 360 | 현지 및 우송 조사 |
| 교사 | 480 | 1,440 | 1,186 | 82.4 | 1,185 | 현지 및 학교당 3부 |
| 계 | 1,200 | 2,160 | 1,822 | 84.4 | 1,785 | |

예시 2

📝 주제 : 도서지구 소규모 초등학교 기능직의 업무 조정을 통한 효율적인 사무 처리 방안[36)]

● 기초 조사 및 문제 분석

A. 소규모 학교 교직원들의 사무 처리 실태에 관한 예비조사

1. 예비조사 도구

본 연구의 예비조사 도구로 사용하는 설문 자료는 선행연구물을 검토하여 연구자 자작으로 개발하였다.

2. 예비조사 대상

본 연구의 예비 설문조사 대상은 인천광역시 내 164개 초등학교 중 6학급 이하의 소규모 학교가 많은 남부교육청 관내 옹진군과 강화교육청 관내 학교로 〈표 4-8〉과 같이 선정하였다.

---

36) 임철순(1997). 제41회 전국현장교육 연구대회. 교육행정분과, 1등급.

〈표 4-8〉 예비 설문조사 대상 학교

| 지역 교육청별 | 학급 수별 학교 수 | | | | | | 계 | 비 고 |
|---|---|---|---|---|---|---|---|---|
| 학급 수별 | 1 | 2 | 3 | 4 | 5 | 6 | | |
| 남부 옹진군 | (4) | 1(5) | 5 | — | 1 | 4 | 11(9) | * ( ) 안은 분교 수임 |
| 강화 강화군 | (1) | (1) | 3(1) | 7 | 2 | 13 | 25(3) | |
| 계 | (5) | 1(6) | 8(1) | 7 | 3 | 17 | 36(12) | |

### 3. 예비조사 내용

예비 설문조사를 통하여 조사할 내용과 대상자는 교감 및 교사와 기능직(방호원, 사무원, 운전원)으로 〈표 4-9〉와 같다.

〈표 4-9〉 예비조사 내용 및 대상자

| 영 역 | 조사 내용 | 조사 대상 |
|---|---|---|
| 교감들의 사무 처리 실태 | • 학교 업무 부담 내용<br>• 학교 업무 처리 소요 시간<br>• 기능직의 학교 회계 업무 보조 수행 정도<br>• 교사들의 업무 경감 대책<br>• 학교생활에서의 불만 요소 | 교감 36명 |
| 교사들의 사무 처리 실태 | • 학교 업무 부담 내용<br>• 학교 업무 처리 소요 시간<br>• 기능직 요원들의 교사 업무 보조 정도<br>• 교사들의 업무 경감 대책<br>• 학교생활에서의 불만 요소 | 교사 221명 |
| 기능직의 업무 처리 실태 | • 학교 업무 부담 내용<br>• 학교 업무 처리 소요 시간<br>• 자체 직무연수 실천 정도<br>• 컴퓨터 기능 보유 정도<br>• 학교 회계 업무 처리방법에 대한 파악 정도<br>• 학교 회계 업무 보조 희망 여부<br>• 학교생활에서의 불만 요소 | 기능직 (방호원, 사무원, 운전원) 71명 |

## 4. 예비조사 결과

소규모 초등학교에 근무하는 교직원들의 사무 처리 실태 및 이에 따른 갈등 정도를 설문지를 통하여 파악해 보았다. 설문지 회수 결과는 총 대상자 328명 중 212명이 회수되어 평균 64.6%의 회수율을 보였으며, 직급별로는 교감이 24명(66.6%), 교사가 144명(65.1%), 기능직이 44명(61.9%)의 회수율을 보였다. 직급별로 살펴본 실태는 다음과 같다.

### 가. 교감들의 사무 처리 실태

교감들을 대상으로 한 사무 처리 실태 파악 결과는 〈표 4-10〉과 같다.

〈표 4-10〉 교감들의 사무 처리 내용 및 갈등 정도

| 영 역 | 내 용 | N = 24 | | % | | |
|---|---|---|---|---|---|---|
| | | 옹진 (6) | 강화 (18) | 옹진 | 강화 | 평균 |
| 1. 학교 업무 부담 내용 | ① 학교 회계 업무 처리 | 5 | 7 | 83.3 | 38.9 | 61.0 |
| | ② 각종 공문서 처리 | 1 | 6 | 16.7 | 33.3 | 25.0 |
| | ③ 시설 및 교직원 관리 | — | 1 | — | 5.6 | 3.0 |
| | ④ 교감 본연의 각종 사무 | — | 4 | — | 22.2 | 11.0 |
| 2. 학교 회계 업무 처리 소요 시간 | ① 1일 1~2시간 | — | 4 | — | 22.2 | 11.0 |
| | ② 1일 2~3시간 | 3 | 5 | 50.0 | 27.8 | 39.0 |
| | ③ 1일 3~4시간 | 1 | 4 | 16.7 | 22.2 | 24.5 |
| | ④ 1주일에 4~5시간 | 1 | 4 | 16.7 | 22.2 | 24.5 |
| | ⑤ 1주일에 5시간 이상 | 1 | 1 | 16.7 | 5.6 | 11.0 |
| 3. 각종 공문서 처리 소요 시간 | ① 1일 1~2시간 | — | 9 | — | 50.0 | 25.0 |
| | ② 1일 2~3시간 | 2 | 2 | 33.3 | 11.1 | 22.0 |
| | ③ 1일 3~4시간 | 3 | 6 | 50.0 | 33.3 | 41.5 |
| | ④ 1주일에 4~5시간 | 1 | — | 16.7 | — | 8.5 |
| | ⑤ 1주일에 5시간 이상 | — | 1 | — | 5.6 | 3.0 |

| | | | | | | |
|---|---|---|---|---|---|---|
| 4. 기능직의 하루 일과 처리 소요 시간 | ① 1일 2~3시간 | 3 | 1 | 50.0 | 5.6 | 27.8 |
| | ② 1일 3~4시간 | 1 | 8 | 16.7 | 44.4 | 30.5 |
| | ③ 1일 4~5시간 | 1 | 3 | 16.7 | 16.7 | 16.7 |
| | ④ 1일 5~6시간 | 1 | 2 | 16.7 | 11.1 | 13.9 |
| | ⑤ 1일 6~7시간 | — | 3 | — | 16.7 | 8.3 |
| | ⑥ 1주일에 6~7시간 | — | 1 | — | 5.6 | 2.8 |
| 5. 기능직의 회계 업무 보조 내용 | ① 금전 인출에 관한 업무 | 5 | 16 | 83.3 | 88.8 | 86.1 |
| | ② 물품의 구입·조달 업무 | 1 | 1 | 16.7 | 5.6 | 11.1 |
| | ③ 회계 서류 작성 업무 | — | — | — | — | — |
| | ④ 기타(학교 버스 운전) | — | 1 | — | 5.6 | 2.8 |
| 6. 회계 업무를 기능직에 맡기는 일에 대한 의견 | ① 업무의 성격상 안 됨 | 4 | 13 | 66.6 | 72.2 | 69.4 |
| | ② 서류 작성 정도는 됨 | 1 | 2 | 16.7 | 11.1 | 13.9 |
| | ③ 업무의 일부를 맡길 수 있음 | — | 2 | — | 11.1 | 5.6 |
| | ④ 전적으로 맡길 수 있음 | 1 | 1 | 16.7 | 5.6 | 11.1 |
| 7. 학교생활에서의 불만 요소 | ① 학교 회계 업무 처리의 부담 | 3 | 11 | 50.0 | 61.1 | 55.6 |
| | ② 학교 사택 여건의 불비 | 1 | 1 | 16.7 | 5.6 | 11.1 |
| | ③ 상급자(교장)와의 갈등 | 1 | 2 | 16.7 | 11.1 | 13.9 |
| | ④ 학교 제반 여건의 불비 | — | 3 | — | 16.7 | 8.3 |
| | ⑤ 지역사회 제반 여건의 불비 | 1 | 1 | 16.7 | 5.6 | 11.1 |
| 8. 학교 자체 교사들의 업무 경감 대책 | ※ 서무 보조의 배치<br>※ 사무관리의 전산화<br>※ 불필요한 공문서 분류 시행<br>※ 기능직의 서무 보조 업무 능력 확보 | | | | | |

〈표 4-10〉에 나타난 결과를 보면, 인적 자원이 적은 소규모 학교의 교감들은 교감 본연의 각종 관리 업무보다는 학교 회계 업무를 주로 담당하고 있다(61%). 특히 서무 담임이 거의 없는 옹진군 관내 학교의 교감이(83.3%) 강화군 관내 학교 교감들(38.9%)보다 이 업무에 더 매달리고 있다. 이에 소요되는 시간은 옹진군은 하루 2~3시간 이상(100%), 강화군은 2~3시간 이하(50%)이고, 다음으

로는 각종 공문서 처리에 매달리는데(25%), 이에 소요되는 시간도 옹진군은 하루 2~3시간 이상(100%), 강화군은 1~2시간 이하(50%)로, 이들은 업무 부담에 대한 불만이 가장 큰 것으로 나타났다(55.6%). 주로 농협을 왕래하며 금전 인출(86.1%)이나 물품 구입·조달(11.1%)에 국한하여 학교 회계 업무를 보조하는 기능직에 학교 경리를 분담시키는 문제에 대하여는 업무의 성격상 부정적 이해(69.4%)를 갖고 있으면서도, 교사들의 업무를 경감시키는 문제에 대하여는 행정적으로 학교에 서무 보조를 배치해 주는 일(75%)을 가장 많이 들고 있다. 그러나 이는 학교 자체적인 해결책이 아니며, 다만 불필요한 공문서의 분류 시행이나 사무 처리의 전산화, 그 외 기능직의 서무 보조 업무 능력 확보는 충분히 고려해 볼 사항이다.

나. 교사들의 사무 처리 실태

교사들을 대상으로 한 사무 처리 실태 파악 결과는 〈표 4-11〉과 같다.

**〈표 4-11〉 교사들의 사무 처리 내용 및 갈등 정도**

| 문항 | 내용 | N = 24 | | % | | |
|---|---|---|---|---|---|---|
| | | 옹진 (36) | 강화 (108) | 옹진 | 강화 | 평균 |
| 1. 업무 부담 영역 | ① 각종 공문서 처리 | 15 | 53 | 41.7 | 49.1 | 45.4 |
| | ② 공문서 이외의 부서 업무 | 7 | 23 | 19.4 | 21.3 | 20.3 |
| | ③ 교수-학습 자료 준비 | 4 | 9 | 11.1 | 8.3 | 9.7 |
| | ④ 학교 회계 업무 처리 | 1 | 6 | 2.8 | 5.6 | 4.2 |
| | ⑤ 수업 부담 | 8 | 9 | 22.2 | 8.3 | 15.3 |
| | ⑥ 교재 연구록 작성 | 1 | 8 | 2.8 | 7.4 | 5.1 |
| 2. 일주일간 담당하는 수업시간 | ① 24시간 이하 | 9 | 29 | 25.0 | 26.8 | 25.9 |
| | ② 25~26시간 | 6 | 26 | 16.7 | 24.1 | 20.4 |
| | ③ 27~28시간 | 1 | 8 | 2.7 | 7.4 | 5.1 |
| | ④ 29~30시간 | 2 | 23 | 5.6 | 21.3 | 13.4 |
| | ⑤ 31~32시간 | 5 | 15 | 13.9 | 13.9 | 13.9 |
| | ⑥ 32시간 초과 | 13 | 7 | 36.1 | 6.5 | 21.3 |

| | | | | | | |
|---|---|---|---|---|---|---|
| 3. 각종 공문서 처리 시간 | ① 1일 1~2시간 | 9 | 33 | 25.0 | 30.6 | 27.8 |
| | ② 1일 2~3시간 | 10 | 35 | 27.8 | 32.4 | 30.1 |
| | ③ 1일 3~4시간 | 3 | 7 | 8.3 | 6.5 | 7.4 |
| | ④ 1주일에 2~3시간 | 2 | 6 | 5.6 | 5.5 | 5.5 |
| | ⑤ 1주일에 3~4시간 | 4 | 8 | 11.1 | 7.4 | 9.3 |
| | ⑥ 1주일에 4시간 이상 | 8 | 19 | 22.2 | 17.6 | 19.9 |
| 4. 공문서 이외의 담당 업무 처리 시간 | ① 1일 1~2시간 | 15 | 46 | 41.6 | 42.6 | 42.1 |
| | ② 1일 2~3시간 | 12 | 31 | 33.3 | 28.7 | 31.0 |
| | ③ 1일 3~4시간 | 2 | 9 | 5.6 | 8.3 | 6.9 |
| | ④ 1주일에 1~2시간 | 3 | 4 | 8.3 | 3.7 | 6.0 |
| | ⑤ 1주일에 3~4시간 | 2 | 3 | 5.6 | 2.8 | 4.2 |
| | ⑥ 1주일에 4~5시간 | 2 | 15 | 5.6 | 13.9 | 9.8 |
| 5. 각종 공문서 처리 업무를 도와주는 사람 | ① 본인이 처리함 | 19 | 53 | 52.8 | 49.1 | 50.9 |
| | ② 교감이 도와줌 | 6 | 19 | 16.7 | 17.6 | 17.2 |
| | ③ 동료 교사가 도와줌 | 7 | 21 | 19.4 | 19.4 | 19.4 |
| | ④ 기능직이 도와줌 | 1 | 3 | 2.8 | 2.8 | 2.8 |
| | ⑤ 기타(서무, 서무 보조) | 3 | 12 | 8.3 | 11.1 | 9.7 |
| 6. 학교생활에 불만을 갖게 되는 요소 | ① 학교 업무의 과중 | 21 | 48 | 58.3 | 44.4 | 51.3 |
| | ② 학교 제반 여건의 불비 | 4 | 14 | 11.1 | 13.0 | 12.1 |
| | ③ 사택 제반 여건의 불비 | 6 | 6 | 16.7 | 5.6 | 11.1 |
| | ④ 수업 부담(복식수업)의 과중 | 4 | 25 | 11.1 | 23.1 | 17.1 |
| | ⑤ 지역 제반 여건의 불비 | 1 | 9 | 2.8 | 8.3 | 5.6 |
| | ⑥ 동료 교사와의 갈등 | — | 6 | — | 5.6 | 2.8 |

〈표 4-11〉에 나타난 결과를 보면, 인적 자원이 적은 소규모 학교의 교사들은 도시 학교 고학년 담임교사 기준인 주당 28시간을 초과하는 과중한 수업 부담(48.6%)을 지고 있고, 주당 32시간을 초과하는 엄청난 수업 부담을 지는 교사들도 21.3%나 된다. 특히, 2복식 수업을 하는 옹진군 관내 학교(36.1%)가 강화군 관내 학교(6.5%) 교사들보다 더 심하다.

이 외에도 교사들은 각종 공문서 및 담당 업무 처리에 1일 2~3시간을 소요하고 있으며(57.9%), 이들 업무도 아무 도움 없이 본인이 직접 처리하거나(50.9%), 간혹 교감 및 동료 교사들이 도와주고 (36.6%) 있어 이들의 업무 과중으로 인한 불만이 가장 큰 것(51.3%)으로 나타났다.

다. 기능직의 업무 처리 실태

기능직들을 대상으로 한 업무 처리 실태 파악 결과는 〈표 4-12〉와 같다.

〈표 4-12〉 기능직의 업무 처리 내용 및 갈등 정도

| 문 항 | 내 용 | N = 44 | | % | | |
|---|---|---|---|---|---|---|
| | | 옹진 (12) | 강화 (32) | 옹진 | 강화 | 평균 |
| 1. 학교 업무 부 담 내용 | ① 당직(일·숙직) | 7 | 26 | 58.3 | 81.3 | 69.8 |
| | ② 학교시설 관리 | 3 | 4 | 25.0 | 12.5 | 18.8 |
| | ③ 교사들의 사무 처리 보조 | — | 1 | — | 3.1 | 1.5 |
| | ④ 학생 통학버스 운전 | 2 | — | 16.7 | — | 8.4 |
| | ⑤ 유인물 복사 및 인쇄 | — | 1 | — | 3.1 | 1.5 |
| 2. 학교 일 처리 에 소요되는 시간 | ① 1일 1~2시간 | 2 | 1 | 16.7 | 3.1 | 9.9 |
| | ② 1일 2~3시간 | 5 | 11 | 41.6 | 34.4 | 38.0 |
| | ③ 1일 3~4시간 | 2 | 17 | 16.7 | 53.1 | 34.9 |
| | ④ 1일 4~5시간 | 3 | 3 | 25.0 | 9.4 | 17.2 |
| 3. 컴퓨터 기능 보유 정도 | ① 전혀 기능이 없음 | 5 | 23 | 41.6 | 71.9 | 56.8 |
| | ② 사무를 조금 보조할 정도임 | 5 | 3 | 41.7 | 9.4 | 25.6 |
| | ③ 사무 보조는 불가능함 | 2 | 2 | 16.7 | 6.2 | 11.4 |
| | ④ 학교 사무를 충분히 보조함 | — | 4 | — | 12.5 | 6.2 |
| 4. 회계 업무 처 리 방법 숙지 정도 | ① 전혀 알지 못함 | 9 | 18 | 75.0 | 56.2 | 65.6 |
| | ② 대강 알고 있음 | 3 | 8 | 25.0 | 25.0 | 25.0 |
| | ③ 서류 작성법만 알고 있음 | — | 6 | — | 18.8 | 9.4 |
| | ④ 모두 알고 있음 | — | — | — | — | — |

| | | | | | | |
|---|---|---|---|---|---|---|
| 5. 회계 업무를 기능직에 맡기는 일에 대한 의견 | ① 업무의 성격상 안 됨 | 10 | 20 | 83.3 | 62.5 | 72.9 |
| | ② 서류 작성 정도는 됨 | 2 | 8 | 16.7 | 25.0 | 20.9 |
| | ③ 업무 일부를 맡길 수 있음 | — | 2 | — | 6.2 | 3.1 |
| | ④ 전적으로 맡길 수 있음 | — | 2 | — | 6.2 | 3.1 |
| 6. 교감으로부터의 직무교육 여부 | ① 하지 않고 있음 | 3 | 15 | 25.0 | 46.8 | 35.9 |
| | ② 필요에 따라 스스로 함 | 6 | 4 | 50.0 | 12.5 | 31.2 |
| | ③ 필요에 따라 학교에서 함 | 2 | 10 | 16.7 | 31.3 | 24.0 |
| | ④ 필요에 따라 교감이 함 | 1 | 3 | 8.3 | 9.4 | 8.9 |
| 7. 학교생활에서 불만 요소 | ① 불만이 없음 | 5 | 15 | 41.6 | 46.9 | 44.3 |
| | ② 학교 제반 여건의 불비 | 3 | 7 | 25.0 | 21.9 | 23.5 |
| | ③ 학교 업무의 과중 | 2 | 4 | 16.7 | 12.5 | 14.6 |
| | ④ 지역사회 여건의 불비 | 2 | 2 | 16.7 | 6.2 | 11.4 |
| | ⑤ 동료 기능직과의 갈등 | — | 4 | — | 12.5 | 6.2 |

〈표 4-12〉에 나타난 결과를 보면, 소규모 학교의 기능직들은 주로 주간에는 학교시설을 돌보고 야간에는 당직(숙직)을 전담하는데(88.6%), 학교시설 관리에 소요되는 시간이 1일 4시간 이하라고 하며(82.8%), 나머지 시간은 간혹 교사들의 업무를 보조하거나 뚜렷한 일 없이 보내고 있음을 알 수 있다.

또한 이들은 컴퓨터 기능이 전혀 없어(56.8%) 교사들의 업무를 보조할 수도 없는데, 학교에서 이들에 대한 직무 교육을 하지 않거나(35.9%) 필요에 따라 본인들이 주로 학교 시설관리에 관한 것을 알아서 처리하는 정도이며(31.2%), 학교 회계 업무에 대한 것은 알지 못하고(65.6%), 보조할 의향도 없는 것으로 나타났다(72.9%).

이들은 학교생활에 대한 불만은 크지 않으나 소규모 학교에서 인적자원이 적어 야간 당직을 전담해야 하는데, 다소 불만을 갖고 있는 것(23.5%)으로 생각된다.

## 5. 예비조사 결과 종합

가. 서무 담임이 없는 소규모 학교의 교감들은 학교에서 교감 본연의

업무인 교직원 및 시설관리에 주력하지 못하고, 주로 학교 회계 업무 및 각종 공문서 처리 업무에 매달리며, 이에 대한 심리적 부담이 커서, 이를 경감시킬 수 있는 방안이 모색되어야 할 것이다.

나. 소규모 학교의 교사들은 대부분 주당 28시간 이상의 수업 부담 이외에 학교에 서무 담임이 없어 하루 3～4시간 이상을 각종 공문서 및 담당 업무 처리에 매달려야 하는 업무의 과중에 시달리는데, 간혹 교감이나 동료 교사 이외에는 업무를 협조해 줄 사람이 없어 어쩔 수 없이 본인 스스로 처리해야 하는 형편으로, 이에 대한 불만이 가장 크다. 이에 대한 해결책으로는 행정적으로 서무 보조를 배치해 주거나 공문서 발생을 줄여 줄 것을 희망하고 있으나, 현실적으로 단기간에 이를 실현해 줄 가능성이 없으므로 부득이 학교 자체로 적은 인적 자원을 효율적으로 운영하여 교사들의 사무 부담을 경감시키는 대책의 강구가 절실하다.

다. 소규모 학교의 기능직은 학교 시설관리에 3～4시간을 담당하는 것 이외에는 별다른 업무가 없는데, 이들에게 직무교육을 체계적으로 실시하여 학교 사무관리 및 회계 업무를 보조할 수 있게끔 효율적으로 활용하면 교감 및 교사들의 업무 경감에 큰 도움이 되고, 따라서 교감 본연의 업무인 교내 장학이나 교사들의 학습 및 생활지도에 더 충실해질 수 있을 것이다.

## (2) 실천·실험 연구

　연구의 실행을 위해서 필요한 방법이나 자료, 의의를 찾아보기 위해 기초 조사나 문제 분석을 하게 되는데, 연구 문제를 몇 개의 하위요소로 세분하거나 연구 문제의 구성요소를 분석하여 그 내용을 제시해야 한다. 연구 문제의 구성요소와 다른 사실과의 일반적 관계나 법칙의 추측 또는 가정할 수 있는 내용이라든가, 어떠한 사실을 평가하면, 검증이 가능하다는 암시를 줄 수 있는 내용이 실감 있게 정리되어야 한다. 다음에 구체적인 예를 제시하기로 한다.

예시 1

📝 주제 : Process based writing과 Speech의 연계를 통한 영어 표현 능력 신장 방안37)

1. 기초 조사

가. 학생 실태

학생들의 영어 공부 및 영어 표현 능력에 대한 실태를 조사해 봄으로써 본 연구의 필요성을 살펴보고, 마지막으로 학생들이 원하는 쓰기 방향을 조사하여 process−based writing 지도의 필요성을 알아보았다.

〈표 4−13〉 학생들의 영어 공부 및 영어 표현 능력에 대한 흥미도 조사(N=84)

| 설문 항목 | 설문 내용 | N | % |
|---|---|---|---|
| 1. 영어공부가 재미있다고 생각합니까? | ① 가장 재미있다 | 2 | 2 |
| | ② 재미있다 | 16 | 19 |
| | ③ 보통이다 | 28 | 33 |
| | ④ 재미없다 | 29 | 35 |
| | ⑤ 가장 재미없다 | 9 | 11 |
| 2. 영어로 일기 쓰는 것을 어떻게 생각합니까? | ① 재미있다 | 5 | 6 |
| | ② 재미있지만 어렵다 | 32 | 38 |
| | ③ 재미없다 | 47 | 56 |
| 3. 영어로 편지 쓰는 것을 어떻게 생각합니까? | ① 재미있다 | 3 | 3 |
| | ② 재미있지만 어렵다 | 25 | 30 |
| | ③ 재미없다 | 56 | 67 |

〈결과 분석〉

① 학생들의 흥미를 유발할 수 있는 교수−학습 방법 연구의 필요성을 느낄 수 있다.

---

37) 임혜정(2003). 제47회 전국현장교육 연구대회. 외국어(영어)교육분과, 1등급.

② 앞으로 좀 더 흥미 있는 교수-학습 방법을 구안하면 적극적이고 자
발적인 참여가 될 것으로 기대해 본다.

③ 수업시간에 좀 더 흥미 있는 교수-학습 방법을 구안해서 학생들이
즐겁게 수업에 참여한다면 영어 공부에 더욱 흥미를 갖게 되고, 일
상생활 속에서도 자신감 있게 영어를 생활화할 수 있으리라 기대해
본다.

〈표 4-14〉 학생들의 영어 표현 능력에 대한 자신감 조사(N=84)

| 설문 항목 | 설문 내용 | N | % |
|---|---|---|---|
| 1. 영어로 자기소개문을 20분 동안 얼마나 작성할 수 있는가? | ① 11문장 이상 | 10 | 12 |
| | ② 6문장 이상~10문장 이하 | 33 | 39 |
| | ③ 3문장 이상~5문장 이하 | 17 | 20 |
| | ④ 2문장 이하 | 15 | 18 |
| | ⑤ 전혀 불가능 | 9 | 11 |
| 2. 길에서 외국인이 나에게 다가오면? | ① 적극적으로 대화를 주고받을 수 있다. | 4 | 5 |
| | ② 간단한 대화를 주고받을 수 있다. | 38 | 45 |
| | ③ 질문에만 답할 수 있다. | 10 | 12 |
| | ④ 조금은 알아듣지만 전혀 답할 수 없다. | 23 | 27 |
| | ⑤ 자리를 피한다. | 9 | 11 |

〈결과 분석〉

① 영어 실력과는 무관하게 영어에 대한 자신감이 부족하여 자기소개
문도 작성하지 못하므로 앞으로 학생들의 영어에 대한 자신감을 향
상시켜 줄 수 있는 교수-학습 방법의 연구의 필요성을 느낄 수 있다.

② 길에서 외국인을 만났을 때 외국인에게 전혀 답할 수 없는 학생의
수가 많은 것 역시 자신감이 결여되었기 때문이라고 생각하고, 학
생들의 영어에 대한 자신감을 향상시켜 줄 수 있는 교수-학습 방
법의 연구의 필요성을 느낄 수 있다.

〈표 4-15〉 학생들의 영어 표현 능력 연구 실행을 위한 실태 조사(N=84)

| 설문 항목 | 설문 내용 | N | % |
|---|---|---|---|
| 1. 영어 표현 능력 기능으로 가<br>장 중요하다고 생각하는 것은? | ① 듣기 | 22 | 26 |
| | ② 말하기 | 42 | 50 |
| | ③ 읽기 | 12 | 14 |
| | ④ 쓰기 | 8 | 10 |
| 2. 영어 말하기 능력을 신장시<br>키기 위한 학습방법은? | ① 수업시간 교재 | 54 | 64 |
| | ② TV나 radio | 10 | 12 |
| | ③ video tape | 6 | 7 |
| | ④ 외국어 학원이나 개인 교수 | 14 | 17 |
| | ⑤ 특기 적성 활동 | 0 | 0 |
| 3. 외국인과 대화한 적이 없다면<br>그 이유는 무엇인가? | ① 영어 표현 능력이 부족해서 | 42 | 51 |
| | ② 정보가 필요하지 않아서 | 40 | 49 |
| 4. 영어로 글쓰기 할 때 어려움<br>을 느낀다면? | ① 생각이 잘 떠오르지 않는다. | 20 | 24 |
| | ② 글쓰기 순서(어순)를 모른다. | 16 | 19 |
| | ③ 적절한 낱말 선택이 어렵다. | 20 | 24 |
| | ④ 적절한 연결어 사용이 어렵다. | 22 | 26 |
| | ⑤ 동사 시제를 맞추기가 어렵다. | 6 | 7 |

〈결과 분석〉

① 학생들이 표현 기능에 흥미가 부족한 것으로 보아 좀 더 표현 기능
부문에 대한 교수-학습 방법의 연구가 필요하고, 표현 능력 부문에
서도 특히 쓰기 부문에 대한 연구의 필요성을 느낄 수 있다.

② 표현 능력 중에서도 쓰기에 대한 인식이 부족한 것으로 보아서 평
소에 체계적인 쓰기 지도가 이루어지지 않았음을 알 수 있다.

③ 좀 더 실생활을 소재로 한 말하기 지도의 필요성을 느낄 수 있다.

④ 지금까지의 글쓰기 지도가 체계적이지 못하고 결과를 중심으로 쓰
는 것에 그쳤음을 짐작할 수 있다.

〈표 4-16〉 학생들이 원하는 쓰기 방향(N=84)

| 설문 항목 | 설문 내용 | N | % |
|---|---|---|---|
| 1. 어떠한 글쓰기 활동을 했으면 좋겠는가? | ① 조별·과정 중심 글쓰기 활동 | 64 | 76 |
| | ② 개인별 자유활동 | 20 | 24 |
| 2. 학교에서 했으면 하는 글쓰기 방향은? | ① 연습문제 풀이 | 2 | 2 |
| | ② 베껴 쓰기 | 17 | 20 |
| | ③ 받아쓰기 | 18 | 22 |
| | ④ 문법 고치기 | 6 | 7 |
| | ⑤ 일기 | 6 | 7 |
| | ⑥ 창작 | 35 | 42 |
| 3. 영어 쓰기 주제나 소재는 어디에서 구하고 싶은가? | ① 교과서에 제시된 표현 | 22 | 26 |
| | ② 개인적으로 자유롭게 찾기 | 62 | 74 |
| 4. 글의 내용을 교정할 때는 누가 했으면 좋겠는가? | ① 자기 자신 | 26 | 31 |
| | ② 짝 활동 | 8 | 10 |
| | ③ 조별 활동 | 34 | 40 |
| | ④ 학급 전체 | 16 | 19 |

〈결과 분석〉

① 많은 학생들이 조별·과정 중심 글쓰기 활동을 원한다(76%).

② 정확성을 강조하는 형식 위주의 쓰기보다는 체계적이고 점진적인 과정 중심 글쓰기 연구의 필요성을 느낄 수 있다.

③ 글쓰기 주제와 소재를 개인적으로 자유롭게 찾고자 하는 것으로 보아 글쓰기 자료와 관련된 인터넷 사이트를 소개해 주면 도움이 될 것 같다.

④ 쓰기지도를 할 때 교정을 반복해서 실시할 필요를 느낄 수 있다.

⑤ 많은 학생들이 조별 활동(40%)을 통한 교정을 원하는 것을 볼 때보다 과정 중심 지도를 통해 체계적인 교정의 필요성을 느낄 수 있다.

나. 영어 교사 실태

교사들의 표현 능력 지도 실태를 조사해 봄으로써 본 연구의 필요성을 알아보았다.

〈표 4–17〉 교사들의 표현 능력 지도 실태 조사(N=38)

| 설문 항목 | | 설문 내용 | N | % |
|---|---|---|---|---|
| 1. 영어 표현 능력 지도가 어려운 이유는? | | ① 지도 자료가 부족하다. | 7 | 19 |
| | | ② 지도할 시간이 부족하다. | 13 | 34 |
| | | ③ 학생들의 흥미가 부족하다. | 8 | 21 |
| | | ④ 표현 능력 지도방법에 대한 이해가 부족하다. | 12 | 26 |
| 2. 영어 표현 능력 지도를 위해 사용하는 자료는? | 쓰기 | ① 수업시간 필기나 숙제 | 30 | 82 |
| | | ② 영어로 일기 쓰기 | 3 | 8 |
| | | ③ 영어로 편지 쓰기 | 1 | 2 |
| | | ④ 기타 | 3 | 8 |
| | 말하기 | ① 수업시간 교재 | 20 | 53 |
| | | ② Dialogue 암기 | 10 | 26 |
| | | ③ 교과서 내용 이외의 각종 교재 | 6 | 13 |
| | | ④ 영어 노래나 게임 | 5 | 8 |

〈결과 분석〉

① 지도할 시간이 부족해서 영어 표현력 지도가 어려운 것으로 보아 수업시간 이외의 교수–학습 방법이 요구됨을 알 수 있다.

② 말하기 부분에서 교재 내용(53%)이나 Dialogue 암기(26%)에 의존하고 있는 것으로 보아 좀 더 창의적이고 사고력을 요하는 교수–학습 방법이 요구된다.

2. 실태 분석의 결과

가. 학생 실태 면

① 학생들의 영어 공부에 대한 흥미를 유발할 수 있는 교수–학습 방법이 요구된다.

② 표현 능력 기능 부문에 학생들의 흥미를 유발시킬 수 있는 교수–학습 방법이 요구된다.

③ 표현 능력 기능 지도에 있어서 좀 더 창의적이고 사고력을 신장시키는 교수–학습 자료가 요구된다.

④ 표현 능력 기능 지도에 있어서 좀 더 실생활을 소재로 한 효율적인

지도가 요구된다.

### 나. 교사 실태 면

① 좀 더 창의적이고 사고력을 요하는 교수-학습 자료가 요구된다.

② 글쓰기 지도를 할 때 좀 더 체계적이고 적극적인 교정이 요구된다.

( 예시 2 )

🖉 주제 : 행위 지향의 문학적 의사소통 활동을 통한 창의적 텍스트 수용 능력 신장 방안[38]

## A. 실태 및 문제 조사

### 1. 대 상

문학교육의 실태를 파악하기 위하여, 학생은 본 연구자의 담임 학급인 4학년 4반 학생 42명을 대상으로 하였으며, 교사는 본교 교사 40명, 학부모는 본 학급의 학부모 32명을 대상으로 하였다.

### 2. 실태 조사 내용 및 방법

본 연구의 추진을 위하여 〈표 4-18〉에 제시된 것과 같은 방법으로 실태를 조사하였다.

〈표 4-18〉 실태 조사 내용 및 방법

| 구 분 | 조사 내용 | 방 법 | 도 구 | 대 상 | 시 기 |
|---|---|---|---|---|---|
| 학 생 | • 문학 감상에 대한 흥미도<br>• 문학 감상의 경향<br>• 문학 감상 후의 활동<br>• 문학 감상문 쓰기에 대한 의식<br>• 국어과 영역별 흥미도<br>• 문학 영역 학습에 바라는 점 | 설문<br>지법 | 자작<br>질문지 | 학생 | 2001. 3. |

---

38) 김응균(2003). 제47회 전국현장교육 연구대회. 국어교육분과, 1등급.

| 교 사 | • 문학교육의 방법<br>• 문학교육의 애로점 | 설문<br>지법 | 자작<br>질문지 | 교사 | 2001. 3. |
|---|---|---|---|---|---|
| 학부모 | • 문학교육의 필요성<br>• 문학교육의 저해 요인 | 설문<br>지법 | 자작<br>질문지 | 학부모 | 2001. 3. |

### 3. 실태 조사 결과 및 분석

#### 가. 학생 실태

##### 1) 문학 감상에 대한 흥미도 및 경향

문학 감상에 대한 학생들의 흥미도 및 경향은 다음과 같다.

〈표 4-19〉 문학 감상에 대한 흥미도 및 경향(N = 42)

| 설 문　　응답 | 내 용 | N | % |
|---|---|---|---|
| 문학 감상에 대한<br>흥미도 | • 매우 좋아한다. | 8 | 19 |
| | • 좋아하는 편이다. | 4 | 9.5 |
| | • 보통이다. | 14 | 33.4 |
| | • 별로 좋아하지 않는다. | 12 | 28.6 |
| | • 전혀 좋아하지 않는다. | 4 | 9.5 |
| 문학 감상의 경향 | • 위인 · 전기류 | 6 | 14.3 |
| | • 소년 · 소녀 동화류 | 11 | 26.2 |
| | • 과학 도서류 | 4 | 9.5 |
| | • 만화류 | 18 | 42.9 |
| | • 괴기 · 탐정류 | 3 | 7.1 |

〈표 4-19〉의 문학 감상에 대한 흥미도 및 경향을 살펴보면 다음과 같다.

a) 문학 감상에 대한 흥미도가 보통인 33.4%의 학생을 제외하면, 부정적인 학생이 38.1%로서 긍정적인 학생 28.5%보다 높은 것으로 나타났다. 이것으로 보아 학생들의 문학 감상에 대한 욕구의 편차는 심하지 않지만 상대적으로 약간 낮은 것으로 나타났다.

b) 문학 감상의 경향은 만화류, 소년 · 소녀 동화류, 위인 · 전기류 등

의 순으로 나타난 것으로 보아, 최근의 시대 경향에 따라 문자보다는 그림 위주, 감동보다는 흥미 위주의 감상 형태로 나타났다.

2) 문학 감상 후의 활동 실태

문학 감상 후 학생들의 활동 실태는 다음과 같다.

〈표 4-20〉 **문학 감상 후의 활동 실태**(N = 42)

| 설문 / 응답 | 내 용 | N | % |
|---|---|---|---|
| 문학 감상 후의 활동 | • 감상을 글로 표현한다. | 6 | 14.3 |
| | • 느낌을 떠올리며 상상한다. | 21 | 50 |
| | • 느낌을 생각하며 친구들과 이야기한다. | 7 | 16.7 |
| | • 읽기만 하고 아무것도 하지 않는다. | 8 | 19 |
| 독서 감상문 쓰기에 대한 인식 | • 스스로 쓰고 싶어서 쓴다. | 7 | 16.7 |
| | • 과제라서 쓴다. | 23 | 54.8 |
| | • 독서 감상문 쓰기 대회일 때 쓴다. | 5 | 11.8 |
| | • 읽기만 하고 아무것도 하지 않는다. | 7 | 16.7 |

〈표 4-20〉의 문학 감상 후의 활동 실태를 살펴보면 다음과 같다.

a) 문학 감상 후의 활동으로 50%의 학생들이 느낌을 떠올리며 상상한다고 하였다. 한편 감상을 글로 표현한다는 학생은 14.3%로 가장 낮아, 감상 후 학생들의 반응은 소극적이었으며, 감상에 대한 적극적인 표현활동의 의지는 매우 약한 것으로 나타났다.

b) 독서 감상문을 쓰는 이유로 과제라서 쓴다는 학생이 54.8%, 독서 감상문 쓰기 대회일 때 쓴다는 학생이 11.8%로, 대부분의 학생이 자발적이라기보다는 목적성 또는 피동성에 의해서 쓴 것으로 나타났다. 한편 쓰고 싶어서 쓰는 학생과 읽기만 하고 아무것도 하지 않는 학생이 모두 16.7%로 상대적으로 낮게 나타났다.

3) 영역별 흥미도 및 문학 영역 학습 시 바라는 점

학생들의 국어과 영역별 흥미도 및 문학 영역 학습 시에 바라는 점은 다음과 같다.

〈표 4-21〉 영역별 흥미도 및 문학 영역 학습 시 바라는 점(N = 42)

| 설문＼응답 | 내용 | N | % |
|---|---|---|---|
| 국어과 영역별 흥미도 | • 말하기·듣기 수업시간 | 5 | 11.9 |
| | • 읽기 수업시간 | 9 | 21.4 |
| | • 쓰기 수업시간 | 10 | 23.8 |
| | • 국어 지식 수업시간 | 3 | 7.2 |
| | • 문학 수업시간 | 15 | 35.7 |
| 문학 영역 학습 시 바라는 점 | • 수업한 작품 이외에도 더 많은 작품을 알고 싶다. | 10 | 23.8 |
| | • 수업한 작품 내용을 더 자세히 알고 싶다. | 3 | 7.1 |
| | • 성적을 높일 수 있는 방법을 알고 싶다. | 12 | 28.6 |
| | • 작품 내용과 관계있는 여러 가지 활동을 하고 싶다. | 17 | 40.5 |

〈표 4-21〉에서 학생들의 국어과 영역별 흥미도 및 문학 영역 학습 시 바라는 점은 다음과 같이 나타났다.

a) 영역별 흥미도는 문학 영역이 35.7%로 상대적으로 높았으며, 쓰기 영역이 23.8%, 읽기 영역이 21.4% 순으로 나타났다. 말하기·듣기와 국어 지식 영역은 상대적으로 낮아 학생들이 부담을 갖는 것으로 나타났다.

b) 문학 수업에서 학생들이 가장 원하는 것은 작품 내용과 관계있는 다양한 활동을 하고 싶다는 것이 40.5%로 가장 높았으며, 수업한 작품을 더 자세히 알고 싶다는 의견이 7.1%로 가장 낮았다.

나. 교사 실태

본교 교사들을 대상으로 실시한 설문조사에서, 평소 학생들의 교수-학습 활동 중에서 문학 영역의 단원을 지도할 때 교사들의 지도법의 실태 및 지도상의 애로점을 조사한 결과는 다음과 같다.

〈표 4-22〉 **문학교육의 실태**(N = 40)

| 문 항 | 설문 내용 | 결 과 | |
|---|---|---|---|
| | | N | % |
| 문학 영역 단원 지도 시 중점 지도 내용 | • 작품 배경 및 문학 지식<br>• 내용의 이해 및 분석<br>• 작품 감상 활동<br>• 작품 모방 및 창작 | 5<br>20<br>14<br>1 | 12.5<br>50<br>35<br>2.5 |
| 문학 영역 단원 지도상의 애로점 | • 흥미 유발 자료의 부족<br>• 문학지도 방법 문제<br>• 문학적 소양 문제<br>• 교재 연구 시간의 부족 | 6<br>14<br>2<br>18 | 15<br>35<br>5<br>45 |

〈표 4-22〉에서 교사들의 문학교육 실태를 살펴보면 다음과 같다.

a) 문학 영역 단원을 지도할 때 가장 많은 시간을 할애하는 부분은 작품 내용의 이해 및 분석이 50%로 가장 높고, 모방·창작이 2.5%로 가장 낮게 나타났다.

b) 교사들이 문학 영역 단원의 교육활동을 전개할 때, 가장 많은 45%의 교사들이 교재 연구 시간의 부족을 들었으며, 문학지도 방법의 문제가 35%로 두 번째 애로 사항이었다.

다. 학부모 실태

학부모 42명에게 설문지를 발송한 결과, 회수된 32부를 대상으로 문학교육의 필요성과 문학교육의 저해 요인을 조사한 결과는 다음과 같다.

〈표 4-23〉 문학교육에 대한 의식(N = 32)

| 문 항 | 설문 내용 | 결 과 | |
|---|---|---|---|
| | | N | % |
| 문학교육의 필요성 | • 매우 필요하다 | 30 | 93.8 |
| | • 보통이다. | 2 | 6.2 |
| | • 그다지 필요하지 않다. | – | – |
| 문학교육의 저해 요인 | • TV나 오락 게임의 영향 | 24 | 75 |
| | • 학원 수강으로 인한 학습시간 부족 | 6 | 18.8 |
| | • 문학에 대한 관심 부족 | 2 | 6.2 |

〈표 4-23〉에서 학부모들의 문학교육에 대한 인식은 다음과 같다.

a) 문학교육의 필요성에 대하여 93.8%의 학부모가 응답한 것으로 보아 문학교육의 중요성을 알 수 있다.

b) 문학교육을 저해하는 요인에 대하여 75%의 학부모들이 TV나 영상 매체, 컴퓨터게임을 지적하였으며, 그 외에 학원 수강 등으로 인하여 시간이 부족하다는 의견이 18.8%로 나타났다. 문학에 대한 관심이 부족한 것이 원인이 된다는 의견은 6.2%로 가장 낮았다.

## B. 실태 결과 분석

실태 및 문제 조사를 통한 결과를 분석하면 다음과 같다.

### 1) 학 생

첫째, 학생들의 문학 감상 학습에 대한 흥미도는 비교적 낮았다. 둘째, 문학 감상 경향은 시대의 경향에 따라 문자화된 작품보다는 만화류 또는 흥미 위주의 아동 소설류를 좋아하였다. 셋째, 문학 감상 후의 활동은 읽은 뒤에 느낌을 상상하는 학생이 많으며, 감상문을 쓰는 학생이 가장 적은 것으로 보아 표현활동을 기피하고 있음을 알 수 있었다. 넷째, 감상문을 쓰는 경우에는 과제라서 쓰는 경우와 대회 참가를 위하여 쓰는 경우가 많은 것으로 보아 목적성, 피동성에 의한 것임을 알 수 있었다. 다섯째, 문학 감상 학습에 대한 흥미도는 낮았지만, 국어과 학습 시 타 영역보다는 문학 영역에 대한 흥미와 관심이 상대적으로 높았다. 여섯째, 문학 영역

학습 시 작품 내용과 관계있는 다양한 문학 감상 활동이나 더 많은 작품을 알고 싶다고 한 것으로 보아 문학에 대한 욕구가 강함을 알 수 있었다.

## 2) 교 사

첫째, 교사들의 문학 영역 단원의 교수-학습 방법은 아직도 전통적인 독해력 중심이었다. 둘째, 교사들은 문학 영역 지도에 대한 방법 및 기술에 자신감이 부족하며, 문학 작품을 접하거나 교재를 연구할 시간이 부족하였다.

## 3) 학부모

첫째, 학부모들의 문학교육의 필요성에 대한 인식은 상당히 긍정적이었다. 둘째, 대중매체로 인한 문학 감상 시간이 부족하다고 인식하고 있었다.

이러한 학생 및 교사, 학부모의 실태를 분석한 결과 문학교육의 현실에 대하여 본 연구가 시사하는 점은 다음과 같다.

## 1) 학 생

첫째, 문학 감상에 대한 흥미가 비교적 낮은 것으로 보아, 학습의 흥미도를 높일 수 있는 다양한 학습 방법이 필요하다. 둘째, 문학 감상 학습의 본질을 유지하면서 종래의 교육방법에서 탈피하여 문학 텍스트의 범위를 확대하고, 시대에 부응하는 독자 중심의 문학 감상 학습으로의 전환이 필요하다. 셋째, 문학 감상 후 활동에 대한 인식이 부족한 점을 감안하여 다양한 형태의 감상 활동을 할 수 있는 기회가 제공되어야 한다. 넷째, 도식적인 단순한 형태의 감상문 쓰기 활동에서 벗어나, 학생의 능동적인 참여에 따른 새로운 문학 감상 학습을 전개할 필요가 있다. 다섯째, 문학적 감수성이 예민한 시기를 고려하여 창의적이고 다양한 문학 활동 프로그램의 개발이 필요하다. 여섯째, 정규 학습시간 이외에도 문학 활동을 스스로 할 수 있는 방법을 인식시키고 동기를 제공해야 한다.

## 2) 교 사

첫째, 종래의 교사 중심의 문학교육 방법에서 탈피하여 학습자 중심의 주체적·창조적 수용 능력을 신장시킬 수 있는 방안이 요구된다. 둘째, 교사들의 부단한 자기 연수 의지 및 교수–학습 활동에 대한 자료, 방법이 일반화되어 교사들의 부담을 덜어 주어야 한다.

3) 학부모

첫째, 문학교육에 대한 깊이 있는 연구를 통하여 문학교육의 효과를 극대화하는 방안을 연구할 필요가 있다. 둘째, 문학교육 범위를 확대하여 매체를 활용한 방법을 적용할 필요가 있다.

예시 3

📝 주제 : 현대미술 감상자료의 구안·적용을 통한 미적 사고력과 판단력 신장 방안[39]

C. 연구의 문제

이와 같은 연구의 목적을 효율적으로 달성하기 위하여 본 연구에서 탐색하고 규명하려는 연구 문제를 다음과 같이 설정하였다.

1. 현대미술에 관한 감상자료를 어떻게 구성할 것인가?

2. 현대미술에 관한 감상지도를 어떻게 효율적으로 전개할 것인가?

3. 현대미술 감상을 심화학습으로 발전시킬 방안은 무엇인가?

IV. 문제 분석과 실행 목표 설정

A. 문제 분석

• 기초 조사 내용과 방법

본교 1학년 3개 반 135명 학생들을 대상으로 미술에 대한 이해도, 관심도, 선호도, 경험도를 알아보기 위해 설문조사를 하였다.

---

39) 서형신(1984). 제28회 전국현장교육 연구대회. 미술교육분과, 1등급.

〈표 4-24〉 조사 결과

| 구 분 | 영 역 | 설문 내용 | 방법 및 도구 | 대 상 | 시 기 |
|---|---|---|---|---|---|
| 학생 | 이해도 | • 교과서 그림에 대한 반응<br>• 감상의 의미와 요소 인식<br>• 미술사와 미술 작품에 대한 이해 | 설문 조사 | 학생 (135명) | 1999년 3월 |
| | 선호도 | • 미술 영역에 대한 반응<br>• 미술 감상 시간에 대한 반응<br>• 미술 작품에 대한 반응 | 설문 조사 | 학생 (135명) | 1999년 3월 |
| | 관심도 | • 미술시간에 대한 반응<br>• 평소 미술에 대한 관심<br>• 미술시간에 대한 의견 | 설문 조사 | 학생 (135명) | 1999년 3월 |
| | 경험도 | • 감상자료의 종류와 형태<br>• 전시장 관람 경험과 계기<br>• 미술전시장 인식도 | 설문 조사 | 학생 (135명) | 1999년 3월 |
| 교사 | 감상 지도 | • 감상 수업의 실태<br>• 감상지도 자료의 선택과 감상지도 방안<br>• 감상지도의 문제점 | 설문 조사 | 교사 (36명) | 1999년 3월 |
| 교과서 | 초현실주의 미술, 팝아트, 설치미술 | • 수록 단원명<br>• 수록 작가와 작품<br>• 관련된 미술 사조 | 교과서 참고 도판 | 8개 교과서 | 1999년 3월 |

　현행 교과서에서 현대미술 감상 내용을 분석하였다. 인천광역시 미술교과연구회 교사들을 대상으로 감상 수업의 실태, 효율적인 감상지도 자료의 선택, 감상지도 방안, 감상지도의 문제점 등에 대해 설문조사와 면담을 하였다.

B. 문제 분석 결과

1. 학생을 대상으로 한 설문조사
   - 교과서에 제시된 그림에 대한 학생들의 반응에서 '유익하고 관심 있는 내용이 많다.'고 응답한 학생은 11%에 불과했다.
   - 감상 수업의 경험이 매우 저조하게 나타났고, 미술 작품으로 토론 수업을 한 경우도 거의 없었다.
   - 감상은 정서 함양에 좋다는 의식은 있었지만 문화적·역사적 맥락에서 미술 작품을 감상한 학생은 거의 없었기 때문에 이러한 감상의 의미에 대한 인식도는 낮게 나타났다.
   - 학생들은 미술 작품에서 형태와 색에 대한 감각적인 느낌을 가장 중요한 감상 요소로 인식하였다. 반면 그러한 미적 구성에 대한 분석이나 재료와 기법에 대한 관심, 시대적 배경에 대한 인식은 부족하였다.
   - 학생들이 좋아하는 그림 유형은 사실적인 그림이 47%, 공상적인 그림이 30%로 나타났고, 추상적인 그림이나 변형된 그림에 대한 선호도는 낮았다.
   - 감상문 쓰기는 미술 수업시간에 이루어진 경우보다 전시장 현장학습 후에 이루어진 경우가 많았다.
   - 미술시간에 제시된 감상자료의 형태는 비디오가 가장 많았고, 감상 기록장이나 질문지가 제시된 경우는 거의 없었고, 매우 재미없고 이해하기 어려운 내용이라는 반응이었다. 이러한 비디오 감상 수업은 지루해서 싫다고 응답했으며, 그 내용을 기억하는 학생은 거의 없었다.
   - 감상문 쓰기에 매우 어려움을 느낀 학생은 응답한 학생의 50%로 나타났다. 감상문을 쓰는 방법적인 지도가 부족한 이유로 학생의 이해도가 낮게 나타났을 것이다.
   - 표현 활동의 결과물을 활용한 감상 활동은 예시 작품을 통해 이루어졌고, 활동 결과를 감상문 쓰기 자료로 활용한 경우는 거의 없었다.
   - 우수한 친구 작품의 감상에 대한 반응은 '그저 그렇다.'는 반응이 47%로 가장 많았고, 긍정적인 반응은 19%로 나타났다.

- '미술에 대한 소질이 있다.'고 응답한 학생은 20%이고, '그저 그렇다.' 고 응답한 학생은 30%이며, '소질이 없다.'고 응답한 학생은 50%로 나타났다.

- 표현학습이 좋다고 한 학생이 41%였고, 그 이유로는 직접 내가 활동하므로, 내 느낌을 표현할 수 있어서라고 응답했다. 표현학습을 선호한다는 학생은 17%로 나타났는데, 그 이유는 '유익하므로, 재미있기에, 준비물 등 부담이 없어서.'라고 응답했다. '잘 모르겠다.'고 응답한 경우는 22%다.

- 미술전시장에 한 번도 가지 않은 학생은 45%로 나타났고, 가게 된 이유는 '미술 숙제를 하기 위해서.'라고 응답한 학생이 19%, '특별활동'은 8%, '평소 관심이 있다.'고 응답한 경우는 8%에 불과했다.

- 미술전시장을 기억하는 학생은 35%였고, '인천종합문화예술회관에서 전시회를 보았다.'고 한 학생은 3%에 불과했다.

- '미술에 대한 관심이 없다.'고 응답한 학생은 47%였고, '기회가 없어서 감상하지 못했다.'고 응답한 학생은 32%, '화집을 통한 감상'이 22%, 'CD와 인터넷을 이용한 감상'은 14%, 'TV 프로그램을 이용한 감상'은 10%로 나타났다.

- 특히 많이 알려졌다고 생각했던 밀레(Millet)의 〈이삭 줍기〉, 달리(Dali)의 〈기억의 고집〉을 기억하는 학생은 의외로 적었다.

- 미술 교과서와 국사 교과서에 많이 등장하는 사신도를 처음 본다고 응답한 학생은 63%였다. 정확하게 기억하는 학생은 없었다.

- 팝아트 그림에 대한 반응은 '어디선가 본 적이 있다.'고 응답한 학생은 22%였고, 정확하게 기억하는 학생은 없었다.

- 초현실주의의 출현 시기가 '20세기'라고 응답한 학생은 6%에 불과했다.

- 초현실주의와 관련된 그림이 '상상화'라고 응답한 학생은 33%에 불과했다. 용어 자체에 대한 이해가 없는 무응답 학생이 많았다.

- 학생들이 기억하고 있는 화가의 이름과 작품은 레오나르도 다빈치(Leonardo da Vinci)의 〈모나리자〉, 이중섭의 〈소〉 등이었고, 이를 기억하는 학생은 극소수에 불과했다. 대표적인 현대 화가인 피카소(Picasso)는 이름은 기억하나 작품명을 기억하는 학생은 한 사람도

없었다. 학생들은 무엇인가 색다른 그림은 추상화라고 생각하고 있었지만, 추상화의 대표적인 작가인 몬드리안(Mondrian)의 작품을 기억하는 학생은 한 명도 없었다.

- 미술사, 미술 작품, 미술가에 대한 이해가 극히 부족하다.
- 미술시간에 '재미있고 새롭고 쉬운 실기를 했으면 좋겠다.'는 반응과 함께 '준비물은 없었으면 좋겠다.'는 의견이 많았다. '이론 수업은 싫다.'는 반응은 약 20%였다. 미술 표현 영역에 대한 선호도는 다양했다.

2. 현행 교과서의 현대미술 감상 내용 분석

- 교과서에 수록된 초현실주의, 팝아트, 설치미술과 관련된 참고도판은 〈표 4-25〉와 같다.
- 분석 내용 제시(생략)

〈표 4-25〉 초현실주의, 팝아트, 설치미술과 관련된 교과서별 수록 작가와 작품

| 교과서 | 수록 단원명 | 쪽 | 수록 작가와 작품 | 관련된 미술 사조 | | | 선택의 적절성 | 설명의 적절성 |
| | | | | 초현실 | 팝아트 | 설치 미술 | | |
|---|---|---|---|---|---|---|---|---|
| 1 삼화 | 심상의 표현 | 32 | 마그리트(Magritte) 〈산 정상의 부름〉 | O | | | O | |
| | 심상의 표현 | 37 | 팅겔리(Tinguely) 〈스트라빈스키의 샘〉 | | | O | | O |
| | 현대미술 | 85 | 달리 〈내란의 예감〉 | O | | | O | |
| | | 86 | 백남준 〈비정수의 거북선〉 | | | O | O | |
| | | 86 | 워홀(Warhol) 〈마를린 먼로〉 | | O | | O | |
| 2 두산 | 주관적 표현 | 17 | 에른스트(Ernst) 〈비온 후의 유럽〉 | O | | | O | |
| | 현대 조소의 다양성 | 37 | 백남준 〈당통〉 | | | O | | |
| | | 37 | 팅겔리 〈스트라빈스키의 샘〉 | | | O | O | |
| | 현대미술 | 70 | 달리 〈성 안토니우스의 유혹〉 | O | | | | |

| 출판사 | 단원 | 쪽 | 작품 | | | | |
|---|---|---|---|---|---|---|---|
| 3 교학사 | 평판화 | 22 | 위홀 〈보티첼리의 비너스〉 | | O | | |
| | 다양한 표현기법 | 29 | 에른스트 〈비온 후의 유럽〉 | O | | O | O |
| | 심상의 표현 | 39 | 달리 〈기억의 고집〉 | O | | O | |
| | | 39 | 육근병 〈풍경의 소리＋터를 위한 눈〉 | | O | O | |
| | | 39 | 백남준 〈여행하는 부처〉 | | O | O | |
| | 현대미술 | 78 | 키리코(Chirico) 〈거리의 신비와 우울〉 | O | | O | |
| | | 79 | 리히텐슈타인(Lichtenstein) 〈머리〉 | | O | | |
| 4 금성 | 공판화 | 28 | 위홀 〈꽃〉 | | O | | |
| | 현대미술 | 31 | 달리 〈내란의 예감〉 | O | | O | |
| 5 교학사 | 인물화 | 16 | 리히텐슈타인 〈머리〉 | | O | | |
| | 판화 | 29 | 미로(Miro) 〈인물과 붉은 태양〉 | O | | O | |
| | 조소와 생활 | 35 | 팅겔리 〈스트라빈스키의 샘〉 | | O | O | |
| | 20세기 미술 | 79 | 미로 〈종달새를 쫓는 붉은 원판〉 | O | | O | |
| | 현대미술의 특징과 전망 | 80 | 위홀 〈마를린 먼로〉 | | O | O | |
| | | 80 | 백남준 〈다다익선〉 | | O | O | |
| 6 지학사 | 평판화 | 28 | 미로 〈인물과 붉은 태양〉 | O | | O | |
| | 환경조소 | 44 | 소토(Soto) 〈무제〉 | | O | O | |
| | 20세기 미술 | 79 | 달리 〈내란의 예감〉 | O | | O | |
| 7 한샘출판 | 심상의 세계 그리기 | 19 | 마그리트 〈피레네의 성〉 | O | | O | |
| | 조소의 요소와 원리 | 27 | 소토 〈무제〉 | | O | | |
| | 20세기 미술 | 70 | 달리 〈내란의 예감〉 | O | | O | |
| | 현대미술의 다양성 | 72 | 위홀 〈마를린 먼로〉 | | O | O | |
| | | 72 | 백남준 〈비정수의 거북선〉 | | O | O | |

| | | | | | | | | |
|---|---|---|---|---|---|---|---|---|
| | 심상 표현 | 21 | 달리 〈기억의 고집〉 | O | | | O | O |
| | 개성 표현 | 23 | 에른스트 〈침묵의 눈〉 | O | | | O | |
| | 여러 가지 표현기법 | 22 | 비어든(Bearden) 〈세례식〉 | O | | | O | O |
| | 공판화 | 29 | 워홀 〈마릴린 먼로〉 | | O | | O | |
| | 평판화 | 28 | 미로 〈인물과 붉은 태양〉 | O | | | O | |
| 8 지학사 | 소조 | 33 | 라우션버그(Rauschenberg) 〈모노그램〉 | | | O | | |
| | | 33 | 아르망(Arman) 〈장기 주차〉 | | | O | | |
| | 여러 가지 재료로 만들기 | 41 | 오펜하임(Oppenheim) 〈모피로 덮인 찻잔〉 | O | | | O | O |
| | | 41 | 백남준 〈자서전〉 | | | O | | |
| | 입체와 환경 | 42 | 올덴버그(Oldenburg) 〈야구 방망이〉 | | O | | O | |
| | 20세기 미술 | 77 | 마그리트 〈대가족〉 | O | | | | |
| | | 77 | 리히텐슈타인 〈절망하여〉 | | O | | O | |

### 3. 교사를 대상으로 한 설문조사 분석

본 연구의 실행 목표를 설정하기 위해 1999년 3월 19일에 인천광역시 미술교과연구회 회원을 대상으로 초현실주의 미술 감상을 위주로 한 설문조사와 면담을 통해 감상지도 실태와 문제점을 파악하여 효율적인 감상지도 방안을 모색하고자 하였다.

감상지도의 목표에 대해서 확실히 알고 있다고 응답한 경우는 31%로 교사들은 감상지도에 자신이 없는 것으로 나타났다. 한 학기 34시간 중 3~4시간을 감상지도한 경우가 34%로 나타났고, 8시간 이상 또는 수시로 한다고 응답한 경우는 2명에 불과하였다. 이와 같이 현장에서는 표현 위주의 수업으로 진행되고 있음을 알 수 있었다.

교과서를 이용한 감상지도보다는 비디오 자료를 이용하는 경우가 가장 많았고, 실물화상기, CD 타이틀, 컴퓨터, 인터넷을 활용한 감상지도는 활성화되지 않은 상황임을 알 수 있었다.

감상교육의 필요성은 인식하고 있지만, 감상학습의 자료를 구하기 어렵고 방법론이 정립되지 않아서 감상지도를 하기 어렵다는 응답이 가장 많았다.

현대미술 감상지도에서 선택한 미술 사조는 팝아트, 입체파, 추상미술, 포스트모더니즘이 많았다. 초현실주의 작가 중에는 달리가 가장 많이 선택되었다. 초현실주의의 대표작 분석을 통해서, 표현지도와 연관해서, 고정관념에서 벗어나는 창의성을 강조하여 감상지도를 하면 효율적이라는 의견이 많았다.

효과적인 감상지도를 위해 해결해야 할 과제는 감상자료 및 기자재의 구입이었다. 교사들이 다양한 감상지도 방법을 연구하고, 미술 감상과 관련된 전문지식의 습득이 필요하다는 의견을 제시하였다.

## C. 시사받은 점

- 교과서에 제시된 참고도판은 양이 적고, 크기가 작고, 관련 설명이 없어 학생들에게 관심을 불러일으키지 못하고 있으며, 교사들도 감상 학습자료로 활용하지 못하고 있다.
- 미술 감상 경험의 부족으로 미술 감상에 대한 관심도가 낮게 나타났다.
- 미술 감상 수업은 거의 이루어지고 있지 않음을 확인할 수 있었다. 학생들이 직접 볼 수 있고 느끼게 하는 체험적이고 체계적인 감상자료의 제작과 감상지도가 필요하다.
- 표현 활동에 대한 흥미도가 높아 감상 활동과 표현 활동을 연계하여 지도한다면, 효율적이고 바람직한 감상지도가 될 것이다.
- 미술사에 대한 기본적인 이해가 부족하며 감상 능력 수준이 낮으므로 미술사에 대한 이해와 미술 작품을 종합적으로 감상하는 지도 방안 연구가 매우 필요하다.
- 각종 시청각 자료를 활용한 감상지도를 발견하기 어려웠다. 학생들의 흥미를 끌 수 있는 다양한 감상자료 개발과 감상을 위한 기자재 및 시설이 설치되어야 효율적인 감상지도를 할 수 있다.
- 현장지도 교사들은 감상 수업의 중요성을 인식하고는 있으나 감상지도 자료와 방법론에서 어려움을 느끼고 있는 것으로 나타났다.

## 9. 연구방법 및 절차

연구방법 및 절차를 밝히는 일은 어떻게 연구하였는가를 밝히는 것이다. 연구 대상, 기간, 연구 도구 및 자료, 실행 절차 및 검증방법을 근거 있게 제시해야 한다. 연구 결과를 정확하게 해석하고 보고하기 위해서뿐만 아니라, 누구나 연구를 반복할 수 있을 정도로 연구 절차를 밝힘으로써 연구의 신뢰성과 객관성을 확보해야 한다.

### 1) 대상 표집

연구 대상을 기술할 때는 전집(全集)과 표집(標集)에 대하여 기술하고, 표집방법을 구체적으로 제시하여야 한다. 전집이란 연구에서 일반화하려는 전체 범위의 사례를 말하며, 표집은 연구에서 실제로 다루는 사례를 말한다. 예를 들어, 어느 초등학교에 다니는 학생들의 영양 상태에 관한 조사연구를 할 때, 이 학교에 다니는 전체 학생들은 전집이며, 표집은 그중에서 조사 대상으로 뽑힌 일부 학생들을 일컫는다. 연구는 표집에서 얻은 결과를 전집의 특성으로 미루어 추정해 보고 일반화하려는 데 의의를 둔다. 표집의 이점을 살펴보면 다음과 같다.

#### (1) 표집의 정확성

연구는 전집을 통하여 관찰, 조사, 실험을 하여야 정확한 사실을 파악할 수 있다. 그러나 대상이 방대하면 자료 수집 과정이나 통계 처리 과정에서 생기는 과오와 오차가 크기 때문에 정확성을 잃게 되어 적절한 표집을 연구 대상으로 채택해야 한다. 방대한 전집보다 적절한 표집에서 얻은 자료가 정밀도를 높일 수 있기 때문이다.

## (2) 표집의 경제성

표집은 전집보다 적은 일부분의 자료를 수집하고 처리하기 때문에 경제적으로 매우 유용한 방법으로 활용할 수 있다.

## 2) 표집방법

연구에서 표집은 가능한 한 전집을 대표할 수 있는 표본이어야 한다. 표집은 전체 속의 개개의 속성이 포함되기보다 일부분의 속성만을 포함한 불완전집단이 될 수도 있다. 만약 어떠한 연구에서 표집이 불완전집단이라면 그 연구는 오류를 범하게 되고, 연구 결과를 일반화할 수 없다. 그렇기 때문에 모든 연구에서는 표집을 가능한 한 완전집단에 가깝고 전체를 대표할 수 있도록 선정해야 한다.

현장연구에서는 표집의 이점을 충분히 활용하되, 표집의 오류를 줄이는 방법을 강구하는 것이 중요하다. 연구자는 표집의 전제로서 연구의 목적과 내용을 명확히 인식하고, 연구 결과를 일반화할 수 있는 전집의 한계를 분명히 하며, 전집이나 표집이 가진 속성을 분석하여 표집 기준을 정하고, 표집의 편파성이나 누락 또는 대치될 경우를 고려해야 한다. 그리고 표집의 크기는 전집을 대표할 만한 적절한 수여야 한다. 표집의 유형에는 여러 가지가 있으나 여기서는 세 가지만 살펴보기로 한다.

## (1) 무선표집

무선표집은 표집의 가장 기본적인 방법이며, 흔히 '막 고르기'라고 부른다. '심지 뽑기'와 같은 방법으로 통 속에 많은 엽서를 넣고 눈을 감고 뽑는 방법과 같다. 그러나 여기에도 정확한 조건이 있어야 한다. 전집의 모든 사례가 동등하게 표집당할 가능성을 가지고 고루 들어 있어야 한다. 한 사례를 표집할 경우에 다른 사례가 표집당할 가능성에 아무런 상관이 없어야 하며, 표집 도중 전집에 변화가 없어야 한다.

## (2) 동간표집

동간(同間)표집은 전집의 모든 요인이 자연적인 질서로 배열되어 있을 때, 일정한 간격인 동간에 따라 체계적으로 표집하는 방법이다. 이때 자연적인 질서란, 전집의 여러 속성이 일정한 규칙에 따라 순서 있게 배열되어 있는 상태라고 할 수 있다.

예를 들면, 1,000명의 전체 학생 중에서 100명을 표집할 때, 어떠한 질서나 기준에 의거하여 일련번호를 주고서 3번, 13번, 23번, 33번…… 등으로 연구 대상을 뽑는다. 이때 제일 먼저 선택하는 3번은 난수표에 의한 무선표집에 따른다.

## (3) 유층표집

유층표집은 표집 요인을 상위요소로 구분하고, 각 상위요소를 다시 몇 개의 하위요소로 세분한다. 따라서 표집은 몇 개의 층으로 나누어진 유층화가 된다. 그 예로서, 학생의 가치관을 조사할 때 전국에서 6,000명의 고등학생을 표집하면서 지역별(대도시, 중도시, 농어촌), 성별(남, 여), 소득 수준별(상, 중, 하)로 비율에 따라 유층화하는 것이다.

## 3) 도구의 선정

연구방법의 설정 시 무엇보다도 먼저 연구 도구를 생각하여야 한다. 연구에서 밝혀지는 사실을 타당하고 신뢰할 수 있게 관찰, 조사, 측정할 수 있는 좋은 도구가 연구에서 중요하기 때문이다.

여기서는 도구를 제작하고 선정하는 일에 관한 일반적인 문제와 유의점에 대하여 살펴보고자 한다. 일반적으로 나타나는 사실은 자극하고 강화하며 관찰하고 측정하며 수집하기에 비교적 용이하다. 그러나 감추어져 있는 사실을 자극하고 강화하며 관찰하고 측정하기는 상당히 어렵지만 불가능한 일은 아니다.

## (1) 도구의 종류

대체로 현장연구에서는 어떠한 자극이나 처리를 하는 도구와 그 결과의 반응을 밝히는 도구로 구분할 수 있다. 전자는 사상을 자극하거나 처리·강화하는 처치 도구이고, 후자는 사실을 관찰하고 측정·수집하는 반응 도구라고 할 수 있다.

처치 도구는 실천연구나 실험연구에서 '조건'을 마련하여 제시함으로써 연구를 진행하고자 할 때 계획한 조건에 따라 자극하고 강화하는 도구를 말한다. 현장연구에서는 대개 지도자료 또는 실천안이라고 할 수 있다. 예컨대, 완전학습 지도의 연구에서 완전학습 프로그램을 마련하여 연구에 임하면 완전학습 프로그램은 처치 도구에 속한다.

반응 도구는 처치 결과인 사실을 관찰하여 조사하고, 측정하여 수집하는 도구를 말한다. 예컨대, 완전학습 지도를 한 후 그 성과를 측정하거나 성취동기 육성 과정을 실시한 후에 그 결과를 검증·평가하는 것이나 현재 교사들이 가진 가치관을 조사하거나 문제 학생의 행동을 관찰하는 도구 등이 모두 반응 도구에 포함된다.

## (2) 연구와 도구

현장연구에서는 대부분 연구자가 처치 도구와 반응 도구를 마련하고 연구에 임하는 경우가 많다. 특히, 실천연구와 실험연구에서는 처치 도구와 반응 도구를 모두 마련해야 한다. 그러나 기획연구의 경우는 처치 도구가 주가 되고 조사연구는 주로 반응 도구만으로 연구가 이루어진다.

## (3) 도구 제작 및 선정 시 유의점

흔히 연구 도구라 하면 반응 도구를 중시하는데, 현장연구에서는 앞서 말한 처치 도구와 반응 도구에 관한 제작과 선정에 모두 유의해야 한다. 현장연구에서 사용하는 도구는 사실 그대로 나타내어 관찰하며 측정할 수 있어야 한다. 다음과 같은 몇 가지 질문을 제기해 봄으로써 연구 도구를 선정하거나 제작하는 지침을 마련할 수 있다. 연구 목적에 합당한 도구인가? 연구 내용을 구체적으로 분석하면서 체계적으로 종합한 도구인가? 이론모형에 기반을 둔 도구인가? 일정한 기준을 가진 도구인가? 타당한 체제와 형식을 가진 도구인가?

어떠한 도구든 연구 목적과 연구 문제를 적절하게 자극하고 노출하며 관찰하여 측정할 수 있어야 한다. 특히, 일정한 모형 없이 문항만 나열한 측정 도구를 제작하였을 때 내용 체계가 맞지 않는 예를 많이 볼 수 있다.

그러므로 연구 문제의 해결은 이론적 기초가 있어야 하고, 이와 함께 연구 도구도 이론·모형에 근거를 두어야 한다. 연구 도구는 이론·모형과 규준을 가짐으로써 타당성과 신뢰성 그리고 객관성을 확보하게 된다.

## 4) 연구 절차

연구 문제와 가설을 검증할 적절한 도구가 선정되면 일정한 연구 절차가 마련되어야 한다. 이때 연구 절차를 단순히 연구 일정을 제시하는 정도로 생각해서는 안 된다. 현장연구에서는 실행 과정을 분석적이고 구체적으로 제시해야 연구의 전체 흐름을 명확히 이해할 수 있다.

실행 과정은 연구 내용과 연구방법에 따라 다르게 제시되나, 일반적으로 어떠한 대상에게, 어떠한 도구를, 언제, 어디서, 어떻게 실행하였는가를 구체적으로 기술해야 한다. 즉, ① 연구의 일정과 진행 단계, ② 연구자의 훈련 과정, ③ 도구의 실시 단계, ④ 실시 과정상의 여건과 상황, ⑤ 연구 조작 상황 등을 밝혀야 한다.

## 5) 자료 처리

자료 처리란 연구 결과를 어떠한 형태로 정리할 것인가 하는 문제를 말한다. 연구 도구에 의하여 새로운 자료를 수집한 절차, 채점 요령, 통계 처리방법 및 수집 자료의 분석과 종합 등을 밝혀야 한다.

그러나 자료 처리는 연구 목적과 내용, 연구 도구의 유형에 따라 다양하게 계획되고 실행되기 때문에 일반적인 면만 살펴보고자 한다. 자료 처리에서는 먼저 자료 수집 상황과 절차를 구체적으로 밝혀야 한다.

① 어떠한 형태로 자료를 수집하였는지, ② 연구 대상은 통제 또는 조작된 상황이었는지, ③ 표집 대상자는 개인별로 취급되었는지, 집단별로 취급하였는지, ④ 집단별로 분류하였다면 그 기준은 무엇인지, ⑤ 도구의 배포와 수합에 관한 사항—도구를 배포한 기간, 최초 배포 수량, 회수율, 회수분의 유효량과 무효량 등—도 밝혀야 한다.

자료 처리에서는 통계적 방법을 제시해야 하는데, 대개 통계적 처리란 수집된 원자료를 의미 있는 형태로 분석하고 종합한 수량적 정리다. 즉, 수량적으로 정리하여 새로운 사실에 질서와 법칙을 의미 있게 제시하는 일이다.

통계적 처리에 있어서 대표적인 수량적 표시로는 평균치, 백분율, 상관계수, 표준점수, $t$검증, $F$검증, $\chi^2$ 등이 있으며, 원자료에 따라 적절히 사용하여야 한다. 이와 같은 내용을 토대로 실제의 예를 살펴보고자 한다.

## (1) 조사연구

### 예시 1

📝 **주제: 교원의 전문성 제고와 사회·경제적 지위 향상을 위한 교총에 대한 역할 기대 분석**[40]

• **연구 대상**

연구 대상은 인천광역시와 경기도 내 초등 교원으로 하였다. 표집방법으로는 조사하려는 내용의 추정 정도를 높이기 위하여 임의 유출법에 의해서 표본 수를 결정하였다. 제1차로 지역별 대도시인 인천광역시, 중·소도시 2개 시, 7개 읍, 농촌 지역, 25개 면을 학교 급별로 학교를 표집하고, 제2차로

---

40) 조주호, 지창호, 심원기(1987). 현장교육 연구논문 작성 요령. 서울: 한국교육출판사. pp. 102–104.

표집된 학교에 근무하는 모든 교원을 표집 대상으로 하며, 사회인은 각 학교의 학부형을 대상으로 하였다. 질문지는 우송 조사방법을, 면접은 연구자가 직접 방문하여 면접 기록방법에 의하였다. 이를 표로 제시하면 다음과 같다.

〈표 4-27〉 지역별 표집 대상 인원

| 구분 \ 지역별 | 대도시 | 중·소 도시 | 농촌 | 계 |
|---|---|---|---|---|
| 교원 수 | 250 | 300 | 400 | 950 |
| 사회인 수 | 140 | 140 | 120 | 400 |
| 전체 | 390 | 440 | 520 | 1350 |

〈표 4-28〉 연구 대상 집단의 특성

| 영역 | 구분 | 내용 | | | | | |
|---|---|---|---|---|---|---|---|
| 질문지 | 교원 | 지역별 | 대도시 | 186 | 중·소 도시 | 229 | 농촌 | 273 |
| | | 직위별 | 교장 | 54 | 교감 | 67 | 교사 | 567 |
| | | 경력별 | 1~10년 | 208 | 11~20년 | 248 | 21년 이상 | 232 |
| | | 성별 | 남 | 378 | 여 | 310 | 계 | 688 |
| | 사회인 | 지역별 | 대도시 | 94 | 중·소 도시 | 85 | 농촌 | 81 |
| | | 직업별 | 일반 공무원 | 82 | 회사원 | 85 | 기타 직업 | 93 |
| | | 성별 | 남 | 176 | 여 | 84 | 계 | 260 |
| 면접 | | 지역별 | 대도시 | 1 | 중·소 도시 | 2 | 농촌 | 4 |
| | | 교총 단위별 | 시·도 교총 | 2 | 한국교총 | 1 | 군교총 | 7 |

● **연구방법**

A. 문헌연구

　문헌연구에서는 한국교총 사업계획서(83, 84), 사업보고서(82, 83)와 전문직 단체의 역할과 기능 및 교원의 사회·경제적 지위에 대한 것을 수집

하여 분석하였다. 지금까지 밝혀진 문제점과 해결 방안을 파악하여 현황
분석의 준거로 삼았으며, 질문지 작성의 기준으로 삼았다.

B. 면접조사 및 예비조사

　　면접조사는 일선 교사 15명, 부장교사 5명, 본교 교직원과 교감 3명, 교
장 2명, 장학사 1명, 교육연구사 1명, 교총 홍보 담당자 1명, 시·군 교총
사무장 및 간사 3명을 직접 방문하여 관계 인사와의 면접을 통해 자료를
수집하였다. 이를 토대로 예비조사 질문지를 만들어 교원 30명과 사회인
23명을 대상으로 질문지 작성에 필요한 조사연구를 실시하였다.

C. 설문지 작성 및 조사

① 설문지 작성을 위한 문헌자료로 다음을 분석하였다.

　　대한 교련사(1973), 대한 교련 30년사(1977), 교직단체에 관한 여론
조사 분석 보고서(1978), 대한교련 사업보고서(1983), 대한교련 기본
사업계획(1984), 당면 교육정책 개선 과제의 탐색(1983)

② 질문지 형식

　　질문지 형식은 선다형 형식과 자유 기술항 란에 서술하도록 하였다.

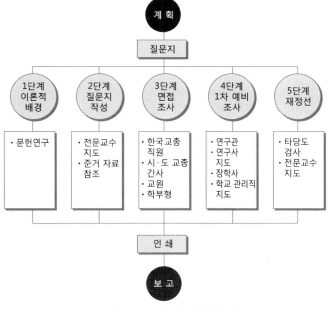

[그림 4-2] 질문지 제작 절차

● 연구 절차

〈표 4-29〉 연구 절차

| 단 계 | 연구 절차 | 주요 내용 및 방법 | 연구 기간 | 비 고 |
|---|---|---|---|---|
| 계획 | (1) 연구 계획 수립 | 「주제」연구 | 1983. 8. 1~<br>1983. 8. 31 | |
| | (2) 선행연구 | 선행연구 조사 | 1983. 8. 20~<br>1983. 12. 31 | |
| | (3) 문헌연구 | 문헌연구 | 1983. 9. 20~<br>1983. 10. 31 | |
| | (4) 면접 조사 | 면접과 예비조사 | 1983. 11. 1~<br>1983. 12. 30 | |
| | (5) 조사도구 | 질문지 작성 | 1983. 11. 21~<br>1983. 12. 20 | 예비조사<br>질문지 |
| | (6) 연구 계획서<br>작성 | 연구 계획서 작성<br>완료 | 1983. 12. 21~<br>1984. 1. 20 | |
| | (7) 표집 대상 | 조사 대상 확정 | 1984. 1. 21~<br>1984. 1. 31 | |
| 실천 | (8) 실제 조사 | 질문지 작성 | 1983. 9. 1~<br>1984. 2. 28 | |
| | | 질문지 배부 및<br>회수 | 1984. 3. 1~<br>1984. 4. 30 | |
| | | 질문지 자료 처리 | 1984. 5. 1~<br>1984. 5. 31 | |
| 검증<br>및<br>보고 | (9) 자료 분석 및<br>처리 | 자료 분석 처리 | 1984. 6. 1~<br>1984. 6. 30 | |
| | (10) 보고서 작성 | 보고서 초안 작성 | 1984. 6. 20~<br>1984. 7. 5 | |
| | | 보고서 초안 검토<br>확정 | 1984. 7. 6~<br>1984. 7. 15 | |
| | | 최종 보고서 작성 | 1984. 7. 16~ | |

- **자료 처리방법**

〈표 4-30〉 질문지 회수

| 구분 \ 지역 | 지역별 | 대도시 | 중·소 도시 | 농 촌 | 계 |
|---|---|---|---|---|---|
| 교원 | 배부 수 | 250 | 300 | 400 | 950 |
| | 회수 교 | 186 | 229 | 273 | 688 |
| | 회수율 | 74.4 | 76.3 | 68.3 | 72.4 |
| 사회인 | 배부 수 | 140 | 140 | 120 | 400 |
| | 회수 교 | 94 | 85 | 81 | 260 |
| | 회수율 | 67.1 | 60.7 | 67.5 | 65 |

B. 자료 처리

　수집된 자료를 가지고 지역별, 직위별, 성별로 분석하여 각 항목에 반응한 수에 대한 백분율을 산출하고, 이것에 대한 차는 $x^2$ 검증을 하였으며, 유의도는 $p<0.5$로 하였다. 또 자유기술항은 내용을 취합하여 유사반응을 통합 진술하였다.

## (2) 실천·실험 연구

( 예시 1 )

📝 **주제 : 유형별 정치 분석 프로그램 적용을 통한 건전한 정치의식 함양**[41]

- **연구 대상**

A. 연구 대상 및 기간

1. 연구 대상 : 인천광역시 석정여자고등학교 2학년 2반 학생 50명

---

[41] 김춘현(2000). 제44회 전국현장교육 연구대회. 사회교육분과, 1등급.

2. 연구 기간: 1998. 9. 1 ~ 1999. 12. 20(16개월)

B. 연구 추진 절차

본 연구의 추진 절차는 다음과 같다.

〈표 4-31〉 연구 추진 절차

| 단 계 | 절 차 | 내 용 | 기 간 |
|---|---|---|---|
| 준비 단계 | 주제 선정 및 필요성 탐색 | 1. 주제 선정<br>2. 연구의 필요성 탐색<br>3. 연구를 추진하는 데 따른 문제점 탐색<br>4. 실태 분석 및 결과 분석 | 1998. 9. 1<br>~<br>1999. 3. 2 |
| | 문헌연구 | 1. 각종 문헌 자료 조사 및 수집<br>2. 선행연구 자료 조사<br>3. 이론적 배경 구조화<br>4. 연구의 설계 확립 | |
| | 계획서 보고 | 1. 계획서 작성 및 제출 | |
| 실행 단계 | 교육과정 내용 분석 수업 모형 구안 | 1. 교육과정 분석<br>2. 투입 자료 선정<br>3. 유형별 정치 분석 수업 모형 구안 | 1999. 3. 2<br>~<br>1999. 12. 20 |
| | 실천 과제의 실천 | 1. 실천 과제 1의 실천<br>2. 실천 과제 2의 실천<br>3. 실천 과제 3의 실천 | |
| 평가 단계 | 검증 및 평가 | 1. 검증 및 결과 분석<br>2. 요약, 결론, 제언 부분 정리 | |
| 제출 단계 | 보고서 제출 | 1. 현장연구 보고서 제출 | |

C. 연구방법

1. 기초 조사 및 실태 분석

본교 2학년 8개 반(405명)을 대상으로 본 연구자가 정치 관련 전문가의 조언을 얻어 자체 제작한 설문지로 정치 교과에 대한 흥미도 및 정치에 관한 관심도 등을 조사하여 분석하였다.

## 2. 문헌연구 방법

　　본 연구의 주제와 관련 있는 정치 분야 관련 전문 서적과 연구 논문 그리고 전국현장교육 연구대회 1등급 수상 자료들을 참고하여 문헌 조사 및 연구를 하였다.

## 3. 연구의 실천방법

　　본 연구의 효율성을 높이기 위하여 실천 과제 1, 2, 3을 선정하여 연구의 체계를 이루도록 하였으며, 잘못된 부분들을 고쳐 나가면서 본 연구를 추진한다는 원칙하에 연구의 실천을 계속하였다.

## 4. 연구의 결과 검증

　　유형별 정치 분석 프로그램의 타당도 검사, 정치 교과에 대한 흥미도 및 참여도 검사, 정치의식 변화도 검사, 학생 태도 및 행동 변화 관찰 등을 통해 이를 평가·검증하였다.

# D. 도구 및 자료 처리

## 1. 연구의 도구
a. 유형별 정치 분석 프로그램의 타당도 검사표
b. 정치 교과에 대한 흥미도 및 참여도 검사표
c. 정치의식 변화도 검사표
d. 학생 태도 및 행동 변화 관찰

## 2. 자료 처리

　　'유형별 정치 분석 프로그램'의 적용으로 학생들에게 건전한 정치의식이 함양되었는지를 알아볼 목적으로 연구반을 대상으로 전후 비교, 백분율로 처리하였다.

예시 2

📝 **주제 : 국민학교 인구교육에서의 발견방법과 설명방법의 효과에 관한 실험 연구**[42]

- **실험의 기본 설계와 변인**

    실험의 기본 설계는 실험반과 통제반을 둔 사전, 사후 검증 방안이었다. 도시하면 다음과 같다.

|     | 사전 → | 사후 → | 사후 · 사후 |
| --- | --- | --- | --- |
| 실험반 | $O_1$ | $X_d$ | $O_3 - O_5$ |
| 통제반 | $O_2$ | $X_e$ | $O_4 - O_6$ |

**[그림 4-3] 실험의 기본 설계**

$O_1$ : 실험반의 사전검사 성적    $O_6$ : 통제반의 사후 · 사후검사 성적
$O_2$ : 통제반의 사전검사 성적    $X_d$ : 실험처치로서의 발견학습
$O_3$ : 실험반의 사후검사 성적    $X_e$ : 실험처치로서의 설명학습
$O_4$ : 통제반의 사후검사 성적
$O_5$ : 실험반의 사후 · 사후검사 성적

| | |
| --- | --- |
| → : 일정 시간의 경과 | |
| − : 비실험 처치 | |

    실험반과 통제반은 각각 일정 기간 동안 발견학습과 설명학습으로 인구 교육과정을 하기 이전과 이후에 사전검사와 사후검사를 받고 일정 기간이 경과된 다음에 사후 · 사후검사를 받는다. 사후검사는 실험 처치의 효과를, 그리고 사후 · 사후검사는 실험 처치 효과의 파지를 두 집단 간에 검증하려는 것이다.

    기본 설계도에서 알 수 있는 바와 같이 독립변인은 실험 처치인 발견학습과 설명학습 방법이고, 종속변인은 인구교육검사(측정도구)의 성적이다. 종속변인은 지식, 사고 기능, 태도의 하위 변인으로 되어 있다.

- **연구 대상 및 배경**

    실험학교는 인천용일초등학교였다. 이 학교는 인천시의 공립학교로서 용현동에 소재하고 있는데 부지 4,801평, 학급 수 81개, 아동 수 5,185명, 교사 수(교장 · 교감 포함) 84명, 아동의 지적 및 사회 · 경제적 배경은 중 내지 중하

---

42) 백용덕(1978). 국민학교 인구교육에서의 발견방법과 설명방법의 효과에 관한 실험 연구. 문교부: 인구교육중앙본부. pp. 35-44 요약 정리.

에 속한다. 대상 학년은 5학년 13개 학급에서 연구자가 협조를 얻을 수 있는 교사의 학급을 두 반 선정하여 실험학급과 통제학급으로 했다. 실험반(5~11)과 통제반(5~7) 아동은 각각 58명, 따라서 대상 아동은 모두 116명이었다.

실험반은 2층에, 통제반은 3층에 있어 두 반의 아동 간에 실험 처치에 관한 소통은 거의 없었다. 실험반 담임교사(35세)는 사범학교 졸업생으로 방송통신대학에 재학 중이며 교직 경험은 16년이다. 통제반 담임교사(31세)는 교육대학 졸업생으로 교직 경험은 9년이다.

● 연구 기간 및 절차(생략)

● 교과 내용과 수업안

① 교과 내용: 실험반(발견학습)과 통제반(설명학습)이 학습한 내용은 인구교육 수업지침서와 초·중등학교 교육과정에 반영할 인구교육 내용에 따라 다음과 같이 했다. (생략)

② 수업안: (생략)
  • 발견학습 수업안(생략)
  • 설명학습 수업안(생략)

● 측정도구

측정도구는 이미 언급한 대상 교과의 내용과 지식, 사고 기능, 태도의 행동 영역별로 작성된 50개 문항으로 되어 있다. 문항에 의해 만든 이원목적 분류표는 〈표 4-32〉와 같다. 〈표 4-32〉에서 알 수 있는 바와 같이 행동 영역별로 보면 지식이 15문항, 인구 증감의 영향이 25문항, 우리의 할 일이 10문항이다.

〈표 4-32〉 이원목적 분류표

| 행동 영역 | 내용 | 1. 인구 증감과 그 요인(30%) | | | 2. 인구 증가의 영향 (50%) | | | | | 3. 우리의 할 일(20%) | | 계 (100%) |
|---|---|---|---|---|---|---|---|---|---|---|---|---|
| | | 1.세계 인구 증가 (10%) | 2.한국 인구 증가 (10%) | 3.인구 증감 요인 (10%) | 1.인구 와 직업 (10%) | 2.인구 와 문화 (10%) | 3.인구 와 주택 (10%) | 4.인구 와 교육 (10%) | 5.인구 와 공해 (10%) | 1.가족 계획 (10%) | 2.행복 한 가정 (10%) | |
| 지식 (30%) | % | 3.0 | 3.0 | 3.0 | 3.0 | 3.0 | 3.0 | 3.0 | 3.0 | 3.0 | 3.0 | 30.0 |
| | 문항수 | 2 | 1 | 2 | 1 | 2 | 1 | 2 | 1 | 2 | 1 | 15 |

| | % | 4.0 | 4.0 | 4.0 | 4.0 | 4.0 | 4.0 | 4.0 | 4.0 | 4.0 | 4.0 | 40.0 |
|---|---|---|---|---|---|---|---|---|---|---|---|---|
| 이해 (40%) | 문항수 | 2 | 2 | 2 | 2 | 2 | 2 | 2 | 2 | 2 | 2 | 20 |
| | % | 3.0 | 3.0 | 3.0 | 3.0 | 3.0 | 3.0 | 3.0 | 3.0 | 3.0 | 3.0 | 30.0 |
| 태도 (30%) | 문항수 | 1 | 2 | 1 | 2 | 1 | 2 | 1 | 2 | 1 | 2 | 15 |
| | % | 10 | 10 | 10 | 10 | 10 | 10 | 10 | 10 | 10 | 10 | 100 |
| 계 (100%) | 문항수 | 5 | 5 | 5 | 5 | 5 | 5 | 5 | 5 | 5 | 5 | 50 |

● **채점 및 통계 처리**

　　점수는 문항당 1점씩 50점 만점이었다. 채점은 행동 영역별로 곧 지식, 사고 기능 및 태도별로 했다. 따라서 지식은 15점 만점, 사고기능은 20점 만점, 태도는 15점 만점이었다. 검사별 및 반별로 처리된 점수를 공변량 분석법을 적용해 집단 간의 차를 검정했다.

## 10. 연구의 실행

　　현장연구는 지도, 실천, 개선이 목적이기 때문에 계획도 중요하지만, 실천이나 실행이 더욱 중요시된다. 연구에서는 가설의 실행을 여러 가지 용어로 나타낸다. 예를 들면, 기초연구에서는 가설의 실증, 실천 과정, 실험 과정, 새로운 사실의 수집 과정 등으로, 현장연구에서는 연구의 실제, 실천 과제, 실행 중점 등으로 나타내고 있다.

　　이와 같이 다양하게 나타내는 이유는 연구 문제나 연구 내용에 따라 가설을 실행하는 과정이 다르게 진행되기 때문이다. 그러나 특별히 유의할 점은 연구방법과 가설의 실행을 혼동하거나 보고서에 기술한 내용을 혼동하여서는 안 된다.

연구의 실행이 대개의 경우 교육활동 중에 이루어지기 때문에 조건 통제를 엄밀히 할 수는 없겠으나 어떠한 처치를 가함에 있어서 가능한 조건 통제를 취하여 연구 결과의 타당성이나 신뢰성을 높여야 한다. 이와 같은 내용을 토대로 구체적인 예를 들어 설명하기로 한다.

## 1) 가설을 설정하고 실행하는 경우

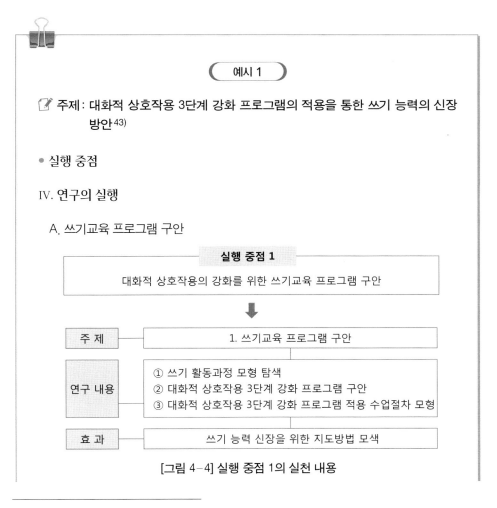

예시 1

📝 주제 : 대화적 상호작용 3단계 강화 프로그램의 적용을 통한 쓰기 능력의 신장 방안[43]

● 실행 중점

Ⅳ. 연구의 실행

A. 쓰기교육 프로그램 구안

실행 중점 1

대화적 상호작용의 강화를 위한 쓰기교육 프로그램 구안

| 주 제 | 1. 쓰기교육 프로그램 구안 |
| 연구 내용 | ① 쓰기 활동과정 모형 탐색<br>② 대화적 상호작용 3단계 강화 프로그램 구안<br>③ 대화적 상호작용 3단계 강화 프로그램 적용 수업절차 모형 |
| 효 과 | 쓰기 능력 신장을 위한 지도방법 모색 |

[그림 4-4] 실행 중점 1의 실천 내용

---

43) 한철희(2002). 제46회 전국현장교육 연구대회. 국어교육분과, 1등급.

## 1. 쓰기 활동과정 모형 탐색

'의미'는 객관적으로 존재하지 않고, 개인의 독단적인 인지적 과정 속에서 창조되는 것도 아니다. 의미는 개인과 공동체와의 사회적 상호작용을 통해서 생성되고 유지되는 것으로 담화 공동체와의 합의를 지향한다. 의미 구성과정인 쓰기 또한 작가의 의도와 독자의 목적 그리고 필자와 독자가 주제에 대해서 갖는 관계가 서로 밀고 당기는 상호작용에 의해서 균형을 이루는 지점에서 잠정적인 의미가 구성된다.

이렇듯 쓰기과정은 필자와 독자 그리고 필자와 독자가 대화를 나누는 대상인 주제에 대해 그들을 둘러싼 사회적·문화적·역사적 상황과 끊임없이 결부시키면서 이들 제 요소가 상호작용하고 있는 것이다.

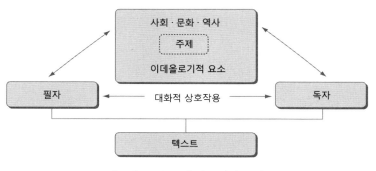

[그림 4-5] 쓰기 활동과정 모형

## 2. 대화적 상호작용 3단계 강화 프로그램 구안

### 1) 대화적 상호작용 3단계 강화 프로그램 구안

사고는 개인의 인지과정에서 창조되는 것이 아닌 담화 공동체 간의 대화를 통한 사회적 상호작용의 과정에서 발생한다. 쓰기 또한 이러한 대화를 자신의 목소리로 표현하는 것이다. 그러므로 쓰기과정에서 대화의 상대인 독자는 매우 중요한 위치에 있다.

작가의 의도나 목적이 담화 공동체에 의해 수용되지 않을 때는 작가의 의도는 실현되지 않은 것이다. 독자는 작품의 단순한 수용자가 아니라 공동의 작가로서 기능한다. 즉, 주제에 대한 독자의 의견과 관점은 사고 전개과정인 쓰기에서 중요한 역할을 한다.

2) 프로그램 적용 단원 분석

본 프로그램을 적용할 학년의 국어과 교육과정의 단원을 분석하였다.

3) 대화적 상호작용 3단계 강화 프로그램 적용 계획

(1) 1단계 : 친근한 독자 단계

① 내 실력 보이기

- 진단·평가의 단계로 자유롭게 쓰도록 유도함

② 짝에게 보여 주기

- 쓰기 활동 전 : 학생 자신의 글에 대해 짝이 독자가 될 것임을 주지시킴
- 쓰기 활동과정 : 짝과 내면적 대화를 할 수 있도록 강조함
- 쓰기 활동 후 : 짝과 돌려 읽고 서로 평가하고, 평가과정에서 비판보다는 칭찬을 중심으로 평가할 것을 강조함

③ 친구들에게 보여 주기

- 쓰기 활동 전 : 자신의 글을 보여 주기에 부담이 없는 친한 친구들끼리 4인 1조로 좌석 배치
- 쓰기 활동과정 : 독자인 3명의 친구를 생각하며 다양한 대화적 상호작용을 통한 쓰기 활동
- 쓰기 활동 후 : 각 조원끼리 돌려 읽고 평가함

④ 제비 뽑아 보여 주기

- 쓰기 활동 전 : 제비 뽑힌 학급 동료 3인이 독자가 될 것을 주지시킴
- 쓰기 활동 과정 : 구체적 대상이 아닌 예상되는 독자와의 대화를 통한 쓰기 활동
- 쓰기 활동 후 : 제비를 뽑아 4인 1조로 좌석을 배치하고 작품을 조원끼리 돌려 읽고 평가함

(2) 2단계 : 가시적 독자 단계

① '교장선생님 이것 해 주세요!'

- 쓰기 활동 전 : 교장선생님께서 교실에 오셔서 학생들의

건의 사항 중 발전적인 내용은 수용할 것을 약속함
- 쓰기 활동과정: 현실적인 건의서를 작성하기 위해 독자인 교장선생님과의 다각적인 대화를 통한 쓰기 활동
- 쓰기 활동 후: 조별 협의 후 가장 적절한 것을 선택하여 직접 교장선생님께 건의서를 제출하고 건의 내용에 대한 허락 여부를 들음. 또한 자신들이 건의한 사항이 이루어지는 과정을 통해 자신감을 갖게 됨

② 다양한 사람들에게 보여 주기
- 쓰기 활동 전: 학급 동료가 아닌 다양한 독자(부모, 이웃, 친척, 학원 교사 등) 4명을 학생 본인이 선택
- 쓰기 활동과정: 다양한 독자를 모두 만족시킬 수 있는 다각적 대화와 보편적인 대화 활동으로서의 쓰기
- 쓰기 활동 후: 자신이 선택한 4명의 독자에게 글을 보이고 그 소감을 적게 함

③ 팬레터(fan letter) 보내고 답장 기다리기
- 쓰기 활동 전: 자신이 좋아하는 공인(연예인, 운동선수 등)을 선택함
- 쓰기 활동과정: 독자로 선택한 대상의 근황 등을 조사한 후 답장이 올 수 있도록 독자와 대화를 통한 쓰기 활동 후 편지 보내기
- 쓰기 활동 후: 팬레터에 대한 답장이 오면 공개한 후에 자신의 팬레터에 대한 성공 혹은 실패의 원인을 생각해 봄

④ '여학교에 보낼 거야!'
- 쓰기 활동 전: 인근 여자중학교 국어교사에게 협조를 얻어 여중생 한 학급이 독자가 될 것임을 공고함
- 쓰기 활동 과정: 독자와의 좀 더 세심한 대화가 이루어지는 쓰기 활동
- 쓰기 활동 후: 한 편의 작품을 4명의 여학생이 돌려 읽어 보고 평가한 소감문을 통해 자신의 대화를 점검함

(3) 3단계: 불특정 다수 독자 단계

① '앗, 복도에 내 글이!'
- 쓰기 활동 전: 교실 밖 복도에 일주일 동안 작품을 게시할 것을 공고함
- 쓰기 활동과정: 본교 학생들이 모두 독자라는 가정하에 독자들과 활발한 대화 활동으로의 쓰기
- 쓰기 활동 후: 복도에 게시하고 지나가는 학생들이 작품에 대해 자유롭게 소감문을 쓸 수 있도록 하여 다양한 반응을 봄

② TV 시청 소감문
- 쓰기 활동 전: TV 시청 후 본교 전산실을 이용하여 해당 프로그램 인터넷 사이트에 있는 시청자 의견을 읽고 자신의 생각과 비교함
- 쓰기 활동 과정: 다른 시청자들과 대화 과정을 통한 쓰기 활동
- 쓰기 활동 후: 친구들이 올린 시청자 의견을 상호 조회 및 평가하고 며칠 후 다른 시청자들의 반응을 살핌

③ 최고의 조회 수, 최다의 리플(reply)
- 쓰기 활동 전: 자신의 의견을 올릴 수 있는 인터넷 사이트를 선택하여 네티즌들의 글을 읽고 자신의 생각과 비교함
- 쓰기 활동과정: 많은 네티즌들이 반응(조회 수, 리플 등)을 보일 수 있는 글이 되도록 다각적인 대화를 통한 쓰기 활동
- 쓰기 활동 후: 일주일 후 조회 수와 답변 글의 개수를 확인한 후 답변 글의 내용에 대한 자신의 생각을 덧붙임

④ 신문에 내 이름 석 자
- 쓰기 활동 전: 4대 일간신문의 독자 투고란을 읽어 보고, 주변의 개선해야 할 것들을 살펴봄
- 쓰기 활동 과정: 신문에 실릴 수 있는 개성적이면서 보편적인 작품을 완성할 수 있도록 담화 공동체와의 대화를 통한 쓰기 활동

• 쓰기 활동 후: 자신이 편리한 방법(편지, 팩스, 인터넷 이용 등)으로 글을 신문사에 보내고 발표된 글이 있으면 공개함

3. 프로그램 적용 수업절차 모형

1) 프로그램 적용 수업절차 모형

| 단 계 | 교사 활동 | 학생 활동 |
|---|---|---|
| 1. 몸 풀기 단계 | • 학습 목표 설명<br>• 기본적인 짧은 글쓰기 활동 학습지 제시<br>• 흥미 유발 | • 교과서 적용 단원의 학습 목표 확인<br>• 학습 목표에 따른 기본적인 짧은 글쓰기 활동 및 흥미 유발 |
| 2. 다른 사람의 글 읽기 단계 | • 인지적 도제를 위한 시범의 단계<br>• 같은 또래 학생의 글 중 우수한 작품 발췌 | • 본시 쓰기 활동과 관련되는 내용의 작품을 통해 과제 해결에 대한 이해<br>• 또래 학생의 작품은 인접 발달 영역 내의 인지적 도제를 위한 시범 자료 |
| 3. 준비 단계 | • 쓰기 활동을 위한 독자와의 대화 준비 단계<br>• 독자와의 대화를 위한 질문으로 구성된 학습지 | • 독자적인 과제 수행을 가능하게 하는 질문으로 구성된 학습지<br>• 독자의 구체적인 실체 파악<br>• 작가의 일방적인 창조가 아닌 독자와 상호작용을 통한 쓰기 활동임을 인지 |
| 4. 진짜 보여 주기 단계 | • 쓰기과정에서 지속적인 대화가 가능하도록 안내 | • 대화적 상호작용을 통한 쓰기 활동<br>• 쓰기 활동과정에서 독자와의 지속적인 대화를 통한 개념의 명료화, 작품의 세련화 |
| 5. 뱁새ㆍ황새 단계 | • 독자의 반응을 통한 대화 검증 단계 | • 단순한 전달 대상으로의 독자가 아닌 적극적 반응자로서의 독자의 구체적 실체를 인지<br>• 독자의 반응을 통해 쓰기 활동에서 이루어진 대화에 대한 평가 |

**[그림 4-6] 프로그램 적용 수업절차 모형**

2) 프로그램 적용 학습 지도안(생략)

B. 대화적 상호작용 3단계 강화 프로그램 적용

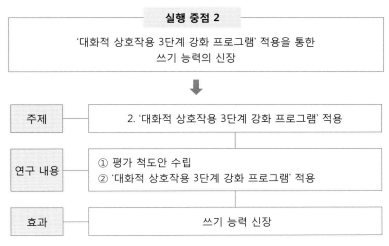

[그림 4-7] 실행 중점 2의 실천 내용

1. 평가척도안 수립

　쓰기는 체험, 상상, 사유한 바를 주제에 맞추어 논리적 문장으로 질서화하는 행위다. 학생은 쓰기를 함으로써 자신의 세계를 이해하고, 생각과 느낌을 다른 사람에게 전달하는 과정을 통해 점차 고등사고 능력을 길러 나간다. 쓰기 평가는 학생들이 능동적으로 자신의 경험을 재구성하고, 자신에게 의미 있는 지식이나 정보를 적극적으로 학습하도록 조장할 수 있으며, 다양한 능력과 적성을 계발하고 창의력이나 문제해결력 등의 고등 정신 능력을 신장시키는 데 적합한 새로운 평가 체제로서 질적 평가인 수행평가가 부각되고 있다. 특히, 학습과정을 평가하는 것으로 포트폴리오 등이 쓰기 평가에 매우 적절하다.

　본 연구에서는 수업 중 그 결과물을 평가·처리할 수 있는 평가척도안을 마련하였다. 쓰기에 대한 평가로서는 결과적 수행, 인지적 수행, 발달적 수행의 세 가지 측면에서 살펴볼 수 있다. 결과적 수행은 이미 쓰인 결과인 글을 말하는 것으로 세 가지 수행 중 가장 명확하게 드러나는 속성을 갖는다. 인지적 수행은 실제 글을 쓸 때 머릿속으로 겪게 되는 인지과정을 말한다. 발달적 수행은 일정한 시간을 두고 쓰기의

결과적 수행이나 인지적 수행을 계속함으로써 드러나는 쓰기 수행의
특성을 말한다. 발달적 수행은 교육적인 관점에서 일련의 쓰기 학습을
전제하고, 이 안에서 드러나는 학생의 인지적 또는 결과적 수행이 어
떻게 변화하고 있는지를 나타내는 개념이다.

　대화주의 패러다임에서 출발한 쓰기 활동에서 결과적 수행 측면에서
평가를 해야 함이 옳으나, 본 연구에서는 대화학급과 독백학급의 활동
과정이 다르므로 결과적 수행 중심으로 평가·비교하였다.

2. '대화적 상호작용 3단계 강화 프로그램' 적용

　'대화적 상호작용 3단계 강화 프로그램' 적용 수업 중에서 각 단계별
프로그램 진행과정을 예로 제시한다.

1) 친근한 독자 단계

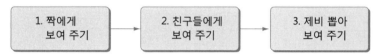

2) 가시적 독자 단계
　　(1) 교장선생님 이것 해 주세요
　　　　① 몸 풀기 단계
　　　　② 다른 사람의 글 읽기 단계
　　　　③ 준비 단계
　　　　④ 진짜 보여 주기 단계
　　　　⑤ 뱁새? 황새? 단계
　　(2) 다양한 사람들에게 보여 주기
　　(3) 팬레터 보내고 답장 기다리기
　　(4) 여학교에 보낼 거야

3) 불특정 다수 독자 단계
　　(1) 앗, 복도에 내 글이!
　　(2) TV 시청 소감문
　　(3) 최고의 조회 수 최다의 리플
　　(4) 신문에 적힌 내 이름 석 자

## 2) 실천 목표를 설정하고 실행하는 경우

예시 1

📝 **주제 : 다의적 개념의 장단 체험학습을 통한 전통음악의 창의적 표현 능력 신장**[44]

● 연구 문제(생략)

Ⅳ. 연구의 실제

A. 실행 중점 '1'의 실천
1. 7차 교육과정과 교재 분석
2. 다의적 개념의 장단 체험 요소 추출
3. 다의적 개념의 장단 체험학습을 위한 활동 설정
4. 다의적 개념의 장단 체험학습을 위한 지도방법 구안
B. 실행 중점 '2'의 실천
1. 다의적 개념의 장단체험 활동별 지도 계획 수립
2. 다의적 개념의 장단 체험학습 전개를 위한 교수–학습 모형의 설정
3. 교수–학습 과정안 구안·적용과 적용 결과의 정리

1. 실행 중점 '1'의 실천

　　교육과정에서 다의적 개념의 장단 지도 요소를 추출하여 장단의 구조 체험학습의 내용과 지도방법을 구안한다.

〈실천 내용〉

1. 7차 교육과정과 교재 분석
2. 다의적 개념의 장단 체험 요소 추출
3. 다의적 개념의 장단 체험학습을 위한 활동 내용 설정
4. 다의적 개념의 장단 체험학습을 위한 지도방법 구안

---

44) 신건수(2003). 제47회 전국현장교육 연구대회. 음악교육분과, 1등급.

가. 7차 교육과정과 교재 분석

　1) 7차 교육과정의 전통음악 지도 내용

〈표 4-33〉 5학년 전통음악 개념 요소에 따른 영역별 지도 내용 분석

| 제 재 | 지도 요소 | 지도 내용 | | | |
|---|---|---|---|---|---|
| | | 가 창 | 기 악 | 창 작 | 감 상 |
| 고사리 꺾자 | • 시김새<br>• 놀이와 노래<br>• 단소 불기 | • 시김새 살려 노래 부르기<br>• 놀이하며 노래부르기 | 단소 소리 내기 | | |
| 떡노래 | • 자진모리 장단<br>• 대취타 감상 음색 | • 자진모리 장단 치며 노래부르기 | 변형 장단 치기 | | • 악기의 음색 구별하기<br>• 특징 알기 |
| 봄이 가고 여름 오면 | • 자진모리 장단<br>• 셈여림<br>• 빠르기<br>• 가사 창작<br>• 단소 연주 | • 느린 자진모리<br>• 장단 치며 노래부르기<br>• 빠르게 변화시켜 노래 부르기 | 태, 황, 무 | 가사 바꾸어 노래 부르기 | |
| 아침 해 | • 굿거리장단 치기<br>• 같은, 비슷한, 다른 가락<br>• 단소 연주<br>• 가락 창작 | • 같은, 비슷한, 다른 가락 알고 노래 부르기<br>• 장단에 맞추어 노래 부르기 | • 굿거리 장단<br>• 태, 황, 무, 임, 중 만든 곡 연주하기 | 가락 창작 | |
| 맑은 물 흘러 가니 | • 박자<br>• 시김새<br>• 리듬놀이<br>• 전주와 후주 | • 시김새 살려 노래 부르기<br>• 6/8박자의 리듬 치기 | • 6/8박자의 리듬 치기<br>• 리듬놀이 | 전주와 후주 만들기 | |

| 닐리 리야 | • 시김새<br>• 장단<br>• 단소 | • 장단에 맞추어 노래 부르기<br>• 시김새 살려 부르기 | • 굿거리장단 치기<br>• 단소로 국악 동요 연주하기 | | |
| --- | --- | --- | --- | --- | --- |
| 멸치 잡는 노래 | • 메기고 받는 소리<br>• 노래의 빠르기와 일과의 관계<br>• 향토민요 감상하기<br>• 여러 지방의 민요 | • 메기고 받으며 노래하기<br>• 노래의 빠르기를 달리하여 노래하기 | | | • 향토민요 감상하고 특징 살려 노래하기<br>• 지방 민요 감상하기 |
| 여러 가지 악기가 모였 어요 | 국악의 연주 형태 | | | | • 서양 음악의 연주 형태 알기<br>• 관련 곡 감상하기 |
| 방패연 | • 장단<br>• 리듬 창작<br>• 시나위 감상<br>• 음색<br>• 연주 방식 | • 장단 치며 노래부르기<br>• 자연스러운 발성으로 외워서 부르기 | | 리듬을 만들어 즉흥 연주하기 | 악기 음색, 연주 방식 알기 |

2) 교재 분석

　　교육과정을 분석한 결과 5학년 교육과정에는 지도 요소가 시김새, 장단 치기, 단소 연주 등으로 한정되어 있어 전통음악적 개념을 이해하는 데 단조롭고 지루할 수 있다. 따라서 반주 장단을 포함한 다의적 개념을 도입하여 전통음악의 창의성을 기르는 것이 의미 있는 일이라고 생각되었다.

2. 다의적 개념의 장단 체험학습을 위한 활동 내용

　　5학년 교육과정에서 이루어져야 하는 다의적 개념의 장단 체험활동을 가창, 기악, 감상과 창작 활동 중심 수업으로 내용을 선정하되, 실태 분석에서 논의된 바와 같이 감상과 창작 중심의 활동 수업을 중시하여 계획하였다.

### 3. 다의적 개념의 장단 체험학습 지도방법 구안

1) '박과 박자'의 지도

학생들은 1학년 때부터 전래동요, 민요, 창작 국악동요를 배우지만 삶 속에서 노래가 갖는 의미를 잘 모르고 있다. 그 노래가 갖는 전통적인 특징에 보다 체계적이고 실질적인 접근이 필요하였다. 본 연구에서는 다의적 개념을 장단에 포함시켜 가창활동을 통하여 장단의 구조 안에서 이루어지는 전통음악을 이해하도록 하는 데 그 목적이 있으며, 이에 대한 구체적인 지도방법을 다음과 같이 모색하였다.

• 활동 1. 노래 속에서 장단 체험하기: 창작 국악 '산도깨비'와 '이쁜이 타령' 악보를 제시하고 교사의 범창이나 CD 플레이어를 통해 노래를 배우게 한다. 이때 반드시 노래와 장단과의 관계를 체험하고 이해하는 것이 중요하다.

2) '장단의 기능형'의 지도

본 연구에서는 4학년 교과서의 제재인 사물놀이 내용을 가져와 자진모리장단과 단모리장단의 머리, 기둥, 골격 장단을 이해함으로써 기본 장단의 구조를 비교·체험하는 데 목적이 있다. 구체적인 지도방법은 다음과 같다.

• 활동 2. 사물놀이를 통한 자진모리장단과 단모리장단의 구조 체험하기: 사물놀이는 원래의 풍물놀이에서 비롯된 것으로 네 악기가 함께 연주되는 타악기 앙상블임을 일러 주고, 꽹과리, 장구, 북, 징은 각각 별, 인간, 달, 해를 상징하며, 그 소리는 번개, 비, 구름, 바람 소리에 비유되기도 한다는 것을 알리면 더욱 친근감이 생길 것이다.

3) '세에 따른 기능별 장단형'의 지도(생략)
4) '숨과 한배'의 지도(생략)
5) '길고 짧은 소리의 장단형'의 지도(생략)
6) '장단 악기 음색'의 지도(생략)
7) '종합적인 다의적 장단 개념'의 지도(생략)

4. 실행 중점 '2'의 실천

　다의적 개념의 장단 체험학습을 위한 창의적인 교수−학습 과정을 적용한다.

〈실천 내용〉

> 1. 다의적 개념의 장단 체험활동별 지도 계획 수립
> 2. 다의적 개념의 장단 체험학습 전개를 위한 교수−학습 모형의 설정
> 3. 교수−학습 과정안 구안 · 적용과 적용 결과의 정리

가. 다의적 개념의 장단 체험활동별 지도 계획

　제재곡이 포함하고 있는 내용을 효과적으로 지도하기 위하여 알맞은 접근 유형(개념적, 경험적, 창의적, 통합적)과 심미적 접근을 유기적으로 결합하여 1단계(감각적 · 지각적 체험활동) → 2단계(감각적 · 지각적 체험활동) → 3단계(감각적 · 지각적 · 통찰적 체험활동) 순으로 다의적 개념의 장단 체험활동 내용을 투입하였다.

나. 다의적 개념의 장단 체험학습 전개를 위한 교수−학습 모형 설정

　다의적 개념의 장단 체험학습 전개를 위한 교수−학습 과정에 효율적으로 적용하기 위해 성경희의 개념 수업 모형을 적용하기로 하고 단계를 보완한 체험 단계별 수업 모형을 활용하였다.

　1) 감각적 체험 단계의 교수−학습 모형

| 단계 | 미적 자극 | 감각적 지각 | 반응 | 창의적 표현 | 개념화 | 가치판단 |
|---|---|---|---|---|---|---|
| 교수 − 학습 활동 | • 감각적으로 자극할 수 있는 동기 유발<br>• 학습 목표 인지 | • 감각적 자극에 의한 인식<br>• 제재곡에서 개념적 특성 파악<br>• 음악 작품의 요소를 청각적 시각적, 신체적으로 느낌<br>• 음악 작품 속의 미적 실체 수용 | • 새로운 악곡에서 다의적 개념에 반응하기<br>• 상상하기, 신체적 움직임, 열중하기 등의 미적 행동<br>• 정서적 반응<br>• 승화된 감정 표현 | • 다의적 개념의 창의적 표현<br>• 장단의 멋을 살리는 방법의 표현 | • 체험을 통한 다의적 개념의 정의, 종합 | • 다의적 개념의 체험으로 곡의 효과를 평가<br>• 전통음악의 이해 만족, 관심 |

[그림 4−8] 감각적 체험 단계의 교수−학습 모형

## 2) 지각적 체험 단계의 교수-학습 모형

| 단계 | 미적 자극 | 지 각 | 반 응 | 창의적 표현 | 개념화 | 가치판단 |
|------|-----------|-------|-------|-------------|--------|----------|
| 교수<br>-<br>학습<br>활동 | • 동기 유발<br>• 목표 인지 | • 제시된 자료에 의한 개념 파악<br>• 인식된 개념과 경험과의 연결<br>• 구조화된 음향의 지각<br>• 음향을 통한 미적 지각<br>• 구조적 요소들과 표현적 요소들을 식별하고, 기억하고, 비교하는 내적 작용 | • 지각된 음향의 재현<br>• 다의적 장단 개념의 미적 반응<br>• 승화된 감정 표현 | • 다의적 개념의 창작즉흥 연주<br>• 장단의 멋을 살리는 방법의 표현 | • 체험을 통한 다의적 개념의 정의 종합 | • 다의적 개념의 체험으로 곡의 효과를 평가<br>• 전통음악의 이해, 만족, 관심 |

[그림 4-9] 지각적 체험 단계의 교수-학습 모형

## 3) 통찰적 체험 단계의 교수-학습 모형

| 단계 | 미적 자극 | 지 각 | 반 응 | 창의적 표현 | 개념화 | 가치판단 |
|------|-----------|-------|-------|-------------|--------|----------|
| 교수<br>-<br>학습<br>활동 | • 진단활동을 포함한 선수학습 연관 활동<br>• 목표 인지 | • 음악 작품 속의 미적 실체의 수용<br>• 표현성을 의미 있게 수용<br>• 미적 요소의 인식, 기억, 연결, 발전 | • 다의적 장단 개념의 미적 반응<br>• 정서적 반응<br>• 승화된 감정 표현 | • 국악의 맛을 살린 창작품 완성<br>• 다의적 개념의 장단이 녹아 있는 음악 만들기 | • 예술 작품에 대한 개념화, 분석, 평가, 가치화 등의 행동 종합<br>• 소리의 표현적인 질을 구조적으로 조명 | • 음악 창의적 표현 능력의 형성<br>• 작품의 질과 연주의 질을 비교 평가<br>• 음악 관련 개념 체계 확립 |

[그림 4-10] 통찰적 체험 단계의 교수-학습 모형

예시 2

✎ 주제 : 사회과 수준별 교수–학습 활동이 학습 능력에 미치는 영향[45]

● 연구의 목적

　본 연구는 제7차 교육과정에 바탕을 둔 사회과 수준별 교수–학습 활동을 통해 학생 개인차에 맞는 학습 경험을 제공하여 학생들의 학습 능력을 신장시키는 데 근본 목적이 있으며 그 구체적인 목적은 다음과 같다.

　첫째, 사회과 교육과정을 분석하여 수준별 교육과정을 재구성한다.

　둘째, 재구성된 수준별 교육과정 지도 자료를 구안·제작한다.

　셋째, 재구성된 수준별 교육과정을 다양한 교수–학습에 적용하여 사회과 학습 능력을 신장시킬 수 있는 방안을 모색한다.

● 연구 문제

　학생들의 학습 능력을 신장시킬 수 있는 교육 활동을 위하여 다음과 같이 연구 문제를 설정하고 실천하였다.

　가. 사회과 학습 능력 신장을 위한 사회과 수준별 교육과정을 어떻게 재구성할 것인가?

　나. 재구성된 수준별 교육과정 지도 자료를 어떻게 구안·제작할 것인가?

　다. 수준별 교수–학습 활동을 어떻게 전개하여 사회과 학습 능력을 신장시킬 것인가?

● 실행 중점 설정

실천 목표

⇩

사회과 수준별 교수–학습 활동을 통한 학습 능력의 신장

---

45) 이병삼(2003). 제47회 전국현장교육 연구대회. 국사·사회교육과, 1등급.

**실행 목표 1**

⬇

사회과 수준별 교육과정을 재구성한다.

**실행 목표 2**

⬇

재구성된 수준별 교육과정 지도 자료를 구안·제작한다.

**실행 목표 3**

⬇

수준별 교수-학습 활동을 전개하여 학습 능력을 신장시킨다.

## V. 연구의 실제

**실행 목표 '1'의 실천**

⬇

사회과 수준별 교육과정을 재구성한다.

● **실행 목표 '1'의 실천 내용**

| 영역 | 1. 사회과 교육과정 파악 | 2. 수준별 교육과정 재구성 | 3. 수준별 교육과정 계획 수립 |
|---|---|---|---|
| 실천 내용 | 가. 제7차 사회과 교육과정 파악<br>나. 5학년 사회과 목표 추출<br>다. 5학년 사회과 내용 개관 | 가. 사회과 교육과정 분석<br>나. 사회과 재구성 방향 설정<br>다. 사회과 수준별 교육과정 재구성 | 가. 사회과 수준별 학습을 위한 집단 조직<br>나. 수준별 교육과정 운영 시간 수립<br>다. 수준별 교수-학습 방법 및 평가 수립 |
| 목표 | 학생들의 흥미와 능력에 맞는 수준별 교육과정 재구성 | | |

## 1. 사회과 교육과정 파악

### 가. 제7차 사회과 교육과정 파악

오늘날 정보화 시대의 지식기반 사회에서는 스스로 문제를 발견하고 해결해 내는 자발적이고 창의적인 인간을 요구한다. 이러한 시대적 요구에 부응하기 위하여 제7차 교육과정은 학습자의 자율성과 창의성을 존중하는 학습자 중심의 교육을 표방하고 있다. 구성주의 교수-학습의 원리, 개인차를 고려하는 수준별 교육과정, 재량 활동의 신설과 확대 등이 그것이다.

### 나. 5학년 사회과 목표 추출

제7차 교육과정상에 나타난 사회과 종합 목표는 '사회현상에 관한 기초적 지식과 능력은 물론 지리, 역사 및 제 사회과학의 기본 개념과 원리를 발견하고 탐구하는 능력을 익혀, 우리 사회의 특징과 세계의 여러 모습을 종합적으로 이해하며, 다양한 정보를 활용하여 현대사회의 문제를 창의적이며 합리적으로 해결하고, 공동생활에 스스로 참여하는 능력을 기른다. 이를 바탕으로 개인의 발전은 물론 국가, 사회, 인류의 발전에 기여할 수 있는 민주시민의 자질을 기른다.'로 되어 있다.

### 다. 5학년 사회과 내용 개관

5학년의 사회과 내용은 우리나라를 범위로 하여 각기 다른 측면에서 학습되어야 할 내용들로 구성되어 있다. '우리 국토의 모습'과 '여러 지역의 생활'은 지리적 관점을 중심으로 다루어지도록 하였고, '세계 속의 우리 경제'는 경제적 관점에서 우리나라를 이해시키도록 하였으며, '우리 겨레의 생활 문화'는 역사적 관점, 특히 문화사적 관점에 문화인류학적 관점을 가미하여 우리 겨레의 전통을 되새겨 보도록 하였다. 또 '여러 지역의 생활'은 사회학적 관점을 가미하여 다룰 수 있고, 나머지 세 단원에는 STS(Science Technology Society) 교육을 도입해 볼 만한 주제들이 설정되어 있다. 그렇다고, 5학년의 내용은 어느 한두 가지 관점에서만 다루지 말고 여러 영역의 관점을 가지고 접근하도록 한다.

## 2. 수준별 교육과정 재구성

### 가. 사회과 교육과정 분석

구성주의의 관점 등 새로운 패러다임에 의하여 편성된 제7차 사회과 교육과정은 교사와 학생의 상호 주관적으로 구성되고, 해석되며, 지역이나 학교 및 학급 상황에 적합하도록 재구성하고 실천할 것을 요구하고 있다. 따라서 교사는 교육과정의 융통성 있는 운영을 위하여 능동적 행위자로서 교육과정을 해석하고 재구성하여 지도하되, 학생들의 생각이나 아이디어를 듣고 안내자, 촉진자 그리고 동기부여자이자 지지자로서의 자세와 역할을 수행하도록 하여야 한다.

### 나. 사회과 재구성 방향 설정

사회과 교육은 비판적이고 합리적인 의사 결정을 할 수 있는 시민적 자질을 육성하는 것을 목표로 하고 있다. 그러나 시민적 자질을 육성하는 사회과 수업방법은 수업에서 다룰 내용 지식에 따라, 그리고 수업이 전개되는 교실 수업의 상황에 따라 상이하게 진행된다. 따라서 사회과 교육의 목표를 달성하기 위한 적절한 수업방법의 선정이 중요하다.

## 3. 수준별 교육과정 계획 수립

### 가. 사회과 수준별 학습을 위한 집단 조직

전통적인 학급의 특징은 경쟁적이고 개별화된 하나의 사회적 조직이라는 데 있었다. 여기서 이루어지는 조별 활동은 비록 학생들이 함께 공동으로 과제를 수행하기는 하지만 한 사람에 의해서 과제가 선택되고 해결되는 양상을 보여 왔다.

첫째, 모둠별로 성비가 균형되게 한다(남자 3명, 여자 3명).

둘째, 모둠별로 성적이 평준화되게 한다(성적이 높은 사람 2명, 낮은 사람 2명).

셋째, 모둠별로 성격이 평준화되게 한다(적극적인 사람, 소극적인 사람을 골고루 편성).

넷째, 모둠별로 개인적 능력이 평준화되게 한다(그리기, 말하기 능력을 기준으로 골고루 편성).

다섯째, 신장이 큰 사람은 뒤에, 신장이 작은 사람은 앞으로 편성되게 한다.

하지만 모둠 구성의 형태 및 시기는 해당 학급의 학생들이 전입과 전출이 많은 관계로 고정적으로 운영하지 못하였다. 따라서 교사의 신념에 따라 적절한 시기에 모둠 구성의 형태에 변형을 주어 운영하였으나 가급적 원칙에 어긋나지 않도록 하였다.

## 나. 수준별 교육과정 운영 시간 수립

교육부에서는 사회과 수준별 교육과정의 운영에 대하여 단원 또는 주제에 배당된 시간의 약 80%를 기본 과정에, 약 20%를 심화 및 보충 과정에 할애하도록 제시하고 있으나, 80%라는 기준은 예시적인 성격을 띤 것으로 학생들의 개인차, 교과 내용 특성 등을 감안하여 적절히 배분하도록 하고 있다.[46)]

## 다. 수준별 교수-학습 방법 및 평가 수립

사회과는 다양한 정보를 활용하여 사회현상에 관한 지식을 발견하고, 문제를 해결하는 데 필요한 비판적 사고력, 창의적 사고력, 판단 및 의사 결정력 등의 신장을 강조한다. 이를 위하여 탐구방법을 활용하여 학습자 스스로 학습하는 기회를 제공하고, 흥미와 관심을 고려하여 개개인의 수준에 적합한 경험을 제공하는 효율적인 교수-학습 전략을 지향한다.

최병모는 사회과 수업이 사고의 활성화를 통하여 학습자 스스로 자기 주도적 학습을 이끌어 가기 위해 고려해야 할 사항을 다음과 같이 지적하였다. 첫째, 학습 내용은 학습자가 기반하고 있는 생활 세계와 밀접한 관련성을 지닌 쟁점, 문제, 주제 등과 같이 학습자의 생활 세계와 의미상 연관이 있도록 재구성하여 제공되어야 한다. 둘째, 이들 문제, 쟁점, 주제들을 깊이 있게 접근하기 위해서는 광범위한 배경 지식이 통합적으로 구성되어야 한다. 셋째, 사회의 다원화 현상과 복잡한 현실적 문제에 직면할 수밖에 없는 학습자의 현실 생활의 맥락을 인식

---

46) 교육인적자원부(2001). 수준별 교육과정 편성·운영의 실제. p. 22.

하고, 문제를 해결하기 위해서는 가치관 문제와 가치 갈등 문제 등을 통한 사고력을 육성할 수 있는 수업이 되어야 한다. 넷째, 공동체 사회를 살아가는 참여적인 시민을 육성하기 위하여 수업방법의 다양화와 함께 학생이 자기 주도적으로 수업에 참여하고 적극적으로 활동함으로써, 교과 지식의 의미를 자신의 언어로 해석하고, 재구성할 수 있는 기회를 충분히 제공하여야 한다.

평가는 학습과정에서 매우 본질적이고 빠뜨릴 수 없는 부분이다. 평가의 범위는 넓고, 그것은 개인, 집단, 과정 또는 프로그램에 적용된다. 평가는 우리에게 어디서 출발하고, 학습에 성공한 정도가 어느 정도인지 알게 해 주는 학습과정의 부분에 해당한다.

그러나 현재 학교 현장에서 실시되는 평가 활동을 살펴보면 제7차 교육과정 사회과 평가 정신과 관계없이 수업방법 개선의 일환(열린 교육)으로 사용되어 왔던 수행평가로 대체하는 경향이 높고, 수행평가가 마치 평가의 전부인 양 여겨져 실시되고 있는 실정이다.

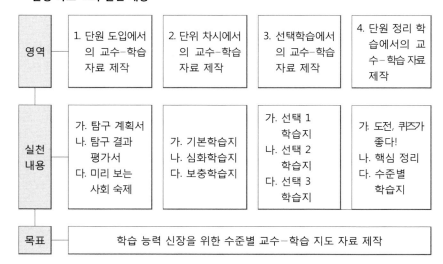

**실행 목표 '2'의 실천**

⬇

재구성된 수준별 교육과정 지도 자료를 구안·제작한다.

● **실행 목표 '2'의 실천 내용**

| 영역 | 1. 단원 도입에서의 교수-학습 자료 제작 | 2. 단위 차시에서의 교수-학습 자료 제작 | 3. 선택학습에서의 교수-학습 자료 제작 | 4. 단원 정리 학습에서의 교수-학습 자료 제작 |
|---|---|---|---|---|
| 실천 내용 | 가. 탐구 계획서<br>나. 탐구 결과 평가서<br>다. 미리 보는 사회 숙제 | 가. 기본학습지<br>나. 심화학습지<br>다. 보충학습지 | 가. 선택 1 학습지<br>나. 선택 2 학습지<br>다. 선택 3 학습지 | 가. 도전, 퀴즈가 좋다!<br>나. 핵심 정리<br>다. 수준별 학습지 |
| 목표 | 학습 능력 신장을 위한 수준별 교수-학습 지도 자료 제작 | | | |

## 1. 단원 도입에서의 교수-학습 자료 제작

사회과의 단원 도입에서는 사회과의 교육과정 목표를 효율적으로 달성할 수 있는 체계적인 내용과 주제, 다양한 활동 및 경험 그리고 적절한 자료의 활용을 통하여 사회과 학습이 이루어지도록 구성되어야 한다. 이러한 단원의 학습을 통해 학생들이 사회현상에 관한 개념이나 원리를 체계적으로 이해하고, 문제를 해결하며, 그와 관련된 가치와 태도를 형성할 수 있도록 하는 데 중요한 의미가 있다.

## 2. 단원 차시에서의 교수-학습 자료 제작

사회과 교육과정의 주목할 만한 주요 내용으로는 '학습자 중심의 교육과정' '활동 중심의 문제해결형 교과서' '구성주의 교육관 반영' '자기 주도적 학습의 전개' 등으로 볼 때 교육과정이 추구하는 목표 달성의 주요 행위는 학생 활동이 주가 되는 활동 중심의 수업 전략과 그에 따른 교수-학습 전개에 있다. 따라서 단위 차시에서는 학생들이 흥미롭게 놀이와 게임 중심으로 조작 활동을 하면서 수업에 참여하며 기본 개념을 이해할 수 있도록 수업을 전개하였으며, 또한 학생들이 조작 활동에 대한 결과를 쉽게 이끌면서 원리 및 개념을 터득할 수 있도록 기본학습 자료를 제작하였다.

심화학습에서는 기본학습에서 배운 내용을 바탕으로 고차적인 사고를 촉진할 수 있도록 신문 기사 해석하기, 그래프 분류 및 해석하기, 퍼즐 맞추기, 토론하기, 미래의 모습 상상하기 등의 '심화학습지'를 제작하였다.

## 3. 선택학습에서의 교수-학습 자료 제작

현대는 개성 시대이므로 학습자의 취미와 좋아하는 분야도 각양각색이다. 학습자들은 다양한 온라인 게임을 즐기며, 컴퓨터로 음악을 들으며, 휴대전화로 문자 메시지를 보내고, 번쩍거리는 플래시를 즐기거나 채팅에 빠져 있기도 하다. 그러므로 다양한 흥미와 각양각색의 취미 활동을 즐기고 있는 학습자들에게 그들의 소양을 무시하고 천편일률적이며, 누구나 같은 활동을 부여한다면 그것은 어떠한 면에서는 매우 비교육적이고 비합리적인 조치다.

따라서 선택학습에서는 학생들에게 사고의 결과보다 사고의 과정 그 자체를 중요시하기 때문에 교사는 학습 과제와 관련된 정보들을 제시하고 학습자들의 활동과 사고 과정을 유도하는 안내자의 역할을 수행하도록 하였다. 학생들의 다양한 흥미를 유발하고 주제 단위에서 기본적 지식과 고급적 사고력을 신장시킬 수 있는 탐구 중심의 활동이 이루어질 수 있도록 학습 자료를 제작하였다.

4. 단원 정리 학습에서의 교수-학습 자료 제작

단원 정리 학습은 한 단원이 끝난 뒤에 학습 내용을 정리하는 단계로서 심화·보충 과정 학습은 학생의 성취 수준을 향상시키는 데 그 목적이 있다.

즉, 학생들이 한 단원에서 어느 정도로 학습 목표에 도달하였는지 점검해 보고 심화학습에 대해서는 기본 과정에서 학습한 내용을 토대로 다양한 활동을 체험하거나 확산적 사고를 촉진하고 심화할 수 있는 기회를 아울러 제공해야 한다. 보충학습에 대해서는 기본 과정의 주요 학습 요소를 중심으로 기본학습에 대한 학습 결손을 보충하도록 하고, 특히 학생들의 성취 수준과 과제를 개별화할 수 있는 기회를 제공해야 한다.

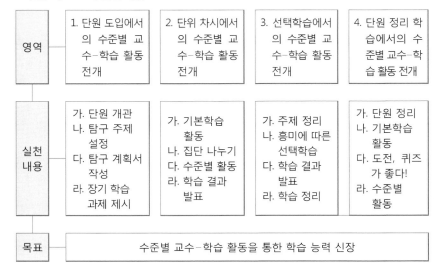

실행 목표 '3'의 실천

⇩

수준별 교수-학습 활동을 전개하여 학습 능력을 신장시킨다.

● 실행 목표 '3'의 실천 내용

| 영역 | 1. 단원 도입에서의 수준별 교수-학습 활동 전개 | 2. 단위 차시에서의 수준별 교수-학습 활동 전개 | 3. 선택학습에서의 수준별 교수-학습 활동 전개 | 4. 단원 정리 학습에서의 수준별 교수-학습 활동 전개 |
|---|---|---|---|---|
| 실천 내용 | 가. 단원 개관<br>나. 탐구 주제 설정<br>다. 탐구 계획서 작성<br>라. 장기 학습 과제 제시 | 가. 기본학습 활동<br>나. 집단 나누기<br>다. 수준별 활동<br>라. 학습 결과 발표 | 가. 주제 정리<br>나. 흥미에 따른 선택학습<br>다. 학습 결과 발표<br>라. 학습 정리 | 가. 단원 정리<br>나. 기본학습 활동<br>다. 도전, 퀴즈가 좋다!<br>라. 수준별 활동 |
| 목표 | 수준별 교수-학습 활동을 통한 학습 능력 신장 | | | |

### 1. 단원 도입에서의 수준별 교수-학습 활동 전개

단원 도입은 효과적인 교수의 가장 중요한 부분으로 교사가 수업의 목표와 학생의 욕구를 숙고해 볼 수 있는 시간이며, 교사는 수업을 위한 가장 적절한 전략을 고려하여 선택 가능한 다양한 전략을 수립하여야 한다. 따라서 학생들이 단원에 들어가기 전에 단원 전체에 대하여 개략적으로 내용을 살펴보는 시간을 가짐으로써 단원에서 배울 내용을 살펴보고, 주요 개념, 학습방법, 필요한 자료와 수집방법, 사회 교과서와 사회과 탐구의 쪽수를 살펴보는 활동 등이 단원 도입에서 이루어진다.

또한 단원 도입에서는 학생들이 스스로 탐구 주제를 설정해 자료를 수집, 분류하고 해석하여 정리하는 활동을 위한 탐구 계획을 세울 수 있다. 탐구 과제는 해당 단원에서 자신이 흥미로운 주제, 탐구하고 싶은 과제를 스스로 설정하고, 탐구 과제를 해결하기 위한 자료 수집방법, 필요로 하는 자료를 적은 후에 주어진 시간 내에 자기가 필요로 하는 자료를 수집, 분류, 해석, 종합하는 활동을 통해 학생들 나름대로 탐구 보고서를 작성하도록 하였다.

단위 차시, 선택학습이나 별도의 시간을 마련하여 학생들이 그동안 탐구 과제를 학생들 앞에서 발표해 보는 시간을 갖도록 하여 해당 주제에 대한 심도 있는 이해를 도울 수 있도록 하였다. 자신이 탐구한 결과에 대하여 평가해 보는 시간을 갖도록 하여 다음 단원의 탐구 과제를 작성할 때 도움을 받도록 하였다.

### 2. 단원 차시에서의 수준별 교수-학습 활동 전개

매 차시별로 심화·보충 수준별 교육과정을 운영하는 경우 심화·보충 내용이 즉각적으로 제공된다는 점에서 의미가 있다. 그러나 교사에게는 자료의 개발과 운영 시간이 부족하다는 점에서 부담감이 크며, 학생들에게는 지루하고, 학습 내용의 양과 폭이 넓고 깊어져 이해력과 사고력에 대한 부담감을 많이 가지게 된다. 따라서 교사에게는 교수 부담을 줄이고, 학생들에게는 학습의 부담을 줄이면서 사회과에서 요구하는 흥미와 능력의 양과 폭을 점점 확대하는 의미에서 단원별, 시기별로 단위 차시에서의 수준별 운영 시간을 증가시켰다.

3. 선택학습에서의 수준별 교수-학습 활동 전개

　　선택학습에서는 사고의 결과보다 사고의 과정 그 자체를 중요시한다. 즉, 사고의 결과로서 제시되는 해답이나 결론이 중요하기도 하지만 그보다는 그러한 결론에 도달하는 과정이 합리적이고 논리적인가에 더욱 관심을 갖는다. 따라서 선택학습에서 교사는 수업을 주도하는 지식의 전달자가 아니라, 학습 과제와 관련된 정보들을 제시하고 학습자들의 활동과 사고 과정을 유도하는 안내자의 역할을 수행한다. 그러므로 선택학습에서는 학생들의 흥미와 능력에 따라 학생들 스스로 과제를 선택할 수 있도록 하기 위해 다양한 학습 과제를 제시하였으며, 교사는 학생들이 선택한 과제에 대하여 결과를 찾아가도록 안내자의 역할을 수행하였다.

　　선택학습에서 과제 선택은 교사가 학생들에게 일일이 과제를 부여하기보다 모둠 또는 개별로 학생들의 흥미에 맞는 과제를 1~2개 선택하도록 하였다. 따라서 학생들이 자신의 흥미에 맞는 과제를 선택하여 해결하는 과정을 거치면서 탐구 의욕과 모둠원끼리 상호 협력하는 자세를 신장시킬 수 있었다.

　　다음으로 선택학습에서 소단원(주제)에서 배운 내용을 에듀넷 공부방에서 제공하고 있는 동영상 자료를 활용하여 정리하거나 해당 주제에서 배운 내용을 마인드맵으로 정리하여 심화과정 학생들에게는 기본 지식 및 개념을 재확인하는 시기로, 보충과정 학생들에게는 다시 한 번 학습할 수 있는 시간을 부여하여 기본 개념을 습득할 수 있도록 하였다.

4. 단원 정리 학습에서의 수준별 교수-학습 활동 전개

　　단원 정리는 단원에서 배운 내용을 확인하고 정리해 본 후 학생들의 능력에 따라 적절한 교육 내용으로 옮겨 갈 수 있다. 따라서 대단원의 학습이 끝난 후, 한 단원의 내용을 정리하는 의미로 학생들과 같이 단원에서 배운 내용을 중심으로 개념 지도(mind-map)로 정리함으로써 기본학습 도달을 꾀하였다.

　　단원 정리 학습에서 기본학습은 단원에서 가장 주요한 내용 1~2가지를 중심으로 학습을 전개하였으며, 학생들이 해당 단원에서 어느 정도의 학습 목표에 도달하였는지를 알아보기 위해서 '도전, 퀴즈가 좋다!'라는

코너를 운영하였다. '도전, 퀴즈가 좋다!'는 기본 과정 중심으로 10문항을 출제하였으며, 학생들에게 TV 모니터를 통해 출제된 문제의 답을 자신의 미니 칠판에 적게 한 후 정답을 확인하도록 하였다. 10문항 중 6개 이상을 맞히면 심화과정으로, 6개 미만을 맞힌 학생은 보충과정으로 학습을 전개 하도록 하였다. 퀴즈 형식으로 운영되어 학생들이 매우 흥미를 보였다. 10문항을 다 맞힌 학생에게는 '퀴즈의 달인'이라는 호칭을 주어 학생들의 사기를 신장시키려고 하였다. 교사에게는 심화과정과 보충과정을 나눌 수 있는 기준을 정할 수 있어 효과적이었다. 심화과정과 보충과정에서는 학생들에게 적절한 교육 내용을 제공한 후 학생들 스스로가 1~2가지를 선택하여 재학습의 기회와 흥미, 능력의 신장을 꾀하도록 하였다. 기본 과정을 이수하지 못한 학생들에 대해서는 방과 후에 핵심 정리를 통해 보 충학습의 시간을 운영하여 기본 과정을 이수하도록 하였다.

## 11. 검증 및 평가 결과

검증 및 평가란 검사하거나 평가하여 증명하는 것을 말하는데, 현장연구에서는 실행과정에서 수집한 원자료를 조직, 정리, 해석하는 분석과 종합의 과정이라고 할 수 있다.

즉, 가설(실천 목표, 실행 중점)이 작용하여 나타난 행동 변화의 증거 간의 비교를 의미한다. 연구 이전과 이후 간의 행동 변화가 나타나는 것을 각종 방법으로 수집 하여 그 변화량을 측정한다든지, 실험군과 비교군을 비교하여 실험군이 비교군보다 어떻게 변화했는지를 비교하는 일이 곧 현장연구에 있어서의 검증 및 평가다.

## 1) 검증 및 평가의 문제

검증 및 평가에 있어서 몇 가지 문제가 되는 점을 살펴보면 다음과 같다.

첫째, 가설(실천 목표, 실행 중점)의 결과 부분을 가능한 한 구체적인 행동적 용어로 표현해야 한다. 예를 들면, '지필검사에 의한 평균 성적이 향상될 것이다.' '결석생 수가 줄어들 것이다.' 등이다.

둘째, 행동 변화가 확실하게 예상되는데 이것을 직접 검증하기 어려우면 어떠한 가설을 세우고, 이 가설에 들어맞으면 행동 변화가 있다고 보는 방법을 취할 수도 있다. 예를 들면, 학습자료를 많이 이용하면 학습이 구체화되고 비교적 오랫동안 기억한 내용이나 이해한 내용을 파악할 것이라는 것은 틀림없는데, 시험 결과에 의하면 학력의 증진이 뚜렷하지 않은 경우가 있다. 설혹 학력 증진이 있었다 하여도 그것이 학습자료의 이용 때문인지 그렇지 않으면 다른 원인 때문인지는 분별하기가 어렵다. 이러한 때는 참고적으로 학력을 측정하겠지만, 이보다는 교사들이 얼마나 자주 학습자료를 이용하게 되었느냐 하는 증거를 제시해야 한다.

셋째, 의미 있는 검증도구를 이용하도록 노력해야 한다. 우리나라에서 제작한 표준화 검사도구를 가급적 사용하도록 한다. 또한 유사한 연구물을 수집하고, 그 연구에서 사용한 검증도구가 쓸 만하면 제작자의 허가를 받아 이를 사용해야 할 것이다.

넷째, 가능하면 동일한 평가도구로서 여러 번 측정하여 일정 기간에 나타난 행동 변화를 비교함으로써 검증해야 한다. 일체의 검증도구는 연구를 시작하기 이전에 작성해야 한다. 그리고 일정 기간의 간격을 두고 동일한 평가도구를 측정하여 그간의 행동 변화를 본다. 예를 들면, 질문지의 반응 결과에 따라 행동의 변화를 보고자 하면 연구를 시작하기 이전에 실시한 질문지를 그 후에도 계속 사용하여야 하며, 동일 질문지에 나타난 반응의 변화를 보아야 한다.

다섯째, 현장연구에서는 가설에 대한 타당하고 신뢰로운 검증이 가장 어렵다는 것을 인식해야 한다. 조건의 통제를 엄격히 해야만 가설을 검증할 수 있는데, 현장연구에서 조건의 통제는 교육 실천상 무리가 없는 범위 내에서 하기 때문에 일반화할 수 있는 결론을 도출하기는 어렵다. 따라서 동일 주제로 여러 학교가 연구를 추진하고 가설을 검증한 것이 비슷한 결과로 나타나면 비로소 일반화할 수 있는 근거가 되는 것이다.

검증 및 평가를 함에 있어서는 가설(실천 목표, 실행 중점)별로 하는 경우와 종합적으로 하는 경우가 있다.

## 2) 검증 및 평가방법

검증에는 어떠한 방법이 있는가? 크게 나누어서 두 가지 방법이 있는데, 하나는 통계적 방법이고 다른 하나는 논리적 방법이다(이철기, 1979).

통계적 방법이란 연구의 결과를 수량으로 나타내는 것으로, 예를 들면 빈도, 집중경향치, 변산도치, 상관계수, t검증, 변량분석, 카이자승법($x^2$) 등 수집한 원자료를 분석하여 수량화하는 것을 말한다. 가능하면 모든 연구는 그 내용에 따라 통계적 검증이 있어야 한다.

논리적 방법이란 통계적 방법이 아닌 그 밖의 방법으로 원자료를 조직적으로 분석하고 체계적으로 종합하거나 이론을 고찰하거나 관찰, 면접 및 각종 기록물 분석 등을 통해서 엄밀한 통계적 처리는 하지 않는 검증방법을 말한다. 자연과학 분야의 연구에서는 이론적인 검증은 필요가 없으며 통계적 검증만으로 충분하나, 사회과학 분야의 연구에서는 통계적 검증만으로는 부족하고 논리적 검증도 해야 신뢰성을 높일 수 있다.

연구 결과에 대한 검증을 함에 있어서 연구 유형에 따라 검증방법을 어떻게 해야 할 것인가에 대하여는 연구자들이 많은 의문을 갖고 있다. 획일적으로 연구의 유형이나 가설(실천 목표, 실행 중점)에 따라 최고의 검증방법이 있다고 공식화하기는 곤란하나 다음과 같은 점은 고려되어야 한다.

첫째, 지적 기능적인 영역에 속하는 내용의 검증에는 통계적인 검증을 주로 하고 논리적인 검증은 할 수 있는 데까지 하는 것이 좋다. 예를 들면, 학생들의 학력을 높이거나 기능을 높이는 내용의 가설(실천 목표, 실행 중점)이나 명제를 설정하여 연구할 때 원칙적으로는 그 성적의 향상도를 실험군과 비교군의 사전 및 사후 검사를 통해 얻어 내고, 그 향상치에 대한 유의도 검증을 하며, 개인차가 얼마나 줄어들었는가를 편차의 변화 상황, 수업시간에의 참여 상황 등을 관찰, 면접, 조사, 기록 분석, 평정 등의 방법으로 검증한 후에 이를 첨가하여 같이 해석하면 신뢰도와 타당도를 높일 수 있다.

둘째, 정의적 영역을 내용으로 하는 연구에서는 논리적 방법을 주로 하고, 통계적 방법은 가능한 데까지 하는 것이 좋다. 예를 들면, 학생의 국민정신 함양을 목표로 하는 연구에서는 국민정신이 높아졌을 때 나타날 수 있는 행동 특성을 관찰, 조사, 면접, 기록물 분서, 이론 고찰 등의 방법으로 논리적 검증을 주로 하고, 통계적 방법은 실험군과 비교군의 비교, 사전 및 사후 검사 등의 방법으로 통계적 검증을 할 수 있는 데까지 하여야 한다. 이때 유의할 점은, 국민정신이 70% 높아졌다, 또는 30% 낮아졌다는 서술을 하면 이는 설득력이 부족하다고 할 수 있다. '국민정신이 높아진 사람이 100명 중에 60명이고, 낮아진 사람이 100명 중 40명'이라는 표현을 한다거나, '국민정신이 높아진 증거로서 국기 하강식에 스스로 참여해서 경건한 태도를 취하는 학생이 몇 명쯤 늘어났다.'고 하는 것이 보다 설득력이 있다.

이에 대하여 좀 더 구체적으로 살펴보면, 지적 영역의 연구 문제로서 '향토언어 자료를 통한 고전의 이해력 향상 방안'이라는 주제로 연구를 한다면, 통계적 방법의 검증은 고전의 이해력의 평균치는 실험군과 비교군을 비교해 볼 때 얼마나 높아졌는가? 사전 및 사후 검사에서 얼마나 높아졌는가? 표준편차는 얼마나 줄어들었는가? 그리고 향상되고 낮아진 것은 얼마나 유의도가 있는가? 등을 검토할 수 있다. 이때 논리적인 방법으로는 고전의 이해 태도가 얼마나 좋아졌는가? 고전에 대한 흥미가 얼마나 높아졌는가? 수업시간의 고전학습에 대한 참여도가 얼마나 달라졌는가? 등을 관찰, 면접, 평정, 측정, 기록, 분석 등의 방법으로 객관적인 자료를 수집해서 통계적 검증에서 얻어진 자료와 함께 해석하는 것이 좋다.

정의적 영역의 연구 문제로서 '사회적 학습을 통한 아동의 바른 생활 습관 형성'이라는 주제에서 검증은, 아동의 생활 규범에 대한 인지적 신념화가 어떠한가? 용의검사를 할 때 용의 위반자 수가 늘어나는가? 줄어드는가? 생활 장면에서 언어 사용에 어떠한 변화가 있는가? 친구 간에도 바른 예절을 지키려는 자세가 어떠한 가? 등을 관찰, 면접, 평정, 일화 기록 등의 논리적 검증방법 등으로 검증하고, 객관적인 통계자료를 수집할 수 있는 데까지 수집해서 변화 상황을 검토하여야 한다. 이렇게 하여 논리적 검증과 통계적 검증 결과를 바탕으로 해석하고 정리하여야 한다.

## 3) 자료의 분석

자료의 분석은 새로운 사실을 제시해 주고, 가설을 검증하는 논리적 과정이다. 연구를 시작할 때 가설을 검증하는 도구나 자료 분석 과정을 미리 밝혀야 한다. 자료의 분류 기준은 연구 문제와 가설(실천 목표, 실행 중점)에 직접 관련된 변인별로 분류하고 그 변인에 기초를 두고 조사 분석이 이루어지게 된다. 학력 향상을 위해 문제해결 학습을 했다면, 학력의 변화 또는 시간에 관한 증거자료와 이 변화에 작용한 문제해결 학습의 방법, 양, 질 등이 자료의 분류 기준이 되는 것이다. 이 자료들을 분류 기준에 맞춰 분류하고 해석하면 모두가 신뢰성이 있다고 보기는 어렵다. 그 분석을 하는 도구의 객관성, 분류·분석하는 통계적 방법 등이 또한 적절해야 검증분석이 타당성을 갖게 된다. 새로운 사실로 나타난 결과는 대개 가설을 실증할 수 있는 정도를 밝혀 줘야 한다. 이때 관련된 정도를 밝히기 위해 자료를 분석·제시하는 통계적 방법이 활용된다.

## 4) 통계적 분석

연구 결과로 얻은 자료를 분석하여 그대로 연구 보고서에 제시하는 경우는 별로 없으며, 대신 자료를 분석하여 통계적인 수치로 정리하여 나타낸다. 이와 같은 통계적 처리는 대개 연구 결과를 통계적 과정을 거쳐 수량화하고, 이를 다시 도표화하는 것이 보통이다. 통계적 분석을 통해 새로운 사실을 질서 있게 제시할 수 있어야 하고, 도표화는 시각적 효과가 있어 결과를 쉽게 이해할 수 있다. 그러나 연구 문제로 보아 비실증적인 문제인데도 무리한 수량화를 꾀하거나 태도, 가치관의 변화 연구에서 3~4개월의 실험을 하고 단번에 태도, 가치관이 달라진 증거를 제시하면서 결론을 이끌어 내는 것은 극히 위험하다. 수량화하기 어려운 인간의 행동은 그 경향성만 다루어야 하며, 또 그것을 수량화하는 검증에도 신중을 기해야 한다.

### 5) 결과의 해석

연구 결과의 해석은 부분적으로 제시된 결과에서 의미를 찾고 의의를 부여하는 것이다. 분석된 내용을 중심으로 변인 간의 관계를 의미 있게 해석하고, 그것과 다른 사상과의 관계를 밝혀야 한다. 대개의 경우 결과와 해석을 함께 다루되, 결과를 먼저 제시하고 의미 있는 해석을 내리는 것이 보통이다. 해석은 제시된 자료를 근거로 객관성 있게 진술해야 한다. 만약 결과의 해석에 주관적 편견이나 선입견이 작용한다면 연구의 타당성이 낮아질 것이다. 결과는 객관적이고 수량적으로 제시하지만, 해석은 질적이고 평가적 바탕 위에 정확한 목표의식, 즉 가설을 향한 진술을 해야 한다. 분석자료를 통해서 연구의 결과가 가설에 대한 의의를 줄 수 있는 근거로서 설명하는 것과 분석자료의 내용을 어떠한 이론이나 원리에 접근시켜 연구 결과의 의의를 부여하는 해석이 있어야 한다. 이와 같은 내용을 토대로 연구 보고서의 실제 예를 들어 본다.

● 조사연구의 경우

연구 문제와 관련시켜서 자료를 조직하여 제시한다. 단순한 사실 수집, 사실 발견, 사실 확인이 아닌 현상 간의 관계, 즉 두 변인 이상의 관계를 제시함으로써 하나의 사실적 법칙이 존재할 가능성이 있다는 것을 시사하는 결과가 제시되어야 한다. 자료의 제시에 앞서 연구 문제와 관련되어 수집된 자료의 의의를 설명하고 도표화하여 제시한다.

예시 1

📝 **주제 : 인천 3대 문화권 현장 체험전략을 통한 역사적 사고력 신장[47]**

● **검증 내용 및 방법**

　'역사란 무엇인가'라는 주제를 갖고 수업을 시작하여, 우리는 역사를 왜 배우는가? 그것은 우리에게 어떠한 의미를 주는가? 등으로 역사 수업이 이루어지면서 학생들이 살고 있는 지역에 관하여 조사하고 발표하도록 하기 위해, 인천 3대 문화권 현장 체험전략을 통한 현장 체험학습을 실시하였다. 이러한 수업방법이 교사 위주의 강의식 수업보다 역사적 사고력 향상에 얼마나 많은 영향을 주었는지 알아보기 위하여 현장 체험학습의 적절성에 대한 학생의 평가, 현장 체험학습에 대한 태도 변화, 체험학습을 통한 인천 향토사에 대한 인지도 변화, 역사적 사고력 신장 의식에 대한 설문지 전후 비교법을 통해 검증하였다.

● **검증 결과 및 평가**

1. 현장 체험학습의 적절성에 대한 학생의 평가

〈표 4-34〉 향토 체험학습의 적절성에 대한 학생의 평가

| 문항 내용 | 응답 내용 | 1차 N(94) | % | 2차 N(94) | % | 변화량 (%) |
|---|---|---|---|---|---|---|
| 현장 체험학습이 특색과 다양성을 지녔는가? | 긍정적 | 40 | 43.2 | 41 | 44.1 | 0.9 |
| | 보통 | 31 | 32.8 | 31 | 33.8 | 0.9 |
| | 부정적 | 22 | 23.9 | 21 | 21.9 | -1.9 |
| 현장 체험학습의 수행 과제가 적절한가? | 긍정적 | 26 | 27.6 | 35 | 38.0 | 10.3 |
| | 보통 | 47 | 49.8 | 44 | 47.7 | -2.0 |
| | 부정적 | 21 | 22.5 | 13 | 14.2 | -8.2 |

47) 장인선(2002). 제46회 전국현장교육 연구대회. 국사·사회교육분과, 1등급.

2. 현장 체험학습에 대한 태도 변화

〈표 4-35〉 학생의 체험학습에 대한 태도 변화

| 문항 내용 | 응답 내용 | 1차 | | 2차 | | 변화량 (%) |
|---|---|---|---|---|---|---|
| | | N(94) | % | N(94) | % | |
| 현장 체험학습 시 적극적으로 참여했는가? | 긍정적 | 45 | 48.2 | 48 | 50.8 | 2.6 |
| | 보 통 | 21 | 23.1 | 34 | 36.8 | 13.7 |
| | 부정적 | 27 | 28.6 | 11 | 12.2 | -16.4 |
| 현장 체험학습에 대해 만족하는가? | 긍정적 | 42 | 45.2 | 56 | 60.3 | 15.1 |
| | 보 통 | 29 | 31.4 | 16 | 17.6 | -13.8 |
| | 부정적 | 22 | 23.3 | 21 | 21.9 | -1.3 |
| 현장 체험학습을 수행함으로써 체험학습의 필요성을 알게 되었는가? | 긍정적 | 73 | 78.0 | 71 | 76.4 | -1.6 |
| | 보 통 | 15 | 16.7 | 19 | 20.3 | 3.6 |
| | 부정적 | 5 | 5.1 | 4 | 3.1 | -2.0 |

〈표 4-36〉 체험학습을 통한 인천 향토사에 대한 인지도 변화

| 문항 내용 | 응답 내용 | 1차 | | 2차 | | 변화량 (%) |
|---|---|---|---|---|---|---|
| | | N(94) | % | N(94) | % | |
| 현장 체험학습을 통해 전 시대를 이해하는 데 도움이 되었다고 볼 수 있는가? | 긍정적 | 34 | 37.6 | 36 | 38.2 | 0.5 |
| | 보 통 | 31 | 33.4 | 37 | 39.0 | 5.5 |
| | 부정적 | 27 | 28.8 | 21 | 22.7 | -6.1 |
| 현장 체험학습을 통해 전 시대의 중요한 내용을 배울 수 있었는가? | 긍정적 | 25 | 27.4 | 40 | 42.9 | 15.4 |
| | 보 통 | 41 | 44.0 | 48 | 51.0 | 7.0 |
| | 부정적 | 27 | 28.4 | 5 | 5.9 | -22.5 |
| 현장 체험학습을 통해 전 시대를 이해하는 데 일부 도움이 되었다고 보는가? | 긍정적 | 26 | 27.4 | 39 | 42.9 | 15.4 |
| | 보 통 | 41 | 44.0 | 48 | 51.0 | 7.0 |
| | 부정적 | 27 | 28.4 | 5 | 5.9 | -22.5 |

〈표 4-37〉 현장 체험학습을 통한 역사적 사고력 신장

| 문항 내용 | 응답 내용 | 1차 | | 2차 | | 변화량 (%) |
|---|---|---|---|---|---|---|
| | | N(94) | % | N(94) | % | |
| 현장 체험학습을 수행하는 과정에서 역사적 사고력이 신장되었다고 볼 수 있는가? | 긍정적 | 33 | 36.6 | 38 | 40.5 | 3.9 |
| | 보 통 | 30 | 33.5 | 37 | 39.0 | 5.5 |
| | 부정적 | 31 | 35.8 | 19 | 20.7 | −15.1 |
| 모둠별 과제 수행을 통해 협동 의식을 배울 수 있었는가? | 긍정적 | 24 | 24.1 | 38 | 39.9 | 15.8 |
| | 보 통 | 45 | 48.6 | 51 | 54.7 | 6.0 |
| | 부정적 | 25 | 28.3 | 5 | 5.5 | −20.5 |

현장 체험학습의 적절성에 대한 긍정적 응답이 10.3% 증가했다. 현장 체험학습을 통해 현장 체험 과제에 대한 교사의 교수 능력과 학생들의 수행 능력이 증대되었다. 학생들의 참여도는 체험학습을 수행하는 과정에서 학생들이 점차 흥미를 가지게 되고, 활동의 필요성에 대한 긍정적 공감대가 형성되고 있음을 보여 준다.

현장 체험 활동 중심의 학습을 통해 학생들의 활기찬 학교생활을 유도할 수 있는 가능성을 보여 준다. 이는 현장 체험학습 활동 및 향토 사료 중심의 지역화 학습이 자기 주도적 학습력 신장에 도움을 줄 뿐만 아니라, 학생들의 역사적 사고력 신장에도 도움을 줄 수 있다고 생각한다. 이와 같은 결과는 수업 전에 인터넷 탐색 조의 활용을 통하여 교사와 학습자가 교과와 관련한 다양한 학습자료, 즉 TP 자료, 파워포인트 자료, 인터넷 사이트 활용, 수준별 기본학습지와 심화학습지, 보충학습 자료를 활용하고 적절한 연계 학습을 실시하는 과정과 학생 자신이 탐구할 주제와 심화학습의 내용을 조사하는 과정에서 역사에 대한 관심과 왕성한 탐구력이 역사적 사고력 신장에 많은 영향을 주었다고 본다.

영상 매체를 통한 생동감 있는 수업과 인터넷 탐색 조별 탐구과정 중 협동학습의 실시로 인성의 함양에도 도움을 주었고, 향토사 자료를 연계하여 학습함으로써 학습 흥미를 유발하여 학업 성취도에도 효과가 있었다고 본다. 이것은 그 교과에 대하여 학생들이 자발적으로 향토 체험 탐구 주제에 관심을 갖고 흥미를 지니게 되면 학습 자체도 효율적이며, 또 학

생 스스로 준비·수집한 자료를 활용하게 됨으로써 현장 체험 과제의 해결 면에서도 효과적이었음을 알 수 있다. 역사적 사실이 학습자 가까이 있다는 사실을 인식시켜 과거 사실을 비판 없이 맹목적으로 받아들이는 위험을 알게 해 주었다. 인천 3대 문화권 향토 체험학습을 전개하면서 향토사는 역사 요소 외에 지리, 환경, 사회, 정치, 경제 등을 포함하는 종합적인 요소로 이루어져 있어 통합 사회와 목표를 실현할 수 있는 계기가 되었다. 향토사와 국가사를 연결시켜 살펴볼 수 있어서 향토사의 특수성을 파악하고 역사적 이해 능력과 역사적 해석 능력이 증대되었다고 본다.

예시 2

📝 주제: '행위상자' 독서 활동 프로그램의 구안·적용을 통한 독서 감상 능력의 신장 방안[48]

● 연구 문제

위와 같은 연구 목적을 효율적으로 달성하기 위하여 본 연구에서 탐구하려는 연구 문제를 다음과 같이 설정하였다.

- 독서를 통해 올바른 판단력과 창의성을 증진시키기 위한 방안은 무엇인가?
- 독서 감상 능력의 신장을 위해 어떠한 프로그램을 구안·적용·평가할 것인가?
- '행위상자' 독서 활동 프로그램을 어떻게 적용하여 독서 감상 능력을 신장시킬 것인가?

V. 검증 및 해석

A. 검증 내용 및 방법

'행위상자' 독서 활동 프로그램의 구안·적용이 독서 감상 능력의 신장에 어떠한 영향을 주었는지, 그 결과의 객관적인 평가를 위하여 〈표 4-38〉과 같은 내용과 방법으로 연구의 결과를 검증하였다.

---

48) 원향숙(2002). 제46회 전국현장교육 연구대회. 국어교육분과, 1등급.

〈표 4-38〉 검증 내용과 방법

| 영 역 | 내 용 | 측정도구 | 대 상 | 시 기 |
|---|---|---|---|---|
| 가. '행위상자' 독서 실태의 변화 | • 1월간 독서량<br>• 즐겨 읽는 책의 종류<br>• 독서 동기<br>• '행위상자' 흥미도 | • 설문지<br>• 연구자 관찰 | 연구반 76명 | 2001. 12. 2. |
| 나. 독서 활동의 변화 | • 도서 구입방법<br>• 독서 태도 | • 설문지 | 연구반 76명 | 2001. 12. 2. |
| 다. '행위상자' 독서 활동의 효과 | • '행위상자' 독서 감상 능력의 신장 | • 사례 분석<br>– 수행평가 자료 분석(전후 비교) | 연구반 학생 | 2001. 12. 20. |
| | • 독서 골든벨의 성과 및 인기도 검증 | • 골든벨 수상 실적<br>• '능소화' 교지 창간호 | 연구반 학생 | 2002. 2. 14. |
| 라. 도서 대출량의 변화 | • 도서 대출 현황 | • 도서 대출 이용표 | 연구반 76명 | 2001. 12. 20. |

B. '행위상자' 독서 실태·독서 활동 변화 검증

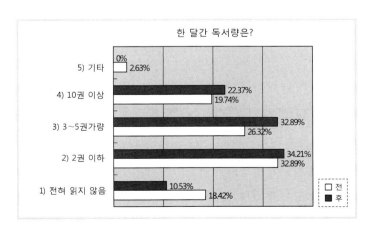

독서교육 결과 책을 전혀 읽지 않는 학생이 8% 정도 감소하고, 학생들의 독서량이 대체로 증가했음을 알 수 있었다.

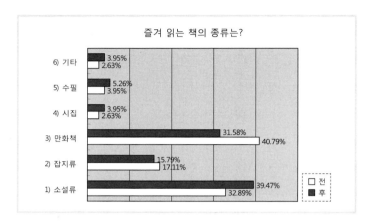

즐겨 읽는 책의 종류에서 만화책을 좋아하던 학생들이 소설책을 더 많이 읽게 된 것을 볼 수 있고, 시집이나 수필집도 다소 늘었음을 볼 때, 체계적인 학교 독서교육의 효과를 절감할 수 있었다.

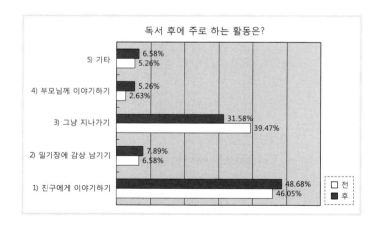

독서 후의 활동의 변화를 보면, 그냥 지나가는 학생이 감소하고, 부모님이나 친구에게 이야기하는 학생이 늘어났다는 것을 알 수 있다. 더 나아가 독서 토론의 활성화가 필요함을 알 수 있었다.

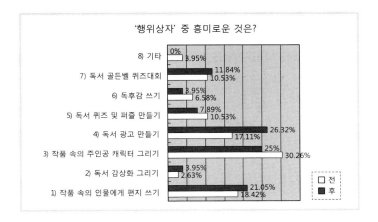

'행위상자' 흥미도에서 중요한 변화는 작품 속의 주인공 캐릭터보다 독서 광고에 대한 흥미도가 더 높아져, 학생들이 활동 후에 다양한 '행위상자' 활동에 대한 이해와 호기심이 생겨났음을 발견하였다.

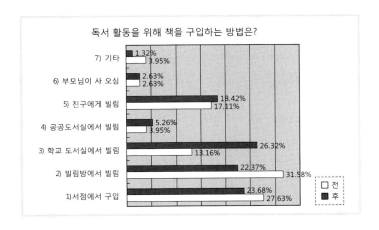

독서 활동을 위해 책을 구입하는 방법 면에서, 도서실 전산화 이후에 도서 대출이 원활해지면서 대다수의 학생이 빌림방에서 빌리던 책을 학교 도서실에서 대출해 가는 현상이 현저해짐을 볼 때, 도서실 전산화가 독서 기반 조성에 기여하는 정도가 지대함을 알 수 있었다.

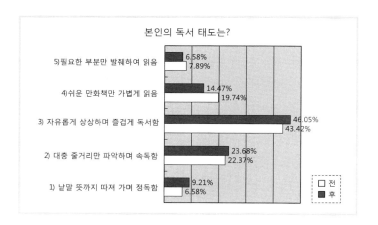

독서 태도에 대한 변화에서도 쉬운 만화책을 보기보다 판타지 소설에서부터 점점 더 깊이 있는 독서로 발돋움하는 모습을 볼 수 있었다.

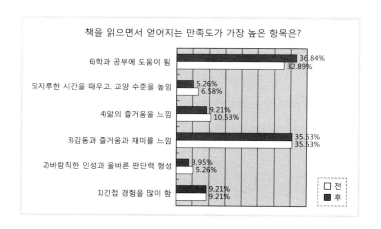

책을 읽으면서 얻어지는 만족도에서도 감동과 즐거움을 느끼는 정도는 여전하며, 학과 공부에 도움이 되므로 독서가 필요하다고 응답한 학생이 늘어남을 볼 때 독서와 학업 성취도와의 정적 상관관계를 인식할 수 있었다.

C. '행위상자' 독서 활동 효과

1. '행위상자' 독서 감상 능력의 신장

   a. '행위상자' 독서 감상 활동의 전후 비교

      〈연구반(3~7반) 오유경 학생의 사례 분석: 수행평가 자료를 중심으로〉

      1) 월별 '행위상자' 독서 감상 능력 신장 사례: 5월 캐릭터는 단순한 인물 묘사로 표현하다가 6월 광고에는 포토샵 기법으로 완성감 있는 표현을 보여 줌을 볼 때 '행위상자' 독서 감상 능력이 신장됨을 볼 수 있었다.

      2) 자율 독서 활동: '행위상자' 프로그램 중 선택적 적용을 하는 활동인데, 류시화의 『하늘 호수로 떠난 여행』을 읽고 독후감과 독서 광고 활동을 함께함으로써 자연스럽게 '행위상자' 독서 감상 능력이 신장됨을 볼 수 있다.

      3) '자율 독서량 기록표' 내용 분석: 대부분의 독서가 어머니와 함께 이루어지고 있음을 알 수 있고, 오유경 학생과 어머니는 현재 '미추홀 가족 독서 모임'의 회원으로 등록하여 적극적으로 활동함을 볼 때 '행위상자' 프로그램이 독서 흥미도에 미치는 긍정적 효과를 확인할 수 있었다.

      4) 연말 다독상 수상: 위에 예로 든 오유경 학생이 교내 최우수 다독 학생으로 선정되어 '행위상자' 프로그램이 독서 활동에 긍정적인 영향을 끼친다는 결론에 도달하게 되었다.

   b. 연구반 관찰에서 '행위상자' 독서 감상 능력의 신장

      연구반 학생들을 대상으로 독서 감상 능력의 변화를 관찰한 결과, 개인차는 있지만 대부분의 학생들이 5월 캐릭터 그리기 이후 6월 광고에서 보여 주듯이 '행위상자' 독서 활동 프로그램에 대한 흥미도와 표현력이 신장되었음을 알 수 있었다. 이러한 변화는 10월 자율 독서 활동에서 특히 잘 나타나는데, '행위상자' 독서 활동 프로그램이 처음에는 생소하게 느껴지지만 점점 더 창의적이고 자율적인

독서 감상 활동을 보여 주었다. 자율 독서 활동에서는 독서 퀴즈, 독서 편지, 독서 광고 등의 다양한 '행위상자' 활동의 선택적 적용을 보여 주어 독서 감상 능력이 신장됨을 느낄 수 있었다. 이러한 변화에서 '행위상자' 독서 활동의 긍정적인 효과를 느끼고, 계속적인 독서교육 방법으로 투입할 필요성을 느꼈다.

### 2. 독서 골든벨의 성과 및 인기도 검증(생략)

### D. 도서 대출량의 변화

본교는 '행위상자' 독서 기반의 조성을 위해 도서실 전산화를 실시하고, 그 결과 2001년 9월 4일 전산화된 도서실로 개관하여 본격적인 대출 업무를 실시하였다. 본 연구자는 연구반 3-6반, 3-7반의 도서 대출량을 전반부(2001. 9. 4~10. 31)와 후반부(2001. 11. 1~12. 12)로 나누어 대출량의 변화를 살펴보았다. 그 결과에 대한 전후 분석은 다음과 같다.

〈표 4-39〉 도서 대출량의 변화(M-전, M'-후)                    (단위: 권)

| 구 분 | 전(9. 4~10. 31) (M) | 후(11. 1~12. 12) (M') | 변화량(M'-M) |
|---|---|---|---|
| 3-6반 | 52 | 123 | +71 |
| 3-7반 | 47 | 134 | +87 |

〈표 4-39〉에서와 같이 전반부(9. 4~10. 31)보다는 후반부(11. 1~12. 12)에서 대출량이 높았다는 데 의의를 찾을 수 있었다.

### • 실천 · 실험 연구의 경우

결과를 몇 개의 절로 나누어 제시하는 것도 좋으나, 바람직한 것은 가설(실행 중점)별로 나누어 제시하는 것이 좋다. 가설(실행 중점)에 관련시켜 객관적으로 있는 자료를 그대로 제시하면서 가설(실행 중점)이 확인되었는가 혹은 부인되었는가를 기술한다. 만약 나온 결과 중에 기대하지 않았던 흥미로운 결과를 발견했다면 그것을 지적해서 제시하는 것도 연구의 진지함이 나타나 좋다.

가설(실행 중점)이 확인되었으면 확인된 방향에서, 또 부인되었으면 그 나름으로 해석을 해야 한다. 연구의 결과가 연구자가 세운 가설과 일치하는 경우 이미 제시한 이론적 배경을 빌려 해석해야 한다.

　가설에서 설정한 이외의 부수적인 연구 결과가 나타나 이것이 여러 가지로 중요한 의의를 지니고 있다면 논의해야 한다. 검증 내용과 방법의 연관성을 살펴보고, 특히 수량화하기 어려운 인간의 행동적 특성과 정의적 영역의 검증방법을 익혀 두기 바란다.

예시 3

✎ 주제 : 내 고장 자율탐구 활동을 통한 사고력 신장 – 섬마을 특수 지역을 중심으로[49]

## IV. 실행 목표 설정

- 실행 목표 1
  내 고장 지역 관련 학습 주제를 선정하여 탐구 활동을 프로그램화한다.
- 실행 목표 2
  사고력 신장을 위한 사회과 교수–학습 모형을 구안·적용한다.
- 실행 목표 3
  사회과 사고력 신장을 돕는 학습자료를 제작하여 활용한다.

## VI. 검증 및 평가

### A. 실행 목표 '1'의 검증

#### 1. 검증 및 평가 내용

　학습과정을 교재의 특성과 자율탐구 학습에 목적을 두고 학급 형편에 맞도록 구안하여 활용한 결과를 분석하기 위하여 다음과 같이 검증하였다.

〈표 4-40〉 검증 및 평가 내용

| 순 | 검증 및 평가 내용 | 검증 및 평가방법 | 검증 및 평가도구 | 분석 시기 |
|---|---|---|---|---|
| 1 | 자율탐구 기능의 변화 | 연구 전후 비교 | 설문지 | 3월, 12월 |
| 2 | 사고 조작 기능의 변화 | 연구 전후 비교 | 설문지 | 3월, 12월 |

---

49) 임춘제(2002). 제46회 전국현장교육 연구대회. 국사·사회교육분과, 1등급.

## 2. 검증 및 평가 결과

### 가. 자율탐구 기능의 변화

자율탐구 학습을 위하여 어린이들이 직접 수집, 제작, 분석한 자료를 통해 사고력 향상에 어떠한 영향을 미쳤는가에 대한 설문 조사 분석 결과는 다음과 같다.

〈표 4-41〉 사회과 탐구 기능의 변화

| 구분<br>영역 | 연구 전 | | | 연구 후 | | | t | 유의도 | 시기 |
|---|---|---|---|---|---|---|---|---|---|
| | N | M | SD | N | M | SD | | | |
| 문제 인지 | 5 | 3.07 | 2.07 | 5 | 1.05 | 1.02 | 4.24 | P<0.001 | 1차 |
| 가설 설정 | 5 | 2.69 | 3.85 | 5 | 3.85 | 1.42 | 3.62 | P<0.001 | 3월, |
| 탐색 추론 | 5 | 1.87 | 2.84 | 5 | 4.64 | 1.64 | 3.45 | P<0.005 | 2차 |
| 결론 도출 | 5 | 2.02 | 4.26 | 5 | 4.32 | 1.38 | 4.62 | P<0.001 | 12월 |

〈표 4-41〉에서 나타난 바와 같이 어린이 스스로 주제를 탐구하고 제작한 자료를 활용하여 발표하고 지역의 문제를 토의한 결과, 연구 후가 연구 전보다 탐구 기능의 모든 영역에서 높은 점수를 보였고 그 차이는 통계적으로 매우 의미 있는 것으로 나타났다.

초기 단계인 3월에는 어려움도 많고 활동방법 및 자료 활용방법을 몰라 어려움을 겪기도 했으나 자율탐구 과정에 따른 탐구 훈련, 기초 기능 훈련, 교사의 발문과 암시 등 꾸준한 학습 훈련을 통하여 4월부터는 자료 제작 및 활용방법이 향상되었고, 사고력 신장에도 크게 도움이 되었다.

특히, 문제 인지력, 가설 설정력, 결론 도출 기능은 뚜렷한 신장을 보이고 있는 데 반해 탐색 추론 기능이 다른 분야에 비하여 낮게 나타났다. 이는 단기간에 급작스러운 발전을 가져오는 것은 아니라고 판단되며 차츰차츰 경험을 쌓아 가며 발전해 가는 영역이라고 판단된다.

### 나. 사고 조작 기능의 발달 경향 조사

사고 조작 기능의 중점 결과를 분석하기 위하여 5개 항의 질문지를 제작하여 그 결과를 분석한 결과는 〈표 4-42〉와 같다.

**〈표 4-42〉 사고 조작 기능 변화도**

| 구분<br>시기 | 시 기 | 대비 사고 | 관점 변경 사고 | 관점 사고 | 계 |
|---|---|---|---|---|---|
| 연구 전 | 3월 | 2.32 | 2.52 | 1.84 | 6.68 |
| 연구 후 | 12월 | 4.24 | 3.85 | 3.25 | 11.34 |
| 차 | | +1.92 | +1.33 | +1.41 | +4.66 |

〈표 4-42〉에서 보는 바와 같이 사고 조작 기능의 방법이나 활용 관점에 관하여 많은 어린이들이 자신감을 보이며 각종 도표나 주어진 자료의 해석 능력 향상으로 사고 조작 기능의 신장을 보였다.

### B. 실행 목표 '2'의 검증

#### 1. 검증 및 평가 내용

**〈표 4-43〉 검증 및 평가 내용**

| 순 | 검증 및 평가 내용 | 검증 및 평가방법 | 검증 및 평가도구 |
|---|---|---|---|
| 1 | 교수-학습 과정의 적용 효과 | 연구 전후 비교 | 표준화 학력검사 |
| 2 | 말하기 및 발표력 변화 | 연구 전후 비교 | 누가 관찰 |
| 3 | 듣기 태도 변화 | 연구 전후 비교 | 누가 관찰 |
| 4 | 토의 능력 변화 | 연구 전후 비교 | 누가 관찰 |
| 5 | 사고력 변화 | 연구반, 비교반 전후 비교 | 평가 문제지 |

#### 2. 검증 및 평가 결과

##### 가. 교수-학습 과정의 적용 효과

내 고장 인천 지역의 자율 교수-학습 활동을 통하여 사회과 본질의 목표를 달성하는 데 어느 정도 효과가 있었는지를 분석하기 위하여 표준화 학력검사를 실시하여 〈표 4-44〉와 같은 결과를 얻었다.

〈표 4-44〉 표준화 학력검사

| 연구집단 | N | M | SD | CR | 유의도 |
|---|---|---|---|---|---|
| 연구 전 | 5 | 52.04 | 18.32 | 3.54 | p<0.001 |
| 연구 후 | 5 | 70.24 | 7.82 | | |

　　연구 전의 학력 평균은 52.04점이고 연구 후의 평균은 70.24점으로 연구 전과 후에 현저한 차이를 보임으로써 기본 학습방법보다는 자율탐구 과정을 적용한 것이 사고력을 요하는 문제해결에 큰 영향을 미쳤다고 해석된다.

나. 발표력 향상

　　본 연구를 통하여 발표력 신장에 대한 누가 기록 및 경향을 관찰한 것을 분석하여 본 결과는 〈표 4-45〉와 〈표 4-46〉과 같이 나타났다.

〈표 4-45〉 연구 초기 단계 3월 발표력 현황

| 17 | 18 | 19 | 20 | 21 | 22 | 23 | 24 | 25 | 26 | 27 | 28 | 29 | 30 | 31 | 32 | 33 | 34 | 35 | 36 | 37 | 38 | 39 | 40 | 계 | 구분 |
|---|---|---|---|---|---|---|---|---|---|---|---|---|---|---|---|---|---|---|---|---|---|---|---|---|---|
| | | | | | | | | | | | | | | | | | | | | | | ↓▼ | | 1 20% | 하 |
| | | | | | | | | | | | | | ↑▲ | | | | ↑▲ | | | | | | | 2 40% | 중 |
| | | | | | ↑▲ | | | ↑▲ | | | | | | | | | | | | | | | | 2 40% | 상 |
| 64 | 63 | 62 | 61 | 60 | 59 | 58 | 57 | 56 | 55 | 54 | 53 | 52 | 51 | 50 | 49 | 48 | 47 | 46 | 45 | 44 | 43 | 42 | 41 | 100% | |

〈표 4-46〉 연구 후 12월 발표력 현황

| 17 | 18 | 19 | 20 | 21 | 22 | 23 | 24 | 25 | 26 | 27 | 28 | 29 | 30 | 31 | 32 | 33 | 34 | 35 | 36 | 37 | 38 | 39 | 40 | 계 | 구분 |
|---|---|---|---|---|---|---|---|---|---|---|---|---|---|---|---|---|---|---|---|---|---|---|---|---|---|---|
| | | | | | | | | | | | | | | | | | | | | | | ↓▼ | | 1 20% | 하 |
| | | | | | | | | | | | | | ↑▲ | | | | | | | | | | | 1 20% | 중 |
| ↑▲ | | | ↑▲ | | ↑▲ | | | | | | | | | | | | | | | | | | | 3 60% | 상 |
| 64 | 63 | 62 | 61 | 60 | 59 | 58 | 57 | 56 | 55 | 54 | 53 | 52 | 51 | 50 | 49 | 48 | 47 | 46 | 45 | 44 | 43 | 42 | 41 | 100% | |

앞의 두 표에서 보면 연구 초기 단계 3월(6시간)의 발표력 현황에서는 39회 발표한 아동이 1명, 47회와 51회 발표한 아동이 2명, 56회와 59회 발표한 아동이 2명이었으나, 연구 후 12월(6시간) 발표력 현황에서는 40회 발표한 아동이 1명, 51회 발표한 아동이 1명, 59회와 61회 그리고 64회 발표한 아동이 3명으로 나타나 발표 횟수가 늘어난 것을 알 수 있다.

다. 주제 설정 발표 능력 평가

주제 설정 발표 능력 평가는 활용 내용을 6가지로 분류하여 한 시간 동안 평균 2회 이상 발표한 인원수를 조사한 결과 〈표 4-47〉과 같다.

〈표 4-47〉 주제 설정 활용 능력 평가표

| 활동 내용 | 학기 초(3월) | | 학기 말(12월) | |
|---|---|---|---|---|
| | N | % | N | % |
| 1. 학습 문제에 대한 호기심을 갖고 질문하거나 활동한다. | 1 | 20.0 | 2 | 40.0 |
| 2. 수집된 정보를 올바르게 해석하여 결론을 내린다. | 1 | 20.0 | 2 | 40.0 |
| 3. 다른 사람의 말을 귀담아 듣고 질 높은 발언을 한다. | 2 | 40.0 | 4 | 80.0 |
| 4. 증거물을 제시하여 학습에 근거를 두고 이야기한다. | 1 | 20.0 | 2 | 40.0 |
| 5. 자기 나름대로 문제해결 능력을 보인다. | 2 | 40.0 | 4 | 80.0 |
| 6. 발표에 흥미를 보이고 능동적으로 참여한다. | 2 | 40.0 | 4 | 80.0 |

〈표 4-47〉에서 보는 바와 같이 전 항목에 있어서 꾸준한 발전을 보였다. 특히, 3, 5, 6항에서 뚜렷한 증가를 보여 실시한 학습 훈련과 토론학습, 탐구학습 활동이 발표력 신장에 주요했음을 나타내고 있다.

라. 듣기 태도의 변화

발표력뿐만 아니라 듣기 태도가 중요함을 인식하고 상대방의 발표의 중요 사항을 기록하고 자기의 생각과 같은 점과 다른 점을 비교하여 기록하도록 지도한 결과 다음과 같은 결과를 얻었다.

| 연구 전(3~4월 초) | 연구 후(12월) |
|---|---|
| 1. 발표자만 열심히 하고 다른 사람의 의견을 잘 듣지 않았다. <br> 2. 기록하는 태도와 방법이 좋지 못했다. <br> 3. 수정하고 비교, 보충한 내용이 없었다. | 1. 발표자를 보아 가며 진지한 태도로 듣고 발견점을 찾아 기록한다. <br> 2. 자신의 생각과 비교하며 듣는다. <br> 3. 보충하고 수정해서 발표하며 학습 분위기가 진지하다. |

마. 토의 능력 변화

토의 능력 신장을 위하여 평소 수업시간에 문제점이나 의문점의 발전 방향에 관한 소집단 토의 활동, 전체 토의 발표 활동을 실시한 결과 다음과 같은 결과를 나타냈다.

| 연구 전(3~4월 초) | 연구 후(12월) |
|---|---|
| 1. 주제에 따른 알맞은 토의를 하지 못했다. <br> 2. 이유나 근거, 진지한 생각이 부족했다. <br> 3. 자료 활용이 미흡했다. <br> 4. 다른 사람이 말하는 중간에 자주 끼어들었다. | 1. 주제에 따른 알맞은 의견을 제시하였다. <br> 2. 이유나 근거를 들어 설명하였다. <br> 3. 자료 활용 능력이 좋아졌다. <br> 4. 모두가 사회자 역할을 할 수 있는 능력이 생겼다. |

바. 사고력 변화

본 연구를 실행한 결과를 검증하기 위해 연구자가 제작한 비판적 사고력이 포함된 창의적·탐구적·지리적 사고력을 요하는 문제를 3차에 걸쳐 측정한 결과는 다음과 같다.

〈표 4-48〉 창의적 사고력 검사 결과

| 월별\내용 | 집 단 | 사례 수(N) | 평균(M) | 표준편차 | t | 유의도 |
|---|---|---|---|---|---|---|
| 3 | 연구반 | 5 | 42.24 | 18.24 | 5.34 | 0.001 |
| | 비교반 | 10 | 43.18 | 17.64 | | |
| 6 | 연구반 | 5 | 60.24 | 10.84 | 6.43 | 0.001 |
| | 비교반 | 10 | 45.35 | 16.52 | | |
| 12 | 연구반 | 5 | 72.40 | 6.45 | 8.24 | 0.001 |
| | 비교반 | 10 | 50.45 | 15.34 | | |

〈표 4-49〉 탐구적 사고력 검사 결과

| 월별\내용 | 집 단 | 사례 수(N) | 평균(M) | 표준편차 | t | 유의도 |
|---|---|---|---|---|---|---|
| 3 | 연구반 | 5 | 42.42 | 18.45 | 4.92 | 0.001 |
| | 비교반 | 10 | 45.48 | 16.85 | | |
| 6 | 연구반 | 5 | 57.85 | 11.65 | 4.68 | 0.005 |
| | 비교반 | 10 | 42.46 | 15.86 | | |
| 12 | 연구반 | 5 | 69.25 | 6.45 | 7.25 | 0.001 |
| | 비교반 | 10 | 48.65 | 13.48 | | |

〈표 4-50〉 지리적 사고력 검사 결과

| 월별\내용 | 집 단 | 사례 수(N) | 평균(M) | 표준편차 | t | 유의도 |
|---|---|---|---|---|---|---|
| 3 | 연구반 | 5 | 35.40 | 15.42 | 8.54 | 0.001 |
| | 비교반 | 10 | 36.25 | 14.68 | | |
| 6 | 연구반 | 5 | 68.75 | 7.65 | 6.76 | 0.001 |
| | 비교반 | 10 | 40.42 | 13.36 | | |
| 12 | 연구반 | 5 | 73.85 | 5.64 | 5.42 | 0.001 |
| | 비교반 | 10 | 62.25 | 10.32 | | |

〈표 4-48〉에서 두 집단 간의 창의적 검사의 점수 평균이 횟수가 거듭될수록 비교반보다 연구반이 높은 상승적 변화를 가져왔다. 특히, 3차 측정 때는(72.40점) 1차 때에(42.24점) 비해 거의 두 배의 신장을 보였다. 이러한 현상은 본 연구의 실행으로 아동의 창의적 사고력이 향상되었음을 의미한다.

또한 〈표 4-49〉에서 자율적 탐구학습으로 스스로 제작한 자료를 투입하여 발표하고 토의학습을 꾸준히 실행한 결과, 연구반에서 주어진 문제를 해결하려는 의욕과 수업이 거듭될수록 탐구적 사고력이 향상되고 있음을 나타냈다.

〈표 4-50〉에서 지리적 사고력을 측정하였는데 1차 때는 연구반과 비교반 모두 낮은 점수로 별 차이가 없었다. 2차 때는 연구반이 68.75점

으로 높게 나타난 반면, 비교반은 40.42로 약간 상승하였다. 그러나 3차 측정 때는 비교반도 62.25점으로 높게 나타났는데 이는 2학기부터 옛 도읍지와 문화재를 집중적으로 배운 결과로 여겨진다.

앞에서 살펴본 바와 같이 본 실험을 통해 창의적 사고의 하위요소인 민감성, 융통성, 독창성 등 전반적 사고력에 있어서 많은 신장을 가져왔으며, 주어진 문제의 원인, 결과, 문제점, 해결책을 제시하는 어린이들의 진지한 모습에서 본 연구의 보람을 느낄 수 있었다.

C. 실행 목표 '3'의 검증

1. 검증 및 평가 내용

| 구분 / 순 | 검증 및 평가 내용 | 검증 및 평가방법 | 검증 및 평가도구 |
|---|---|---|---|
| 1 | 사고력 신장을 위한 자료 제작 | 실적 면 | 연구자의 관찰 |
| 2 | 사고 촉진을 위한 자료 반응 면 | 아동 반응 면 | 설문지 관찰 |
| 3 | 자료 활용 능력의 신장 | 전후 비교 | 누가 관찰 |

2. 검증 및 평가 결과

가. 사고력 신장을 위한 자료 제작 면

1) 안내 단계의 자료보다 본질 탐구 단계의 자료, 즉 해결 자료의 제작률이 높아졌다.

2) 도시 자료, TP 자료, VTR 자료 제작 및 녹화 활동에 참여하는 의식이 강해졌다.

3) 단순한 사실 제시보다 합성, 분해, 대비 등의 복합 자료를 다양하게 제작하여 아동 개개인의 특색 있는 자료 제작을 시도하려는 노력이 돋보였다.

나. 자료 활용 능력의 신장

자신의 탐구조사 발표를 위하여 준비한 자료가 처음에는 보잘것 없고 활용방법이나 내용이 미흡하였으나 차츰 자료의 활용방법 및 내용이 좋아져 요즘은 각종 신문, 잡지, 텔레비전 등에서 스크랩하거나 녹화하여 자료로 활용하였다. 특히, 부모님과 함께 제작한 자료를 활용하는 능력이 매우 좋아졌다.

〈표 4-51〉 자료 활용방법의 비교

| 비교 관점 | 연구 전(3월) | 연구 후(12월) |
|---|---|---|
| 제시방법 | • 교사의 지시에 의해 제시되었다.<br>• 학습 내용의 설명을 위해서 주로 제시되었다. | • 아동들이 필요에 의해 자료를 활용하였다.<br>• 문제해결 방법으로 제시되었다. |
| 자료 제작 | • 사실이나 개념 설명을 위한 수단으로 제작되었다. | • 사고 장면에 따라 구체적이고 다각적인 자료가 제시되었다. |
| 자료 활용 | • 제작에 소비된 시간만큼 활용되지 못하고 설명 및 정리에 활용되었다. | • 사고 장면을 깊고 폭넓게 활용하였다. |

예시 4

📝 주제 : 드라마 활동 및 광고 텍스트를 활용한 창의적인 국어 표현 능력의 신장

● 연구 문제

이론 탐색과 선행 연구물의 분석 및 교사·아동을 대상으로 한 실태 분석을 종합해 볼 때, 다음과 같은 3가지 연구 문제를 얻을 수 있었다.

첫째, 창의적인 국어 표현 능력 신장을 위한 드라마 활동 및 광고 텍스트 지도 요소를 어떻게 추출할 것인가?

둘째, 드라마 활동 및 광고 텍스트의 지도 자료를 어떻게 구안할 것인가?

셋째, 구안된 드라마 활동 및 광고 텍스트 자료를 어떻게 적용하여 창의적인 국어 표현 능력을 신장시킬 것인가?

Ⅶ. 연구의 결과

A. 평가 내용 및 방법

본 연구의 결과를 알아보기 위하여 평가 내용을 먼저 선정하고 검증하는 과정을 다음과 같이 하였다.

### 1. 평가 내용 선정

본 연구의 주제는 '드라마 활동 및 광고 텍스트를 활용한 창의적인 국어 표현 능력 신장'이다. 최종적으로 창의적인 국어 표현 능력을 기르는 데 그 목적이 있는 것이다. 창의적인 표현 능력이 향상되었는지 알아보기 위해 먼저 '국어 표현 능력에 대한 태도 변화'부터 살펴보았다. 표현 능력이 향상되기 위해서는 어떠한 자세와 태도를 지니고 있는가가 중요하기 때문에 첫 번째 검증 내용으로 선정하였다. 그리고 창의적인 국어 표현력이라고 정의하였던 '문장 표현력' '언어 사용 능력' '창조적 표현 능력'이 어떻게 변하였는지 알아보았다. 다음으로는 지도 과정에서의 표현 능력을 통계적 검증을 통해 알아보았고, 마지막으로 관찰평가에 의한 논리적 검증을 통해 창의적인 국어 표현 능력의 변화를 살펴보았다.

### 2. 평가 내용 및 방법

드라마 활동 및 광고 텍스트를 활용한 창의적 표현 능력의 변화를 알아보고자 〈표 4-52〉와 같이 검증하였다.

〈표 4-52〉 평가 내용 및 방법

| 순 | 평가 내용 | 방법 | 도구 | 대상 | 비교 | 비고 |
|---|---|---|---|---|---|---|
| 1 | 국어 표현 능력에 대한 태도 변화 | 설문조사, 관찰평가, 평가지에 의한 평가 | 연구자가 제작한 설문지 및 평가지 | 연구반 28명 | 전후 비교 | 통계적 검증 |
| 2 | 문장 표현력 변화 | | | | | |
| 3 | 언어 사용 능력 변화 | | | | | |
| 4 | 창조적 표현 능력 변화 | | | | | |
| 5 | 지도 과정에서의 표현 능력 변화 | | | | | |
| 6 | 관찰에 의한 국어 표현 능력 변화 | 관찰평가 | | | | 논리적 검증 |

B. 평가 결과

선정된 평가 내용에 따라 6가지 영역인 '국어 표현 능력에 대한 태도 변화' '문장 표현력 변화' '언어 사용 능력 변화' '창조적 표현 능력 변화' '지도 과정에서의 표현 능력 변화' '관찰에 의한 국어 표현 능력 변화'를 살펴본 결과 다음과 같은 결과를 얻을 수 있었다.

### 1. 국어 표현 능력에 대한 태도 변화

국어 표현 능력에 대한 태도 변화를 알아보기 위해 '말하기 영역에 대한 태도 변화' '듣기 영역에 대한 태도 변화' '읽기 영역에 대한 태도 변화' '쓰기 영역에 대한 태도 변화' 등 4가지 영역에 대한 변화를 세 차례의 조사를 통해 살펴보았다.

가. 말하기 영역에 대한 태도 변화

말하기 영역에 대한 태도 변화의 결과는 〈표 4-53〉과 같다.

〈표 4-53〉 말하기 영역에 대한 태도 변화　　　　　　　　　　　　(단위: %)

| 평가 항목 | 연구 전 (3월) | 연구 중 (7월) | 연구 후 (12월) |
|---|---|---|---|
| 항상 먼저 손을 들고 발표하려고 한다. | 28.5 | 46.4 | 60.8 |
| 크고 정확한 목소리로 말하려고 한다. | 25.0 | 57.1 | 82.1 |
| 항상 바른 자세로 발표하려고 한다. | 35.7 | 60.7 | 85.7 |
| 항상 자신 있게 발표하려고 한다. | 25.0 | 57.1 | 89.3 |

'항상 먼저 손을 들고 발표하려고 한다.'가 28.5%에서 60.8%로 32.3%가 증가하였으며, '크고 정확한 목소리로 말하려고 한다.' '항상 바른 자세로 발표하려고 한다.' '항상 자신 있게 발표하려고 한다.'가 각각 57.1%, 50.0%, 64.3% 증가한 것으로 보아, 말하기 영역에 대한 태도가 전반적으로 많은 향상을 보였다고 할 수 있다.

나. 듣기 영역에 대한 태도 변화

듣기 영역에 대한 태도 변화의 결과는 〈표 4-54〉와 같다.

〈표 4-54〉 듣기 영역에 대한 태도 변화 (단위: %)

| 평가 항목 | 연구 전 (3월) | 연구 중 (7월) | 연구 후 (12월) |
|---|---|---|---|
| 선생님의 말씀을 항상 주의 깊게 들으려고 한다. | 53.6 | 67.9 | 78.6 |
| 내용을 차근차근 정리하여 들으려고 한다. | 35.7 | 57.1 | 89.3 |
| 친구의 발표 내용을 비교하면서 들으려고 한다. | 39.3 | 67.9 | 92.9 |

'선생님의 말씀을 항상 주의 깊게 들으려고 한다.'가 53.6%에서 78.6%로 25.0% 증가하였으며, '내용을 차근차근 정리하여 들으려고 한다.' '친구의 발표 내용을 비교하면서 들으려고 한다.'가 각각 53.6%, 53.6% 증가한 것으로 보아, 듣기 영역에 대한 기본 태도가 대체적으로 많은 향상을 보였다고 할 수 있다.

다. 읽기 영역에 대한 태도 변화
　읽기 영역에 대한 태도 변화의 결과는 〈표 4-55〉와 같다.

〈표 4-55〉 읽기 영역에 대한 태도 변화 (단위: %)

| 평가 항목 | 연구 전 (3월) | 연구 중 (7월) | 연구 후 (12월) |
|---|---|---|---|
| 다른 일을 하는 것보다 책 읽는 것이 더 좋다. | 35.7 | 53.6 | 75.0 |
| 항상 책을 가까이 하려고 노력한다. | 32.1 | 57.1 | 82.1 |
| 학급 문고나 도서관에서 책을 많이 빌려 본다. | 28.6 | 42.9 | 85.7 |
| 읽는 것은 재미있고 즐거운 일이다. | 32.1 | 53.6 | 96.4 |

〈표 4-55〉에 의하면, '다른 일을 하는 것보다 책 읽는 것이 더 좋다.'가 35.7%에서 75.0%로 39.3% 향상하였으며, '항상 책을 가까이 하려고 노력한다.' '학급 문고나 도서관에서 책을 많이 빌려 본다.' '읽는 것은 재미있고 즐거운 일이다.'가 각각 50.0%, 57.1%, 64.3%로 향상된 것으로 보아, 읽기 영역에 대한 태도가 매우 바람직한 방향으로 향상되었다는 것을 알 수 있다.

라. 쓰기 영역에 대한 태도 변화
　쓰기 영역에 대한 태도 변화의 결과는 〈표 4-56〉과 같다.

〈표 4-56〉 쓰기 영역에 대한 태도 변화    (단위: %)

| 평가 항목 | 연구 전 (3월) | 연구 중 (7월) | 연구 후 (12월) |
|---|---|---|---|
| 문제를 정확하게 파악하고 그 해결 방안을 창의적 인 글로 표현하려고 한다. | 25.0 | 53.5 | 82.1 |
| 자신의 생각을 글로 쓰는 것은 매우 유익한 일이다. | 21.4 | 46.4 | 71.4 |
| 쓰기에 많은 관심이 생기며, 쓰기 시간이 즐겁다. | 17.9 | 42.9 | 67.9 |
| 좀 더 차분하게 쓰기 학습을 하려고 노력한다. | 32.1 | 60.7 | 89.3 |

〈표 4-56〉에 의하면, '문제를 정확하게 파악하고 그 해결 방안을 창의적인 글로 표현하려고 한다.'가 25.0%에서 82.1%로 57.1% 향상되었으며, '자신의 생각을 글로 쓰는 것은 매우 유익한 일이다.' '쓰기에 많은 관심이 생기며, 쓰기 시간이 즐겁다.' '좀 더 차분하게 쓰기 학습을 하려고 노력한다.'가 각각 50.0%, 50.0%, 57.2% 향상되었다. 쓰기 영역에 대한 태도 변화를 알아보기 위한 평가 항목이 모두 향상된 것으로 보아, 쓰기 영역에 대한 태도가 매우 향상되었음을 알 수 있다.

2. 문장 표현력 변화

문장 표현력에 대한 변화를 알아보기 위하여 5가지 평가 항목을 설정하였으며, 그 결과는 〈표 4-57〉과 같다.

〈표 4-57〉 문장 표현력 변화    (단위: %)

| 평가 항목 | 연구 전 (3월) | 연구 중 (7월) | 연구 후 (12월) |
|---|---|---|---|
| 명확한 의미를 지닌 적절한 어휘를 선택하여 사용한다. | 35.7 | 60.7 | 85.7 |
| 자신이 드러내고자 하는 바를 분명하고 정확하게 나타낸다. | 39.3 | 67.9 | 89.3 |
| 제시된 내용을 잘 이해하고, 중심 내용을 담고 있다. | 42.9 | 71.4 | 92.9 |
| 들은 어휘를 바르게 사용하고 문장의 구성이 짜임새가 있다. | 32.1 | 57.1 | 85.7 |
| 글의 특성을 잘 이해하고 문장을 잘 표현한다. | 46.4 | 67.9 | 92.9 |

〈표 4-57〉에 의하면, '명확한 의미를 지닌 적절한 어휘를 선택하여 사용한다.'가 50.0%, '자신이 드러내고자 하는 바를 분명하고 정확하게 나타낸다.'가 50.0%, '제시된 내용을 잘 이해하고, 중심 내용을 담고 있다.'가 50.0%, '들은 어휘를 바르게 사용하고 문장의 구성이 짜임새가 있다.'가 53.6%, '글의 특성을 잘 이해하고 문장을 잘 표현한다.'가 46.5% 향상되었다. 조사 항목 대부분이 약 50%의 향상도를 보이고 있는 것으로 보아, 문장 표현력이 많은 향상을 보인 것으로 나타났다.

3. 언어 사용 능력 변화

언어 사용 능력의 변화를 알아보기 위하여 '말하기 영역에 대한 언어 사용 능력 변화' '듣기 영역에 대한 언어 사용 능력 변화' '읽기 영역에 대한 언어 사용 능력 변화' '쓰기 영역에 대한 언어 사용 능력 변화'를 알아보았다.

가. 말하기 영역에 대한 언어 사용 능력 변화

말하기 영역에 대한 언어 사용 능력 변화를 알아본 결과는 〈표 4-58〉과 같다.

〈표 4-58〉 말하기 영역에 대한 언어 사용 능력 변화　　　　　(단위: %)

| 평가 항목 | 연구 전<br>(3월) | 연구 중<br>(7월) | 연구 후<br>(12월) |
|---|---|---|---|
| 알고 있는 내용과 알고 있지 못한 내용의 차이점을 정확하게 알고 있다. | 42.9 | 67.9 | 89.3 |
| 화제에 알맞은 내용을 선정하여 말한다. | 39.3 | 64.3 | 85.7 |
| 말하는 순서에 알맞게 말한다. | 46.4 | 67.9 | 92.9 |
| 자연스러운 태도로 상대방의 관심을 끌면서 말한다. | 32.1 | 53.6 | 78.6 |

'알고 있는 내용과 알고 있지 못한 내용의 차이점을 정확하게 알고 있다.'가 46.4%, '화제에 알맞은 내용을 선정하여 말한다.'가 46.4%, '말하는 순서에 알맞게 말한다.'가 46.5%, '자연스러운 태도로 상대방의 관심을 끌면서 말한다.'가 46.5% 향상되었다. 전체적으로 말

할 때 언어를 사용하는 능력이 많은 향상을 보인 것으로 나타났다.

나. 듣기 영역에 대한 언어 사용 능력 변화

　　듣기 영역에 대한 언어 사용 능력 변화를 알아본 결과는 〈표 4-59〉
와 같다.

〈표 4-59〉 듣기 영역에 대한 언어 사용 능력 변화　　　　　　　(단위: %)

| 평가 항목 | 연구 전<br>(3월) | 연구 중<br>(7월) | 연구 후<br>(12월) |
|---|---|---|---|
| 여러 가지 들은 내용을 잘 정리한다. | 32.1 | 53.6 | 78.6 |
| 다른 사람의 말을 그대로 따라 할 수 있다. | 35.7 | 57.1 | 75.0 |
| 주의를 집중해서 들을 수 있다. | 39.3 | 60.7 | 89.3 |
| 순서가 뒤바뀐 이야기를 듣고 연결 순서를 잡을 수 있다. | 28.6 | 67.9 | 85.7 |

　　'여러 가지 들은 내용을 잘 정리한다.'가 46.5%, '다른 사람의 말
을 그대로 따라 할 수 있다.'가 39.3%, '주의를 집중해서 들을 수 있
다.'가 50.0%, '순서가 뒤바뀐 이야기를 듣고 연결 순서를 잡을 수
있다.'가 57.1% 향상되었다. 전체적으로 듣기 영역에 대한 언어 사
용 능력이 많이 좋아졌다는 것을 알 수 있다.

다. 읽기 영역에 대한 언어 사용 능력 변화

　　읽기 영역에 대한 언어 사용 능력 변화를 알아본 결과는 〈표 4-60〉
과 같다.

〈표 4-60〉 읽기 영역에 대한 언어 사용 능력 변화　　　　　　　(단위: %)

| 평가 항목 | 연구 전<br>(3월) | 연구 중<br>(7월) | 연구 후<br>(12월) |
|---|---|---|---|
| 글을 읽을 때 자신의 경험을 토대로 감정을 살려 읽는다. | 42.9 | 71.4 | 89.3 |
| 내용을 정확하게 확인하며 글을 읽는다. | 46.4 | 75.0 | 92.9 |
| 분위기를 살려 읽는다. | 39.3 | 67.9 | 82.1 |
| 주의를 집중해서 글을 읽는다. | 42.9 | 64.3 | 89.3 |

'글을 읽을 때 자신의 경험을 토대로 감정을 살려 읽는다.'가 46.4%, '내용을 정확하게 확인하며 글을 읽는다.'가 46.5%, '분위기를 살려 읽는다.'가 42.8%, '주의를 집중해서 글을 읽는다.'가 46.4% 증가하여 읽기 영역에 대한 언어 사용 능력이 많이 좋아졌다.

라. 쓰기 영역에 대한 언어 사용 능력 변화

쓰기 영역에 대한 언어 사용 능력 변화를 알아본 결과는 〈표 4-61〉과 같다.

〈표 4-61〉 쓰기 영역에 대한 언어 사용 능력 변화                    (단위: %)

| 평가 항목 | 연구 전 (3월) | 연구 중 (7월) | 연구 후 (12월) |
|---|---|---|---|
| 지식이나 경험을 활용하여 글을 정확하게 쓴다. | 32.1 | 53.6 | 71.4 |
| 내용을 창의적으로 구상하여 글을 쓴다. | 25.0 | 50.0 | 71.4 |
| 원인과 결과가 정확하게 드러나게 글을 쓴다. | 25.0 | 46.4 | 67.9 |
| 상황에 적절한 낱말을 사용하여 글을 쓴다. | 28.6 | 50.0 | 75.0 |

'지식이나 경험을 활용하여 글을 정확하게 쓴다.'가 39.3%, '내용을 창의적으로 구상하여 글을 쓴다.'가 46.4%, '원인과 결과가 정확하게 드러나게 글을 쓴다.'가 42.9%, '상황에 적절한 낱말을 사용하여 글을 쓴다.'가 46.4% 향상되었다. 언어를 사용하여 글을 쓰는 능력에서도 많은 향상을 보였다.

4. 창조적 표현 능력 변화

창조적 표현 능력을 알아보기 위하여 5가지 평가 항목을 설정하였으며, 변화된 능력의 결과는 〈표 4-62〉와 같다.

〈표 4-62〉 창조적 표현 능력 변화                    (단위: %)

| 평가 항목 | 연구 전 (3월) | 연구 중 (7월) | 연구 후 (12월) |
|---|---|---|---|
| 연상 활동 시 독창적인 표현을 잘한다. | 17.9 | 50.0 | 75.0 |
| 어휘 선택을 자유롭게 하여 상상력이 풍부한 글을 잘 쓴다. | 21.4 | 46.4 | 71.4 |

| | | | |
|---|---|---|---|
| 독창적인 표현을 자주 사용하며 문장 구성력도 매우 뛰어나다. | 21.4 | 50.0 | 75.0 |
| 새로운 아이디어를 잘 내어서 친구들 앞에서 말하는 것을 매우 좋아한다. | 21.4 | 60.7 | 78.6 |
| 작품 활동에 망설이지 않고 자신감 있게 표현한다. | 25.0 | 53.6 | 82.1 |

'연상 활동 시 독창적인 표현을 잘한다.'가 57.1%, '어휘 선택을 자유롭게 하여 상상력이 풍부한 글을 잘 쓴다.'가 50.0%, '독창적인 표현을 자주 사용하며 문장 구성력도 매우 뛰어나다.'가 53.6%, '새로운 아이디어를 잘 내어서 친구들 앞에서 말하는 것을 매우 좋아한다.'가 57.2%, '작품 활동에 망설이지 않고 자신감 있게 표현한다.'가 57.1% 향상되어 창조적인 표현 능력이 매우 향상된 것을 알 수 있다.

5. 지도 과정에서의 표현 능력 변화

수업 중 지도 과정에서의 표현 능력의 변화를 알아보기 위해 5가지 항목을 설정하였으며, 그 결과는 〈표 4-63〉과 같다.

〈표 4-63〉 지도 과정에서의 표현 능력 변화                    (단위: %)

| 평가 항목 | 연구 전<br>(3월) | 연구 중<br>(7월) | 연구 후<br>(12월) |
|---|---|---|---|
| 적극적으로 발표학습에 참여하며, 말하는 능력이 매우 독창적이다. | 32.1 | 46.4 | 71.4 |
| 다른 사람의 이야기를 체계적으로 잘 듣는다. | 39.3 | 67.9 | 89.3 |
| 자신의 생각이나 느낌을 논리적으로 정확하게 말로 표현한다. | 32.1 | 64.3 | 82.1 |
| 상황에 맞는 어휘 선택이 적절하여 글의 구성이 매우 독창적이다. | 28.6 | 60.7 | 78.6 |
| 작품에 나오는 인물이 되어 창의적으로 표현한다. | 17.9 | 53.6 | 71.4 |

'적극적으로 발표학습에 참여하며, 말하는 능력이 매우 독창적이다.'가 39.3%, '다른 사람의 이야기를 체계적으로 잘 듣는다.'가 50.0%,

'자신의 생각이나 느낌을 논리적으로 정확하게 말로 표현한다.'가 50.0%, '상황에 맞는 어휘 선택이 적절하여 글의 구성이 매우 독창적이다.'가 50.0%, '작품에 나오는 인물이 되어 창의적으로 표현한다.'가 53.5% 향상되었다. 학생들의 말하기, 듣기, 읽기, 쓰기 등의 모든 영역의 조사 내용이 많은 향상을 보인 것으로 나타났다.

## 6. 관찰에 의한 국어 표현 능력 변화

관찰에 의한 국어 표현 능력을 알아보기 위하여 논리적 검증법을 사용하였으며, 다음와 같은 평가 항목별로 알아본 결과는 〈표 4-64〉와 같다.

〈표 4-64〉 관찰에 의한 국어 표현 능력 변화

| 평가 항목 | 평가 결과 | | |
|---|---|---|---|
| | 연구 전(3월) | 연구 중(7월) | 연구 후(12월) |
| 발표하는 자세와 표현력 | 발표하는 자세가 잘 정립되어 있지 못하다. | 발표하는 자세가 차츰 좋아졌으며, 자신감이 조금씩 생겼다. | 발표하는 자세가 완전히 정립되었으며, 자신감이 많이 생겼다. |
| | 교사의 지시에 맞는 단순한 언어만 사용한다. | 교사가 사용하는 언어에 한두 낱말을 붙여 사용한다. | 형용사를 붙여 좀 더 창의적인 언어 표현력을 보인다. |
| 말하는 논리성 | 앞뒤가 잘 맞지 않는 경우가 많다. | 차츰 타당성 있는 근거를 제시하곤 한다. | 타당하고 설득력 있는 근거를 제시한다. |
| 읽기에 대한 표현력 | 자신의 감정을 잘 살리지 못한다. | 자신의 생각과 느낌을 조금씩 살린다. | 자신의 생각과 느낌을 충분히 살린다. |
| | 주장에 대한 근거의 적절성이 매우 부족하다. | 주장에 대한 근거를 찾아 글을 읽으려고 노력한다. | 주장에 대한 근거의 적절성을 판단하여 글을 창의적으로 읽는다. |

| 글의 표현에 대한 적절성 판단 능력 | 글에 나오는 표현에 대한 근거를 들어 적절성을 전혀 판단하지 못한다. | 글에 나오는 표현의 적절성을 대체로 잘 파악한다. | 글에 나오는 표현의 적절성을 잘 파악하며, 자기 나름대로 표현 내용을 창의적으로 바꾸려고 한다. |
|---|---|---|---|
| 글쓰기의 표현력 | 자신의 주장을 정확하게 제시하지 못하는 글을 쓴다. | 자신의 주장을 정확하게 제시하는 글을 쓰나, 근거가 부족하다. | 주장을 뒷받침하기에 알맞은 근거를 제시하며, 창의적인 글을 쓴다. |
| | 문제와 해결의 짜임을 정확하게 판단하지 못하는 글을 쓴다. | 문제와 해결의 짜임이 어느 정도 잡혀 있는 글을 쓰나, 내용 전개가 미흡하다. | 문제와 해결의 짜임이 정확하며, 내용 전개가 깔끔하게 글을 쓴다. |
| | 글을 쓸 때 표현의 효과를 전혀 고려하지 못한다. | 글을 쓸 때 표현의 효과를 조금 고려한다. | 표현의 효과가 극대화된 글을 쓴다. |

'발표하는 자세와 표현력'에서는 발표하는 자세가 점차적으로 정립되었으며, 창의적인 언어 사용 능력을 보이고 있는 것으로 나타났다. '말하는 논리성'을 보면 타당하고 설득력 있는 근거를 많이 제시하는 표현 능력이 많이 향상된 것으로 나타났다. '읽기에 대한 표현력'을 보면, 자신의 생각과 느낌을 충분히 살리고, 주장에 대한 근거의 적절성을 판단하는 능력이 많이 향상되어 창의적으로 글을 읽는 모습을 보였다. '글의 표현에 대한 적절성 판단 능력'을 보면, 자기 나름대로 표현 내용을 창의적으로 바꾸려고 하였으며, '글쓰기의 표현력'을 살펴보면, 주장에 대한 근거 제시가 창의적이고, 내용의 전개가 깔끔한 글을 쓰며, 표현의 효과를 극대화하는 글을 쓰는 것으로 나타났다.

$$\boxed{\text{예시 5}}$$

✏️ **주제 : 문제해결 시나리오 온라인 토론 활동을 통한 도덕적 가치판단력의 신장** [50]

● **검증 결과**

1. 도덕적 판단력 수준 검사

　　문제해결 시나리오 온라인 토론 프로그램의 적용을 통한 가치판단력 검사는 OISE에서 제작한 도덕성 판단력 검사지를 전문가의 도움을 받아 본 연구에 적합하도록 사전 및 사후 검사지로 수정·보완하여 사용하였다. 이 검사지는 콜버그(Kohlberg)의 도덕성 발달단계에 기초하여 가치판단력 정도를 측정하는 것이다. 이때 비교반은 전통적인 수업을 한 집단이며, 연구반은 문제해결 시나리오 온라인 토론 활동을 한 집단이다. 본 연구에서 사전 검사는 이 검사지를 토대로 본교 교사 2인과 함께 전문가의 자문을 거쳐 제작하여 t검증을 하였다. 검사의 신뢰도 계수(Cronbach's $\alpha$)는 .74로 나타났다. 사전검사 결과 두 집단의 도덕적 판단력의 유의한 평균차는 없었으므로 비교반과 연구반은 가치판단력의 수준이 동일하다는 것을 알 수 있었다. 사후검사는 OISE에서 제작한 도덕성 판단력 검사지를 그대로 사용하였다. 비교반과 연구반의 두 독립표본의 t검증을 위해 학생들이 응답한 내용을 분석하여 도덕성 발달단계를 6단계로 구분하여 양적 변수로 전환하였다. 콜버그에 의한 도덕성 발달단계는 다음과 같다.

- 제1단계 : 하자는 대로 하는 도덕성
- 제2단계 : 도덕적 이기주의와 단순 거래하는 도덕성
- 제3단계 : 대인관계의 조화를 위한 도덕성
- 제4단계 : 사회질서를 위한 준법의 도덕성
- 제5단계 : 사회계약, 즉 사회 전체의 합으로서의 도덕성
- 제6단계 : 보편적 원리에 의한 도덕적 판단의 정당화

　　이와 같은 판단 기준에 의하여 A형(철수와 라디움약)과 B형(탈옥수 이야기)의 검사지를 나누어 준 다음 응답 사례를 분석한 결과는 다음과 같다.

50) 김영인(2003). 제47회 전국현장교육 연구대회. 도덕·윤리교육분과, 1등급.

⟨표 4-65⟩ 도덕적 판단 수준 사후검사 결과표(A형) (N=40)

| 구분 | 단계 | | 1 | 2 | 3 | 4 | 5 | 6 | 판정 불능 | 계 |
|------|------|---|---|---|---|---|---|---|-----------|-----|
| A형 | 연구반 | N | — | 1 | 8 | 11 | 12 | 7 | 1 | 40 |
| | | % | — | 2.5 | 20 | 27.5 | 30 | 17.5 | 2.5 | 100 |
| | 비교반 | N | — | 2 | 15 | 13 | 3 | 3 | 4 | 40 |
| | | % | — | 5 | 37.5 | 32.5 | 7.5 | 7.5 | 10 | 100 |

⟨표 4-66⟩ 도덕적 판단 수준 검사 결과표(B형) (N=40)

| 구분 | 단계 | | 1 | 2 | 3 | 4 | 5 | 6 | 판정 불능 | 계 |
|------|------|---|---|---|---|---|---|---|-----------|-----|
| B형 | 연구반 | N | — | 3 | 11 | 21 | 12 | 4 | 1 | 52 |
| | | % | — | 5.8 | 21.1 | 40.4 | 23 | 7.7 | 2 | 100 |
| | 비교반 | N | — | 5 | 19 | 17 | 6 | 3 | 2 | 52 |
| | | % | — | 9.6 | 36.5 | 32.7 | 11.5 | 5.8 | 3.8 | 100 |

　⟨표 4-65⟩와 ⟨표 4-66⟩에 의하면 A형과 B형 모두 연구반과 비교반의 사후검사에서 제1단계는 나타나지 않았다. 2~5단계에서 분포가 연구반이 5단계에서 28.8%로, 비교반은 같은 5단계에서 10%로 분석되었다. A형의 6단계에서 비교반보다 연구반이 판단 수준이 높은 것으로 나타났다. B형의 경우에도 연구반에 있어서는 5단계가 23.1%이나 비교반은 11.5%로 차이가 많은 것으로 분석되었다. 이는 문제해결 시나리오 온라인 토론학습 수업을 전개한 결과라고 본다. SPSS 통계 프로그램으로 분석한 결과는 다음과 같다.

⟨표 4-67⟩ 도덕적 판단 수준 검사 결과 분석표

| 교수법 | N | 평균 | 표준편차 | 표준오차 | t | 유의 확률 (p) |
|--------|---|------|----------|----------|---|---------------|
| 전통적 수업 | 40 | 4.2 | 1.14 | .51 | −3.190 | .024 |
| 문제해결 시나리오 온라인 토론 수업 | 40 | 5.6 | 1.17 | .48 | | |

〈표 4-67〉의 분석 결과 비교반의 평균과 표준편차는 각각 4.2와 1.14이고 연구반의 평균과 표준편차는 각각 5.6과 1.17이다. t검증 결과 유의 확률은 .024로 유의 수준 .05에서 전통적 수업과 문제해결 시나리오 수업에서의 도덕적 가치판단력은 유의한 차이가 있다는 것을 알 수 있다. 위의 평균치를 참고로 비교반과 연구반의 응답의 예를 살펴보았다.

〈표 4-68〉 A형(철수와 라디움약)의 응답 사례

| 구 분 | 응답 내용 | 발달 단계 |
|---|---|---|
| 비교반 | 아버지를 살리고 싶어 하는 것은 자연스러운 일이지만, 훔치는 것은 나쁜 일이다. 개인의 느낌이나 특수한 상황에도 불구하고 규칙과 법을 준수해야 한다. 법과 종교를 버릴 수는 없다. 왜냐하면 인간의 생명을 지켜 주는 것은 바로 그것들이기 때문이다. | 4단계 |
| 연구반 | 훔치는 일은 나쁜 일이다. 그러나 철수의 경우는 아버지의 병을 고치기 위해 한 일이기 때문에 나쁘지 않다. 아버지에 대한 사랑에서 비롯된 일에 대하여 비난할 수는 없다. | 6단계 |

〈표 4-69〉 B형(탈옥수 이야기)의 응답 사례

| 구 분 | 응답 내용 | 발달 단계 |
|---|---|---|
| 비교반 | 그 탈옥수가 비록 지금은 착하게 살고 있고 자선사업도 하고 있지만, 죄를 짓고 법에 따른 대가를 치르지도 않고 탈옥했기 때문에 고발해서 법의 심판에 맡겨야 한다. 왜냐하면 법은 누구에게나 공평해야 하고, 탈옥수를 고발하는 것은 시민의 의무이기 때문이다. | 4단계 |
| 연구반 | 그 탈옥수가 전에 죄를 지은 것은 나쁘지만 지금은 착하게 열심히 살고 있고 자선사업을 하고 있으므로 고발해서는 안 된다. 그리고 탈옥수를 고발하게 되면 그 공장도 문을 닫게 될 것이고, 자선단체도 도움을 받지 못하게 되고, 탈옥수에게 절망을 안겨 줄 것이기 때문이다. | 5단계 |

〈해 석〉

두 집단의 응답 사례를 보면 연구 전에는 두 집단이 모두 도덕적 규칙이라는 것이 학생 자신을 포함한 사람들 상호 간의 합의에 의한 것임을 깨닫지 못하는 초기 수준의 도덕적 판단력을 보여 주고 있다.

연구 후에는 옳은 행위란 기본적인 규칙에 의해서 정의되며 아울러 모든 사회 구성원을 연결시켜 주며, 고정된 기대를 부여해 주고, 사회질서 유지를 위한 기반이 된다는 판단을 내렸다. 사회 전체가 법에 의해서 유대 관계를 가지며, 법에 의해 서로의 기대를 조정해 나간다는 것을 이해하게 되는, 즉 콜버그의 도덕적 판단 수준에서 보면 4단계 이상의 높은 수준을 보여 주고 있다. 이와 같은 응답의 결과는 가치판단 자료를 활용함으로써 단편적인 덕목 중심의 윤리 수업에서 벗어나 도덕적 가치판단력이 신장된 결과라고 분석되었다.

## 2. 가치판단 학습활동의 변화

### 가. 수업의 태도

학생들의 가치판단 학습활동 수업의 태도를 관찰과 면접을 통하여 연구 초기와 연구 후기로 나누어 분석한 결과는 다음과 같다.

〈표 4-70〉 가치판단 학습활동의 변화

| 시기<br>내용 | 연구 초기(3월) | 연구 후기(11월) |
|---|---|---|
| 수업<br>준비도 | 도덕 수업에 대한 예습 학생은 전혀 찾아볼 수 없었으며, 수업 과정에서도 국, 영, 수의 도구교과를 공부하는 학생들이 있었다. | 관련 단원에 대한 준비를 해 온 학생들이 많아졌고, 특히 토론 주제를 스스로 추출하여 준비해 온 학생들은 그 주제를 수업 내용과 관련하여 질문하는 모습을 보였다. |
| 흥미도 | 입시에 대한 부담감으로 지적인 영역만을 중시하여 암기할 필요가 없는 일반적인 교수 내용에 대해서는 관심을 갖지 않았다. | 토론 활동 자료를 활용한 교수-학습 과정에서 점차 일반적인 교과 내용이라고 할지라도 흥미를 갖고 적극적으로 참여하여 그것을 토론 주제와 접목시켜 보려는 노력을 보였다. |

| 발표력 | 기존의 주입식 암기 수업에 젖어 있어서 자신의 의견을 발표하는 데 소극적이었고, 논리적 진술력이 부족하였다. | 점차 능동적으로 수업에 임하여 자발적으로 수업에 참여하여 발표하려는 학생들이 크게 늘었고 논리력과 작문력이 크게 향상되어 발표에 적극적이었다. |
|---|---|---|
| 문제 인식 과정 | 사고의 폭이 좁고 단선적이며 자기중심적으로 문제를 인식하는 경향이 강했고 종합적인 관점이 약했다. | 개인적 입장과 사회적 입장을 고려하여 통일된 입장을 갖고자 했고, 특히 논제에 대한 논거 제시를 위해서 관련 분야의 지식을 풍부하게 갖도록 노력하는 모습을 보였다. |
| 토론 활동 학습장 활용 면 | 도덕과에서 온라인 토론 활용 수업을 한다는 것에 대해서 불신감이 강했고 처음에는 생소하여 활용하지 않은 학생들이 많았다. | 토론 활용 자료를 개발하여 적용시켜 가는 과정에 따라 학생들이 점차 자기의 필요에 의해서 적극적으로 참여함으로써, 정기 시험에 반영하지 않는데도 불구하고 토론학습장을 활용하여 개인적으로 검토를 받으러 오는 학생들도 많았다. |

### 나. 윤리과 학습 흥미도

윤리과 학습에 대한 실험집단과 통제집단 간 흥미도의 변화를 알아보기 위한 검사 결과는 다음과 같다.

〈표 4-71〉 윤리 학습에 대한 흥미 변화

| 분석 관점 | 실험집단 | | | | 통제집단 | | | |
|---|---|---|---|---|---|---|---|---|
| | 연구 전 | | 연구 후 | | 연구 전 | | 연구 후 | |
| | N | % | N | % | N | % | N | % |
| ① 매우 재미있다 | 0 | 0.0 | 12 | 30.0 | 0 | 0.0 | 1 | 2.5 |
| ② 재미있다 | 3 | 7.5 | 20 | 50.0 | 4 | 10.0 | 9 | 22.5 |
| ③ 그저 그렇다 | 14 | 35.0 | 4 | 10.0 | 14 | 35.0 | 23 | 57.5 |
| ④ 재미없다 | 20 | 50.0 | 4 | 10.0 | 17 | 42.5 | 6 | 15.0 |
| ⑤ 매우 재미없다 | 3 | 7.5 | 0 | 0.0 | 5 | 12.5 | 1 | 2.5 |
| 계 | 40 | 100 | 40 | 100 | 40 | 100 | 40 | 100 |

전후 차이 비교에서 연구집단(실험집단)은 연구 후에 긍정적인 반응이 80.0%로 높게 나타났으나, 비교집단(통제집단)은 유의미한 차이를 보이지 않았다. 이는 토론 활동 자료를 투입함으로써 교과서 내용의 재구성을 통한 교수-학습에 의해서 윤리 학습에 대한 관심이 점차 높아져 간다고 볼 수 있다.

**예시 6**

✏ **주제 : 도덕적 문제 상황에 대한 체험학습을 통한 가치판단력 신장**[51]

● **검증 결과 및 해석**

1. 도덕적 지식 및 판단력의 평가 결과

도덕적 지식 및 판단력은 도덕적 문제 사태를 해결하는 과정에 작용하는 지적 능력과 도덕적 문제 사태의 제시와 그 해결을 위한 사고력으로 보았다. 교사용 지도서의 평가 관점 및 평가 문항 예시를 참고하여 수행평가를 실시하였으며, 그 결과는 다음과 같다.

〈표 4-72〉 도덕적 지식 및 판단력의 평가 결과      단위: 정답률(%)

| 항 목 | 관련된 의미의 파악 | | | 바른 해결방법 제시 | | | 올바른 선택의 이유 제시 | | | 비 고 |
|---|---|---|---|---|---|---|---|---|---|---|
| 시기 | 1차 | 2차 | 전후비교(차) | 1차 | 2차 | 전후비교(차) | 1차 | 2차 | 전후비교(차) | • 1차 평가: 3~5월 진도 내용 평가 • 2차 평가: 9~12월 진도 내용 평가 |
| | 2000.5 | 2000.12 | | 2000.5 | 2000.12 | | 2000.5 | 2000.12 | | |
| 평균점수 | 63.2 | 74.6 | +11.4 | 62.7 | 70.3 | +7.6 | 60.5 | 75.7 | +15.2 | |

〈결과 및 해석〉

도덕적 문제 상황과 사태에 대한 문제해결 과정에서 나타나는 관련 규범(문제의 의미) 파악의 정확성에서 11.4%, 해결방법 및 가설의 다양성과 적합성에서 7.6%, 가설의 타당성 검토(선택의 이유)에서 15.2%로 연구 초

51) 정복순(2001). 제45회 전국현장교육 연구대회. 도덕·윤리교육분과, 1등급.

에 비해 많이 향상된 것으로 나타났다.

이러한 결과는 문제 상황(문제 사태) 신문기사의 교재화, 생활 주변 문제와 도덕과 제재를 관련지어 다양한 방법의 토의학습을 전개한 데서 기인한 것으로 해석된다.

〈교사의 관찰 결과〉

도덕과 수업을 할 때 막연하게 글에 대한 선생님의 설명이나 아동들의 생각보다는 신문기사나 『좋은 생각』에서 얻을 수 있는 아름다운 내용 그리고 토의학습 교재 등이 아동들이 어떠한 문제 상황에 처했을 때 올바르게 생각할 수 있는 가치관과 올바른 선택을 할 수 있는 능력에 도움이 된 것 같았다.

2. 문제 상황 신문기사 교재화 결과물의 경향 분석

교과 관련 제재 토의학습과 월별 주제 토의를 위한 신문기사와 『좋은 생각』의 내용 선정 및 문제 실태(문제 사태) 분석, 자기 생활과의 연관성 진술, 토의학습 내용, 만화 그리기, 역할극, 독서 토론회, 학습지 결과물 등을 통하여 분석한 결과는 〈표 4-73〉과 같다.

〈표 4-73〉 문제 상황 신문기사 교재화 결과물의 경향 분석     단위: 정답률(%)

| 분석 내용 | 평점 | | | 비 고 |
|---|---|---|---|---|
| | 1차(5월) | 2차(12월) | 전후 차 | |
| 학습 사태 및 규범의 원리를 바르게 이해하고 있다. | 70.11 | 84.75 | +14.64 | ※ 평가 관점별 평점은 각 항목별 배점을 5단계로 하여 백분율로 환산하였음 ※ 경향 분석에서 평가 내용은 수행평가를 이용한 자료를 참고하였음 |
| 자료의 문제해결 방법을 모색하고, 구체적이고 분석적으로 사고한다. | 67.47 | 82.53 | +15.06 | |
| 자기반성과 실천 결의, 생활 실천 계획을 수립한다. | 71.16 | 88.94 | +17.78 | |

〈결과 및 해석〉

- 『좋은 생각』과 신문기사 교재화 토의학습, 월별 주제 및 자율적 문제 관련 신문기사 선정 토의·발표 등을 위해 학생들이 자료를 수집하고 분석하는 활동 관련 평가 관점의 전 항목이 14.64～17.78%의 향상을 나타내고 있다.
- 이와 같은 결과는 다양한 문제 상황의 신문기사 내용을 교과 관련 학습 및 토의학습 주제로 선정하여, 문제 사태에 대한 규범이나 원리, 도덕적 판단 과정에서 근거 및 이유, 실제 사례, 적용방법 제시 등의 학습활동을 전개한 결과 얻어진 효과임을 알 수 있다.
- 신문기사 내용과 관련한 토의학습과 역할극 등 다양한 체험학습을 통하여 자기 생활 반성, 실천의지, 생활 계획 수립 등에서 연구 초(5월)에 비해 실천의지가 많이 함양되었다.

〈교사의 관찰 결과〉

도덕과의 영역인 개인생활이나 가정·사회·이웃 생활과 관련하여 얻을 수 있는 신문 자료나 잡지 내용이 일상생활과 관련된 내용이라 자료를 수집·분류하고 정리하면서 매우 흥미 있어 하였다. 토의 주제도 일상생활에서 얻을 수 있는 내용이라 학생들이 적극적으로 수업에 참여하고, 문제해결 능력도 좋아졌다.

3. 토의학습 참여도 및 토의활동 실태 분석

학생들의 토의학습 참여 과정에서 토의 주제에 대한 이해, 토의 태도, 토의방법 등을 '토의학습 관찰 평점 기준'에 의하여 관찰한 결과는 〈표 4-74〉와 같다.

〈표 4-74〉 토의학습 참여도 및 토의활동 실태 분석 평점          단위: 백분율(%)

| 관찰 내용 | 평점 | | |
| --- | --- | --- | --- |
| | 1차 (5월) | 2차 (12월) | 전후 차 |
| 토론 문제를 적절하게 설정하며 토론에 관련된 상황적 조건을 바르게 이해하고 있다. | 68.03 | 83.4 | ＋15.37 |
| 리더의 역할을 잘 수행하고 자기 대안을 가지고 토론에 참가하여 의견을 솔직하게 제시하고 있다. | 67.07 | 79.19 | ＋12.12 |

| 관심을 가지고 전원이 토론에 참가하며 다른 사람의 의견도 잘 수용하고 있다. | 72.53 | 84.07 | +11.54 |
|---|---|---|---|
| 상이한 안을 비교 분석하여 여러 대안을 제시하고 토론에 관련된 상황을 검토한다. | 69.1 | 83.5 | +14.4 |
| 실천 가능한 계획과 타당한 근거 및 이유를 제시하며 정당화될 수 있는 결론이나 대안이 선택된다. | 66.6 | 78.7 | +12.1 |

〈결과 및 해석〉
- 토론 주제에 대한 이해가 5월(68.03%)에서 12월(83.4%) 사이에 약 15% 향상되었다.
- 발표하는 아동이 많아졌으며, 발표력도 향상되고, 대안 제시 능력이 크게 향상되었다.
- 토론 참가 태도에서 대부분의 학생이 즐겁게 참가하였다.
- 토론 안건에 대한 분석력이 많이 향상되었다.
- 토론 과정에서 실천과 결부되는 대안이 제시되는 경향이 높아졌다.

4. 아동의 도덕과에 대한 학습 흥미도 검사

〈표 4-75〉 아동의 도덕과 수업에 대한 의견 분석(N=38)

| 구 분 | 설문 내용 | 반 응 | | | | |
|---|---|---|---|---|---|---|
| | | 연구 전 | | 연구 후 | | 차 |
| | | N | % | N | % | % |
| 도덕 교과를 좋아합니까? | ① 매우 좋아하는 과목이며 즐겁게 공부한다. | 4 | 10.5 | 13 | 34.2 | +23.7 |
| | ② 보통이다 | 25 | 65.8 | 23 | 60.5 | -5.3 |
| | ③ 싫어한다 | 8 | 21.0 | 2 | 5.3 | -15.7 |
| | ④ 기타 | 1 | 2.6 | - | - | -2.6 |
| 도덕과 수업을 어떻게 할 때가 재미있습니까? | ① 선생님께서 자세하게 설명할 때 | 5 | 13.2 | 2 | 5.3 | -7.9 |
| | ② 활발하게 토론하며 역할극으로 공부할 때 | 27 | 71.1 | 34 | 89.5 | +18.4 |
| | ③ 교과서나 괘도를 보고 공부할 때 | 6 | 15.7 | 2 | 5.2 | -10.5 |

〈결과 및 해석〉

- 연구 초에 '싫어한다'고 응답한 학생이 8명으로 전체 학생의 21.0%였으나, 연구 말에는 '싫어한다'고 응답한 학생이 2명으로 전체 학생의 5.3%였다.
- 연구 전과 마찬가지로 토론학습이나 역할극으로 수업하기를 원하였다.
- 도덕과가 중요한 과목이 아니라는 생각이 많이 줄고, 교사의 설명식, 이야기식 학습 형태를 덜 원하는 것으로 나타났다.

〈교사의 관찰 결과〉

　　교사의 일방적인 설명식 수업보다는 다양한 체험활동을 통한 역할놀이, 토론학습, 만화로 그려 보기, 학습지에 느낀 점 적기, 마음을 청결히, 왜 그랬을까? 등 다양하게 열린 수업을 적용함으로써, 도덕과 공부에 관심을 가지고 흥미롭게 학습하였다.

5. 아동의 도덕적 문제 사태에 대한 태도 분석

〈표 4-76〉 아동의 도덕적 문제 사태에 대한 태도 분석(N=38)

| 구 분 | 설문 내용 | 반 응 | | | | | 차 |
|---|---|---|---|---|---|---|---|
| | | 연구 전 | | 연구 후 | | | |
| | | N | % | N | % | | % |
| 규칙을 지키지 않는 사례를 보았을 때는 어떻게 합니까? | ① 모른 척한다. | 15 | 39.5 | 6 | 15.8 | | -23.7 |
| | ② 나만 잘하면 된다. | 7 | 18.4 | 4 | 10.5 | | -7.9 |
| | ③ 타이른다. | 6 | 15.8 | 18 | 47.4 | | +31.6 |
| | ④ 선생님께 알린다. | 5 | 13.2 | 7 | 18.4 | | +5.2 |
| | ⑤ 기타 | 5 | 13.2 | 3 | 7.9 | | -5.3 |
| 도덕과 토론학습 시 어떻게 합니까? | ① 적극 참여한다. | 7 | 18.4 | 22 | 57.9 | | +39.5 |
| | ② 망설인다. | 23 | 60.5 | 13 | 34.2 | | -26.3 |
| | ③ 알아도 포기한다. | 8 | 21.1 | 3 | 7.9 | | -13.2 |

〈결과 및 해석〉

- 도덕적 문제 사태에 대해 '모른 척한다.'고 대답한 학생이 39.5%에서 15.8%로 거의 절반 정도 감소하여 문제 사태에 대한 실천 의지가 향상되었다.

• 토론학습에 대한 적극적인 참여 의지가 39.5%나 향상되었다.

〈교사의 관찰 결과〉

휴지를 교실에 몰래 버리고 이기적이고 비양심적인 행동을 해도 모른 척하고 나만 편하면 그만이라고 생각하던 아이들도 문제 상황에 대해 토론하고 갈등해 봄으로써 가치관이 조금씩 달라졌다. 싸우는 경우에는 처음보다 격렬하게 싸우는 경향이 조금 줄어들었으며 조금씩 서로 양보하고 이해하는 마음이 생겼다.

6. 도덕규범 행동요소 실천도 변화 분석

아동들의 도덕규범 행동요소 실천 정도의 변화를 연구 전후로 비교 분석한 내용은 〈표 4-77〉과 같다.

〈표 4-77〉 도덕규범의 행동요소 실천 실태 조사

| 설문 내용 | 연구반(38명) | | | | | | 비교반(37명) | | | | | |
|---|---|---|---|---|---|---|---|---|---|---|---|---|
| | 잘함 | | 보통 | | 부족함 | | 잘함 | | 보통 | | 부족함 | |
| | N | 비율 | N | 비율 | N | 비율 | N | 비율 | N | 비율 | N | 비율 |
| 1. 내가 할 일을 찾아 스스로 열심히 한다. | 14 | 37 | 18 | 47 | 6 | 16 | 12 | 32 | 18 | 46 | 7 | 22 |
| 2. 경솔한 행동과 판단을 삼가고 침착한 행동을 한다. | 11 | 29 | 22 | 58 | 5 | 13 | 9 | 24 | 19 | 51 | 9 | 25 |
| 3. 모든 일을 창의적으로 생각하고 판단하여 행동한다. | 9 | 24 | 20 | 53 | 9 | 23 | 9 | 24 | 16 | 43 | 12 | 23 |
| 4. 아는 것을 올바르게 실천하려고 노력하며, 내가 한 일을 자주 반성한다. | 13 | 34 | 18 | 47 | 7 | 19 | 7 | 19 | 20 | 54 | 10 | 27 |
| 5. 우리 가정의 화목을 위하여 나의 역할을 다하도록 노력한다. | 11 | 29 | 19 | 50 | 8 | 21 | 6 | 16 | 21 | 57 | 10 | 27 |

| 항목 | | | | | | | | | | | | |
|---|---|---|---|---|---|---|---|---|---|---|---|---|
| 6. 친절을 베푸는 마음을 갖고 남에게 친절하게 대한다. | 8 | 21 | 21 | 55 | 9 | 24 | 8 | 22 | 16 | 43 | 13 | 35 |
| 7. 어려운 처지의 사람을 도와주려고 노력한다. | 6 | 16 | 26 | 68 | 6 | 16 | 4 | 11 | 18 | 49 | 15 | 40 |
| 8. 우정을 중요하게 생각하며 약속을 잘 이행한다. | 10 | 26 | 22 | 58 | 6 | 16 | 7 | 19 | 17 | 46 | 13 | 35 |
| 9. 어려움을 헤쳐 나가려는 노력을 하며 협동생활을 실천한다. | 7 | 18 | 18 | 47 | 13 | 35 | 5 | 14 | 15 | 41 | 17 | 45 |
| 10. 질서생활을 실천하기 위해 노력하며 다른 사람에게 해를 끼치지 않는다. | 9 | 24 | 21 | 55 | 8 | 21 | 10 | 27 | 16 | 43 | 11 | 30 |
| 11. 서로 이해하고 상대방을 존중해 준다. | 8 | 21 | 26 | 68 | 4 | 11 | 5 | 14 | 18 | 49 | 14 | 37 |
| 평균　연구 후 | 9.6 | 25 | 21 | 55 | 7.6 | 20 | 7.5 | 20 | 17.6 | 48 | 11.9 | 32 |
| 평균　연구 전 | 6.2 | 16 | 17.6 | 46 | 14.2 | 38 | 6.5 | 18 | 17.1 | 46 | 13.4 | 36 |
| 평균　차 | +3.4 | +9 | +3.4 | +9 | -6.6 | -18 | +1.0 | +2 | +0.5 | +2 | -1.5 | -4 |

〈결과 및 해석〉

- 연구 전 실태 분석에서는 조사 내용 전반에 걸쳐 연구반과 비교반의 차이가 없었으나, 연구 후 조사에서 연구반은 행동요소 실천을 '잘함'이 평균 25%, 비교반은 평균 20%로 연구반이 평균 5% 높게 나타났다.
- 실천이 '부족하다'는 반응의 경우 연구반은 평균 20%로 연구 전에 비해 18% 줄어들었으나, 비교반은 4%만이 줄어 14%의 큰 차를 나타내고 있다.
- 연구반 아동의 도덕규범 행동요소에 대한 실천도 향상은 도덕적 행동의 습관 형성에 기인된 것으로 도덕적 판단력의 신장과 실천의지의 함양을 가져온 것으로 해석된다.

7. 자율적 실천 과제 실천 현황 분석

　　학생들이 일상생활을 중심으로 자율적인 실천 과제를 선정하게 하여 자율적으로 실천하도록 지도한 내용에 대하여, 실천 과제 실천 현황을 매월 1회씩 자체 평가하도록 한 내용에 대한 분석은 다음과 같다.

〈표 4-78〉 자율적 실천 과제 실천 현황 분석표[N=38, ( )=%]

| 월별 실천 현황 실천 정도 | 5월 | 6월 | 7월 | 9월 | 10월 | 11월 | 12월 | 평균 |
|---|---|---|---|---|---|---|---|---|
| 선정한 실천 과제를 충실히 이행(실천)하였다. (상) | 6 (15.8) | 13 (34.2) | 11 (28.9) | 11 (28.9) | 14 (36.8) | 21 (55.3) | 28 (73.7) | 14.9 (39.2) |
| 선정한 실천 과제를 일부만 실천하였다. (중) | 11 (28.9) | 12 (31.6) | 18 (47.4) | 18 (47.4) | 17 (44.7) | 14 (36.8) | 9 (23.7) | 14.1 (37.1) |
| 선정한 실천 과제를 실천하지 못하였다. (하) | 21 (55.3) | 13 (34.2) | 9 (23.7) | 7 (23.7) | 7 (18.5) | 3 (7.9) | 1 (2.6) | 9 (23.7) |

〈결과 및 해석〉
• 토론학습 시간에 적극 참여하게 되었으며 발표력이 향상되었고 친구들의 좋은 생각(의견)을 많이 듣게 되었다.
• 여러 가지 신문기사를 통하여 다양한 공부를 하게 되어 흥미로웠으며 사회의 여러 가지 일을 판단하는 것은 물론 자신의 생활을 반성하는 기회가 되었다. 실천 과제 선정 자율 실천 지도를 시작한 5월에는 실천도가 매우 미흡하였다. 지도 기간이 경과하면서 자신이 실천 가능한 과제를 선정하게 되었고, 따라서 실천에 충실을 기하게 되어 도덕적 문제에 대한 반성과 함께 자율적으로 올바른 도덕성을 기르려는 실천의지가 신장되었다.

〈교사의 관찰 결과〉
　　처음에는 도덕과 수업에 대한 학생들의 흥미가 낮았으나, 점차 방향을 잡고 진심으로 수업에 임하다 보니 흥미를 갖게 되었다. 실천기록표를 작성하는 것도 거짓으로 하는 경우가 많았다. 선생님의 관찰 결과와 자기 실천평가 표를 볼 때, 여학생은 대체적으로 바르게 하는 경우가 많은데 남학생은 그렇지 못하였다. 다양한 체험활동을 통한 역할놀이 수업과 토론학습을 함으로써 실천하려는 의지가 엿보이며 점차 향상되었다.

( 예시 7 )

📝 **주제 : 인터넷 윤리교육 프로그램 구안·적용을 통한 자아개념 형성 및 자기 성숙도 신장**[52]

● **검사 내용**

프로그램 실천에 참여한 41명의 학생들이 검사지에 응답한 빈도수를 영역별로 묶어, 사전검사(4월), 중간검사(9월), 사후검사(12월)로 분류하여 평가하였다.

1. 학생들의 자아 성취 욕구의 경향

학생들의 자아 성취 욕구의 정도와 프로그램 실천에 따른 자아 성취 욕구의 변화를 알아보기 위해 설문지 조사를 통해 관련 주제에 대해 학생들이 평소 생각하고 행동하는 바를 조사하였다. 학생들의 자아 성취 욕구의 경향을 나타내는 문항으로 사용한 문항은 문항 13번 '무슨 일이든지 이치를 따지려고 한다.', 문항 17번 '무엇이든 의심 나는 것이 있으면 서슴지 않고 질문한다.', 문항 19번 '어떤 일을 했을 때 그 결과를 확인하려고 한다.', 문항 20번 '무엇이든지 새로운 것을 알려고 한다.', 문항 26번 '어른들의 일에 관해서도 알려고 한다.', 문항 30번 '매사에 관심이 많다.' 등이었다. 변화의 정도를 알아보기 위해 조사는 사전, 중간, 사후로 구분하여 실시하였다.

가. 사전조사 결과, 64.6%의 학생이 '그렇다'는 긍정적인 반응(일반적인 분석 방식에 따라 '그저 그렇다'를 긍정적인 응답으로 해석함)을 보였으며, 35.4%의 학생은 부정적인 반응을 보였다.

---

52) 정미애(2003). 제47회 전국현장교육 연구대회. 도덕·윤리교육분과, 1등급.

〈표 4-79〉 **자아 성취 욕구의 경향**(사전검사: 4월)

| 구 분 | | 빈 도 | % |
|---|---|---|---|
| 자아 성취 욕구에 관한 문항 | 아주 그렇다 | 33 | 13.4 |
| | 조금 그렇다 | 24 | 9.8 |
| | 그저 그렇다 | 102 | 41.4 |
| | 조금 그렇지 않다 | 55 | 22.4 |
| | 전혀 그렇지 않다 | 32 | 13.0 |
| 합 계 | | 246 | 100.0 |

※ 문항 13, 17, 19, 20, 26, 30번을 종합하여 자아 성취 욕구에 관한 문항으로 만들었으므로 합계가 246이 된다.

　　나. 중간검사 결과, 73.6%의 학생들이 긍정적인 반응을 보였으며, 26.4%의 학생들은 부정적인 반응을 보인 바 프로그램의 효과가 나타나고 있었다.

〈표 4-80〉 **자아 성취 욕구의 경향**(중간검사: 9월)

| 구 분 | | 빈 도 | % |
|---|---|---|---|
| 자아 성취 욕구에 관한 문항 | 아주 그렇다 | 53 | 21.5 |
| | 조금 그렇다 | 41 | 16.7 |
| | 그저 그렇다 | 87 | 35.4 |
| | 조금 그렇지 않다 | 46 | 18.7 |
| | 전혀 그렇지 않다 | 19 | 7.7 |
| 합 계 | | 246 | 100.0 |

※ 문항 13, 17, 19, 20, 26, 30번을 종합하여 자아 성취 욕구에 관한 문항으로 만들었으므로 합계가 246이 된다.

　　다. 사후검사 결과, 82.0%의 학생들이 긍정적인 반응을 보였으며, 17.8%의 학생들은 부정적인 반응을 보인 바, 프로그램이 상당히 영향을 미치고 있음을 알 수 있었다.

〈표 4-81〉 자아 성취 욕구의 경향(사후검사: 12월)

| 구 분 | | 빈 도 | % |
|---|---|---|---|
| 자아 성취 욕구에 관한 문항 | 아주 그렇다 | 65 | 26.4 |
| | 조금 그렇다 | 69 | 28.0 |
| | 그저 그렇다 | 68 | 27.6 |
| | 조금 그렇지 않다 | 37 | 15.0 |
| | 전혀 그렇지 않다 | 7 | 2.8 |
| 합 계 | | 246 | 100.0 |

※ 문항 13, 17, 19, 20, 26, 30번을 종합하여 자아 성취 욕구에 관한 문항으로 만들었으므로 합계가 246이 된다.

〈표 4-81〉은 학생들의 자아 성취 욕구에 관해 평소 생각하고 행동하는 정도를 12월에 사후검사를 통해 변화된 결과를 나타낸 것이다. 〈표 4-81〉에서 볼 수 있듯이 '그렇다('아주 그렇다' + '조금 그렇다' + '그저 그렇다')'는 응답이 높게 나타났다.

2. 학생들의 책임의식에 대한 경향

다음으로 학생들이 책임의식에 관해 평소 생각하고 행동하는 정도에 대해 알아보았다. 책임의식에 대한 경향을 나타내는 문항으로 사용한 응답 문항은 문항 6번 '나는 내가 한 일에 대해서 자부심을 갖는다.', 문항 9번 '하는 일을 쉽사리 포기한다.', 문항 12번 '일에 대한 결과를 빨리 알려고 한다.', 문항 22번 '내가 한 일에 대해 스스로 책임을 지려고 한다.', 문항 28번 '한 가지 일에 주의를 집중하는 시간이 길다.', 문항 29번 '한번 맡은 일은 끝까지 완수한다.' 등이었다. 마찬가지로 변화의 정도를 알아보기 위해 조사는 사전, 중간, 사후로 구분하여 실시하였다.

가. 사전조사 결과, 65.0%의 학생이 '그렇다'는 긍정적인 반응을 보였으며, 35.0%의 학생은 부정적인 반응을 보였다.

〈표 4-82〉 **책임의식에 대한 경향**(사전검사: 4월)

| 구 분 | | 빈 도 | % |
|---|---|---|---|
| 책임의식에 관한 문항 | 아주 그렇다 | 33 | 13.4 |
| | 조금 그렇다 | 42 | 17.1 |
| | 그저 그렇다 | 85 | 34.5 |
| | 조금 그렇지 않다 | 59 | 24.0 |
| | 전혀 그렇지 않다 | 27 | 11.0 |
| 합 계 | | 246 | 100.0 |

※ 문항 6, 9, 12, 22, 28, 29번의 총 6개 항목을 종합하여 책임의식에 관한 문항으로 만들었으므로 합계가 246이 된다. 문항 9는 역점수 문항이다.

　나. 중간검사 결과, 75.6%의 학생들이 긍정적인 반응을 보였으며, 24.4%의 학생들은 부정적인 반응을 보인 바, 프로그램의 효과가 나타나고 있었다.

〈표 4-83〉 **책임의식에 대한 경향**(중간검사: 9월)

| 구 분 | | 빈 도 | % |
|---|---|---|---|
| 책임의식에 관한 문항 | 아주 그렇다 | 47 | 19.1 |
| | 조금 그렇다 | 67 | 27.2 |
| | 그저 그렇다 | 72 | 29.3 |
| | 조금 그렇지 않다 | 41 | 16.7 |
| | 전혀 그렇지 않다 | 19 | 7.7 |
| 합 계 | | 246 | 100.0 |

※ 문항 6, 9, 12, 22, 28, 29번을 종합하여 책임의식에 관한 문항으로 만들었으므로 합계가 246이 된다.

　다. 사후검사 결과, 82.9%의 학생들이 긍정적인 반응을 보였으며, 17.1%의 학생들은 부정적인 반응을 보인 바, 프로그램이 상당히 영향을 미치고 있음을 알 수 있었다.

〈표 4-84〉 책임의식에 대한 경향(사후검사 : 12월)

| 구 분 | | 빈 도 | % |
|---|---|---|---|
| 책임의식에 관한 문항 | 아주 그렇다 | 57 | 23.2 |
| | 조금 그렇다 | 82 | 33.3 |
| | 그저 그렇다 | 65 | 26.4 |
| | 조금 그렇지 않다 | 30 | 12.2 |
| | 전혀 그렇지 않다 | 12 | 4.9 |
| 합 계 | | 246 | 100.0 |

※ 문항 6, 9, 12, 22, 28, 29번을 종합하여 책임의식에 관한 문항으로 만들었으므로 합계
가 246이 된다.

〈표 4-84〉는 학생들의 책임의식에 관해 평소 생각하고 행동하는 정
도를 12월에 사후검사를 통해 변화된 결과를 나타낸 것이다. 〈표 4-84〉
에서 볼 수 있듯이 '그렇다('아주 그렇다' + '조금 그렇다' + '그저 그렇다')'
는 응답이 높게 나타났다.

3. 학생들의 자아 개방성에 대한 경향

다음으로 학생들이 자아 개방성에 관해 평소 생각하고 행동하는 정도에
대해 알아보았다. 자아 개방성에 대한 경향을 나타내는 문항으로 사용한
응답 문항은 문항 3번 '친구들과 어울리기보다는 혼자 놀기를 좋아한다.',
문항 4번 '친구를 쉽게 사귄다.', 문항 10번 '친구들과 잘 어울린다.', 문항
16번 '친구들의 곤란한 문제를 해결해 준다.', 문항 24번 '친구들과 놀 때
내가 앞장을 선다.', 문항 27번 '친구들과 자주 다툰다.' 등이었다. 마찬가
지로 변화의 정도를 알아보기 위해 조사는 사전, 중간, 사후로 구분하여
실시하였다.

가. 사전조사 결과, 56.5%의 학생이 '그렇다'는 긍정적인 반응을 보였으
며, 43.5%의 학생은 부정적인 반응을 보였다.

〈표 4-85〉 자아 개방성에 대한 경향(사전검사 : 4월)

| 구 분 | | 빈 도 | % |
|---|---|---|---|
| 자아 개방성에 관한 문항 | 아주 그렇다 | 29 | 11.8 |
| | 조금 그렇다 | 39 | 15.8 |
| | 그저 그렇다 | 71 | 28.9 |
| | 조금 그렇지 않다 | 40 | 16.3 |
| | 전혀 그렇지 않다 | 67 | 27.2 |
| 합 계 | | 246 | 100.0 |

※ 문항 3, 4, 10, 16, 24, 27번을 종합하여 자아 개방성에 대한 문항으로 만들었으므로
   합계가 246이 된다. 문항 3, 27번은 역점수 문항이다.

나. 중간검사 결과, 61.8%의 학생들이 긍정적인 반응을 보였으며, 38.2%
   의 학생들은 부정적인 반응을 보인 바, 프로그램의 효과가 어느 정도
   나타나고 있었다.

〈표 4-86〉 자아 개방성에 대한 경향(중간검사 : 9월)

| 구 분 | | 빈 도 | % |
|---|---|---|---|
| 자아 개방성에 관한 문항 | 아주 그렇다 | 41 | 16.7 |
| | 조금 그렇다 | 47 | 19.1 |
| | 그저 그렇다 | 64 | 26.0 |
| | 조금 그렇지 않다 | 35 | 14.2 |
| | 전혀 그렇지 않다 | 59 | 24.0 |
| 합 계 | | 246 | 100.0 |

다. 사후검사 결과, 67.5%의 학생들이 긍정적인 반응을 보였으며, 32.5%
   의 학생들은 부정적인 반응을 보인 바, 프로그램이 어느 정도 영향을
   미치고 있음을 알 수 있었다.

〈표 4-87〉 자아 개방성에 대한 경향(사후검사: 12월)

| 구 분 | | 빈 도 | % |
|---|---|---|---|
| 자아 개방성에 관한 문항 | 아주 그렇다 | 51 | 20.7 |
| | 조금 그렇다 | 61 | 24.8 |
| | 그저 그렇다 | 54 | 22.0 |
| | 조금 그렇지 않다 | 29 | 11.8 |
| | 전혀 그렇지 않다 | 51 | 20.7 |
| 합 계 | | 246 | 100.0 |

※ 문항 3, 4, 10, 16, 24, 27을 종합하여 자아 개방성에 대한 문항으로 만들었으므로 합계가 246이 된다.

　〈표 4-87〉은 학생들의 자아 개방성에 대해 평소 생각하고 행동하는 정도를 12월에 사후검사를 통해 변화된 결과를 나타낸 것이다.
　〈표 4-87〉에서 볼 수 있듯이 '그렇다('아주 그렇다' + '조금 그렇다' + '그저 그렇다')'는 응답이 높게 나타났다.

### 4. 학생들의 자기 규제력에 대한 경향(생략)

( 예시 8 )

📝 **주제 : 채팅 도우미 프로그램 구안·적용을 통한 한글 파괴 현상의 감소 방안**[53]

● **검증 결과 및 분석**

#### 1. 말글살이 태도

##### 가. 한글 파괴 현상에 대한 인식 변화
　　학생들의 한글 파괴 현상에 대한 인식 변화를 분석하기 위하여 설문지를 작성하여 전후 비교 방법으로 평가한 결과는 〈표 4-88〉과 같다.

---

53) 박현호(2003). 제47회 전국현장교육 연구대회. 국어교육분과, 1등급.

〈표 4-88〉 한글 파괴어 사용에 대한 인식 변화(3월 N=45, 12월 N=44)

| 내 용 | 반 응 | 3월 | | 12월 | | 변화율(%) |
|---|---|---|---|---|---|---|
| | | N | % | N | % | |
| 한글 파괴어를 사용하는 것에 대해 어떻게 생각합니까? | 좋다 | 25 | 55.6 | 6 | 13.6 | - 42 |
| | 나쁘다 | 20 | 44.4 | 38 | 86.4 | + 42 |

〈표 4-88〉에서, 연구 전에는 한글 파괴어 사용에 대해 좋다고 응답한 학생이 55.6%로 나쁘다고 응답한 학생 44.4%보다 11.2% 많았으나, 연구 후에는 나쁘다고 생각하는 학생이 86.4%로 좋다고 생각하는 학생 13.6%보다 훨씬 높았다.

이 결과로 보아 채팅 도우미 프로그램의 적용 전에는 한글 파괴어를 사용하는 것에 대해 오히려 긍정적으로 인식하는 학생이 많았으나 적용 후에는 한글 파괴어 사용이 잘못된 것임을 인식한 학생이 많음을 알 수 있다.

나. 한글 파괴어 사용 태도 변화

학생들의 채팅 도우미 프로그램의 적용 후에 한글 파괴어 사용에 대한 태도 변화를 분석하기 위하여 평가한 결과는 〈표 4-89〉와 같다.

〈표 4-89〉 한글 파괴어 사용에 대한 태도 변화(N=44)

| 내 용 | N | % |
|---|---|---|
| 채팅 도우미 활동을 하며 채팅이나 일상생활에서 한글 파괴어를 사용하지 않으려고 항상 노력했다. | 16 | 36.3 |
| 채팅 도우미 활동을 하며 채팅이나 일상생활에서 한글 파괴어를 사용하지 않으려고 조금 노력했다. | 25 | 56.8 |
| 채팅 도우미 활동을 하면서도 채팅이나 일상생활에서 한글 파괴어를 계속 사용했다. | 3 | 6.9 |

〈표 4-89〉에서 채팅 도우미 활동을 하며 채팅이나 일상생활에서 한글 파괴어를 사용하지 않으려고 노력했다는 응답이 93.1%로 나타났

다. 이러한 결과로 보아 채팅 도우미 프로그램이 학생들의 한글 파괴어 사용에 대한 태도 변화에 긍정적인 효과가 있었음을 알 수 있다.

### 다. 한글 사랑 태도

학생들의 채팅 도우미 프로그램 적용 후 한글 사랑에 대한 태도를 분석하기 위하여 설문지를 작성하여 평가한 결과는 〈표 4-90〉과 같다.

〈표 4-90〉 한글 사랑 태도 변화(N=44)

| 내 용 | N | % |
| --- | --- | --- |
| 채팅 도우미 활동 후 한글에 대한 많은 정보를 얻었고, 한글을 사랑하고 아껴야 한다는 것을 느꼈다. | 33 | 75 |
| 채팅 도우미 활동 후 한글에 대한 많은 정보를 얻었으나, 한글을 사랑하고 아껴야 한다는 것을 느끼지는 못했다. | 3 | 13.7 |
| 채팅 도우미 활동 후 한글을 사랑하고 아껴야 한다는 것은 알았지만, 한글에 대한 많은 정보를 얻지는 못했다. | 8 | 22.7 |
| 채팅 도우미 활동 후 한글에 대한 정보를 얻지 못했고, 한글을 사랑하고 아껴야 한다는 것도 느끼지 못했다. | － | － |

〈표 4-90〉에서 '채팅 도우미 활동 후 한글에 대한 많은 정보를 얻었고, 한글을 사랑하고 아껴야 한다는 것을 느꼈다.'는 응답이 75%로 대부분의 학생이 한글 사랑에 대해 긍정적인 태도를 보였다. 이러한 결과로 보아 채팅 도우미 프로그램이 학생들에게 한글에 대한 새로운 정보 습득의 기회 제공과 한글 사랑 태도 형성에 기여하였음을 알 수 있다.

## 2. 한글 파괴 현상 감소

### 가. 한글 파괴어 사용 빈도의 변화

#### 1) 학 생

채팅 도우미 프로그램 적용 후 학생들의 한글 파괴어 사용 빈도 변화를 분석하기 위하여 설문지를 작성하여 전후 비교 방법으로 평가한 결과는 〈표 4-91〉과 같다.

〈표 4-91〉 한글 파괴어 사용 빈도 변화(N=44)

| 응답자 \ 내용 | 많이 줄었다 | 조금 줄었다 | 변화 없다 | 약간 늘었다 | 많이 늘었다 |
|---|---|---|---|---|---|
| N | 24 | 15 | 5 | – | – |
| % | 54.5 | 34 | 11.5 | – | – |

〈표 4-91〉에서 한글 파괴어 사용 빈도가 많이 줄거나 조금 줄었다고 응답한 학생이 88.5%로 나타났으며, 변화 없다고 응답한 학생은 11.5%였다. 이러한 결과로 보아 채팅 도우미 프로그램의 적용을 통해 대부분의 학생이 한글 파괴어 사용이 줄었다고 스스로 평가하고 있음을 알 수 있다.

2) 학부모

채팅 도우미 프로그램 적용 후 가정에서의 한글 파괴어 사용 빈도 변화를 분석하기 위하여 학부모 설문지를 작성하여 평가한 결과는 〈표 4-92〉와 같다.

〈표 4-92〉 한글 파괴어 사용 빈도 변화(N=44)

| 응답자 \ 내용 | 많이 줄었다 | 조금 줄었다 | 변화 없다 | 약간 늘었다 | 많이 늘었다 |
|---|---|---|---|---|---|
| N | 7 | 13 | 22 | 2 | – |
| % | 15.9 | 29.5 | 50 | 4.6 | – |

〈표 4-92〉에서 가정에서의 한글 파괴어 사용이 많이 줄거나 조금 줄었다고 응답한 학부모는 45.4%로 나타났으며, 변화 없다고 응답한 학부모는 50%로 나타났다.

학생들의 평가와는 다르게 학부모들이 '변화 없다'에 가장 많은 응답을 보인 것은 학부모들이 자주 접하지 못하는 채팅이나 일기 등에서 한글 파괴 현상이 가장 많이 나타나기 때문인 것으로 판단된다.

나. 일기에서의 감소도

학생들의 채팅 도우미 프로그램 적용 후 한글 파괴 감소 정도를 판단

하기 위하여 연구 전의 일기장과 연구 후의 일기장을 비교하였다. 3월
에 한글 파괴 현상이 많이 보이는 일기장 3권을 선택하여 3일치 일기
에서 나타나는 한글 파괴 단어 수를 총 단어 수로 나누어 3월과 12월의
한글 파괴 단어 수의 비율을 비교하였다.

〈표 4-93〉 일기에서의 감소도(N=44)

| 이름 | 월 | 총<br>단어 수 | 한글 파괴<br>단어 수 | (한글 파괴 단어 수 /<br>총 단어 수) ×100 | 증감(%) |
|---|---|---|---|---|---|
| 윤○○의<br>일기장 | 3월 | 156 | 28 | 17.9% | −11.5 |
| | 12월 | 171 | 11 | 6.4% | |
| 고○○의<br>일기장 | 3월 | 164 | 17 | 10.3% | −9.7 |
| | 12월 | 146 | 1 | 0.6% | |
| 이○○의<br>일기장 | 3월 | 182 | 18 | 9.8% | −7.5 |
| | 12월 | 170 | 4 | 2.3% | |

〈표 4-93〉에서 윤○○ 학생은 3월 17.9%의 비율로 한글 파괴어가
나타났으나 12월에는 6.4%로 11.5%가 감소했으며, 고○○ 학생은 3월
에는 10.3%의 비율로 한글 파괴어가 나타났으나 12월에는 0.6%로
9.7%가 감소했다. 이러한 결과로 보아 채팅 도우미 프로그램의 적용
이 한글 파괴어 사용의 감소에 긍정적인 영향을 주었음을 알 수 있다.

## 다. 채팅에서의 감소도

학생들의 채팅 도우미 프로그램 적용 후 한글 파괴 감소 정도를 판단
하기 위하여 연구 전의 채팅 과정과 연구 후의 채팅 과정을 비교하였
다. 채팅 프로그램인 '버디버디'는 채팅 과정을 텍스트 파일로 저장할
수 있기 때문에 3월과 12월에 아침 자율학습 시간을 이용하여 10분 동
안 채팅을 하게 하고 단어 수를 관찰하였다. 일기장 비교에서와 마찬
가지로 한글 파괴 단어 수를 총 단어 수로 나누어 연구 전과 연구 후의
한글 파괴어 비율을 비교하였다.

〈표 4-94〉 채팅에서의 감소도(N=44)

| 월＼단어 수 | 총 단어 수 | 한글 파괴 단어 수 | (한글 파괴 단어 수 / 총 단어 수) ×100 | 증감(%) |
|---|---|---|---|---|
| 3월 | 5279 | 1811 | 34.3% | −20.7 |
| 12월 | 6018 | 820 | 13.6% | |

　〈표 4-94〉에서 3월 34.3%의 비율로 한글 파괴어가 나타났으나 12월
에는 13.6%로 20.7%가 감소했다. 이러한 결과로 보아 채팅 도우미 프
로그램의 적용이 한글 파괴어 사용의 감소에 기여한 것을 알 수 있다.
　한글 파괴어의 출현 비율이 일기장에서 보이는 것처럼 낮지 않은 이
유는 채팅에 습관화되어 있는 학생들이 아직 그 습관을 고치지 못하고
무의식적으로 키보드를 통해 글자를 입력해서 나타나는 것으로 보인
다. 즉, 몇 년 동안의 채팅에서 굳어진 습관을 바꾸기 위해서는 좀 더
장기적인 채팅 도우미 프로그램의 투입이 있어야 함을 의미하는 것으
로 해석된다.

예시 9

✍ 주제 : 단계적 변형 동화 짓기 프로그램 구안·적용을 통한 창의적 쓰기 능력의
　　　　신장[54]

1. 동화 쓰기 태도 변화
　동화 쓰기 태도 변화는 객관적인 자료로 평가하기가 어려워 아동 및 교
사의 소감록으로 태도 변화를 살펴보았다. 처음에는 글짓기가 힘들고 재
미없으며 어떻게 이야기를 전개해 나갈지 몰라 했으나 점점 이야기를 변
형시키는 데 자신감을 가지게 되고 이야기를 창의적으로 전개해 나가는
태도 변화를 보였다.

---

54) 최미숙(2003). 제47회 전국현장교육 연구대회. 국어교육분과, 1등급.

2. 동화 짓기 활동의 흥미도

다양한 동화 짓기 활동에 대한 흥미도와 기능 태도 면을 연구반 아동 40명을 대상으로 연구 전후 질문지를 통하여 〈표 4-95〉와 같이 조사·분석하였다.

〈표 4-95〉 동화 짓기의 흥미도, 기능 태도 면 분석(N=40)

| 항 목 | 반응 내용 | 연구 전 | | 연구 후 | | 전후 차이 | |
|---|---|---|---|---|---|---|---|
| | | N | % | N | % | N | % |
| 동화 짓기 흥미도 | 동화 짓기가 재미있고 유익하다. | 19 | 47.5 | 28 | 70.0 | +9 | +22.5 |
| | 가끔 재미있다. | 11 | 27.5 | 7 | 17.5 | −4 | −10.0 |
| | 재미가 전혀 없다. | 10 | 25.0 | 5 | 12.5 | −5 | −12.5 |
| 동화 짓기 기능 태도 | 동화 짓는 능력이 많이 있다. | 5 | 12.5 | 23 | 57.5 | +18 | +45.0 |
| | 조금 있다. | 22 | 55.0 | 11 | 27.5 | −11 | −27.5 |
| | 거의 없다. | 13 | 32.5 | 6 | 15.0 | −7 | −17.5 |

〈표 4-95〉와 같이 동화 짓기의 흥미도에서 '동화 짓기가 재미있고 유익하다.'고 응답한 아동이 연구 초에 비해 9명(22.5%) 증가하였고, '재미가 전혀 없다.'고 한 아동은 연구 전에 10명(25.0%)이었으나 연구 후에는 5명으로 감소된 것으로 조사 분석되었다. 기능 태도 면에서는 '동화 짓는 능력이 많이 있다.'고 응답한 아동이 연구 초에 비해 18명(45.08%)이 증가하였다.

3. 개발 자료의 활용도

동화 쓰기 시간에 책을 읽고 내용을 변형하거나 아무 자료 없이 그냥 쓰게 하면 지겨워하고 재미없어 하여 글 짓는 것을 두려워하는 결과를 초래하게 된다. 본 연구에서 자료는 교사가 제작한 단계별 학습지, 그림을 확대하거나 아동들이 그린 그림자료, 부모님의 도움을 받아 인터넷 사이트에서 이야기를 찾아보게 하는 인터넷 활용, TP 자료, VCR 자료 등 다양하고 흥미 있는 동화 쓰기 자료를 제작하였는데 그 결과는 〈표 4-96〉과 같다.

〈표 4-96〉 동화 짓기의 개발 자료 적용 분석(N=40)

| 항 목 | 반응 내용 | 연구 전 | | 연구 후 | | 전후 차이 | |
|---|---|---|---|---|---|---|---|
| | | N | % | N | % | N | % |
| 자료의 적용이 동화를 짓는 데 도움이 되었습니까? | 많은 도움이 된다. | 11 | 27.5 | 27 | 67.5 | +16 | +40.0 |
| | 보통이다. | 20 | 50.5 | 9 | 22.5 | −11 | −28.0 |
| | 별로 효과가 없다. | 9 | 22.5 | 4 | 10.0 | −5 | −12.5 |
| 가장 효과 있는 자료 | 학습지 | 5 | 12.5 | 8 | 20.0 | +3 | +7.5 |
| | 그림자료 | 19 | 47.5 | 5 | 12.5 | −14 | −35.0 |
| | 인터넷 활용 | 6 | 15.0 | 16 | 40.0 | +10 | +25.0 |
| | VCR 자료 | 7 | 17.5 | 9 | 22.5 | −2 | +5.0 |
| | TP 자료, 녹음자료 | 3 | 7.5 | 2 | 5.0 | −1 | −2.5 |

'자료의 적용이 동화를 짓는 데 도움이 많이 되었다.'가 연구 전에는 11명(27.5%)에서 27명(67.5%)으로 증가하였다. 연구 후 '보통이다'는 9명(22.5%), '별로 효과가 없다.'는 4명(10.0%)으로 나타나 자료가 동화 짓기에 아동의 발상을 돕는 것으로 나타났다.

가장 효과 있는 자료는 연구 초에는 그림자료 19명(47.5%), VCR 자료 7명(17.5%), 인터넷 활용 6명(15.0%), 학습지 5명(12.5%), TP 자료와 녹음자료 3명(7.5%)으로 나타나 그림자료를 선호하고 있는 것으로 분석되었다.

그러나 연구 후의 자료 활용은 인터넷 활용이 16명(40.0%)으로 가장 많았고, VCR 자료 9명(22.5%), 그림자료 5명(12.5%). 학습지 8명(20.0%), TP 자료, 녹음자료 2명(5.0%)으로 나타났다. 아동들이 인터넷을 평소에도 많이 하고 있으며 제일 관심 있고 재미있게 활용하고 있었다. 비디오 자료도 좋아하는데 많은 아동이 집중하여 보는 데는 조금의 문제가 있었다. 교사가 제작한 학습지도 재미있어 하고 많은 도움을 받는 것으로 나타났다. 창의적 쓰기 기능을 신장시키기 위해서는 제작된 자료를 의도적이고 체계적으로 활용하고 지도하는 것이 바람직하다고 해석되었다.

4. 단계적 변형 동화 짓기 프로그램의 적절성

　　단계적 변형 동화 짓기 프로그램의 적절성을 연구반 아동 40명과 같은 학년 교사 9명을 대상으로 연구 전후 질문지를 통하여 조사 분석하였다.

가. 아동 대상

　　본 연구 대상 아동 40명에게 단계적 변형 동화 짓기 프로그램이 창의적 글짓기에 도움이 되었는지, 상상력이 향상되었는지 조사하였더니 다음과 같이 분석되었다.

〈표 4-97〉 아동의 단계적 변형 동화 짓기 프로그램의 적절성 분석(N=40)

| 시기 | 항목 | 글짓기에 도움 | | | | 상상력의 향상 | | | |
|---|---|---|---|---|---|---|---|---|---|
| | | 도움이 된다 | 그저 그렇다 | 도움이 되지 못한다 | 계 | 향상이 된다 | 그저 그렇다 | 향상 되지 못한다 | 계 |
| 연구 전 | N | 15 | 20 | 5 | 40 | 12 | 15 | 13 | 40 |
| | % | 37.5 | 50.0 | 12.5 | 100 | 30.0 | 37.5 | 32.5 | 100 |
| 연구 후 | N | 24 | 12 | 4 | 40 | 22 | 16 | 2 | 40 |
| | % | 60.0 | 30.0 | 10.0 | 100 | 55.0 | 40.0 | 5.0 | 100 |
| 전후 차이 | N | +9 | -8 | -1 | 0 | +10 | +1 | -11 | 0 |
| | % | +22.5 | -20.0 | -2.5 | 0 | +20.0 | +2.5 | -27.5 | 0 |

　　단계적 변형 동화 짓기 프로그램으로 창의적 쓰기에 '도움이 된다.'고 응답한 아동이 연구 초에는 15명(37.5%), '그저 그렇다.'가 20명(50.0%), '도움이 되지 못한다.'가 5명(12.5%)이었으나, 연구 후에는 '도움이 된다.'고 응답한 아동이 24명(60.0%)으로 가장 많았고, '그저 그렇다.'는 아동은 12명(30.0%)이었으며, '도움이 되지 못한다.'고 응답한 아동은 4명(10.0%)으로 나타나 단계적 변형 동화 짓기 프로그램이 적절한 것으로 나타났다.

　　단계적으로 프로그램을 통하여 글짓기를 하면 '상상력이 향상된다.'가 연구 초에는 12명(30.0%), '그저 그렇다.'가 15명(37.5%), '상상력이 향상되지 못한다.'가 13명(32.5%)으로 나타났으나, 연구 후에는 '상상력이 향상된다.'가 22명(55.0%), '그저 그렇다.'가 16명(40.0%), '상상력이 향상되지 못한다.'가 2명(5.0%)으로 나타나 상상력 향상에 도움을 많이 주는 것으로 나타났다.

## 나. 교사 대상

학습 조건과 지도 내용이 비슷한 같은 학년 교사 9명을 대상으로 창의적 쓰기 지도를 할 때 단계적 변형 동화 짓기 프로그램의 도움과 가장 유익한 프로그램을 선정하게 하였더니 다음과 같이 조사 분석되었다.

〈표 4-98〉 교사의 단계적 변형 동화 짓기 프로그램의 적절성 분석(N=9)

| 항 목 | 반응 내용 | 연구 전 | | 연구 후 | | 전후 차이 | |
|---|---|---|---|---|---|---|---|
| | | N | % | N | % | N | % |
| 지도 자료의 적절성 | 지도에 도움이 된다. | 6 | 66.7 | 8 | 88.9 | +2 | +22.2 |
| | 보통이다. | 2 | 22.2 | 1 | 11.1 | -1 | -11.1 |
| | 별로 도움이 되지 못한다. | 1 | 11.1 | 0 | 0.0 | -1 | -11.1 |
| 유익한 프로그램 | 기본학습 단계 | 1 | 11.1 | 1 | 11.1 | 0 | 0.0 |
| | 옮겨 쓰기 단계 | 1 | 11.1 | 0 | 0.0 | -1 | -11.1 |
| | 일부 변형 단계 | 2 | 22.2 | 1 | 11.1 | -1 | -11.1 |
| | 주제 변형 단계 | 3 | 33.3 | 5 | 55.6 | +2 | +22.3 |
| | 전체 변형 단계 | 2 | 22.2 | 2 | 22.2 | 0 | 0.0 |

동료 교사들도 단계적 변형 동화 짓기 프로그램이 글짓기 지도에 '도움이 된다.'가 연구 초에는 6명(66.7%), '보통이다.'가 2명(22.2%), '별로 도움이 되지 못한다.'가 1명(11.1%)으로 나타났으나, 연구 후에는 지도에 '도움이 된다.'가 8명(88.9%), '보통이다.'가 1명(11.1%)으로 나타나 단계적으로 지도하는 것이 효과적이라고 해석되었다.

교사가 생각하는 유익한 프로그램은 연구 후에 '주제 변형 단계' 5명(55.6%), '전체 변형 단계' 2명(22.2%), '기본학습 단계'와 '일부 변형 단계'가 각각 1명(11.1%)으로 나타나 단계적 변형 프로그램이 동화 짓기 지도에 적절한 것으로 해석되었다.

5. 단계적 변형 동화 짓기 프로그램의 활용도

단계적 변형 동화 짓기 프로그램이 창의적 글짓기에 도움이 된다는 결과가 높게 나타났는데, 아동들이 평소에 이 프로그램을 잘 활용하고 있는지 알아보기 위해 선생님의 권유가 있어야 하는지, 선생님의 권유가 없어도 스스로 동화 짓기를 하는지 알아보았다.

⟨표 4-99⟩ 단계적 변형 동화 짓기 프로그램의 활용도 분석(N=40)

| 항목 | 반응 내용 | 연구 전 | | 연구 후 | | 전후 차이 | |
|---|---|---|---|---|---|---|---|
| | | N | % | N | % | N | % |
| 동화 짓기 활용도 | 선생님의 권유가 없어도 스스로 자주 동화를 짓는다. | 2 | 5.0 | 9 | 22.5 | +7 | +17.5 |
| | 선생님의 권유가 있어야 동화 짓기를 한다. | 5 | 12.5 | 21 | 52.5 | +16 | +40.0 |
| | 가끔 동화를 짓는다. | 11 | 27.5 | 8 | 20.0 | −3 | −7.5 |
| | 한 번도 안 한다. | 22 | 55.0 | 2 | 5.0 | −20 | −50.0 |

동화 짓기의 활용도에서는 '선생님의 권유가 없어도 스스로 자주 동화를 짓는다.'가 연구 전에는 2명(5.0%), '선생님의 권유가 있어야 동화 짓기를 한다.'가 5명(12.55%), '가끔 동화를 짓는다.'가 11명(27.5%), '한 번도 안 한다.'가 22명(55.0%)으로 한 번도 안 하는 아동이 전체적으로 높게 나타났다. 그러나 연구 후에는 '선생님의 권유가 없어도 스스로 자주 동화를 짓는다.'가 9명(22.5%), '선생님의 권유가 있어야 동화 짓기를 한다.'가 21명(52.5%), '가끔 동화를 짓는다.'와 '한 번도 안 한다.'가 소수에 불과했다. 이것으로 보아 단계적 변형 동화 짓기 프로그램이 창의적 쓰기에 도움을 주는 것으로 보인다. 그리고 가정이나 학교에서 동화 짓기를 하는 것으로 나타났으나 아직까지도 글을 쓰는 것을 부담스러워하는 아동이 많아 지도방법 및 프로그램의 구안 등이 연구 과제로 남겨졌다.

## 6) 논의의 필요성 및 방법

최근 연구 논문에서는 논의하는 부분이 언급되는 경우가 많다. 자연과학에서는 어떠한 실험을 하여 결과가 도출되었을 때 이에 대한 반론이 있을 수 없다. 그러나 사회과학에서는 자연과학에서와 같이 항상 동일한 결과와 공식이 성립된다는 것은 어려운 일이다. 일반적 학습이론은 대부분의 학생에게는 적용되나 몇몇 학생에게는 그 학습이론이 부합되지 않는 경우가 있다. 그래서 인간을 대상으로 하는 사회과학 등의 교육연구에서는 몇몇 학생을 대상으로 적용해 본 연구 결과를 가지고 전체 학생이 그러한 것처럼 단언하는 것은 주관적인 해석인 경우가 많다. 그래서 연구 결과를 객관화하고 설득력을 얻기 위한 한 방안으로 논의가 필요한 것이다. 대개의 연구에서 보면 서론 부분의 문제 제기에서 '이러이러한 것이 안 되고 있다.'고 실태를 제시해 놓고, '어떻게 했더니 이러한 성과가 나서 해결되었다.'는 식으로 보고서를 작성하고 있다. 교육이란 다요인적이고 역동적 관계에서 이루어지는 것이어서 쉽게 해결되는 것이 아니며, 해결되었다 해도 일시적일 가능성이 크다. 연구자료나 어떠한 데이터가 나온 것만 가지고 결론을 확신하기는 어렵다.

그러므로 여러 가지 측면에서 검토가 필요하다. 먼저 밝혀진 연구 결과를 분석적으로 비판함으로써 결과에 대한 의의, 적용의 한계, 문제점 그리고 논리적 가정과 사실 간의 문제, 표집이나 도구의 문제점, 연구방법상의 제한점 등 광범위한 문제를 자유롭게 취급할 수 있다. 이때 유의할 점은 어디까지나 논지의 공정성을 기하고 독단에 빠지는 일이 없어야 하며 사실에 바탕을 둔 진술이어야 한다.

예시 1

📝 **주제 : 육자배기조 민요 체험학습을 통한 전통음악 어법의 이해력 신장**[55]

• **연구 문제**

　기초 조사에서 도출된 문제점을 해결하기 위한 연구 문제를 다음과 같이 설정하였다.

1. 교육과정에서 육자배기조 민요 체험학습의 내용과 방법을 어떻게 구안할 것인가?
2. 육자배기조 민요 체험학습을 위한 창의적인 교수–학습 과정을 적용하면 전통음악 어법에 대한 이해력이 신장될 것인가?

• **연구 결과의 논의**

　육자배기조 민요체험 요소를 가창, 기악, 창작, 감상 활동에 투입하여 내용을 구성하고, 이를 교수–학습 과정에 투영시켜 적용하였을 때 전통음악에 대한 이해력이 의미 있는 향상을 나타냈다. 즉, 전통음악 학습에 대한 흥미와 기본 능력이 향상되었고 적극적인 감상 태도를 갖게 되었다. 구체적인 내용은 다음과 같다.

　첫째, 아동 흥미 변화의 측면에서 볼 때, 육자배기조 민요를 주요 재료로 가창, 감상, 창작 활동을 실시한 결과, 전통음악 학습에서 연구 전에 가창 일변도의 흥미를 보였던 아동들이 창작과 감상 활동에 대한 흥미와 자신감이 동시에 높아지면서 비교적 고르게 흥미를 나타냈다.

　둘째, 전통음악의 이해 면에서 볼 때, 어린이들에게 육자배기조 민요의 선율과 장단 변화의 흐름에 대한 구체적인 관심을 갖도록 이끔에 따라 전통음악의 특징인 시김새의 멋과 의미를 이해하게 되었고, 다른 지방의 민요에도 관심을 갖게 되었으며, 장단의 의미와 구조를 이해하게 되어 연주를 들으면서 장단의 빠르기와 변화를 감지할 수 있게 되었다.

55) 이은혜(2002). 제46회 전국현장교육 연구대회. 음악교육분과, 1등급.

셋째, 전통음악 기본 능력의 측면에서 볼 때, 육자배기조 민요의 체계적이고 다양한 접근 활동을 통해 민요를 자신 있게 부를 수 있게 되고, 완전 4도에 대한 음정감을 높여 주었으며, 장단 치기와 가락 짓기 기능의 향상에도 영향을 미친 것으로 나타났다.

넷째, 전통음악을 감상하는 태도를 볼 때, 전통음악에 대한 이해력이 높아짐에 따라 감상의 중점을 설정하여 감상하게 되었으며, 이전보다 훨씬 흥미를 갖고 감상하려는 태도를 보였다. 특히, 악기 연주와 춤사위 표현에서 곡선적 표현의 아름다움을 느끼고 다른 문화권과 차별화되는 우리만의 특징과 아름다움을 느끼게 되었다.

예시 2

📝 **주제 : 야생화 탐사반의 운영이 자생식물 보존 가치의 내면화에 미치는 영향**[56]

● **연구의 문제**

본 연구의 목적을 효과적으로 달성하고자 구체적인 연구 문제를 다음과 같이 설정하여 연구를 추진하기로 하였다.

1. 야생화 탐사 활동을 효과적으로 전개하기 위한 방안을 어떻게 구상·적용할 것인가?
2. 자생식물의 분포 실태 및 보존 가치를 파악하기 위한 활동을 어떻게 전개할 것인가?
3. 자생식물에 대한 보존 가치를 내면화할 수 있는 다양한 활동방법을 어떻게 모색하고 적용할 것인가?

● **실행 목표 설정**

본 연구의 필요성과 실태 분석에서 나타난 문제점 및 이론적 배경에서 살펴본 내용을 중심으로 연구의 목적과 문제를 해결하기 위하여 다음과 같은 실행 목표를 설정하였다.

---

56) 이동규(2000). 제44회 전국현장교육 연구대회. 특별활동분과, 1등급.

〈실행 목표 1〉

야생화 탐사반을 조직하고 전체 운영 계획을 수립한다.

〈실행 목표 2〉

야생화 탐사 활동과 병행하여 야생화 홍보 활동을 전개한다.

〈실행 목표 3〉

자생식물에 대한 보존 가치를 내면화할 수 있는 다양한 활동을 전개한다.

● **검증 결과의 논의**

1. 클럽 활동(야생화 탐사반)에 대한 관심도의 변화

   야생화 탐사반에 참여한 자세는 연구 전보다 +35.3%, 야생화 탐사반의 활동을 통해서 느끼는 흥미 정도와 만족 정도는 연구 전보다 각각 +41.2%, +64.7%, 취미 생활과 특기의 신장 정도는 연구 전보다 +64.7%로 모두 현저히 향상되는 결과를 보였다. 이것은 야생화 탐사 활동을 하면서 다양한 형태의 학습 활동과 자율적인 탐사 활동으로 적극적인 참여를 유도했기 때문이라고 생각된다.

   뿐만 아니라, 야생화 탐사반에서 다시 활동을 하고자 할 때 바라는 것으로는 연구 전보다 더 많은 학생이 보다 적극적이고 실질적인 것으로서, 야생화 전용 서클룸이라든지, 야생화 전용 전시실, 탐사 활동 시간의 연장, 폭넓은 탐사 활동 장소 등이 있었다. 이것은 연구 목적상 한곳에서 전일제 위주로 활동을 전개하다 보니, 야생화 탐사 활동에 심취된 학생들의 욕구 분출이라고 여겨진다. 현실적으로 학생들의 전용 서클룸은 장기적으로 교육 여건상 해결해야 할 과제라고 생각된다.

2. 야생화에 대한 관심도의 변화

   야생화에 대한 관심도는 많은 학생들이 연구 전에는 5.9%에서, 연구 후에는 76.5%로 대폭 증가했으며, 야생화에 대한 관심을 전혀 갖지 않았던 4명(23.5%)도 연구 후에는 모두 관심을 가지는 것으로 나타났다. 이것은 학생들의 자율적인 참여와 소집단별로 계획된 야생화 탐사 활동을 통하여 야생화를 보는 시각이 변하고 심미안이 길러진 결과라고 생각된다.

   한편, 알고 있는 야생화에 대해서도 연구 전에는 한 개도 적지 못한 학생이 6명(35.3%), 일반 풀과 잡초를 비롯하여 3개 이상을 제대로 적은 학생이 2명(11.8%)이었다. 그러나 연구 후에는 14명(82.4%)이 20종 이상의 야생화를 자신 있게 적어 낸 것으로 미루어 보아, 다양한 야생화 탐사 활동 계획과 학생들의 적극적 참여로 야생화에 대한 인식이 달라지고, 많은 야생화를 알게 되었다고 여겨진다.

### 3. 자생식물에 대한 관심도의 변화

자생식물에 대한 관심도 면에서 연구 전의 5.9%에 비해, 연구 후에는 절반 이상인 58.8%가 많은 관심을 보였다. 특별히 좋아하는 식물과 조성하고 싶은 식물원에서도 자생식물을 선호하는 학생이 연구 전보다 각각 17.7%와 23.6%의 증가를 보였다. 자생식물을 여러 가지 용도의 자원식물로 개발하는 것에 대해서도 연구 전보다 47.1%가 증가한 학생이 긍정적이고 호의적인 반응을 나타냈다.

뿐만 아니라, 자생식물에 대한 인지도에 있어서도 평균적으로 조사 식물 내용의 반 이상을 알고 있는 것으로 나타났다. 그동안의 야생화 탐사 과정에서 자생식물에 대한 홍보 활동 강화와 귀화식물에 대한 교육이 주효했던 것으로 사료되며, 자생식물에 대한 인식의 변화와 함께 보존 가치의 내면화가 이루어지고 있는 것으로 생각된다.

### 4. 자생식물의 특징에 대한 이해도의 변화

평균 점수에 있어서 연구 전보다 22.6%의 증가를 나타냈으며, 이해도 반응에 있어서도 연구 전에는 답을 알고 반응한 것과 모르면서 정답에 표기한 것에서 7.1%의 차이를 보인 반면, 연구 후에는 그 차이가 0.3%에 불과해 실제로 상당한 의미가 있다고 생각된다. 이러한 것은 본인의 야생화 선정과 함께, 그에 대한 자료 조사·정리, 다른 학생들과의 윤독을 통해 자생식물에 대한 소감을 작성하게 하고, 이달의 야생화를 선정하여 계속적인 홍보 활동을 실시함과 아울러 학생들이 이에 적극적인 반응을 보인 결과라고 생각된다.

### 5. 야생화 및 자생식물에 대한 보존 의식의 변화

연구 전보다 23.5%나 증가한 학생들이 환경을 개발하기 이전에 생태계의 변화를 먼저 걱정하였다. 야생화 및 자생식물에 대한 천대 행위와 무관심했던 행동도 연구 전보다 전무해지거나, 41.2% 내지 58.8% 이상 줄어들었으며, 우리의 야생화나 자생식물에 대한 개발 및 상품화에 대해서도 연구 전보다 학생의 호의적인 반응이 23.5% 이상 증가하였다.

　뿐만 아니라, 우리의 야생화나 자생식물에 대한 보존 의식을 고취시키는 방법 면에서도 연구 전보다 적극적인 방법들을 많이 제기하였다. 이러한 현상은 여러 가지 방법으로 우리의 야생화 탐사 활동을 전개하고 교육한 효과라고 생각된다.

## 12. 요약 및 결론

　연구자가 연구에 착수하여 1～2년간 노력하여 추진하는 목적은 결론을 잘 내리기 위한 것이다. 연구 보고서에서는 일반적으로 마지막 장에서 요약과 더불어 결론 및 제언을 제시한다. 때로는 중복을 피하는 의미에서 요약을 생략하기도 하지만 대개는 요약을 제시한다. 특히, 조사연구일 경우는 요약이 결론을 대신할 때도 있고 그렇지 않은 경우도 있다.

### 1) 요 약

　연구 내용에 대한 결론을 밝히기에 앞서 연구의 전체를 알아볼 수 있도록 서론 부분에 언급되었던 연구 동기부터 본론 부분에서 밝혀진 연구 결과에 이르기까지 내용을 간추려 간략하게 재진술해야 한다. 이와 같이 요약을 결론 앞에 밝히는 이유는 먼저 독자가 연구 보고서를 전부 읽지 않고 그 윤곽만을 알고 결론을 음미하고자 할 때나, 독자가 연구 보고서를 전부 읽었더라도 결론을 읽기에 앞서 연구의 주요 부분에 관해 재인식하도록 하는 데 매우 도움이 되기 때문이다.

그런데 흔히 보면, 이 요약 부분을 다만 연구 결과의 요약만으로 오인하여 실행 결과만 간추려 놓는 경향이 있는데, 이러한 방법은 삼가야 할 것이다. 예컨대, ∼한 필요(동기)에서, ∼한 목적에서(연구 목적), ∼한 문제를 해결하기 위하여(연구 문제), ∼한 내용을, ∼한 방법으로(도구, 실험처치, 절차), ∼명을 대상으로, ∼개월간 연구 실천한 과정과 결과를 요약해야 한다. 즉, 연구 과정 면과 연구 결과 면으로 구분하여 요약하는 것이 좋다. 이때 연구의 목적, 가설(실행 중점), 연구방법 그리고 연구 결과의 연결이 논리적이어야 한다.


## 2) 결 론

결론은 이미 밝혀진 연구 결과와 가설(실행 중점)에 근거를 두고 종합적인 판단을 내리는 것이다. 즉, 앞부분의 해석이나 논의에도 근거를 두면서 연구 결과에 따른 일반적인 사실이나 법칙을 명확히 진술하는 과정이다. 그런데 결론에서 비약된 해석이나 결과를 과대평가하는 경향은 삼가는 것이 좋다.

흔히 결론을 보면, 너무 빈약하거나 상식적인 선에서 머물러 연구해 보지 않은 사람도 누구나 알 수 있는 내용을 제시한다든지 가설(실행 중점)이나 명제에서 제기한 문제의 해답이 되지 않는 다른 측면에서 서술하는 경우를 볼 수 있다.

결론은 문제, 이론, 가설(실행 중점), 결과, 해석을 바탕으로 종합적으로 진술되어야 한다. 결론을 제시하는 일은 가설을 더욱 의미 있게 만드는 일이다. 그래서 단순한 결과와 해석의 종합이라기보다 연구의 결과를 의미 있고, 의의 있게 기술하고 설명하여 다른 사태에도 예언할 수 있도록 사실적이고 이론적이어야 한다. 즉, 독립변인과 종속변인을 연결 짓는 결론을 의미 있고 의의 있게 제시하려면 원리와 법칙이 있어야 한다. 즉, 통합적인 결론, 타당한 절차를 거쳐 새로운 원리와 법칙을 마련하는 논리적 과정인 것이다. 따라서 경험적이고 사실적이며, 논리적으로 타당한 근거가 제시되어야 한다. 이때 결론을 어느 정도 진술하여야 할 것인가는 획일적으로 말할 수 없으나 일반적으로 가설이나 연구 문제, 명제 하나에 대해서 2~3항의 결론을 제시하는 것이 적당할 것이다.

즉, 요약은 연구 내용에서 밝혀진 자료를 정리하여 그대로 요약하고 연구자의 주장이나 주관이 포함되어 있지 않은 것이며, 결론은 연구 결과를 바탕으로 연구자의 주관이나 주장이 포함되어 있는 것이라고 할 수 있다.

## 3) 제 언

제언은 연구 결과에서 얻은 시사점이나 앞으로 연구할 과제를 흔히 제시한다. 연구 보고서를 보면 연구 결과에서 오는 교육적인 의의를 기술하는 경우가 있는데, 이러한 내용은 논의에서 다루고, 제언에는 앞으로 있어야 할 후속 연구와 전망 등을 간략히 진술해야 한다. 조사연구인 경우는 어떠한 문제에 대한 시사점을 연구 목적에 비추어 기술하는 것이 타당하다.

요약 및 결론의 진술 예를 소개하면 다음과 같다.

예시 1

📝 **주제 : 체중 조절행위 예방 프로그램 구안 · 적용을 통한 여고생의 자기효능감 증진 방안**[57]

● **연구의 목적**

본 연구의 목적은 여고생들의 체중 조절행위와 관련된 외모 불만 요인을 조사하여 정상 체중 여고생들이 과다한 체중 조절로 건강을 해치는 것을 예방하기 위하여 체중 조절행위 예방 프로그램을 구안 · 적용하여 건강한 신체를 유지 · 증진하도록 하는 데 있다. 그 구체적인 목적은 다음과 같다.

첫째, 정상 체중 여고생들의 외모 불만 요인 및 체중 조절 욕구 요인을 분석

57) 박숙희(2003). 제47회 전국현장교육 연구대회. 생활지도분과, 1등급.

하여 체중 조절행위 예방 프로그램을 구안하고, 둘째 정상 체중 여고생의 체중 조절행위 예방 프로그램을 적용한 모둠별 표현 전략 방법을 모색하며, 셋째 여고생들이 외모 불만을 극복할 수 있도록 다양한 체험 기회를 제공하여 자기효능감과 건강을 증진시키는 데 목적을 두었다.

## VII. 요약 및 결론

### A. 요 약

지금까지 연구한 내용을 중심으로 각 부분별로 요약하면 다음과 같다.

#### 1. 개요 면

현대의 청소년들은 마른 체형을 선호하기 때문에 성장기 여학생들은 비만 여부와 상관없이 무리한 다이어트를 선호하는 경향이 강하다. 그런데 문제는 체중 조절을 원하는 대부분의 사람들의 특징이 적절한 방법을 사용하기보다 단시간 내에 효과를 보기 위해 무절제한 금식이나 절식, 부적합한 건강보조식품과 약물 섭취 등의 방법을 선택하므로 건강을 해치는 경우가 많다는 것이다.

최근 남녀 고등학생들은 교복을 자기 몸에 딱 붙게 입는 것이 유행이다. 특히, 본교 학생들은 플레어 형태의 교복 스커트를 타이트 스커트에 가깝게 고쳐 입고, 교복 상의는 보기에도 힘겨울 정도로 꼭 끼도록 고쳐서 입고 있는 형편이다. 이처럼 교복의 맵시가 체형의 영향을 받다 보니 학생들은 체중에 더 많은 신경을 쓰고 있다. 청소년기는 성인기에 발생할 수 있는 비만을 예방하고 올바른 건강 습관을 정착시킬 수 있는 시점임을 비추어 볼 때, 건강을 유지 및 증진하기 위한 올바른 체중 조절 습관을 기르는 것이 바람직하다. 따라서 본 연구자는 외모 불만, 특히 체중에 대하여 잘못 인식하고 고민하는 여고생에게 체중 조절행위 예방 프로그램을 적용하여 외모 불만에서 벗어나 체중 조절행위를 중단하고 자기효능감을 높여 학생 스스로 질병을 예방하고 건강을 유지·증진할 수 있도록 도움을 주기 위하여 본 연구를 시작하게 되었다.

본 연구의 구체적인 목적은 다음과 같다. 첫째, 정상 체중 여고생들의 외모 불만 요인을 분석하여 체중 조절행위 예방 프로그램을 구안하며, 둘째 정상 체중 여고생의 체중 조절행위 예방 프로그램을 적용한 모둠별 표현 전략 방법을 모색하며, 셋째 여고생들이 외모 불만을 극복할 수 있는 다양한 체험의 기회를 제공하여 자기효능감과 자신의 건강을 증진시키는 데 목적을 두었다. 본 연구를 실행하기 위하여 다음과 같은 연구 문제를 설정하였다.

a. 정상 체중 여고생들의 외모 불만 요인을 어떻게 분석하여 체중 조절행위 예방 프로그램을 구안할 것인가?
b. 정상 체중 여고생의 체중 조절행위 예방 프로그램을 적용한 모둠별 표현 전략을 어떻게 전개할 것인가?
c. 여고생들이 외모 불만을 극복할 수 있는 다양한 체험의 기회를 어떻게 제공하여 자기효능감을 높일 것인가?

## 2. 실천 면

연구의 목적과 문제를 해결하기 위하여 다음과 같은 실행 목표를 설정하고 실천하였다.

### 가. 실행 목표 '1'의 실천

정상 체중 여고생들의 외모 불만 요인 및 체중 조절 욕구 요인을 분석하여 체중 조절행위 예방 프로그램을 구안한다.

(1) 정상 체중 여고생들의 외모 불만 요인 및 체중 조절 욕구 요인 분석 및 지도 요소 선정

　(a) 외모 불만 요인 분석: 외모에 대한 관심을 측정하기 위하여 외모에 대한 관심도 조사, 신체 부위별 만족도 조사, 주관적 비만도와 체형 만족도 조사를 하였다.

　(b) 체중 조절 욕구 요인 분석: 체중 조절 욕구 요인을 분석하고자 체중 조절행위의 동기 조사, 체중 조절 경험 조사, 건강에 대한 관심도 조사를 하였다.

　(c) 체중 조절행위 예방의 지도 방향 및 지도 요소 선정: 체중 조절행위 예방을 위한 지도 방향을 찾고 지도 요소를 선정하였다.

(2) 정상 체중 여고생들의 체중 조절행위 예방 프로그램 구안

건강 유지 및 증진에 긍정적으로 작용하는 요소를 강화하고 부정적으로 작용하는 요소를 약화시켜 학생들이 스스로 무리한 체중 조절 욕구를 조절하여, 건강을 유지·증진하도록 돕기 위해 체중 조절행위 예방 프로그램을 4단계(1단계–자아 탐색, 2단계–자기 확인과 자기 관리, 3단계–나의 외모 불만 극복, 4단계–건강 증진 방안 찾기)로 구안하였다.

나. 실행 목표 '2'의 실천

체중 조절행위 예방 프로그램을 적용한 모둠별 표현 전략 행동을 단계별로 전개한다.

(1) 표현 활동방법

(a) 학생들이 진행자의 지시에 따라 체중 조절행위 예방 프로그램에 진지한 자세로 임하도록 분위기를 조성하였고, 체중 조절행위 예방 프로그램 활동지의 지시문에 의거하여 마음속에 내재된 가치를 탐색하도록 하였다.

(b) 학생들에게 마음속에 내재된 가치를 탐색하게 한 후, 체중 조절행위 예방 프로그램 활동지에 표현하고, 표현한 내용을 모둠원 앞에서 돌아가면서 발표하도록 하였다.

(c) 자기효능감 향상을 도모할 수 있는 긍정적인 요인을 강화하고, 프로그램에 참여한 느낌 또는 다짐을 적어 보게 한 후 모둠원들의 발표를 모니터링하게 하였다.

(2) 체중 조절행위 예방 프로그램의 적용

(a) 1단계: 자아탐색 활동 단계로 '나는 정말 누구인가?' '나를 존재하게 하는 사람들' '나는 주인인가? 종인가?' 프로그램을 적용하여 자기 탐구를 위한 동기를 유발하고, 자기의 삶과 연관된 것의 탐색을 통해 자기의 존재에 대해 감사할 수 있도록 하며, 주체적 인간상의 조감도를 생각해 보는 계기를 제공하였다.

(b) 2단계: 자기 확인 및 자기 관리 활동 단계로 '몸 알기, 몸 관리하기' '성격 알고, 성격 창조하기' 프로그램을 적용하여 몸의 소중함을 알게 하여 자신의 신체를 긍정적인 시각으로 바라볼 수 있도록 돕는다. 또 몸과 마음의 연관 관계를 알게 하고 정상 체중에 해당되는 학생들이 불필요하게 체중을 감소하여 건강을 해치는 일이 없도록 지도하였다. 자신의 성격에 대한 성찰을 통해 자신에 대한 이해를 돕고 스트레스를 줄일 수 있도록 하여 대인관계 조절 및 자아실현을 하도록 도왔다.

(c) 3단계: 자신의 외모 불만 극복 활동 단계로 '내가 인지하는 나의 외모' '친구들이 인지하는 나의 외모' '나의 장점 살리고 불만 줄이기' '나의 이미지 변신' '외모 불만 극복을 위한 선언' 프로그램의 적용으로 자신의 긍정적인 모습을 파악하여 외모 불만을 극복하게 하였다. 자신의 장점을 확인하고 강화하여 불만 요인을 약화시켜 체중 조절행위 예방을 도와 불필요하게 체중을 감소하여 건강을 해치지 않도록 도왔다.

(d) 4단계: 건강 증진 방안 찾기 활동 단계로 '바른 식이 습관, 다이어트 및 성형수술 예방' '스트레스 관리' 프로그램의 적용으로 바른 식습관을 형성할 수 있도록 하여 건강을 유지·증진하도록 도왔다. 무리한 다이어트 및 성형수술을 하지 않도록 교육하고, EBS 〈외모 열풍〉 시청 후 소감문 쓰기, 발표 및 토론을 통해 우리 삶에서 중요하게 고려되어야 할 가치 제공하기, 자신이 원하는 체형을 갖기 위한 바른 방법의 선택 능력을 향상시켰다.

다. 실행 목표 '3'의 실천

외모 불만을 극복할 수 있는 다양한 체험의 기회를 제공하여 자기 효능감을 높인다. 획일화된 외적 아름다움보다 자신만의 스타일과 매력을 가꾸는 것이 중요하다는 것을 인식하고, 자신의 건강을 유지·증진하는 것이 중요함을 인식하도록 돕고자 다음과 같은 활동을 하였다.

(1) 외모 불만 및 무리한 체중 조절로 인한 피해 조사 발표하기

　(a) 인터넷 검색을 통한 다이어트 및 성형수술로 인한 피해 조사 발표하기

　(b) 다이어트 실패담 및 성공담, 성형수술 경험담 발표하기

(2) 1인 1운동하기

　(a) 중식시간 및 휴식시간에 줄넘기를 하도록 지도하기

　(b) 체육시간과 연계하여 체육 수업 시 준비 및 정리 운동을 줄넘기로 실시하도록 협조 요청하기

　(c) 체육대회 행사 종목으로 10인 줄넘기를 채택하여 학급 학생이 화합할 기회와 체력 증진의 기회 제공하기

(3) 나의 이미지 변신에 의한 10년 후의 나와 대화해 보기

　나의 이미지 변신에 의한 10년 후의 나와 대화를 해 보도록 하였다. 자신의 미래의 모습을 그려 보게 하여 미래의 자신과 대화해 보도록 함으로써 자신이 현재 어떠한 노력을 해야 하는지 알게 하고, 현재의 삶에 충실하게 하여 자부심을 가질 수 있도록 하였다.

　(a) 10년 후의 자신과 대화하여 활동지에 기록하고 각오 내지 다짐을 하도록 하였다.

　(b) 친구들에게 발표함으로써 다시 한번 다짐하도록 하였다.

## 3. 결과 면

　지금까지의 연구 실천 결과를 제시하면 다음과 같다.

### 가. 건강 증진 행위 수행 정도

　프로그램 실시 후 건강 증진 행위 수행의 총 평균은 3.10으로 수행 전의 2.92보다 유의하게 높아졌다. 항목별로 보면 프로그램 실시 후 스트레스 관리($t=-2.23$, $p=.032$), 대인관계 조절($t=-6.03$, $p=.000$), 자아실현($t=-4.86$, $p=.000$) 등의 건강 증진 행위 수행 정도가 높아진 것으로 나타났으며, 이는 통계적으로 유의미하였다. 식이 습관과 건강 책임은 통계적으로 유의한 차이가 없었다. 운동은 프로그램 시행 후 유의미하게 실시 정도가 더 낮아진 것으로 나타났다.

나. 건강 관련 자기효능감 조사

프로그램 실시 후 자기효능감의 총 평점은 3.27로 프로그램 실시 전의 2.73보다 유의하게 높아졌다. 항목별로 보면 프로그램 실시 후 식이 습관($t=-3.71$, $p=.001$), 건강 책임($t=-3.93$, $p=.000$), 스트레스 관리($t=-4.64$, $p=.000$), 운동($t=-2.05$, $p=.048$), 대인관계 조절($t=-2.27$, $p=.029$), 자아실현($t=-8.15$, $p=.000$) 등 전체 영역에서 자기효능감이 높아진 것으로 나타났으며, 이는 통계적으로 유의미하였다.

다. 체중 조절행위 예방 프로그램 활동지 결과 분석

프로그램 진행 과정에서 학생들이 나름대로 자신을 발견하고 인식하려고 노력하였으며, 무모한 체중 조절행위가 성인기의 건강에 많은 영향을 미친다는 사실을 알고, 자신의 체형에 만족하고 체중 조절을 시도할 경우에는 바른 방법을 선택하겠다는 의지를 보였다. 따라서 체중 조절행위 예방 프로그램이 여고생들의 자기효능감 증진 수행 정도에 의미 있는 영향을 미친 것으로 분석할 수 있다.

## B. 결론

본 연구의 주제인 '체중 조절행위 예방 프로그램 구안·적용을 통한 여고생들의 자기효능감 증진 방안'의 연구 목적을 얻고자 지금까지 연구한 내용을 중심으로 결론을 내리면 다음과 같다.

1. 체중 조절행위 예방 프로그램을 자아 탐색, 자기 확인과 자기 관리, 외모 불만 원인 파악, 건강 증진 방안 찾기의 4단계로 구성하여 지도함으로써 자신의 내면을 탐구하는 기회를 제공하였고, 우리 삶에서 중요하게 고려되어야 할 가치를 제공하는 효과가 있었다.

2. 외모 불만에서 벗어나 체중 조절행위를 중단하도록 다양한 체험 기회를 제공한 결과 무리한 체중 조절로 건강을 해칠 수 있음을 인식시키는 기회를 제공하였다.

3. 체중 조절행위 예방 프로그램이 건강 증진 행위 수행 정도의 식이 습관, 건강 책임, 운동 영역에서는 의미 있는 효과가 없었으나 자기효능감을 증진시키는 데는 전 항목에서 유의한 효과가 있었다.

4. 연구반 학생 중 비만인 학생 3명, 과체중 학생 6명에게도 잘못 선택한 체중 조절방법이 가져올 수 있는 역작용을 인식시킬 기회를 제공하였고, 체중 관리 교육(운동요법, 식이요법 및 행동수정요법 등)의 기회를 제공하였다.

5. 체중 조절행위 예방 프로그램을 진행하면서 성형수술은 외모를 가꾸기 위한 것이 아님을 인식시키고, 획일화된 외적 아름다움보다 자신만의 스타일과 매력을 가꾸는 것이 중요하다는 것을 인식시키는 기회를 제공하였다.

### C. 제 언

지금까지 연구한 내용과 결론을 검토한 결과 본 연구와 관련지어 연구자의 의견을 몇 가지 제시하면 다음과 같다.

첫째, 본 연구에서는 체중 조절행위 예방에만 제한하여 연구하였으나 연구 대상 학급에 정상 체중이 아닌 학생이 9명(26.5%)을 차지하여 이 학생들이 정상 체중을 유지하고 건강을 유지·증진시킬 수 있는 개별 프로그램이 개발되어야 하겠다.

둘째, 본 연구에서는 운동, 식이 습관과 건강 책임 항목에서 학생들의 관심이 부족한 것으로 나타났다. 따라서 건강 증진을 위해서는 운동, 식이 습관 관리, 건강 관리의 중요성을 지도하는 데 관련 교과인 가정과, 체육과, 보건실 등과 통합하여 실천적인 연구가 이루어져야 하겠다.

셋째, 여고생들의 자기효능감 증진을 위해서는 학생의 발달단계에 맞는 체육시설 및 기구를 확충할 수 있는 행정적·재정적 지원이 있어야 하겠다.

( 예시 2 )

📝 **주제 : 실생활 탐구놀이 한마당 학습이 아동의 탐구 능력에 미치는 효과**[58]

● **연구의 목적**

본 연구는 아동들에게 실생활 중심의 탐구 활동에 흥미와 호기심을 가지

---

58) 이이석(2001). 제45회 전국현장교육 연구대회. 과학교육분과, 1등급.

게 하고, 아동 상호 간에 창의적이며 능률적인 문제해결 방법을 모색하도록 하여, 기초적인 탐구 능력을 기르고자 하는 데 목적이 있다. 구체적인 목적은 다음과 같다.

1. 실생활 탐구놀이 한마당 학습을 위한 5학년 자연과 교재 내용을 분석하여 재구성한다.
2. 실생활 탐구놀이 한마당 학습의 구안 및 적용방법을 모색한다.
3. 실생활 탐구놀이 한마당 학습의 심화 및 발전, 촉진을 위한 여건을 조성하여 실험·관찰 방법에 관한 탐구학습 능력을 신장시키고, 과학에 대한 태도를 변화시킨다.

## VII. 요약 및 결론

### A. 요약

본 연구는 '실생활 탐구놀이 한마당 학습이 아동의 탐구 능력에 미치는 효과'라는 주제로 그 내용을 요약하면 다음과 같다.

#### 1. 연구의 필요성 및 목적

5학년 자연과 교재를 중심으로 실생활과 관련된 탐구학습 제재를 추출 및 재구성하여 탐구놀이 한마당 학습을 전개하면 학습자에게 폭넓은 경험과 욕구 충족의 기회가 제공되며, 자연과 학습에 대한 흥미와 호기심이 유발되어 자기 주도적으로 문제를 해결하고, 실험·관찰 방법에 관한 탐구 능력이 길러지며, 과학적 태도가 함양될 것이라고 생각되어 본 연구를 추진하게 되었다.

#### 2. 연구 대상 및 연구 기간

a. 대상: 인천갈산초등학교 5학년 8반, 44명(남 21명, 여 23명)
b. 기간: 2000. 1. 1 ~ 2001. 2. 28(14개월)

#### 3. 실행 목표 설정 및 실천

실생활 탐구놀이 한마당 학습을 통하여 실험·관찰 방법에 관한 탐구 능력의 신장과 과학적 태도를 함양시키고자 다음과 같은 실행 목표를 설정하여 실천하였다.

가. 실생활 탐구놀이 한마당 학습을 위한 자연과 교재의 관련 내용을 분석·재구성한다.
  (1) 실생활 탐구놀이 한마당 학습을 위한 단원 분석
  (2) 실생활 탐구놀이 한마당 학습을 위한 단원 재구성의 설계
  (3) 실생활 탐구놀이 관련 단원의 재구성

나. 실생활 탐구놀이 한마당 학습 지도방법을 구안·적용한다.
  (1) 실생활 탐구놀이 한마당 학습 구안
  (2) 구안된 실생활 탐구놀이 한마당 학습 전개

다. 실생활 탐구놀이 한마당 학습의 심화, 발전, 촉진을 위한 여건을 조성하여 제공한다.
  (1) 생활 속의 심화 탐구 실험놀이 전개
  (2) 실생활 관련 현장 탐구 활동
  (3) 실생활 중심의 탐구 과학 행사 추진

## 4. 연구 결과

실행 목표를 실천한 내용에 대해 검증한 결과는 다음과 같다.

가. 자연과 수업 설계의 적용 효과
  (1) 자연 실험 관찰에 대한 흥미도는 연구 초에는 연구반과 비교반이 각 내용별 흥미 분포가 비슷했으나 연구 후에는 연구반이 더 많은 긍정적 변화를 보여 주었다.
  (2) 자연과 개념 형성도는 여러 영역 중 물질 영역인 산과 염기의 개념 형성이 가장 높은 수준의 향상(75.00%)을 보여 주었다.
  (3) 종합적으로 해석하면 연구반의 자연과 개념 형성도는 65.91%의 '잘함'으로 나타났고, 비교반과 18.18%의 편차를 보이고 있다.

나. 실험·관찰 방법에 관한 탐구 능력의 변화
  (1) 실생활 탐구놀이 한마당 활동을 계속할수록 흥미와 호기심을 갖고 자신감을 보여 주는 아동들이 증가해 평가 관점에서도 '잘함'의 비율이 전체적으로 50.16%로 나타났다.

(2) 각 영역별 탐구학습 능력의 변화가 학년 초에는 별로 큰 차이가 없었으나 연구 후에는 전체적으로 연구반이 현저히 향상(16.35%)되었음을 알 수 있었다.

(3) 특히 결론 및 일반화 능력에 있어서 실생활 적용력은 비교반에 비하여 가장 두드러지게 25%나 향상된 것으로 나타났다. 이것은 실생활 탐구놀이 한마당 학습의 지속적인 지도 결과라고 생각한다.

다. 과학적 태도 변화

(1) 실생활 탐구놀이 한마당 학습을 지속적으로 전개한 결과 영역별 평가 관점에 따른 과학적 태도 변화가 전체적으로 연구반이 비교반보다 크게 향상(62.50%)되었음을 알 수 있었다.

(2) 특히 여러 영역 중 호기심(77.27%)과 협동성(72.73%)에 있어서 두드러진 향상이 있었다. 그리고 우리 주위의 다양한 자료를 제시하고 활용하는 아동들이 증가해 실생활 중심의 탐구학습이 정착되었음을 알 수 있었다.

(3) 그러나 계속성은 결과의 타당성을 입증하기 위한 지속적인 노력이 부족하고, 탐구 조사 활동 중 잘못을 발견했을 때 다시 시도하지 않으려는 경향이 많아 다른 영역에 비해 가장 저조한 50.00%의 향상을 보이는 데 그쳤다.

## B. 결론

이상과 같은 연구를 통하여 얻은 결론은 다음과 같다.

1. 교육과정 내용을 분석하고 실생활과 관련된 제재를 추출하여 통합적으로 재구성하여 지도하는 것은 시간 운영 및 수업에 융통성과 짜임새가 있고, 아동들이 흥미 있어 하는 주제를 충분히 반영하므로 수업에 효과적으로 활용할 수 있을 것이다.

2. 기초적인 탐구 실험 활동에 흥미와 호기심을 유발시키는 탐구놀이 지도는 학습 목표 도달에 쉽게 접근할 수 있고, 자기 주도적 학습 문제해결력을 높일 수 있다.

3. 실생활 탐구놀이 한마당 학습을 통하여 아동들이 자신의 생활 주변 문제를 스스로 설정하여 탐색·탐구하게 함은 실험·관찰 방법에 관한 탐구 능력의 신장과 과학적 태도 변화에 효과가 크다.

4. 실생활 탐구놀이 한마당 학습은 심화된 탐구실험 활동을 스스로 수행할 수 있는 능력을 길러 준다. 즉, 이와 같은 심화 활동은 아동으로 하여금 사물을 자세히 보고, 만지고, 듣고, 냄새 맡고, 실험기구를 사용하고, 토의하고, 현장 탐구 조사 활동과 탐구 과학 행사에 적극적으로 참여하는 의욕을 높여 준다. 끝으로, 아동의 발달단계에 맞는 실생활 탐구놀이가 전문가적 입장에서 계속 연구·개발되고, 가정생활과 지속적으로 연계하여 지도되어야 한다.

### 예시 3

📝 **주제 : 드라마 활동 및 광고 텍스트를 활용한 창의적인 국어 표현 능력의 신장**[59]

● **연구의 문제**

이론 탐색과 선행 연구물의 분석 및 교사·아동을 대상으로 한 실태 분석을 종합해 볼 때, 다음과 같은 3가지 연구 문제를 얻을 수 있었다.

첫째, 창의적인 국어 표현 능력의 신장을 위한 드라마 활동 및 광고 텍스트 지도 요소를 어떻게 추출할 것인가?

둘째, 드라마 활동 및 광고 텍스트의 지도 자료를 어떻게 구안할 것인가?

셋째, 구안된 드라마 활동 및 광고 텍스트 자료를 어떻게 적용하여 창의적인 국어 표현 능력을 신장시킬 것인가?

● **연구의 목적**

본 연구는 드라마 활동 및 광고 텍스트를 활용하여 창의적인 국어 표현 능력을 육성하는 데 목적이 있다. 구체적인 목적은 다음과 같다.

첫째, 창의적인 국어 표현 능력의 신장을 위한 교육과정을 분석하여 드라

---

59) 이용길(2004). 제48회 전국현장교육 연구대회. 국어교육분과, 1등급.

마 활동 및 광고 텍스트 지도 요소 및 내용을 추출하고, 둘째 분석된 내용에 맞는 드라마 활동 및 광고 텍스트 자료를 구안하며, 셋째 구안된 드라마 활동 및 광고 텍스트 학습 자료를 교수–학습에 적용하여 창의적인 국어 표현 능력을 신장시킬 수 있는 방안을 모색한다.

## VIII. 요약 및 결론

### A. 요약

국어과의 성격과 목표가 학년별 내용에 반영되어 제7차 국어과 교육과 정에 매체와 관련된 내용이 진술되어 있다. 광고 언어 표현은 학생들의 언어생활에 부정적으로 작용할 수도 있고, 긍정적으로 작용할 수도 있다. 이러한 긍정적인 요소를 국어과에서 적극적으로 활용해야 한다. 또한 국 어과를 주입식으로 가르치기보다 드라마 활동의 방법을 적용하여 제시하 면 학습자들이 흥미와 경쟁심을 느끼면서 학습 효과가 자연스럽게 높아 진다. 이는 다음 학습의 동기가 되어 창의적인 표현에 대한 성취가 더욱 높아질 것이다. 드라마 활동은 아동에게 능동적인 참여의 기회를 제공하 고, 아동의 창의적인 표현이 교실을 넘어서는 일상생활의 맥락으로 확장 될 수 있는 기회를 제공한다는 면에서 현장 적용을 위해 연구 가치가 충분 하다고 여겨진다. 그러므로 본 연구에서 아동의 창의적인 표현학습에 사회 적 맥락으로서 활용되는 드라마 활동 및 광고 텍스트를 적용하여 교수–학 습의 효과를 검증해 볼 필요가 있다고 여겨진다.

본 연구의 이론적 바탕을 찾기 위해 제2장에서는 문헌을 통해, 교과로 서의 국어과 교육, 국어과 교육의 목표, 언어 교육과 드라마 활동, 아동을 위한 읽기·쓰기 교육과 드라마 활동의 효과, 아동의 읽기·쓰기 교육을 위한 언어 교수–학습 방법, 아동의 읽기·쓰기 교육을 위한 드라마 활동, 방송광고의 의의, 광고교육의 필요성, 텔레비전 광고의 종류, 텔레비전 광고의 특성, 텔레비전 광고의 장단점, 텔레비전 광고 텍스트의 언어적 특징, 텔레비전 광고 텍스트의 국어 표현적 탐색을 알아보고, 이론적인 근거를 마련하였다. 본 연구와 관련된 선행연구로, 행위 지향의 문학적 의사소통 활동을 통한 창의적 텍스트 수용 능력 신장 방안, 교육 연극을 적용한 창의적인 동화교육 방안, 만화 활용 연상 훈련을 통한 말하기 능력 신장 방안, 창의적 독후 표현 활동의 체계적 적용을 통한 총체적 언어 사용 능력 신장, 텍스트의 구조 분석을 통한 올바른 가치 수용 능력 신장, 총체적 언어 접근 교수-학습 방법의 적용을 통한 언어 사용 기능 신장, 학습자 중심의 교육과정 운영을 통한 창의적 국어 사용의 능력 향상을 알아보고, 본 연구와 어떠한 연관성이 있는지, 어떠한 시사점을 제공하는지 알아보았다.

교사와 아동의 실태를 분석한 결과, 교사는 드라마 활동에 대한 기본 지식이 부족하였으나, 역할극이나 즉흥극에 대한 이해도는 매우 높았다. 또 광고에 대한 기본 지식은 부족했으나, 역할극과 즉흥극을 많이 활용하고 있었다. 이에 반해 광고 텍스트의 활용은 극히 저조하였다. 아동들은 역할극이나 즉흥극을 많이 경험했으나 마임 활동, 이미지 활동, 드라마 게임에 대한 경험은 적었다. 그리고 광고에 대한 깊은 관심은 있었으나 국어 학습에 잘 활용하지 않았고, 창의적 국어 표현 능력에 대한 기본 자세는 대체로 낮게 나타났다.

연구의 실행 단계에서는 세 가지의 실행 중점을 두고 실천하였다. 첫째, 드라마 활동 및 광고 텍스트를 중심으로 지도 요소 및 내용을 추출하기 위하여 교육과정 목표와 학습 지도 형태, 평가의 목표와 내용 및 방법을 분석한 결과, 학습 목표의 표현이 다소 지식 위주에 치중하였으며, 정의적 영역에 대한 목표는 많이 찾아볼 수 없었다. 그리고 아동들의 개인차를 고려한 수준별 학습을 하기에는 다소 미흡한 점이 있었다.

둘째, 국어과 학습에 부합되는 드라마 활동 자료를 구안하여 활용하였다. 실천 과제로서 드라마 활동을 위한 기본 능력을 파악하여 드라마 활동 능력을 배양할 수 있는 방법을 탐색·적용하였으며, 학습 주제에 부합되는 드라마 활동을 탐색하였다. 다음으로는 드라마 활동에 맞는 학습모형을 탐색하고, 드라마 활동에 부합되는 학습 주제별 학습모형을 구안하여 드라마 활동을 교수-학습 활동에 적용하였다.

셋째, 국어과 학습에 부합되는 광고 텍스트 자료를 구안하여 활용하였다. 그에 따른 실천 과제를 살펴보면, 먼저 텔레비전, 신문, 인터넷 광고 텍스트를 조사하였고, 광고 텍스트 활용장을 작성하였으며, 광고 텍스트 활용 프로그램을 개발하였다. 그리고 광고 텍스트를 고찰하였고, 광고 텍스트를 활용한 지도모형을 개발하여 적용하였다.

본 연구의 결과를 살펴보면, 첫째 표현 능력의 태도가 좋아졌다. 먼저 손을 들고 발표하려고 한다거나, 선생님의 말씀을 주의 깊게 들으려고 한다거나, 다른 일을 하는 것보다 책 읽는 것이 더 좋다고 생각한다거나, 문제를 정확하게 파악하고 그 해결 방안을 창의적인 글로 표현하려고 하는 능력이 좋아졌다.

둘째, 문장 표현력이 많이 향상되었다. 명확한 의미를 지닌 적절한 어휘를 선택하여 사용한다거나, 자신이 드러내고자 하는 바를 분명하고 정확하게 나타낸다거나, 제시된 내용을 잘 이해하고, 중심 내용을 담고 있다거나, 들은 어휘를 바르게 사용하고 문장의 구성이 짜임새가 있다거나, 글의 특성을 잘 이해하고 문장을 표현하는 능력이 좋아졌다.

셋째, 언어 사용 능력이 좋아졌다. 알고 있는 내용과 모르는 내용의 차이점을 정확하게 알고 있다거나, 화제에 알맞은 내용을 선정하여 말한다거나, 말하는 순서에 알맞게 말한다거나, 자연스러운 태도로 상대방의 관심을 끌면서 말하는 능력이 좋아졌다.

넷째, 창조적 표현 능력이 신장되었다. 연상 활동 시 독창적인 표현을 잘한다거나, 어휘 선택을 자유롭게 하여 상상력이 풍부한 글을 잘 쓴다거나, 독창적인 표현을 자주 사용하며 문장 구성력이 뛰어나다거나, 새로운 아이디어를 잘 내어서 친구들 앞에서 말하는 것을 좋아한다거나, 작품 활동을 망설이지 않고 자신감 있게 표현하는 능력이 좋아졌다.

다섯째, 지도 과정에서 표현 능력에 긍정적인 변화가 나타났다. 즉, 적극적으로 발표학습에 참여한다거나, 말하는 능력이 독창적이거나, 다른 사람의 이야기를 체계적으로 잘 듣는다거나, 자신의 생각이나 느낌을 논리적으로 정확하게 표현한다거나, 상황에 맞는 어휘가 적절하여 글의 구성이 독창적이거나, 작품에 나오는 인물이 되어 창의적으로 표현하는 능력이 좋아졌다.

## B. 결 론

드라마 활동 및 광고 텍스트를 통한 교육이 국어교육뿐만 아니라 타 교과 전반에 걸쳐 일반적인 도구로 교육을 촉진하는 데 활용되어야 한다. 특히, 언어 및 표현 학습에 있어서는 현실을 가상하고 실제적인 표현이 가능하며, 자기표현을 할 수 있도록 도울 수 있어서 그 효과가 크다고 할 수 있다. 국어교육에 있어서 드라마 활동과 광고 텍스트는 일반적인 교육 도구로 활용되어 그 우수성이 입증되고 있다. 국어교육에 있어서 드라마 활동과 광고 텍스트를 통해 기대되는 교육적 효과를 살펴보면 다음과 같다.

### 1. 상상력과 창의력 표현의 향상

드라마 활동에 참여하는 것과 광고 텍스트를 활용하는 것은 단순한 신체적 활동뿐만 아니라 정신적 활동과도 깊은 연관이 있다. 이처럼 다양한 움직임 활동은 국어적 표현력이 부족한 아동들에게 표현 능력을 길러 주는 데 크게 도움을 준다. 움직임 활동을 하면서 표현력을 기르고 다양한 사고를 거치게 되는데, 그것은 결국 상상력과 창의력을 이끌어 낸다. 드라마 활동은 자신의 배역에 대한 상상력과 풍부한 창의력을 발휘하게 하는 계기를 마련해 준다. 또한 광고 텍스트는 그 문구가 가지고 있는 깊은 뜻을 이해함으로써, 광고 텍스트 속에 함축되어 있는 다양한 창의적인 국어 표현 능력에 놀라게 되며, 자신도 모르게 그러한 국어 표현 능력을 기르기 위해 노력하게 된다.

### 2. 능동적인 학습 참여

드라마 활동은 그것이 갖는 새로움 자체가 아동들의 호기심을 유발한다. 드라마 활동 자체가 이제까지의 국어 활동과는 다른 것이어서 아동들은 호기심을 갖게 된다. 드라마 활동은 드라마의 내용, 배역에 대한 기대, 자신의 연기에 대한 상상, 신체적 행동으로 인한 즐거움, 성공적인 공연에 대한 기대 등으로 아동들의 호기심을 자극하여 국어 학습에 대한 동기를 유발한다. 또한 드라마 활동에 몰입하게 되면 자신이 무엇인가를 했다는 희열을 느끼게 되며, 두려움이나 부끄러움이 사라지게 된다. 이로 인해서 학습에 대한 자신감이 자연스럽게 생기게 되어 학습에 능동적으로 참여하게 된다.

### 3. 의사소통의 용이성

드라마 활동은 장면을 상상으로만 그려 보는 것이 아니라 자신이 직접 실연해 보고 공간화해 보게 된다. 활동을 좋아하는 아동에게 드라마 활동은 국어교육에서 매우 효과적인 기법이라고 할 수 있다. 드라마 활동은 몸동작을 끌어내어 모방력, 자기표현력, 상상력, 기억력을 길러 주고 국어 활동을 자연스럽게 도와 원활한 의사소통을 가능하게 한다. 그리고 제품의 특성을 다른 사람에게 정확하게 알려야 하는 광고만의 특징이 있기 때문에 광고 텍스트를 학습하게 되면 자연스럽게 서로 대화하고 의견을 주고받으며 토의하게 된다. 이러한 활동이 토대가 되어 의사소통 능력이 향상된다.

### 4. 독해력의 향상

초등학교에서는 텍스트를 시각화 자료로 간편하게 만들고, 이를 효과적으로 지도하면 독해력에서 큰 향상을 보일 수 있다. 또한 글의 내용을 파악하는 데도 효과적이며, 수준이 다양한 아동들을 지도하는 데도 유용하다.

## C. 제 언

본 연구를 통해 얻은 시사점과 더 연구할 내용을 정리하면 다음과 같다.

첫째, 아동들은 새로운 것을 추구하며, 기대하고 있다는 것을 알 수 있다. 즉, 교사의 새로운 교수방법, 다양한 자료 투입, 즐겁고 유익한 활동 등을 원하고 있다. 전통적인 교재나 교수방법 그리고 자료를 투입한다면 아동들은 국어 수업에 대한 기대감이 사라질 것이며, 또한 국어과의 목표인 '창의적인 국어 표현 능력'은 결코 신장시킬 수 없을 것이다. 우리는 아동의 입장에서 새롭고 참신한 학습방법과 소재를 개발하여 좀 더 유익하고 아동들이 즐거워하는 국어 수업을 전개해야 한다.

둘째, 활동적인 수업이 가치가 있다는 것이다. 자리에 앉아서 교사의 지시를 받아 말하고, 읽으며, 쓰는 교육은 사라져야 한다. 아동 스스로 활동하고 토의하면서 주어진 문제를 나름대로 찾아내고 정리한 후 분석하여 자기 것으로 만드는 과정이 국어 수업에서는 중요하다. 본 연구에서 사용했던 드라마 활동처럼 좀 더 활동적인 요소를 찾아 수업에 직접 적용해야 한다.

셋째, 아동들 주변에 있는 소재와 흥밋거리를 찾아 수업에 활용해야 한다. 아동들의 관심사가 무엇이고, 어떠한 것을 많이 보고 있으며, 또 그것을 어떻게 사용하고 있는지, 교사는 항상 주의 깊게 파악하고 있어야 한다. 아동들의 관심사에서 긍정적인 부분을 뽑아내어 수업에 적극적으로 활용하면 아동들은 자연스럽게 수업에 참여하게 될 것이다. 본 연구에서 활용했던 광고 텍스트에 대한 아동들의 관심은 매우 높았다. 교사가 시키지 않아도 자기들끼리 여러 내용을 골라 어떻게 변형하면 좀 더 함축적이고 창의적인 표현인지 의논하고 결정하는 과정을 자주 보곤 하였다. 이제 교과서 속에서 학습 소재를 찾기보다는 아동들 속에서 학습 소재를 찾아야 한다.

$$\boxed{\text{예시 4}}$$

### 📝 주제 : 성 가치 명료화 성교육 프로그램 구안 · 적용을 통한 초등학생의 성 의식 함양[60]

● 연구의 목적

본 연구는 초등학교 아동의 성교육 실태를 조사 · 분석하여 성의 생리적 · 정신적 · 사회적 · 도덕적 요소를 포함한 기본적인 성교육에 가치 명료화 과정을 적용한 성 가치 명료화 성교육 프로그램을 구안 · 적용하여 초등학교 아동의 올바른 성 의식을 함양시키는 데 목적을 두고 있다. 그 구체적인 목적은 다음과 같다.

첫째, 현행 교육과정 분석과 성교육 지도 지침서를 바탕으로 성교육 지도 요소를 추출하여 지도 내용을 선정한다. 둘째, 성 의식 함양을 위한 성 가치 명료화 성교육 프로그램을 구안 · 적용한다. 셋째, 성 가치 명료화 성교육 프로그램을 돕는 다양한 활동을 전개한다.

---

60) 백영미, 전남숙(2002). 제46회 전국현장교육 연구대회. 생활지도분과, 1등급.

## Ⅶ. 요약 및 결론

### A. 요약

#### 1. 연구의 필요성 및 목적

어린이들의 영양 상태가 과거보다 현저하게 향상되어 사춘기 진입 연령이 빨라지고 있다. 사춘기 진입 연령이 조기화되고, 상업적·퇴폐적 성문화를 쉽게 접하게 되는 초등학생의 상황에 비해 현재의 성교육은 보수적이다. 여러 연구를 통해 성에 대한 일탈행동들이 밝혀지고 있다. 따라서 성의 생리적·정신적·도덕적·사회적 요소를 포함한 통합적인 성교육이 요구되고 있으며, 특히 성 의식 및 성 가치관에 대한 초등학교 성교육이 시급하다. 그러나 성교육을 실시하기 위해서는 학교 현장에서 해결해야 할 문제들이 있다. 발달단계에 맞는 성교육 내용 선정 및 교수 자료 확보, 성교육 전담교사와 담임교사의 적절한 협조체제 방안, 개인적인 문제에 대한 지지 등이다. 본 연구에서는 성교육 전담교사와 담임교사의 협조체제하에서 성의 생리적·정신적·사회적·도덕적 요소를 포함한 성교육 지도 내용을 선정하고, 초등학교 발달단계를 고려하고, 사회문제 해결 능력 양성을 위한 성 가치 수업 모형의 구안·적용을 통한 초등학교 아동의 성 의식 함양에 대한 연구를 시도하였다.

#### 2. 연구 대상 및 기간

본 연구는 연구반(인천○○초등학교 5학년 5반, 40명)과 비교반(인천○○초등학교 5학년 6반, 40명)을 연구 대상으로 2000년 11월 1일부터 2002년 1월까지 15개월 동안 연구하였다.

#### 3. 실행 내용

통합적인 인격교육으로서 성교육 지도 내용 선정에 대한 실행 목표 '1'의 구체적인 실천 과정은 다음과 같다.

첫째, SIECUS의 '포괄적인 성교육을 위한 지침'에서 제시한 성교육 개념틀과 발달단계별 지도 내용을 분석 기준으로 하였다. 둘째, 5학년 성 관련 교육과정과 2001년 교육부 성교육 지도 지침서 '함께 풀어 가는 성 이야기'의 지도 내용을 분석하였다. 셋째, 2001년도 교육부 성교육 지도 지침서에서 제시한 성교육 및 지도 내용에 실태 조사를 통한 아동의 성교육 요구 내용, 성교육 개념틀과 발달단계별 지도 내용 분석 결과 누락된 사회문제 내용을 보완하여 실었다.

성 가치 명료화를 통한 성교육 프로그램 구안·적용에 대한 실행 목표 '2'의 구체적인 실천 과정은 다음과 같다.

첫째, 성교육을 시작하면서 도입 수업, 각 영역마다의 성 기본 수업, 후 성 가치 수업, 마치면서 정리 수업 4단계로 구성된 성 가치 명료화 성교육 프로그램을 구안하였다. 둘째, 단계별 수업모형 및 전략(성 기본 수업-효율적인 성 지식 기반 수업, 문제해결 중심 수업, 성 가치 수업-쓰기 전략, 토론 전략)과 연간 계획, 자료 제작을 하였다. 셋째, 성교육 전담교사와 담임교사의 역할 분담 및 협조를 통한 팀티칭(성교육 전담교사-성 기본 수업, 담임교사-성 가치 수업)하에 적용하였다.

성 가치 명료화 성교육 프로그램을 돕는 활동 전개에 대한 실행 목표 '3'의 구체적인 실천 과정은 다음과 같다.

첫째, 성 가치 명료화 성교육 프로그램의 효율성을 높이기 위한 방안(보충 및 심화학습을 위한 방안, 학습자의 개별적 특성을 고려한 문제 지지, 학교에서의 성교육을 가정과 연계할 수 있는 방안)을 모색하였다. 둘째, 성교육 홈페이지 운영, 성 탐구 코너 운영, 가정통신 활용, 학교행사 활용을 통해 계획·실행하였다.

## 4. 검증방법 및 결과

지금까지 연구한 내용 중 검증 결과 및 해석을 중심으로 연구 결과를 제시하면 다음과 같다.

### 가. 통합적인 성교육 지도 내용의 선정을 통한 성 가치 명료화 성교육 프로그램의 효과

첫째, 성 가치 명료화 프로그램을 실시한 학생은 그렇지 않은 학생보다 프로그램을 실시한 후에 성 가치 명료화 정도가 향상되었다.

둘째, 각 영역마다 성 가치 명료화 성교육 프로그램 수업 적용 후 학습 결과물을 분석해 본 결과, 수업 도입 시에 비해 성에 대한 표현이 자유로워졌으며, 성과 관련된 문제에 대해 전통적인 통념보다는 아동의 대안, 선택, 선택에 대한 만족, 행동 등에 대해 자유로운 생각의 결정 내용이 많이 표현되고 있음을 알 수 있었다.

셋째, 마치면서 정리 수업 시 나온 아동들의 소감 및 앞으로의 자세 속에서 '성에 대해 자연스럽고 소중함을 알게 되었다.' '성 문제에 대한 대처방법을 알게 되었다.' 등 프로그램 전후의 긍정적인 성 의식 변화가 있음을 알 수 있었다.

나. 성 가치 명료화 성교육 프로그램을 돕는 활동의 효과

첫째, 성교육 홈페이지 운영은 설문조사 및 상담 자료 분석 결과 성교육 전담교사와 담임교사의 성의 기본적인 특성을 고려한 개인 문제해결, 수업 자료 제공 및 보충·심화학습 등에 효과적이었다.

둘째, 성 탐구 코너를 통한 지도는 설문 조사 및 감상 자료 분석 결과, 아동의 개별적인 호기심 해결, 교사의 아동의 표현 파악, 학부모의 학교 성교육에 대한 참여와 학교와 가정과 연계한 성교육에 효과적이었다.

셋째, 가정통신을 통한 지도는 학부모 의견을 받아 본 결과, 성교육을 받지 못하고 자란 학부모 세대에게 가정에서의 성교육 시 도움이 되었으나, 성교육 과정마다 아동 활동 결과물을 가정과 교환하여 활용하였으면 하는 보완 사항도 있었다.

## B. 결 론

본 연구의 '성 가치 명료화 성교육 프로그램 구안·적용을 통한 초등학생 성 의식 함양'에 대해 지금까지 연구한 내용을 중심으로 결론을 내리면 다음과 같다.

첫째, 성교육 의식 조사 및 성 지식 실태 조사, 성교육 요구도 조사는 아동의 왜곡된 성 지식 정도의 파악과 성교육 내용 선정에 도움이 되었다.

둘째, SIECUS의 '포괄적인 성교육을 위한 지침'에서 제시한 성교육 개념 틀과 발달단계별 지도 내용을 기본으로 한 5학년 교육과정과 2001년 교육부 성교육 지도 지침서 '함께 풀어 가는 성 이야기' 분석은 사회의 성 문제에 대한 성교육 지도 내용 보완 및 통합적인 성교육 지도 내용 선정에

효과적이었다.

셋째, 성교육 도입 수업, 성 기본 수업, 성 가치 수업, 성교육 정리 수업 4단계로, 성 가치 명료화 성교육 프로그램을 구안함으로써 초등학교 학생의 성 가치 명료화 수업의 어려움을 해결하는 효과가 있었다.

넷째, 성교육 전담교사와 담임교사의 팀티칭을 통한 성 가치 명료화 성교육 프로그램은 학교생활에서 학생의 태도 변화 관찰과 개인의 성 문제해결, 성교육 진행 중 계속적인 보완상에 효과적임을 알 수 있었다.

다섯째, 성교육 홈페이지를 통한 지도는 성교육 후 개별 심화학습이 가능하고 개인의 구체적인 성 관련 문제해결에 도움이 되었다. 성교육 중 관련 자료 탐구 및 조사학습, 동기 유발 및 정리 자료로의 활용도도 높았다. 앞으로의 성교육 프로그램에서도 개인상담 창구 개발 및 개별학습 자료에 대한 연구가 계속되어야 할 것이다.

여섯째, 성 탐구 코너, 가정통신을 이용한 지도, 학교행사를 이용한 지도는 가정과 연계하여 학교 성교육 안내, 각 영역의 수업 전개와 함께 가정 성교육에 효과적이었다. 성 탐구 도서를 통해 아동의 생각을 교사, 학부모가 자연스럽게 파악할 수 있어 효과적이었다.

C. 제 언

지금까지 연구를 진행하면서 개선되었으면 하는 과제는 다음과 같다.

첫째, 성교육을 전개함에 있어 아직도 성교육을 위한 학교 환경에 어려움이 많음을 알 수 있었다. 성교육 지도 지침서는 개발되어 있지만, 성교육 교과서는 개발되어 있지 않으며, 학교 실정에 따라 재량 시간 확보가 어렵다는 문제로 관련 교과를 통한 일시적인 성교육에 그치는 경우가 많아 성의식 및 성 가치관에 대한 성교육은 어려움이 있다. 초등학교 저학년과 고학년 각각 한 학년에 한하여 성교육 독립 교과를 통한 이수가 이루어졌을 때 통합적이고 체계적인 성교육이 이루어질 수 있다.

둘째, 성교육은 성교육 전담교사의 교육과 담임교사의 적절한 협조체제가 이루어지지 않는다면 어려움이 있음을 알게 되었다. 성교육 전담교사의 성교육 후 성교육에 대한 부정적인 의식을 가진 담임교사로 인해 성에 대한 자유로운 표현을 막는다면 성교육은 오히려 아동에게 폐쇄적인 성

의식을 형성시킬 수 있다. 그러므로 학교 현장의 관리자 및 전 교사에 대한 기본 연수가 필요하다.

셋째, 성교육 내용의 구성에서 잘못된 사회 성 문제에 대해 성교육의 역기능을 우려하여 그 지도 내용상에서 누락시키는 경우가 아직도 많이 있다. 사춘기가 진행 중인 중·고등학교 성교육보다는 예방적·면역적 기능을 고려하여 잘못된 성 충동으로 인한 일탈행위가 일어나기 전인 초등학교에서부터 성교육이 되어야 한다. 단, 초등학생의 이해 수준에 맞는 교수방법의 연구·개발이 앞으로의 과제다.

넷째, 초등학생의 올바른 성장을 위해서는 학교뿐만 아니라 가정과 사회단체의 공동 노력이 있어야 한다. 건전한 성문화를 위해 학부형과의 긴밀한 협력, 성 문란을 야기하는 사회 분위기 개선 등에 대한 교육 프로그램이 개발되어야 한다.

---

### ( 예시 5 )

📝 **주제 : 몰입 경험 프로그램을 통한 중학생 삶의 질 신장 방안**[61)]

● **연구의 목적**

본 연구는 중학생의 삶의 질을 측정하여 진단하고 건강한 몰입(flow) 경험 프로그램을 구안·적용함으로써 중학생들의 일상 시간 관리, 진로, 인간관계, 스트레스 대처 능력을 향상시켜 삶의 패턴을 생산적으로 바꾸고자 하는데 그 목적이 있다. 구체적인 목적은 다음과 같다.

첫째, 삶의 질을 향상시킬 수 있는 건강한 몰입 경험 지도 요소 추출 및 프로그램을 구안한다. 둘째, 몰입 경험 프로그램의 실행으로 청소년 시간 관리, 건강한 몰입을 통한 진로 발견, 인간관계, 스트레스 대처 훈련을 통하여 삶의 패턴을 바꿔 개개인의 삶의 질을 높일 수 있는 방안을 모색한다.

---

61) 유현정(2003). 제47회 전국현장교육 연구대회. 생활지도분과, 1등급.

## VII. 요약 및 결론

### A. 연구의 요약

#### 1. 연구의 개요

계속되는 경제성장과 교육 투자 등 물질적인 환경과 객관적인 복지 상황이 과거에 비해 크게 향상되었으나, 우리가 기대한 교육의 바람직한 결과는 나타나지 않고 오히려 청소년들의 비행, 범죄, 불건전한 퇴폐 문화, 흡연, 음주 등 양과 질 면에서 사회를 경악하게 하는 일들이 많아졌다. 즉, 양적 성장이 곧 질적 성장을 의미하는 것은 아니라는 것이다. 이제 외형적 성장만을 고집하기보다는 청소년의 삶의 질의 향상을 위한 내실을 기해야 할 시기다.

삶의 질을 높이기 위한 현명한 방안에는 어떠한 것들이 있을까? 주관적 삶의 질을 높이는 최선의 전략은 칠십 평생을 우리가 우주를 경험할 수 있는 유일무이한 기회라고 가정하고 그 시간을 최대로 활용하는 것, 즉 몰입 경험이 얼마나 자주 일어나는가다. 그러나 이 몰입 경험이 반드시 건강한 사회를 만들어 가지는 않는다. 야밤에 질주하는 폭주족, 본드 흡입, 흡연, 음주에의 몰입은 사회의 건강성과 도덕성을 파괴한다. 구성원들의 몰입이 어느 쪽으로 쏠려 있는가는 미래 사회의 건강성을 진단하게 한다.

이러한 점들에 착안하여 본 연구는 일상 시간 관리, 긍정적 몰입 경험 증진을 통한 집중 훈련 등 다양한 몰입 경험 프로그램을 통하여 삶의 패턴을 바꿈으로써 개인적으로는 삶의 질을 높이고, 사회적으로는 구성원들의 건강한 몰입을 유도하여 도덕적이고 올바른 사회를 만들 방안을 모색하고자 시도하였다. 이러한 목적을 달성하기 위하여, 첫째 삶의 질과 몰입 경험의 관련성을 통하여 어떻게 몰입 경험 지도 요소를 추출하고 프로그램을 구안할 것인가? 둘째, 청소년 시간 관리, 건강한 몰입을 통한 진로의 발견, 인간관계, 스트레스 대처 훈련으로 삶의 패턴을 바꾸고 목적성 있는 인간으로 만들기 위하여 몰입 경험 프로그램을 어떻게 적용할 것인가? 하는 두 가지 연구 문제를 설정하였다.

## 2. 연구의 방법

본 연구 대상은 연구자가 근무하는 인천광역시 H 학교 2학년 13반 학생 총 44명을 대상으로 선정하였으며, 2002년 3월부터 12월까지 총 18회로 구성된 프로그램에 참여시키고, 프로그램 실시 전후에 삶의 질을 평가하기 위해 3가지 척도를 사용하여 연구를 검증하였다.

## 3. 연구의 실제

연구 목적을 달성하고, 연구 문제를 해결하기 위해 실행 중점의 두 가지를 선정하였다. 첫째, 중학생의 몰입 경험을 통한 삶의 질을 신장시킬 수 있는 프로그램을 구안한다. 둘째, 몰입 프로그램을 적용하여 삶의 질을 향상시킨다.

우선 프로그램을 구안하기 위해 이론적 고찰 및 실태 분석을 통하여 긍정적 몰입 경험, 스트레스 대처, 시간 관리, 인간관계, 자기 목적성 등 5개 요소들을 추출하였다. 이 요소들을 중심으로 총 18회에 걸친 프로그램을 구안하였으며, 다음과 같은 점에 유의하면서 지도 내용을 선정하였다. 학생들의 흥미를 이끌어 참여를 높일 수 있고, 외부 교육 환경을 고려하여 교육현장에서 실행 가능한 활동으로 구성하며, 몰입 경험의 올바른 이해를 이끌 수 있는 학습 내용으로 설계하여, 학교 밖에서도 지속 가능한 연계학습이 이루어질 수 있도록 구안하였다.

그 구체적인 프로그램 과정은 다음과 같다. 프로그램의 첫 시간은 성공한 삶과 나의 삶의 차이점을 비교하여 진정한 성공이란 무엇인지 개념을 명확히 하고 자신의 삶을 돌아보는 계기를 마련하여 삶에 대한 적극적인 관여를 하도록 유도하였다. 이어 '세상에서 가장 아름다운 인간의 모습을 찾아라.' '긍정적 몰입, 부정적 몰입을 탐색하여 진로를 선택하라.' '자기 동기부여를 통해 긍정적 몰입을 유도하라.' 등 4시간에 걸친 몰입 경험 증진 과정을 통해 건강하고 긍정적인 몰입을 통한 진로 탐색과 진정한 아름다움은 몰입 경험에서 이루어질 수 있다는 진리를 찾아 자신의 삶을 몰입의 시각으로 새롭게 인식하고 변화를 모색하게 하였다.

둘째, 스트레스 대처에 관한 학습을 하였다. 구체적인 내용으로는

'스트레스 경험을 나누어라.' '긍정적으로 다루어라.' '잡념의 원인과 대책을 마련하라.' '정신 집중 훈련을 통하여 몰입을 시작하라.' '공부 스트레스를 정복하라.' 등 총 4회로 이루어졌다. 이 훈련 과정을 통하여 스트레스 개념을 새롭게 인식하고 자신의 스트레스를 찾아서 능동적으로 그 에너지를 활용할 수 있는 대처 방안을 훈련시켰다.

셋째, '한정된 시간을 몰입하는 삶으로 변화시키기 위해 현재 나의 시간 관리 능력을 파악하라.' '나의 일상생활은 어떻게 이루어져 있는지 파악하라.' '내 삶의 우선순위를 매겨 계획을 수립하라.' '셀프리더십(self-leadership)을 발휘하여 시간을 정복하라.' '시간 10원칙을 통하여 시간 관리의 주체가 되라.' 등 총 5시간으로 훈련 과정을 구성하여 이 과정에서 밀도 있는 시간 관리를 통해 삶의 질이 향상되도록 하였다.

넷째, 인간관계를 떠나서 아름다운 삶을 말할 수 없다. 인간관계 몰입을 통한 삶의 질을 높이는 방안으로 '감수성을 열어 인간관계를 파악하라.' '타인의 말에 몰입하여 인간관계의 질을 높여라.' '인간관계의 질을 높이는 대화기법을 사용하라.' '감수성을 높인 의사소통으로 인간관계를 성공적으로 이끌어라.' 등 총 4시간으로 구성된 인간관계 증진 프로그램을 구성하였다.

다섯째, 삶의 목적성은 변화하는 삶의 방향을 알려 주는 이정표로 프로그램 전 과정에 포함시켜 다루었다. 프로그램이 진행되는 동안 몇 가지 긍정적인 행동이 발견되었는데, 전문적인 교과가 가질 수 있는 실생활과의 괴리가 아닌 체험적이고 직접적인 학습에 당황하면서도 즐거워한다는 점이었다. 학생들은 두 부류로 나누어졌는데, 프로그램이 진행되는 동안 적극적으로 자신의 삶을 돌이켜 보고 변화시켜 보고자 하는 욕구의 증진이 있는 그룹과 좋은 말씀이기는 하나 평가가 없는 과목에 관해 냉소를 표출하는 그룹이었다. 그러나 점점 프로그램이 진행되면서 진지해지자 그러한 그룹들도 융화되어 갔다.

실행 중간에 참여 의지를 고취시키고 교사와의 쌍방 대화 채널을 형성하기 위해 인터넷상에 카페를 만들어 프로그램 과정에 투입하였다. 이러한 활동을 프로그램 구안 초기에 포함시켰다면 훨씬 적극적이고 생동감 있는 학습이 되지 않았을까 하는 아쉬움이 남는다.

그러나 프로그램에 참여하는 동안 학생들은 삶의 질에 대한 개념의 새로운 인식으로 자신의 삶의 질을 스스로 평가해 보는 기회를 갖게 되었고, 삶의 질의 향상을 위한 방안을 앎으로써 미래에 어떠한 노력을 기울여야 하는지를 알게 된 점은 큰 성과라 하겠다.

### 4. 연구 결과

몰입 경험 프로그램의 적용 후 얻어진 결과를 요약하면 다음과 같다. 첫째, 삶에 대한 만족도는 t검증 결과 사전·사후 검사를 비교하였을 때 p<.01에서 통계적으로 유의미한 차이가 있는 것으로 나타났다. 이러한 결과는 몰입 프로그램의 실시로 인하여 학생들의 삶의 만족도에 유의미한 긍정적 변화를 가져오게 하였으며 궁극적으로 삶의 질도 높아지게 했음을 입증해 준다.

둘째, 몰입 프로그램 적용 전과 후를 비교해 보면 프로그램 실행 후 21개 영역에서 19개 영역의 삶의 질이 높아진 것으로 나타났다. 그중 텔레비전 시청은 많이 감소한 것으로 나타나 긍정적인 변화를 모두 포함하면 21개 영역에서 20개 영역이 긍정적인 변화를 가져왔다.

셋째, 정적 정서 경험은 프로그램 전보다 후에 평균이 t=-3.898으로 p<.001에서 통계적으로 유의미한 차이를 보이는 것으로 나타났다.

## B. 결 론

몰입 경험 프로그램의 적용을 통한 삶의 질 신장을 목적으로 한 본 연구의 결론은 다음과 같다.

첫째, 주관적 삶의 질은 가장 단순하게 정의하면 삶에 대한 만족감, 안녕감, 행복감이라고 정의할 수 있다. 이번 연구 결과에 의하면 몰입 경험 프로그램 적용 후 삶의 질과 매우 높은 상관관계를 보이는 삶의 만족도와 정적 정서 경험은 실행 전보다 높아진 것으로 나타났다. 따라서 몰입 경험 프로그램의 적용이 삶의 질을 높일 수 있다는 사실을 확인시켜 준다.

둘째, 학생들이 작성한 소감문 및 대화를 통하여 발견한 내용을 고찰해 보면, 프로그램 참가 후 가장 큰 변화는 일상생활의 구성비율의 확인을 통해 삶의 기획·관리의 필요성을 인식하고 긍정적 몰입 경험의 증진을 통해 삶의 질을 높이고자 하는 의지를 갖고 실천하게 되었다는 점이다.

셋째, 일상생활 속에서 벌어지는 몰입 경험 분야와 횟수 등의 분석을 통해 자신의 진로를 발견하고, 설정된 삶의 목표에 긍정적 영향을 주는지, 부정적 영향을 주는지를 판단하여 삶의 질을 높이는 건강한 몰입으로 분류하는 과정은 학생들이 몰입 과정에 대한 평가를 통해 삶의 질을 관리하는 데 주체가 되게 할 수 있었다.

결과적으로 학생들의 주관적 삶의 질을 높이는 데 몰입 프로그램은 매우 의미 있는 활동이었으며, 또한 주체적인 삶의 질 기획·관리 능력을 키우는 데도 크게 기여하였다는 확신을 얻을 수 있었다.

## C. 제 언

본 연구의 통계적인 결과와 결론에 기초하여 연구자는 몰입 경험 프로그램을 통한 삶의 질 신장에 관해 몇 가지 제언을 하고자 한다.

첫째, 앞으로의 교육현장에서는 청소년들의 물리적 환경 외에 주관적인 삶의 질에 대한 관심을 갖고 그에 맞는 교육 환경을 바꾸어 가도록 해야 한다.

둘째, 청소년들의 삶의 질을 객관적으로 측정할 수 있는 도구가 개발되어야 한다.

셋째, 본 연구에서 사용한 몰입 경험 프로그램은 한창 감수성이 예민하고 활동 에너지는 높으나 목표 설정이 불확실한 중학교 학생들에게 적합한 내용으로 구성되어 있다. 고등학교 학생들이 사용하기에도 크게 문제가 없을 것으로 여겨진다. 그러나 초등학생들에게는 다소 어려운 부분이 상당수 포함되어 있다.

넷째, 본 프로그램을 실행하는 데 있어 다소 아쉬웠던 점은 학생들과 방과 후나 그 밖의 장소에서 자유롭게 토론할 수 있는 인터넷상의 대화 창구를 초기부터 만들지 못하고 뒤늦게 만들어 활용하게 된 점이다. 따라서 이 프로그램을 사용하는 분들은 프로그램 진행 초기부터 그러한 대화 창구를 만들어 활용하기를 권한다.

다섯째, 학교의 교과과정은 자신의 삶을 스스로 연출할 수 있는 연출자로서의 역량보다는 과목에 부여된 전문성을 기르는 데 중점을 둔다. 학생들이 스스로의 삶을 진단하고, 기획·연출할 수 있는 능력과 기술을 익히는 것은, 개인적으로는 삶의 질을 높이고 사회적으로는 도덕적이고 건강한 바탕을 마련하는 핵심이 될 것이다. 이에 학교 현장에서 제7차 교육과정의 재량 활동 시간 등을 통한 이러한 훈련과 학습의 확산이 요청된다.

## 13. 연구 보고서 작성상의 유의점

### 1) 목차와 연구 보고서 작성 체제

#### (1) 목차 작성

연구 보고서를 작성하려면 본격적인 집필에 들어가기에 앞서 연구 계획에 의하여 필요한 문헌의 조사나 실험 관찰 및 검증 자료의 수집 등이 이루어져야 하며, 이것을 논제의 논리적인 전개를 위하여 어떠한 순서와 어떠한 항목으로 집필하느냐가 문제가 되므로 목차 계획을 세워야 한다. 또한 연구 보고서의 설계가 명확히 결정되어야 하며, 이 계획서는 다음과 같은 점을 갖추어야 한다. 첫째, 서론, 본론, 결론으로 나눈다. 둘째, 서론, 본론, 결론별로 항목을 각각 설정한다. 셋째, 항목별로 세목(소제목)을 결정한다.

#### (2) 연구 보고서 작성 체제

연구 보고서 작성 체제를 조사연구 보고서 체제, 실험연구 보고서 체제, 실천연구 보고서 체제로 구분하여 보면 다음과 같다.

## 조사연구 보고서 체제

**예 1**

Ⅰ. 서론
  1. 연구의 필요성
  2. 연구의 목적
  3. 연구 문제
  4. 연구의 범위
  5. 용어의 정의

Ⅱ. 이론적 배경

Ⅲ. 연구방법
  1. 연구 기간
  2. 연구 대상
  3. 조사도구
  4. 조사방법
  5. 연구 절차
  6. 자료 분석

Ⅳ. 연구 결과 및 해석
  1. 연구 결과
  2. 해석(또는 논의)

Ⅴ. 결론 및 제언
  1. 요약
  2. 결론
  3. 제언

• 참고문헌
• 부록

## 실험연구 보고서 체제

**예 1**

Ⅰ. 서론
  1. 연구의 필요성
  2. 연구의 목적
  3. 연구의 문제
  4. 연구의 의의

Ⅱ. 이론적 배경
  1. 이론적 고찰
  2. 관련 연구
  3. 개념의 정의

Ⅲ. 가설 및 연구방법
  1. 가설
  2. 연구방법
    가. 연구 기간
    나. 연구 대상
    다. 변인과 도구
    라. 실험처치
    마. 자료 분석

Ⅳ. 결과 및 논의
  1. 결과
  2. 논의

Ⅴ. 요약 및 결론
  1. 요약
  2. 결론
  3. 제언

• 참고문헌
• 부록

## 실천연구 보고서 체제

**예 1**

Ⅰ. 서론
1. 연구의 필요성
2. 연구의 목적
3. 실태 분석
4. 이론적 고찰
5. 연구의 제한점 및 범위
6. 용어의 정의

Ⅱ. 연구의 진행계획
1. 연구 대상 및 기간
2. 실천 및 평가계획
가. 실천계획
나. 평가계획
3. 연구의 절차

Ⅲ. 연구의 실제
1. 실천 목표「1」의 실제
2. 실천 목표「2」의 실제

Ⅳ. 결과 및 해석

Ⅴ. 요약 및 결론
1. 요약
2. 결론
3. 제언

• 참고문헌
• 부록

**예 2**

Ⅰ. 연구의 개요
1. 연구의 필요성
2. 연구의 목적

Ⅱ. 연구의 배경
1. 선행연구
2. 이론적 고찰
3. 용어의 정의

Ⅲ. 연구의 설계
1. 연구 대상 및 기간
2. 실천계획(실행 목표)
3. 평가계획
4. 연구의 절차

Ⅳ. 연구의 실제
1. 실행 중점「1」의 실천
2. 실행 중점「2」의 실천

Ⅴ. 결과 및 논의
1. 결과 및 해석
2. 논의

Ⅵ. 요약 및 결론
1. 요약
2. 결론
3. 제언

• 참고문헌
• 부록

**예 3**

Ⅰ. 연구의 개요
  1. 연구의 필요성
  2. 연구의 목적
  3. 실천 목표(실행 중점, 연구 내용)
  4. 연구 대상 및 기간
  5. 연구방법 및 절차
  6. 연구의 제한점

Ⅱ. 이론적 배경 및 선행연구 분석
  1. 이론적 배경
  2. 선행연구 분석

Ⅲ. 연구의 실제
  1. 실행 중점 「1」의 실천

  2. 실행 중점 「2」의 실천
  3. 실행 중점 「3」의 실천

Ⅳ. 검증 및 평가
  1. 방법 및 내용
  2. 결과

Ⅴ. 요약 및 결론
  1. 요약
  2. 결론
  3. 제언

• 참고문헌
• 부록

## 2) 문장의 표현과 문체

### (1) 문장의 표현

### ① 간결한 표현

글은 자기가 전달하고자 하거나 주장하고자 하는 바를 질서 정연하고 일관성 있게 펴 나가야 하고, 동시에 독자로 하여금 자기의 참뜻을 분명히 파악할 수 있도록 정확히 표현하여야 한다. 따라서 구어체(口語體)보다 문어체(文語體)를, 부드럽고 군소리가 많은 일상용어보다 간결한 표현으로 나타내는 것이 좋다. 더 이상 사용되지 않는 어려운 술어, 고어나 외래어 및 신조어는 가급적 피하도록 하는 것이 바람직하다. 특히, 논문은 독자에게 호소하고 독자를 이끄는 것이므로 혼란감과 거리감을 주어서는 안 된다.

## ② 구체적 표현

용어에 대한 정의나 수식어가 명확하다면, 독자들은 앞부분의 용어나 수식어를 다시 찾아볼 필요가 없을 것이다. 이를테면, 가장 간단한 수식어, 즉 이것, 저것, 저것들, 이것들과 같은 대명사는 독자들에게 혼란을 주므로 이러한 용어는 가급적 사용하지 않는 것이 좋다. 실험집단에 관해 기술할 때도 집단의 규모나 성격을 분명히 제시해야 한다.

## ③ 아이디어의 배열과 제시 순서

분명하고 간결한 표현과 질서 있는 사고의 배열과는 불가분의 관계에 있다. 독자는 논문의 서두에서 결론 부분에 이르기까지 사고의 배열이 시간적으로 또는 공간적으로 순서 있고 일관성 있게 전개되기를 기대한다. 따라서 초고가 끝난 후에는 서술에 일관성이 있는가, 서술에 비약이 없는가, 잘못 서술된 곳은 없는가 하는 점에 관심을 가지고 고쳐 나가는 습관이 요구된다. 또한 주객이 혼동되지 않도록 해야 한다. 즉, 큰 줄거리가 되는 주사상과 객이 되는 사상을 혼동시키거나 주체가 되는 언어와 객체가 되는 언어의 관계를 명확하게 기술하는 데 유의해야 한다.

## ④ 표현의 경제성

단문은 장문보다 이해하기가 용이하다. 논문에 있어서는 무엇보다도 풍부한 사고와 정확한 표현법이 중요하다. 불필요한 수사나 기교만 있는 논문은 내용이 없는 언어 유희에 불과하다. 그러므로 논문 작성에서는 우선 탁월한 사고가 으뜸이고, 언어의 수사는 이차적 문제다.

짧고 단조로운 서술은 문장 간에 단절을 가져오기 쉽다. 그러나 긴 문장은 그 내용을 이해하기 어려운 점이 있다. 문장의 길이를 짧게, 또는 길게 표현하면 독자로 하여금 지루함을 느끼게 하지 않고 흥미를 유발할 수 있다.

아주 짧은 글을 제외한 긴 서술은 몇 개의 단락으로 나누는 것이 필요하다. 만약 몇 개의 단락으로 나누어질 수 없다면 서술된 내용이 이론적이고 명확한 것인지 검토할 필요가 있다. 이때 글의 내용과 사고가 바뀌는 곳에 따라 단락을 구분 지으면 된다. 또는 시각적으로 구분하여 제시하는 것이 독자에게 지루함과 싫증을 일으키지 않고 산뜻한 기분을 주게 된다.

⑤ 표현의 유연성

서술에 있어서 사고의 비약은 독자를 어리둥절하게 만든다. 이러한 오류들은 연구자가 관심을 가지고 읽어 보면 쉽게 찾을 수 있다.

시제(時制)에 있어서 갑작스러운 변화는 피하도록 한다. 동일 문장에서 과거와 현재를 자주 혼용해서는 안 된다. 과거 시제는 문헌연구나 실험 계획에서 특정 연구 결과를 인용할 때, 방법과 결과를 기술할 때, 그리고 요약할 때 쓰인다. 현재 시제는 연구자와 독자 간의 대화이므로 정의를 진술하고, 가설을 진술하며, 결과를 토의하고 기술하는 데 사용한다. 미래 시제는 논문에서 거의 불필요하다.

같은 말의 반복은 되도록 피하고 유사한 말을 쓰도록 한다. 유사한 말의 대입은 때로는 문맥의 진의를 다소 손상시킬 우려가 있지만, 같은 말을 자꾸 되풀이하면 독자에게 지루함을 주게 되며 문장의 활력을 떨어뜨릴 수 있다. 때문에 번거롭더라도 동의어나 유사어를 사전에서 찾아보는 습관을 길러야 한다.

⑥ 비 평

논문을 집필한다는 것은 여러 사람에게 자신의 사상(또는 사고)을 표현하는 활동이므로 그만큼 어려운 일이다. 그러나 이러한 활동을 통해서 자신은 점차 발전한다. 원고를 제출하기 이전에 관련 연구 분야에 관심이 있는 전문 인사의 자문과 충고를 받아 보는 것이 바람직하다.

(2) 논문의 문체

연구 보고는 연구 결과를 독자에게 전달하여 이해시키고자 하는 것이기 때문에 연구자가 많은 사고 과정과 아이디어를 정확하고 간결하게 표현하여야 한다. 연

할 부분이 있으면 '고딕체'로 표시한다.

② 간접 인용

- 간접 인용이란 타인의 연구 업적 내용을 간접적으로 인용하여 소개하는 방법이다.
- 이 인용방법에 있어서는 인용 부호를 사용하지 않는다.
- 원문의 내용과 주장을 정확하게 파악하여 표현한다.
- 인용할 때는 직접 인용이든 간접 인용이든 반드시 주(註)를 달아야 한다.

(2) 주(註)

하나의 논제를 연구하여 그것을 결론짓는 과정에서 그 검증(입증과 반증)상 필연적으로 권위 있는 문헌을 인용하게 되는데, 이때 그 인용문의 출처를 명확히 밝히는 것이 주(註)의 역할이다. 이를 구체적으로 살펴보면, 첫째 그 말의 소유자에 대한 경의와 감사를 표시하기 위하여, 둘째 자기의 사상이나 견해를 더 설명하고 부연하기 위하여, 셋째 같은 말이 다른 곳에도 있다는 것을 명확히 밝히기 위하여 주를 사용한다.

① 본문 중

지면의 하단이나 장, 절 끝에 인용문의 출처를 밝히는 것이 아니라, 본문 중에서 간단히 밝히는 방법으로 다음과 같은 예가 있다.

- 인용하는 저서나 논문의 저서 명이 원문에 나타나지 않은 경우에는 해당 부분 끝에 괄호를 치고 그 속에 저자 명과 발행 연도를 표시한다. 예 최근의 한 연구는(김순택, 1966)……
- 저자의 이름이 원문에 나타난 경우에는 괄호 속에 발행 연도만을 표시한다. 예 홍성화(1966)는 ……을 발견하였다.

- 저자가 두 명일 때는 두 저자의 이름을 모두 기입하고 연도 표시를 한다.

  예 이와 같은 증거는 김철수와 김순이(1968)에 의하여 제시되었다.

- 저자가 두 명 이상일 경우에는 저자 명을 전부 쓰지 않고 주 저자의 이름만을 기입하고 '외'라 표기하고 연도를 쓴다. 예 인간관계를 종합과학적 학문으로 다루는 학문으로서 보는 견해가 있다(정범모 외, 1963).

- 한 저자의 연구 결과나 주장이 한 해에 발행된 것이 둘 이상 인용될 때는 연도 뒤에 a, b, c로 식별을 위한 표시를 한다. 예 Jones(1962a)는 ……하였으나 그 후에 이루어진 연구(Jones, 1962b)에 있어서는 반대되는…….

- 여러 저자의 각각 다른 연구를 동시에 인용하였을 때는 인용된 연구를 전부 표시한다. 예 최근의 연구 결과는(이영덕, 1963; White, 1964; Williams, 1965) ……을 증명하였다.

- 인용된 저서나 논문의 페이지는 참고문헌에 표시하도록 한다.

### ② 각 주

각주(foot note)는 지면의 하단에 인용문의 출처를 기재하는 방법이다. 그런데 각주에도 일정한 형식이 있으며, 이를 지키는 것이 좋다. 다음에 일반적인 유의 사항을 살펴본다.

- 각주는 너무 빈번하게 사용하지 말아야 한다.

- 각주의 표시는 원문보다 작은 아라비아숫자로 일련번호를 표시한다.

  예 ○○○는 ……하였지만[1] 다만 결과에 의하면 오히려 ……하다고 발표되었다.[2]

- 각주의 표시 숫자는 매 면, 매 절마다 일련번호를 따로 붙이는 경우와 부별로 일련번호를 붙이는 경우가 있다.

- 매 면마다 주 번호를 표시할 때는 각주의 번호가 있는 그 면 하단에 면 폭의 1/4 정도의 선을 긋고 그 아래에 기재하며 이때 '주(註)'라는 글을 쓸 필요는 없다. 참고문헌의 인용에 한해서는 줄을 바꿀 때 첫 줄보다 들여쓰기를 한다.

- 동일 자료를 계속해서 인용하는 경우는 두 가지 방법을 쓴다. 즉, 위에 인용

한 것을 그다음에 바로 다시 인용할 때는 '앞의 자료, p. 26'과 같이 하며, 또 다른 방법은 어떠한 자료가 있는데 그다음에 다른 자료를 인용한 후에 다시 처음 자료를 인용하고자 하면 저자의 이름을 밝히고 '같은 자료, p. 26'과 같 이 한다.

현장교육 연구 보고서를 작성할 때 좋은 참고자료가 될 수 있다고 생각되어, 한 국교육학회 학회지 게재 응모 논문 작성 양식 중 필요하다고 판단되는 부분을 발 췌하여 다음에 제시한다.

● **인용문**

　인용하는 내용이 짧은 경우에는 본문 속에 기술하고, 긴 경우(3행 이상)에는 본문에서 따로 떼어 기술한다. 따로 기술하는 경우에는 인용 부분의 아래위를 본문에서 한 줄씩 띄우고 각각 다섯 글자씩 들여 쓴다.

　인용하는 저서나 저자 명이 본문에 나타나는 경우에는 괄호 속에 발행 연도 또는 발행 연도와 해당 면을 표시한다.

　예) 이 문제에 관하여 홍길동(2001)은⋯⋯.

　　　홍길동(2001: 15)은⋯⋯.

　인용하는 저서나 저자 명이 본문에 나타나지 않은 경우에는 해당 부분 말미 에 괄호를 하고, 그 속에 저자 명과 발행 연도, 해당 면 등을 표시한다. 참고문 헌이 여럿일 경우에는 문헌들 사이를 쌍반점( ; )으로 가른다.

　예) ⋯⋯한 것으로 확인되었다(홍길동, 2001: 18).

　　　⋯⋯한 연구(홍길동, 2001; Anderson, 1999)에 의하면⋯⋯

　저자가 다수일 경우 3인까지는 모두 표시하되, 4인 이상은 첫 번째 저자만 나타내고 그 이하는 다음과 같이 나타낸다.

　예) (국문) 홍길동 외(2001)

　　　(영문) Anderson et al.(2000)

● **표와 그림**

표와 그림에는 일련번호를 붙이되, 표에는 〈 〉, 그림에는 [ ]와 같은 괄호를 사용하고, 표의 제목은 상단에, 그림의 제목은 하단에 제시한다.

예) 〈표 1〉 [그림 1]

● **참고문헌 작성**

논문의 말미에 다음과 같은 요령으로 제시한다. 여러 나라 문헌을 참고했을 경우 韓·中·日·西洋書 순으로 열거한다. 가나다 또는 알파벳 순으로 제시한다. 여기에 예시한 이외의 서양 참고문헌의 작성법은 대체로 APA 양식을 따른다.

가. 단행본의 경우: 책 이름은 고딕체로 한다.

예) 홍길동(2001). **창의력**. 서울: 공공출판사.

홍길동·김기동(2001). **창의력과 평가**. 서울: 공공출판사.

나. 정기간행물 속 논문의 경우

예) 홍길동·김기동(2001). 열린교육 평가를 위한 연구. **교육학연구**, 39(2), 143–166.

다. 학위논문의 경우

예) 홍길동(2000). 기독교 신앙 행동의 측정과 분석. 박사학위논문. 한국대학교.

라. 편저 속 논문의 경우

예) 이상호(1998). 아비튀스와 상징질서의 새로운 사회이론. **문화와 권력**: 부르디외 사회학 이해. 현택수(편), 121–161.

마. 학술발표회 발표논문의 경우

예) 최상진(1999). 문화심리학: 그 당위성, 이론적 배경, 과제 및 전망. 한국심리학회 하계 심포지엄 문화와 심리학, 1–20. 8월 20일. 서울: 연세대학교 제2인문관.

바. 신문기사의 경우

예) 동아일보(2001. 9. 23). 사이버대학 1학기 수강생 10명 중 8명꼴 재등록. 19면.

사. 전자 매체, URL 등 인터넷 간행물의 경우

① 인터넷에서 정보를 인출한 경우 자료 원천의 이름 혹은 주소를 적은 후 인출한 날짜의 연월일을 구분하여 적고 '……에서 인출'이라고 적어 문장을 끝낸다. 반드시 URL과 인출한 날짜를 기입한다.

　예) American Psychological Association(2001, August 1). APA style for electronic resources. http://www.apastyle.org/styleelecref.html에서 2001. 9. 5 인출.

② 인터넷의 비정기간행물 문서의 경우 날짜가 명기되지 않고 일반 기관에서 게시한 인터넷 문서가 여러 페이지로 구성되었을 때는 그 문서가 들어간 홈페이지(혹은 첫 화면)로 연결될 수 있는 URL을 적어 주고 작성 일자가 없음을 '작성일 불명'(영어는 no date를 나타내는 축약어 n.d.로 표기)이라고 명시한다. 문서 작성자를 확인할 수 없는 문서는 그 문서의 제목을 저작자 명으로 간주하여 제시한다.

　예) GVU's 8th WWW user survey.(n.d.). http://www.cc.gatech.edu/gvu/user_surveys/survey-1997-10에서 2000. 8. 8 인출.

③ 기타(온라인 포럼, 토론 및 온라인상에서 읽은 일간지 기사 등)

　예) 이정모(2000. 12. 24). 과학도로서의 심리학도의 자세/신조. http://www.koreanpsychology.org. 회원광장 사이버 특강에서 2001. 10. 3 인출.

　한국일보(2001. 10. 12). 생명의 비밀 상자-게놈. http://www.hankooki.com에서 2001. 10. 12 인출.

● 영문 참고문헌 작성 시 유의 사항

① 책명은 이탤릭체로 한다(서양인의 경우 반드시 성을 앞에 놓는다).

　예) McMillan, J. H. (2001). *Classroom assessment: Principles and practice for effective instruction* (2nd ed.). Boston: Allyn and Bacon.

② 논문 제목은 첫 단어만 대문자로 표기하고, 나머지는 모두 소문자로 쓴다(단행본의 경우도 동일). 단, 정기간행물의 명칭은 각 단어를 대문자로 표기한다.

예) Brookhart, S. M., & Freeman, D. J. (1992). Characters of teacher candidates. *Review of Educational Research, 62*(3), 37-55.

Airasian, P. W. (1991). *Classroom assessment.* N.Y: McGraw-Hill.

Gold, N. C. (1981). Meta-evaluation of selected bilingual education projects. Unpublished doctoral dissertation. University of Massachusetts.

③ 여러 사람이 쓴 글을 편집하여 펴낸 책에서 한 논문을 참고하였을 때는 아래의 방식을 따라 표기한다.

예) Wells, A. S. (1996). African-American students' view of school choice. In Fuller, B., Elmore, R., & Orfield, G. (eds.), *Who chooses? Who loses? Culture, institutions, and the unequal effects of school choice.* New York: Teachers College Press.

④ 번역서 혹은 편역서의 경우 원저자 명 뒤에 본문에서 인용한 번역서의 출판 연도를 괄호 안에 제시하고 번역서 명을 적는다. 원저의 제목을 알고 있는 경우에는 대괄호를 이용하여 원저의 제목을 표기하고 이어서 괄호로 묶어 역자 명을 적고 '역 혹은 편역'으로 번역서임을 표시하고 마침표를 찍는다. 그리고 번역서의 출판 지역과 출판사를 적고, 그 뒤에 원전의 출판 연도를 괄호로 묶어 제시한다. 그러나 본문에서는 괄호 안에 원저자 명을 적고 원저의 출판 연도와 번역서의 출판 연도를 빗금(/)으로 구분하여 나란히 표기한다[Bowles, S., & H. Gintis(1976/1986)].

예) Bowles, S., & Gintis, H. (1986). 자본주의와 학교교육[*Schooling in capitalist America: Educational reform and the contradictions of economic life*]. (이규환 역). 서울: 사계절. (원전은 1976에 출판)

● **영문 외 참고문헌 작성 시 유의 사항**

영문 외 참고문헌은 해당 국어와 영문을 병기한다. 한글 참고문헌도 아래와 같이 한글과 영문을 병기한다.

가. 단행본의 경우

예) 오욱환(2005). 교사전문성. 서울: 교육과학사. (Translated in English)

Oh, W. H. (2005). *Teacher professionalism.* Seoul: Educational

Science.

나. 정기간행물 속 논문의 경우(반드시 해당 페이지를 밝힐 것)

예) 김경근(2008). 한국사회의 대안교육 수요 결정요인. 한국교육학연구, 14(1), 45-69. (Translated in English) Kim, K. K. (2008). Determinants of demand for alternative education in Korea. *The Korea Educational Review, 14*(1), 45-69.

다. 학위 논문의 경우

예) 김정숙(2006). 여자 대학생의 직업인식과 직업선택 과정. 박사학위논문. 고려대학교. (Translated in English) Kim, J. S. (2006). Occupational perceptions and choices of female college students. Unpublished doctoral dissertation. Korea University.

라. 인터넷 자료를 인용한 경우

예) 이종재(2003). 교육행정 시스템 혁신의 방향. http://www.kedi.re.kr에서 2003. 08. 26 인출. (Translated in English) Lee, C. J. (2003). Directions of innovation on educational administration system. Retrieved August 26, 2003, from http://www.kedi.re.kr

마. 신문기사 자료

예) ○○신문(2008. 10. 22). '학생 자살' 예방교육 실시. 4면. (Translated in English) Teachers advised on teen suicide(October 22, 2008). ○○ Newspaper, p. 4.

## (3) 부 록

연구 보고서를 작성할 때 부록은 어떠한 내용을 어떻게 제시하는 것이 좋은가? 흔히 본문에 넣어서 번잡한 내용이나 참고로 제시할 필요가 있는 자료는 부록에 수록하는 것이 좋다. 예컨대, 교수-학습 자료, 수업안 등 처치 자료, 질문지, 통계

자료, 조사 서식, 조사 표, 교과서 분석 내용, 지도 등을 수록한다.

그러나 대부분의 연구자들은 자신이 노력하여 연구한 내용을 부록에 싣는 것을 꺼려 한다. 그 이유는 부록에 수록되면 자료가 주는 의미가 약해지기 때문이다. 그러한 까닭으로 교과 분석 내용, 질문지, 조사 내용 등의 표가 본문에 제시되는 경우가 많다. 그러나 이렇게 될 때 연구자가 주장하고자 하는 내용이 산만해지고 논리성 및 간결성이 약해져 명료하게 제시되지 못한다. 또한 부록을 따로 별책으로 할 것인지, 본 보고서 말미에 수록할 것인지 하는 문제인데 필자의 견해로는 20쪽 이상이 되면 별책으로 하는 것이 좋겠다.

학교연구의 경우, 자료집 종류는 별책으로 하고 그 밖의 조사 용지의 서식이나 체크리스트 등은 별책으로 하지 않고 보고서 말미에 수록하는 것이 좋다. 요약하면, 부록 자료는 연구자가 보고서를 작성하는 데 주류를 이루는 자료인지, 아니면 참고자료인지에 따라서 구분하여 제시하는 것이 좋다.

# 현장교육 연구의 검증 및 평가방법

> 제 5 장
> # 현장교육 연구의 검증 및 평가방법

## 1. 검증 및 평가

　검증 및 평가란 검사하거나 평가하여 증명하는 것을 말한다. 현장연구에서는 실행 과정에서 수집한 원자료를 조직, 정리, 해석하는 분석과 종합의 과정이라고 할 수 있다. 즉, 가설이 작용하여 나타난 행동 변화의 증거 간의 비교를 의미한다. 연구 이전과 이후 간에 행동의 변화가 나타나는 것을 각종 방법으로 수집하여 그 변화량을 측정한다든지, 실험군과 비교군을 비교하여 실험군이 어떻게 변화했는지를 알아보는 일이 곧 현장연구에 있어서 검증 및 평가다.

　현장교육 연구에서는 가설이란 용어 대신 실천 목표, 실행 중점, 실천 방안 등을 사용하는 것이 보통이나 편의상 가설이란 용어를 사용하기도 한다. 즉, 가설이란 용어를 함축성 있게 줄여서 표현하는 것이 실천 목표(실행 중점, 실천 방안)이기 때문이다.

## 1) 검증 및 평가의 문제

- 가설의 결과 부분이 가능한 한 구체적인 행동적 용어로 표현되어야 한다. 예를 들면, '많은 친구를 사귀게 될 것이다.' '발언하는 횟수가 줄어들 것이다.' 와 같이 표현한다.

- 행동 변화가 있을 것은 확실한데 이것을 직접 검증하기 어려우면 어떠한 가정을 세우고, 이 가정에 들어맞으면 행동 변화가 있다고 보는 방법을 취할 수도 있다. 예를 들면, 학습 자료를 많이 이용하면 학습이 구체화되고 비교적 오랫동안 기억한 내용이나 이해한 사항을 파악할 것이라는 것은 틀림이 없는데, 교사 작성의 시험 결과에 의하면 학력의 증진이 뚜렷하지 않은 경우가 있다.

- 의미 있는 검증도구를 이용하도록 한다. 우리나라에서 제작한 표준화 검사도구를 가급적 사용하도록 한다. 또한 유사한 연구물을 수집하고 그 연구에서 사용한 검증도구가 쓸 만하면 제작자의 허가를 얻어서 이를 사용하도록 한다.

- 가능하면 동일한 평가도구로 여러 번 측정하여 일정 기간에 나타난 행동 변화를 비교함으로써 검증해야 한다. 일체의 검증도구는 연구를 시작하기 이전에 작성해야 한다. 그리고 일정 기간의 간격을 두고 동일한 평가 도구로 측정하여 그간의 행동 변화를 살펴본다. 예를 들면, 질문지의 반응 결과에 따라 행동의 변화를 보고자 하면 연구를 시작하기 이전에 실시한 질문지를 그 후에도 계속 사용해야 하며, 동일 질문지에 나타난 반응의 변화를 보아야 한다.

- 현장연구법에서는 가설의 타당하고 신뢰로운 검증이 가장 어렵다는 것을 시인하고 임해야 할 것이다. 왜냐하면, 조건의 통제를 엄격히 해야만 가설을 검증할 수 있는데, 현장연구법에서 조건의 통제는 교육 실천상에 무리가 없는 범위 내에서만 하기 때문에 정확한 검증을 할 수 없다. 이러한 어려움이 있기 때문에 현장연구법에서는 일회의 실험이든지 어떠한 한 학교의 결과만을 가지고 일반화할 수 있는 정도의 결론을 형성하기는 어렵다. 따라서 동일 주제로 여러 학교가 연구를 추진하고 가설을 검증한 것이 비슷한 결과로 나타나면 비로소 일반화할 수 있는 근거가 되는 것이다. 검증 및 평가를 함에 있어서는 가설별로 하는 경우와 종합적으로 하는 경우가 있다.

## 2) 검증 및 평가방법

검증 및 평가 시에는 다음과 같은 점이 고려되는 것이 좋다(이철기, 1979).

- 지적·기능적 영역에 속하는 내용의 검증에는 통계적 검증을 주로 하고, 논리적 검증은 할 수 있는 데까지 하는 것이 좋다.
- 정의적 영역을 내용으로 하는 연구에서는 논리적 검증을 주로 하고, 통계적 검증은 가능한 데까지 하는 것이 좋다.

지적 영역의 연구 문제로는 '향토언어 자료를 통한 고전의 이해력 향상 방안'이라는 주제로 연구한다면 통계적 방법의 검증은 고전 이해력의 평균치는 실험집단과 비교집단을 비교했을 때 얼마나 높아졌는가? 사전·사후 검사를 해 볼 때 얼마나 높아졌는가? 표준편차는 얼마나 줄어들었는가? 그리고 향상되고 낮아진 것은 얼마나 유의도가 있는가? 등을 검토할 수 있다. 이때 논리적인 방법으로는 고전에 대한 이해 태도가 얼마나 좋아졌는가? 고전에 대한 흥미가 얼마나 높아졌는가? 수업시간에 고전 학습에 대한 참여도가 얼마나 달라졌는가? 등을 관찰, 면접, 평정, 측정, 기록 분석 등의 방법으로 객관적인 자료를 수집하여 통계적 검증을 거쳐 자료와 함께 해석하는 것이 좋다.

정의적 영역의 연구 문제로는 '사회적 학습을 통한 아동의 바른 생활 습관 형성'이라는 주제에서 검증은 아동의 생활규범에 대한 인지적 신념화가 어떠한가? 생활 실천 상황은 어떠한가? 용의검사를 할 때 용의검사 위반자 수가 늘어나는가, 줄어드는가? 생활 장면에서 언어 사용에 어떠한 변화가 있는가? 친구 간에도 바른 예절을 지키려는 자세가 어떠한가? 등을 관찰, 면접, 평정, 일화 기록 등의 논리적 방법 등으로 주로 검증하고, 객관적인 통계 자료를 수집할 수 있는 데까지 수집해서 변화 상황을 검토하여야 한다. 이렇게 하여 논리적 검증과 통계적 검증 결과를 바탕으로 해석하고 정리하여야 한다.

검증 및 평가에 있어서 가장 많이 쓰이는 것은 전후 비교법(종적 비교법)과 동시 비교법(횡적 비교법)이 있다.

## (1) 전후 비교법

전후 비교법은 단일 집단이나 개인을 대상으로 하며 연구하기 이전과 연구가 끝난 후의 행동 변화량을 비교한다. 대체로 진단형이나 실험형(경험형) 연구에서 쓰는 방식이다.

전후 비교법을 쓰는 경우는 반드시 연구 이전 학생들의 행동 증거를 수집하여 분석하는, 즉 비교할 수 있는 근거를 확보해야 한다. 이 비교 근거가 없으면 검증 및 평가는 불가능하다. 전후 비교법이라고 하여서 연구 이전과 이후에 2회에만 걸쳐 하는 것이 아니라 일정 기간을 두고 계속적으로 자료를 수집하여 변화해 가는 모습을 살피면 더욱 좋다. 이때는 검사 도구를 통해서 하는 방법과 관찰을 통해서 하는 방법, 작품 분석을 통해서 하는 방법 등이 있다.

---

예시 1

📝 주제 : 야생화 탐사반의 운영이 자생식물 보존 가치의 내면화에 미치는 영향[1]

● 검증 결과 및 해석

1. 클럽 활동(야생화 탐사반)에 대한 관심도

〈표 5-1〉 야생화 탐사반에 대한 관심도의 변화(N=17)

| 설문 항목 | 분석 내용 | 연구 전 | | 연구 후 | | 전후 비교 |
|---|---|---|---|---|---|---|
| | | N | % | N | % | |
| 1. 지금까지 클럽 활동(야생화 탐사반)에 참여한 자세는? | ① 적극적이었다 | 4 | 23.5 | 10 | 58.8 | +35.3 |
| | ② 보통이었다 | 12 | 70.6 | 7 | 41.2 | −29.4 |
| | ③ 소극적이었다 | 1 | 5.9 | − | − | −5.9 |

---

1) 이동규(2000). 제44회 전국현장교육 연구대회. 특별활동분과, 1등급.

| 질문 | 응답 | | | | |
|---|---|---|---|---|---|
| 2. 클럽 활동에 대해서(야생화 탐사반의 활동을 통해서) 느끼는 흥미 정도는? | ① 많다 | 6 | 35.3 | 13 | 76.5 | +41.2 |
| | ② 보통이다 | 9 | 52.9 | 4 | 23.5 | −29.4 |
| | ③ 적다 | 2 | 11.8 | − | − | −11.8 |
| 3. 지금까지 참여해 온 클럽 활동(야생화 탐사반)에 대한 만족 정도는? | ① 많다 | 1 | 5.9 | 12 | 70.6 | +64.7 |
| | ② 보통이다 | 12 | 70.6 | 5 | 29.4 | −41.2 |
| | ③ 적다 | 4 | 23.5 | − | − | −23.5 |
| 4. 클럽 활동(야생화 탐사반의 활동)을 통해서 취미 생활과 특기가 어느 정도 신장되었다고 생각되는가? | ① 많이 신장되었다 | 1 | 5.9 | 12 | 70.6 | +64.7 |
| | ② 보통이었다 | 10 | 58.8 | 5 | 29.4 | −29.4 |
| | ③ 변화가 없었다 | 6 | 35.3 | − | − | −35.3 |

5. 클럽 활동 시간에 바라는 것이 있다면(앞으로 다시 야생화 탐사반에서 활동하고자 할 때 바라는 것은)?

〈연구 전〉 13명 응답
• 많은 활동: 4명
• 재미있는 활동: 2명
• 특별한 시간: 2명
• 적극적인 활동, 식물원 견학, 단합 대회, 인접 학교와의 교류, 야생화 감상 각 1명

〈연구 후〉 16명 응답
• 야생화 탐사반의 전용 서클룸 및 전시실 설치
• 폭넓은 활동 범위(고정된 장소의 탈피)
• 탐사 활동 시간의 연장
• 전일제 이외의 탐사 활동 시간 이용

〈표 5−1〉의 야생화 탐사반의 관심도 변화에서 야생화 탐사반에 참여한 자세는 연구 전보다 35.3%, 야생화 탐사반의 활동을 통해서 느끼는 흥미 정도는 연구 전보다 41.2%, 만족 정도는 64.7%, 취미 생활과 특기의 신장 정도는 64.7%로 연구 전보다 모두 현저한 향상을 보였다. 뿐만 아니라, 야생화 탐사반에서 다시 활동하고자 할 때 바라는 것에서도 연구 전에는 4명이 반응을 보이지 않았으나, 연구 후에는 1명이 반응을 보이지 않았다. 내용 면에서도 연구 전에는 막연한 기대와 희망이 있었으나, 연구 후에는 보다 실질적인 것으로서, 야생화 전용 서클룸이라든지, 야생화 전용 전시실 또는 탐사 활동 시간의 연장과 폭넓은 탐사 활동 장소를 원하는 등 실질적으로 야생화 탐사 활동을 하면서 적극적인 참여 자세로 어느 정도 만족과 흥미를 느꼈다고 판단된다.

2. 야생화에 대한 관심도

〈표 5-2〉 야생화에 대한 관심도의 변화(N=17)

| 설문 항목 | 분석 내용 | 연구 전 | | 연구 후 | | 전후 비교 |
|---|---|---|---|---|---|---|
| | | N | % | N | % | |
| 1. 야생화 탐사 활동을 통한 야생화에 대한 관심도는? | ① 많이 증가했다 | 1 | 5.9 | 13 | 76.5 | +70.6 |
| | ② 약간 증가했다 | 12 | 70.6 | 4 | 23.5 | -47.1 |
| | ③ 변화 없다 | 4 | 23.5 | - | - | -23.5 |
| 2. 야생화 탐사 활동과 함께 준비한 전체 식물도감 수는? | ① 2권 이상 | - | - | 6 | 35.3 | +35.3 |
| | ② 1권 | 3 | 17.6 | 10 | 58.8 | +41.2 |
| | ③ 없다 | 14 | 82.4 | 1 | 5.9 | -76.5 |
| 3. 야생화에 대한 옳은 정의는? | ① 들에 핀 꽃의 총칭 | 1 | 5.9 | 1 | 5.9 | 0 |
| | ② 산과 들에서 저절로 자라는 화초 | 15 | 88.2 | 16 | 94.1 | +5.9 |
| | ③ 인간에 의해 재배되고 길들여진 화초 | 1 | 5.9 | - | - | -5.9 |
| 4. 식물원에 가 본 경험은? | ① 3번 이상 | 5 | 29.4 | 9 | 52.9 | +23.5 |
| | ② 2번 이하 | 10 | 58.8 | 7 | 41.2 | -17.6 |
| | ③ 없다 | 2 | 11.8 | 1 | 5.9 | -5.9 |
| 5. 알고 있는 야생화 수는? | 〈연구 전〉<br>• 1종도 적지 못한 학생 : 6명<br>• 1종 적은 학생 : 7명 (잡초만 기록 3명)<br>• 2종 적은 학생 : 2명 (풀, 잡초 기록 1명)<br>• 3종 적은 학생 : 2명 | 〈연구 후〉<br>• 가장 많이 적은 학생 : 40종<br>• 가장 적게 적은 학생 : 10종<br>• 30종 이상 적은 학생 : 6명<br>• 20종 이상 30종 미만 적은 학생 : 8명<br>• 10종 이상 20종 미만 적은 학생 : 3명 | | | | | |

〈표 5-2〉의 야생화에 대한 관심도의 변화에서 연구 전에는 야생화에 대한 관심도가 많은 학생이 한 명으로 5.9%였으나, 연구 후에는 13명인

76.5%가 많은 관심을 나타냈다. 야생화에 대한 관심을 전혀 갖지 않았던 4명도 연구 후에는 모두 관심을 가진 것으로 나타났다. 야생화 탐사 활동과 관련한 식물도감 수도 연구 전에는 82.4%가 준비를 못하였으나, 야생화 탐사 활동과 함께 1명(5.9%)을 제외한 전원이 1권 이상이라도 도감을 준비하게 되었으며, 식물원에 가 본 경험도 연구 전보다 23.5% 증가하였다.

뿐만 아니라, 알고 있는 야생화에 있어서도 연구 전에는 1종도 적지 못한 학생이 6명(35.3%)이었으며, 일반 풀과 잡초를 비롯하여 3개 이상을 제대로 적은 학생이 2명(11.8%)이었으나, 연구 후에는 14명(82.4%)이 20종 이상의 야생화를 자신 있게 적어 낸 것으로 보아, 야생화 탐사 활동을 하면서 야생화에 대한 인식이 달라지고, 많은 야생화를 알게 되었다고 해석된다.

〔 예시 2 〕

📝 주제 : 가족사와 연계된 음악 자료의 활용이 바람직한 현대사 인식 태도 함양에 미치는 영향[2]

● 사료의 개념에 대한 인식의 변화도

본 연구는 가족사 자료와 음악 자료를 수업에 활용하는 것이므로 역사 이해 자료로서 '사료'에 대한 개념의 확장을 필요로 한다. 검사 결과 〈표 5−3〉에서 볼 수 있듯이, 사료의 개념에 대한 인식이 크게 확장된 것을 알 수 있다. 사전검사에서는 주로 옛날의 문헌 자료(①, ②)만을 사료로 인식하였으나, 사후검사에서는 회화, 음악, 체험담, 개인사적 자료도 사료의 범주에 넣는 비율이 크게 늘었다. 음악 자료(④, ⑤, ⑥, ⑦, ⑧, ⑨)에 대해서는 평균 15.2%가 56.61%로, 가족사적 자료(⑩, ⑪, ⑫)에 대해서는 평균 17.6%가 75.2%로 인식을 대폭 달리했다.

---

2) 최영선(2001). 제46회 전국현장교육 연구대회. 국사·사회교육분과, 1등급.

〈표 5-3〉 사료의 개념에 대한 인식의 변화도 검사 결과

| 검증을 위한 제시 자료 | 사전검사 | | 사후검사 | | 변화도 (%) |
|---|---|---|---|---|---|
| | 응답 | % | 응답 | % | |
| ① 김부식의 『삼국사기』 | 81 | 89.0 | 84 | 93.3 | +4.3 |
| ② 이순신의 『난중일기』 | 79 | 86.8 | 84 | 93.3 | +6.5 |
| ③ 김홍도의 〈풍속화〉 | 42 | 46.2 | 59 | 65.6 | +19.4 |
| ④ 독립군이 부르던 〈용진가〉 | 27 | 29.7 | 58 | 64.4 | +34.7 |
| ⑤ 현인의 노래 〈굳세어라 금순아〉 | 7 | 7.7 | 55 | 61.1 | +54.1 |
| ⑥ 김추자의 노래 〈거짓말이야〉 | 1 | 1.9 | 47 | 52.2 | +50.3 |
| ⑦ 양희은 노래 〈아침 이슬〉 | 13 | 14.3 | 47 | 52.2 | +37.9 |
| ⑧ 새마을 노래 | 31 | 34.1 | 58 | 64.2 | +30.1 |
| ⑨ 나훈아의 노래 〈고향역〉 | 3 | 3.3 | 41 | 45.6 | +42.3 |
| ⑩ 할아버지의 6.25 동란 체험담 | 28 | 30.8 | 69 | 76.7 | +45.9 |
| ⑪ 근로자로 일하던 엄마의 처녀 시절 일기장 | 4 | 4.4 | 71 | 78.9 | +74.5 |
| ⑫ 삼촌의 대학생 시절 시위하던 이야기 | 16 | 17.6 | 63 | 70.0 | +52.4 |

● 역사적 사고력의 신장도

본 연구가 목표하는 '바람직한 현대사 인식 태도의 함양'은 탐구 능력을 바탕으로 하는 역사적 사고력의 신장으로 문제해결력이 제고되었을 때 소기의 성과를 거둘 수 있다. 역사적 사고력의 검증 항목은 한국교원대 김한종 교수가 역사적 사고력의 영역 가운데 하나로 제시한 역사적 탐구 기능의 세부 영역 4가지다. 신장도의 측정은 각 항목에 해당하는 문제를 제시하여 정답률을 분석하는 방식으로 하였다.

〈표 5-4〉 역사적 사고력의 신장도 검사 결과

| 검증 항목 | 사전검사 | | 사후검사 | | 신장도(%) |
|---|---|---|---|---|---|
| | 정답자 | 정답률(%) | 정답자 | 정답률(%) | |
| 문제 파악 능력 | 45 | 49.5 | 58 | 64.4 | +14.9 |
| 정보 수집 능력 | 26 | 28.6 | 40 | 44.4 | +15.8 |
| 자료 취급 능력 | 43 | 47.3 | 61 | 67.8 | +20.5 |
| 결과 적용 능력 | 37 | 40.7 | 57 | 63.3 | +22.6 |

검증 항목의 측정 결과, 역사적 사고력은 평균 41.5%에서 60%로 증가된 수치를 보였다. 특히 결과 적용 능력에서 신장도가 가장 높게 나왔는데, 이는 본 연구의 실천이 학생들의 올바른 현대사 인식 태도의 형성에 도움을 준 것으로 해석할 수 있다.

## (2) 동시 비교법

동시 비교법은 좌우 비교, 횡적 비교, 실험군과 통제군 비교라고도 한다. 전후 비교는 그 성질상 할 수 없는 경우가 있다. 특히, 시간의 흐름에 따라 자연적인 성장과 발달이 이루어지는 경우에는 그것이 시험 때문인지, 일반적 학습의 결과인지 분간할 수 없는 경우가 있다. 예를 들면, 비판적 사고력의 발달, 작문 기능의 발달, 교우 관계의 변화 등이 있을 수 있다.

$$\boxed{\text{예시 1}}$$

📝 **주제 : 만화 자료 구안 · 적용을 통한 주제 표현력 신장 방안**[3]

● **연구반과 비교반의 비교**

만화 활동 자료를 적용하여 주제 표현 신장을 위한 만화 지도를 한 연구반 학생들은 표현에 대한 자신감과 의욕이 비교반보다 높기 때문에 성취도도 높게 나타났으며 성실하고 독창적인 작품이 많이 나왔다. 연구반 학생들은 30% 정도의 학생들이 교내 미전에 자신의 작품을 출품하였으나 비교반 학생들의 참여도는 10% 미만이었다.

[그림 5-1]은 연구반 학급에서 C등급 평가를 받은 작품이며, [그림 5-2]는 비교반 학급에서 C등급 평가를 받은 작품이다. [그림 5-3]은 비교반 학급에서 D등급 평가를 받은 작품이다. 연구반에서는 [그림 5-3]과 같이 불성실한

---

3) 서형신(2000). 제45회 전국현장교육 연구대회. 미술교육분과, 1등급.

작품 활동을 한 학생은 거의 없었다. 같은 주제를 수업하더라도 체계적인 만화 지도를 받은 연구반 학생들의 주제 표현력이 우수함을 느낄 수 있었다. 체계적인 주제 표현력 지도는 학생들에게 자신감을 길러 주고 표현 의욕을 높이기에 자기 주도적인 표현 활동으로 이끈다는 것을 확인할 수 있었다.

[그림 5-1]      [그림 5-2]      [그림 5-3]

연구반은 다른 사람과 다른 주제를 설정하고 독창적인 표현을 하기 위해 고심하는 경우가 많았고 질문도 많았다. 그리고 수행평가의 결과도 대체로 다음과 같이 연구반 학생들이 상위 평가를 받은 학생들이 많았다. 표현 활동 결과를 분석한 구체적인 내용은 〈표 5-5〉와 같다.

〈표 5-5〉 표현 활동 성취도 비교(N=40명)

| 평가 등급 | A | B | C | D | 계 |
|---|---|---|---|---|---|
| 비교반 | 3 | 11 | 21 | 5 | 40 |
| 연구반 | 7 | 14 | 18 | 1 | 40 |

## 3) 검증 및 평가도구

- 교사 자작 학력검사
- 표준화 검사에 의한 검증
- 관찰에 의한 검증
- 질문지에 의한 검증(질문지 조사 요소 작성)

• 사회 측정에 의한 검증

## 4) 검증 및 평가를 위한 표집

• 전집
• 표집방법
• 확률적 표집방법
  - 단순 무선 표집　제비를 뽑을 때처럼 특별한 선정 기준을 마련해 놓지 않고 아무렇게나 뽑는 방법이다. 이 방법은 확률적 표집방법 중 가장 널리 쓰이고 있다. 무선 표집을 하기 위해서는, 첫째 전집에 포함된 모든 요소가 동등하게 표집될 수 있는 기회를 가져야 하며, 둘째 어느 특정한 요소의 선택이 다른 요소가 표집될 기회에 아무런 영향을 주지 않아야 한다.
  - 체계적 표집　전집의 구성이 특별한 순서 없이 배열되어 있다는 것을 전제로 하여 일정한 간격을 두고 표집하는 방법이다. 모집단의 전체 사례에 번호를 붙일 수 있다면 단순 무선 표집방법보다 간편하게 표집할 수 있다.
  - 유층 표집　전집에서 표본을 추출하는 것이 아니라 전집을 여러 단계의 하위 집단으로 층화한 뒤, 각 하위 집단에서 적절한 수의 표본을 뽑아내는 방법이다.
  - 군집 표집　모집단을 구성상의 특성과 관계없이 다수의 군집으로 분할하여 이들 중에서 일정 수의 군집을 무작위로 추출하는 방법을 말한다. 군집은 학교, 학급, 학과와 같은 집단이나 시, 읍, 면과 같은 지역이 될 수 있다.

예시 1

📝 **주제: 성공 여성 탐구 활동 및 자기성취 프로그램이 여고생의 양성평등 진로 의식에 미치는 효과[4]**

양성평등 자기성취 프로그램의 구안·적용이 여학생들의 진로 의식 고취에 미치는 영향을 알아보기 위해 연구 대상 학급의 학생들에게 사전·사후 검사를 실시한 결과는 다음과 같다.

● 성 고정관념의 분석

1. 성 고정관념

〈표 5-6〉 성 고정관념 분석

| 문항 | 응답 | 인원수 | | 백분율(%) | | 증감(%) |
|---|---|---|---|---|---|---|
| | | 전 | 후 | 전 | 후 | |
| 1. 나는 날씬한 몸매를 갖기 위해서 평소에 여러 가지로 신경을 쓴다. | 매우 그렇다 | 11 | 3 | 25 | 7 | −18 |
| | 그렇다 | 24 | 27 | 53 | 60 | +7 |
| | 아니다 | 10 | 15 | 22 | 33 | +11 |
| 2. 집안 청소나 설거지는 여자들이 해야 한다. | 매우 그렇다 | 13 | 1 | 29 | 2 | −27 |
| | 그렇다 | 20 | 4 | 44 | 9 | −35 |
| | 아니다 | 12 | 40 | 27 | 89 | +62 |
| 3. 밥하기나 반찬 만드는 것은 여자들이 해야 한다. | 매우 그렇다 | 9 | 1 | 20 | 2 | −18 |
| | 그렇다 | 20 | 8 | 44 | 18 | −26 |
| | 아니다 | 16 | 36 | 36 | 80 | +44 |

표의 N=45

---

4) 오정숙(2002). 제46회 전국현장교육 연구대회. 도덕·윤리교육분과, 1등급.

| | | | | | | |
|---|---|---|---|---|---|---|
| 4. 나는 슬픈 영화를 보았을 때 혹은 속상할 때 마음껏 울고 싶지만 주위의 시선 때문에 울지 않으려고 노력한다. | 매우 그렇다 | 6 | 6 | 13 | 13 | 0 |
| | 그렇다 | 25 | 19 | 56 | 43 | −13 |
| | 아니다 | 14 | 20 | 31 | 44 | +13 |
| 5. 여자들이 다이어트하는 것은 되나, 근육을 키우는 것(유도, 역도 등)은 안 된다. | 매우 그렇다 | 4 | 1 | 9 | 2 | −7 |
| | 그렇다 | 23 | 14 | 51 | 31 | −20 |
| | 아니다 | 18 | 30 | 40 | 67 | +27 |
| 6. 운동, 특히 축구나 농구는 여자들은 못해도 괜찮다. | 매우 그렇다 | 11 | 5 | 24 | 11 | −13 |
| | 그렇다 | 23 | 14 | 52 | 31 | −21 |
| | 아니다 | 11 | 26 | 24 | 58 | +34 |
| 7. 여자들은 귀고리나 목걸이를 하는 것이 더 예뻐 보인다. | 매우 그렇다 | 13 | 10 | 29 | 22 | −7 |
| | 그렇다 | 20 | 21 | 44 | 47 | +3 |
| | 아니다 | 12 | 14 | 27 | 31 | +4 |
| 8. 나는 상대가 나를 무시하고 때려도 여자이기 때문에 참는다. | 매우 그렇다 | 9 | 0 | 20 | 0 | −20 |
| | 그렇다 | 16 | 7 | 36 | 16 | −20 |
| | 아니다 | 20 | 38 | 44 | 84 | +40 |

- 비확률적 표집방법
  - 의도적 표집　연구자의 주관적인 판단에 의해서 전집을 대표할 수 있다고 생각되는 사례들을 의도적으로 표집하는 경우다. 비용이 적게 든다는 장점이 있지만 전집에 대한 지식이 충분하지 못한 경우 문제가 생긴다.
  - 할당 표집　전집의 여러 특성을 대표할 수 있도록 몇 개의 하위 집단을 구성한 다음, 각 집단에 알맞은 표집의 수를 할당하여 그 범위 내에서 임의로 표집하는 방법이다. 유층 표집과 유사하지만 비확률적 표집이라는 점에서

차이가 있다.

- 우연적 표집  필요로 하는 표본을 언제, 어디서나 조사자가 임의로 표집하는 방법으로, 길을 지나가는 사람을 일정한 수만큼 골라 인터뷰한다거나 강의실에 들어온 학생들을 대상으로 하여 어떠한 조사를 실시하는 것 등이 대표적인 예다.

## 5) 검증 및 자료의 평가

### (1) 타당도

#### ① 내용 타당도

내용 타당도는 측정도구가 측정하고자 하는 내용을 얼마나 충실히 측정하였는지 논리적으로 분석하여 평가하는 것이다. 이것은 특히 학력검사를 제작할 때 많이 검토하게 되는 타당도다. 어느 한 검사의 내용 타당도를 평가하기 위해서는 그 검사를 구성하고 있는 각 문항이 검사에서 측정하고자 하는 내용을 골고루 적절하게 표집한 것인지, 그리고 측정하려는 내용과 거리가 먼 문항은 없는지 등을 따져 보아야 한다.

#### ② 준거 관련 타당도

이것은 어떠한 준거와 관련지어서 측정도구의 타당성을 평가하는 방법이다. 해당 검사에서 얻은 점수를 가지고 미래의 준거가 될 만한 행동 특성을 어느 정도로 정확하게 예언할 수 있느냐에 의해서 결정하는 예언 타당도와 해당 검사의 점수를 타당성이 이미 인정된 기존의 다른 검사에서 얻은 점수나 또는 현재의 어떠한 준거 변인의 점수와 관련시켜서 둘 사이에 어느 정도 공통성이 있는가를 검토하여 타당도를 결정하는 공인 타당도의 두 가지가 있다. 여러 가지 영향이 미친 결과이기 때문에 단순히 그 검사의 명칭이 의미하는 특성만을 측정한 것으로 해석하기는 어려운 경우가 많다. 이와 같이 복잡하고 모호한 성격을 띠는 검사 점수의 의미를 심리학적 개념에 따라 분석하는 것이 구인 타당도다. 그러므로 구인 타당도를 따지는 것은 심리적 개념의 타당성을 검증하는 것과 같다.

---

### 예시 1

📝 **주제: '유형별 정치 분석 프로그램' 적용을 통한 건전한 정치의식 함양**[5]

● 정치 실상 바로 알기 프로그램에 대한 타당도 검사 결과

〈표 5-7〉 유형별 정치 분석 프로그램의 타당도 검사 결과

| 검사 내용 ＼ 투입 시기 | 연구 전 | | 연구 후 | | 향상도 | |
|---|---|---|---|---|---|---|
| | 득점 | 평균 | 득점 | 평균 | 득점 | 평균 |
| 1. 유형별 정치 분석 프로그램은 현실을 파악하는 데 도움이 된다. | 185 | 3.70 | 225 | 4.50 | +40 | +0.80 |
| 2. 유형별 정치 분석 프로그램은 유권자 의식 형성에 도움이 된다. | 188 | 3.76 | 226 | 4.52 | +38 | +0.76 |
| 3. 유형별 정치 분석 프로그램을 적용한 수업은 흥미롭다. | 175 | 3.50 | 221 | 4.42 | +46 | +0.92 |
| 4. 유형별 정치 분석 프로그램은 우리 수준에 알맞다. | 156 | 3.12 | 199 | 3.98 | +43 | +0.86 |
| 5. 유형별 정치 분석 프로그램은 고교 정치 수업에 적절하다. | 153 | 3.06 | 189 | 3.78 | +36 | +0.72 |
| 총 계 | 857 | 3.43 | 1060 | 4.24 | +203 | +0.81 |

〈참고 사항: 50명 * 5점 = 250점이 만점임〉

먼저, 유형별 정치 분석 프로그램의 타당도 검사 내용을 〈표 5-7〉을 통해 알아보았다. 연구 전보다 연구 후에 대부분 많이 향상된 수치를 보이고 있다. 유형별 정치 분석 프로그램은 현실을 파악하는 데 도움이 된다(+40〈+0.8〉),

---

5) 김춘현(2000). 제44회 전국현장교육 연구대회. 사회교육분과, 1등급.

유형별 정치 분석 프로그램은 유권자 의식 형성에 도움을 준다(+38〈+0.76〉), 유형별 정치 분석 프로그램을 적용한 수업은 흥미롭다(+46〈+0.92〉), 유형별 정치 분석 프로그램은 우리 수준에 알맞다(+43〈+0.86〉), 유형별 정치 분석 프로그램은 고교 정치 수업에 적절하다(+36〈+0.72〉) 등의 수치 결과로도 나타나 있다.

특히, 3, 4번 문항의 향상도가 두드러져 유형별 정치 분석 프로그램을 적용한 수업이 학생들에게 관심과 흥미를 유발하고, 또한 수준에 알맞게 투입하여 적용함으로써 학생들의 정치 현실 파악은 물론 문제점 분석 및 해결에도 도움을 준 것으로 파악되었다.

## (2) 신뢰도

신뢰도란 한 검사가 측정하고자 하는 내용을 얼마나 정밀하게 측정하였느냐 하는 정도를 말한다. 어떠한 측정이나 항상 오차가 있게 마련이다. 다만 측정하는 대상의 속성과 측정도구의 성격에 따라 그 정도의 차이가 있을 뿐이다. 측정의 오차가 적으면 적을수록 그만큼 신뢰도는 높다.

### ① 재검사 신뢰도

동일한 검사를 동일한 피검사자들에게 일정한 시간적 간격을 두고 두 번 실시하여 얻은 첫 번째 점수와 두 번째 점수에서 구한 상관계수다. 이것은 일정 기간을 두고 같은 검사에서 얻은 두 점수가 얼마나 변동 없이 안정성을 유지하느냐를 나타내는 것이므로 재검사 신뢰도를 '안정성 계수'라고도 한다. 신뢰도는 전후검사의 실시 간격을 어떻게 하느냐에 따라서 달라질 수 있다.

### ② 동형검사 신뢰도

두 개의 동형검사를 동일한 집단에서 실시하여 얻은 점수들 사이의 상관계수를 말한다. 재검사 신뢰도가 동일한 집단에 동일한 검사를 두 번 실시하여 얻는 것인데 비하여, 동형검사 신뢰도는 동일한 집단에 두 개의 서로 비슷한 검사를 한꺼번에 실시하여 상관계수를 산출하는 것이 특징이다.

### ③ 반분 신뢰도

어느 한 집단에서 검사를 실시한 다음, 그 검사를 기우반분 또는 전후반분하여 두 부분을 독립된 검사로 간주하고 여기서 얻은 점수들 간의 상관계수를 계산한 값이다. 반분 신뢰도는 검사 내용의 동질성 정도를 나타낸다.

### ④ 문항 내적 합치도

검사 속의 한 문항 한 문항을 마치 독립된 한 개의 검사 단위라고 생각하고, 문항 간의 동질성과 합치성을 상관계수로 표시한 것이 문항 내적 합치도다. 한 검사의 각 문항에 대하여 피검사자가 얼마나 일관성 있게 반응하느냐는 것은 검사의 문항이 어느 정도 동질적이냐에 의해서 결정된다. 그러므로 문항 내적 합치도를 '동질성 계수'라고도 부른다.

### (3) 객관도와 실용도

객관도란 검사의 결과를 채점할 때 여러 채점자들이 어느 정도 일치된 판단을 하느냐의 정도라고 정의할 수 있다. 한편 실용도란 측정도구를 사용하는 데 있어서 얼마나 시간과 노력 및 경비 등을 적게 들이고 쓸 수 있느냐를 말한다. 아무리 좋은 측정도구라 하더라도 사용하기에 불편하거나 비용이나 노력 등이 너무 많이 든다면 실용적 가치가 줄어들게 마련이다.

## 2. 통계 처리방법

### 1) 통계의 종류

#### (1) 기술통계

이것은 주어진 사태를 정확하고 간결하게 기술하기 위한 통계법으로서 빈도분포, 대표치, 변산도 등의 기초통계가 포함된다.

#### (2) 추리통계

주어진 사태 속에서 어떠한 사실, 원칙, 이론의 확신을 가지고 추리해 나타내는 통계법으로 여러 가지 가설을 검증하는 방법과 그 기초인 정상분포곡선 이론이 이에 포함된다.

#### (3) 예언통계

한 사실에서 다른 사실을 자신 있게 예언하는 데 관계되는 통계법으로 주로 상관도의 이용에 관계되는 방법이다.

#### (4) 측정통계

교육이나 심리 측정에 있어서 검사에 관련된 수치를 처리하는 통계법으로 검사의 신뢰도, 타당도, 문항분석 척도와 규준 등의 산출이 이에 속한다.

### 2) 통계의 기본 개념

통상적으로 각기 그 속성이 질 혹은 양 측면에서 다른 가치를 가지고 있는 개념을 '변인'이라 한다. 어느 변인의 속성이 질적 유목으로만 분류되는 것을 '비연속적 변인'이라 하고, 양적으로 분류될 수 있는 것을 '연속적 변인'이라 한다.

측정치는 사용한 척도의 성질에 따라 각기 다른 의미를 가진다. 척도는 명명척도, 서열척도, 동간척도, 비율척도의 네 가지 종류로 나뉜다.

### ① 명명척도

유목으로 나누어지는 척도이며, 이는 가장 기본적인 척도로서 '분류척도'라고도 한다. 그 이유는 변인을 분류하는 역할을 하기 때문이다. 분류 유목은 상호 배타적이면서도 포괄적이어야 한다. 다시 말하면, 한 유목에 속하는 것이 다른 유목에는 속할 수 없어야 하며, 그러면서도 관심 변인의 모든 요소가 어느 유목엔가는 반드시 소속될 수 있어야 한다. 예를 들면, 운동선수들의 유니폼에 달고 있는 등 번호, 학생 번호, 주민등록번호 등과 같은 척도다. 여자를 1, 남자를 2로 한다면 이때의 측정치도 명명척도인 것이다. 명명척도는 등가를 나타내며, 이름의 역할을 할 뿐 가감승제는 할 수 없는 성질의 것이다.

### ② 서열척도

서열척도는 순위, 즉 상대적 중요성을 나타내는 척도다. 명명척도가 이름 대신에 쓰이며 같은 유목의 것은 등가임을 나타내 주는 반면에, 서열척도는 등가와 순위라는 두 가지 성질을 가진다. 예컨대, 대학교수를 조교, 전임강사, 조교수, 부교수와 교수로 나눈다면 교수 명칭은 서열척도가 되는 것으로, 같은 조교수라면 이들 교수의 지위는 같다는 등가를 나타낼 뿐 아니라 부교수보다는 서열이 낮고 전임강사보다는 서열이 높다는 것도 나타내게 된다. 한 예로, 어떠한 설문지의 반응지가 '대단히 좋아한다' '보통이다' '싫어한다'의 3단계로 되어 있어서 이들을 수량화함에 있어서 높은 것부터 각각 3점, 2점, 1점을 부여한다면 이것 역시 서열척도가 된다.

앞의 두 가지 예에서 짐작할 수 있는 것과 같이 서열척도는 동간성이 없다는 것이 특징이다. 예를 들면, '3점−2점≠2점−1점'과 같이 '대단히 좋아한다'와 '보통이다'의 차이가 '보통이다'와 '싫어한다'의 차이와 반드시 같다고 이야기하기 어렵다. 다시 말해서, 차이를 보여 줄 뿐 얼마만큼의 차이인지 말할 수 없다는 것이다. 이와 같이, 동간성이 없기 때문에 서열척도의 경우는 분류, 즉 >, <, = 등은 쓸 수 있지만 임의로 동간성을 가정하지 않는 한 가감승제를 의미 있게 할 수 없다. 실제에 있어서 심리검사나 설문지의 결과를 처리할 때 함부로 가감승제를 하는데 이것은 분명히 서열척도일 때는 불가능한 일이며 또 다음에서 말하는 동간척도와 같이 동간성을 가정할 때도 그 가정이 얼마나 맞는가를 충분히 고려한 후에 가감승제를 적용해야 한다.

③ 동간척도

예컨대, 철자검사에서 10점, 15점, 20점, 섭씨온도계의 5℃, 10℃, 15℃와 같은 측정치는 동간척도다. 이들은 서열척도처럼 분류 및 순위의 성질을 가질 뿐만 아니라 한 걸음 더 나아가 '5℃−10℃=10℃−15℃'나 검사에서 '20−15=15−10'과 같은 가감을 의미 있게 할 수 있다. 즉, 동간성을 가진다는 이점을 지니고 있다. 그러나 5℃가 10℃보다 더 춥다거나 20점을 받은 학생은 10점을 받은 학생보다 두 배로 공부를 더 잘한다는 이야기는 성립될 수 없기 때문에 측정치 자체의 비율, 즉 승제산을 한다는 것은 불가능하다. 어느 검사에서 3명의 학생의 점수가 10점, 15점, 25점이었다고 하자. 이는 동간척도이기 때문에 두 번째 점수는 첫 번째 점수보다 5점이 높고, 세 번째 점수는 두 번째 점수보다 10점이 높다는 것을 알 수 있다. 그러나 동간척도는 절대영점이 없기 때문에 척도치 사이의 비율은 불가능하다. 즉, 0점이라고 해서 능력이 0인 것은 아니다. 그러나 주의할 것은 측정치의 비율은 성립되지 않지만 척도간치의 비율은 성립한다는 것이다. 앞의 예에서 세 번째 점수(25점)가 두 번째 점수(15점)보다 뛰어난 정도는 두 번째 점수(15점)가 첫 번째 점수(10점)보다 뛰어난 것의 두 배라고 할 수는 있다는 것이다.

④ 비율척도

측정치 중에서 가장 높은 것이 비율척도다. 이는 동간척도의 모든 성질을 가질 뿐만 아니라 절대영점을 가진다. 즉, 모든 값은 절대영점에서 시작하기 때문에 다른 척도들이 통계적 처리에서 어떠한 제약을 받는 데 반하여 비율척도는 가감승제 계산의 어느 것이고 가능하다. 길이, 무게, 시간 등은 비율척도이며, −273℃에서 출발하는 켈빈 온도계(Kelvin scale)도 마찬가지다. 척도의 성질은 바로 통계적 조작의 한계를 명시하는 것이기 때문에 자료의 성질을 이해한다는 것은 통계학에서 기본적인 것이다.

## 3) 조사연구를 위한 통계적 방법

### (1) 평균치(Arithmetic Mean, M)

$$M = \frac{\sum X}{N}$$

① 묶지 않은 자료의 경우

평균치는 한 점수 분포에서 편차의 대수적 총합이 0이 되는 점을 말하기도 한다. 다시 말하면, 한 점수 분포를 양분하여 아래쪽 편차의 총합과 위쪽 편차의 총합이 같게 되는 점을 말한다.

$$M = \frac{\sum fx}{N} = \frac{450}{9} = 50$$

## ② 단순빈도 분포의 경우

평균치는 점수를 그 빈도수로 각각 곱한 다음, 이를 모두 합하고 그 합을 전체 사례 수로 나누어 계산한다.

$$M = \frac{\sum fx}{N} \rightarrow \frac{1,804}{70} = 15.49$$

## ③ 묶은 자료의 경우

묶은 자료의 경우는 점수(X) 대신에 급간의 중간점(Xmpt)을 그 빈도수로 각각 곱한 다음, 이에 모든 합을 전체 사례수로 나누어 평균치를 구한다.

$$M = \frac{\sum (fXmpt)}{N} \rightarrow \frac{3.439}{62} = 55.47$$

## ④ 간편 방법

묶은 자료에 의한 평균치의 계산은 점수(X)가 크고 또한 사례 수가 많으면, 수치가 커져서 불편한 경우가 많다. 큰 수보다는 작은 수를 다루면서 그 계산이 쉽고 빠르며 편리한 방법이 있다. 이를 '간편 방법에 의한 평균치의 계산'이라고 한다. 간편 방법은 한 분포에서 편차의 대수적 총합이 0이 되는 사실을 적용한 것이다.

$$M = M' + i\left(\frac{\sum fx'}{N}\right)$$

## (2) 표준편차(Standard Deviation: SD, $\sigma$)

모집단의 표준편차는 $\sigma$로, 표본의 표준편차는 SD로 표시하는 것이 보통이다.

표준편차는 변산도 중 가장 신뢰할 만하며, 평균치에서 떨어진 편차들의 평균이라는 점에서 평균편차와 같다. 그러나 그 평균을 계산하는 방법이 다르다. 평균편차의 계산에서는 각 편차의 절대치를 모두 더했지만 표준편차의 계산에서는 각 편차를 자승하고, 이를 모두 합한 다음, 사례 수로 나누고, 제곱근을 구한다. 간단히 말해서 표준편차는 '편차의 자승의 총합의 평균의 평방근'이라고 할 수 있다.

① 묶지 않은 공식에 의한 계산

☑ 기본 공식에 의한 계산

$$\sigma = \sqrt{\frac{\sum x^2}{N}}$$

☑ 원측정치에 의한 계산

$$\sigma = \frac{1}{N}\sqrt{N\sum x^2 - (\sum x)^2}$$

② 묶은 자료의 경우

☑ 간편계산법

$$\sigma = i\sqrt{\frac{\sum fx^2}{N} - \left(\frac{\sum fx}{N}\right)^2}$$

☑ 원측정치에 의한 계산

$$\sigma = \frac{1}{N}\sqrt{N\sum fx^2 - (\sum fx)^2}$$

### ③ 표준편차의 해석과 이용

☑ 학급에서 실시한 여러 가지 검사 적성 내의 분포 상태의 비교

표준편차가 득점이 흩어진 정도를 나타내는 것은 앞에서 설명한 바와 같다. 즉, 여러 가지 표준검사를 학급에서 실시한 경우, '수학의 성적은 산포도가 크지만 과학의 성적은 산포도가 작다.'와 같은 사실을 표준편차를 통해서 판단할 수 있다.

- $\sigma > 10$인 경우

  학급의 득점이 흩어진 정도는 표준의 흩어진 정도보다 큰 것이다. 즉, 산포도가 표준적인 정도보다 그 학급의 우열의 차가 현저하다.

- $\sigma = 10$인 경우

  학급의 득점의 산포도는 표준적인 정도에 비등하다.

- $\sigma < 10$인 경우

  학급의 득점의 산포도는 표준의 그것보다 작다. 즉, 그 학급에서는 표준적으로 흩어진 정도보다 우열의 차가 현저하지 않고, 같은 정도의 학생이 많다. 따라서 이와 같은 관계는 득점이 편차치로 나타나 있는 경우에 한해서 적용되는 것이다. 만약 교사가 작성한 검사에 의해서 각종 성적을 비교하고자 할 경우, 그것들의 표준편차의 대소 관계를 비교해서 어느 성적 쪽이 더욱 산포도가 큰가를 판단하지 않으면 안 된다. 이 경우, 100점 법으로 매긴 성적의 평균과 20점 법으로 매긴 평균을 비교하여 얻어진 해석이 의미 있는 것이 되지 못한다는 사실은 표준편차의 경우에도 그대로 적용된다.

☑ 동일한 검사를 차이 있는 집단에 실시했을 경우

가령 지능검사를 학교 전체에 걸쳐 실시했을 경우 학급의 표준편차와 학교

전체의 표준편차를 비교해 보는 것이 필요하다. 또 학급 상호 간의 표준편차를 비교해 보면 거기서 무엇인가 새로운 사실이 발견될 수도 있다.

✓ 두 집단 간의 평균치를 비교한다든지, 모집단의 평균치는 어느 정도인지를 추정한다든지, 기타 여러 가지 계산이나 검증을 해 가는 데 표준편차는 뺄 수 없는 것이다.

## (3) t검증

t검증은 모집단의 분포가 아닌 정규분포이며 종속변수가 양적변수일 경우, 평균 혹은 집단 간 비교를 위하여 사용하는 통계적 방법이다. t검증은 단일표본 t검증, 두 독립표본 t검증, 두 종속표본 t검증 등으로 나누어진다.

단일표본 t검증은 모집단의 분산을 알지 못할 때 모집단에서 추출된 표본의 평균과 연구자가 이론적 배경이나 경험적 배경에 의하여 설정한 특정한 수를 비교하는 방법이다. 예를 들어, 초등학생의 과학탐구 능력을 증진하기 위하여 새로운 학습방법을 개발하고 나서 모집단인 서울 초등학교 3학년 학생 중에서 30명을 추출하여 새로운 교수법으로 가르친 후 그 학생들의 과학탐구 점수가 80점인지 아닌지를 검증하고자 할 때 사용한다.

두 독립표본 t검증은 두 표본이 추출된 모집단이 서로 독립적일 때, 두 집단의 평균이 같은지를 비교하기 위해 사용하는 통계적 방법이다. 예를 들어, 성별에 따른 고등학생들의 도덕성에 대한 차이 연구와 같은 두 집단 간 비교연구에 독립표본 t검증이 사용된다.

두 종속표본 t검증은 두 집단이 독립적이지 않을 경우, 두 집단의 종속변수에 대한 차이 연구를 위하여 사용하는 통계적 방법이다. 예를 들어, 사전검사를 실시한 후 어떠한 처치를 가하고, 처치 효과가 있는지를 검증하기 위하여 사후검사를 실시하였을 때, 사전검사 자료와 사후검사 자료는 동일한 연구 대상에게 검사를 두 번 실시하여 얻은 자료이기 때문에 서로 독립적이지 않으며 종속되어 있다. 이런 경우의 자료를 '짝지어진 자료(matched pair data)'라고도 한다.

예시 1

📝 **주제 : 단계적인 점증부하 줄넘기 프로그램이 중학교 비만 학생의 기초체력에 미치는 영향[6]**

기초체력 변화의 평균 기록을 분석한 결과, 근력 및 유연성, 평형성의 증가는 일반적인 성장의 결과로 보이나 순발력, 민첩성, 전신지구력의 기록은 단계적 점증부하 줄넘기 운동의 효과로 기록의 향상을 보였다. 기초체력의 변화는 〈표 5-8〉과 같이 나타났으며, 사전·사후 비만도 및 기초체력 t-test 결과는 〈표 5-9〉와 같이 나타났다.

**〈표 5-8〉 분기별 평균 기초체력 변화표**

| 체력 요소 \ 시기 | 사전평가 | 1/4분기 | 2/4분기 | 3/4분기 | 4/4분기 | 사전-4/4 |
|---|---|---|---|---|---|---|
| 근력(벤치프레스) | 12.34회 | 12.87 | 13.43 | 14.37 | 13.21 | +0.87 |
| 순발력 (제자리멀리뛰기) | 164.15cm | 168.15 | 173.09 | 178.56 | 183.78 | +19.63 |
| 민첩성(왕복달리기) | 21.73초 | 21.40 | 21.16 | 20.84 | 20.18 | -1.55 |
| 유연성(체전굴) | -3.03cm | -1.15 | -0.18 | 1.25 | 2.25 | +5.28 |
| 평형성(스틱테스트) | 4.23초 | 5.07 | 6.08 | 6.07 | 6.22 | +1.99 |
| 전신지구력 (800m 달리기) | 268.75초 | 263.50 | 261.71 | 258.96 | 255.78 | -22 |

**〈표 5-9〉 사전·사후 비만도 및 기초체력 t-test 결과**

| 측정 요소 | 전 후 | 평 균 | 표준편차 | 표준오차 | t점수 | 비 고 |
|---|---|---|---|---|---|---|
| 비만도(표준 체중) | 사전 | 46.97 | 10.61 | 1.88 | 5.40 | $p < .05$ |
| | 사후 | 34.28 | 8.00 | 1.41 | | |
| 근력(벤치프레스) | 사전 | 12.34 | 8.00 | 1.41 | -0.46 | $p > .05$ |
| | 사후 | 13.21 | 7.34 | 1.30 | | |

---

6) 조성환(2000). 제44회 전국현장교육 연구대회. 도덕·윤리교육분과, 1등급.

| | | | | | | |
|---|---|---|---|---|---|---|
| 순발력<br>(제자리멀리뛰기) | 사전 | 164.15 | 18.52 | 3.27 | −4.50 | p<.05 |
| | 사후 | 183.78 | 16.31 | 2.88 | | |
| 민첩성(왕복달리기) | 사전 | 21.73 | 1.88 | 0.33 | 4.00 | p<.05 |
| | 사후 | 20.18 | 1.12 | 0.20 | | |
| 유연성(체전굴) | 사전 | −3.03 | 8.14 | 1.44 | −2.74 | p>.05 |
| | 사후 | 2.25 | 7.25 | 1.28 | | |
| 평형성(스틱테스트) | 사전 | 4.23 | 2.65 | 0.47 | −3.20 | p<.05 |
| | 사후 | 6.22 | 2.31 | 0.41 | | |
| 전신지구력<br>(800m 달리기) | 사전 | 268.75 | 31.20 | 5.52 | 1.81 | p<.05 |
| | 사후 | 255.78 | 25.72 | 4.55 | | |

〈표 5-9〉에 의하면 비만도의 경우 t점수가 5.40으로 줄넘기 운동의 사후 결과가 p<.05의 수준에서 의미 있게 나타났으며, 순발력을 측정한 제자리멀리뛰기도 t점수가 −4.50으로 p<.05의 유의성이, 민첩성도 4.00으로 p<.05의 수준에서 유의미한 결과가 나타났다. 평형성과 전신지구력 측정에서는 −3.20과 1.81로 나타나 줄넘기 운동의 효과로 체력이 향상되었음을 알 수 있었다. 그러나 근력의 효과와 유연성의 효과는 나타나지 않았다.

( 예시 2 )

☑ 주제 : 대화적 상호작용 3단계 강화 프로그램 적용을 통한 쓰기 능력 신장 방안[7]

● 쓰기 능력 향상

1. 대화학급과 독백학급의 쓰기 능력 비교

　　'대화적 상호작용 3단계 강화 프로그램'이 쓰기 능력의 신장에 도움을 주었는지 판단하기 위해 3월 학년 초와 12월 학년 말에 학생들의 텍스트를 통해 척도안에 의거하여 대화학급과 독백학급의 쓰기 능력을 평가하였다. 평가 및 연구 결과의 공정성을 위해 평가는 본교 본 연구자를 제외한 국어 교사에게 의뢰하였다. 그 결과는 다음과 같다.

---

7) 한철희(2002). 제46회 전국현장교육 연구대회. 국어교육분과, 1등급.

## 1) 사전검사 결과 분석

**〈표 5-10〉 사전검사 결과**

| 평가 항목 | 대상 학급 | N | M | SD | t | p |
|---|---|---|---|---|---|---|
| 내용 | 대화학급 | 43 | 2.00 | .654 | .321 | .750 |
| | 독백학급 | 43 | 1.95 | .653 | | |
| 구성 | 대화학급 | 43 | 1.58 | .698 | .000 | 1.000 |
| | 독백학급 | 43 | 1.58 | .698 | | |
| 개성 | 대화학급 | 43 | 1.53 | .667 | -.487 | .628 |
| | 독백학급 | 43 | 1.60 | .728 | | |
| 문장 구조·규범 | 대화학급 | 43 | 1.81 | .663 | -.147 | .884 |
| | 독백학급 | 43 | 1.84 | .652 | | |
| 어휘 선택 | 대화학급 | 43 | 1.93 | .736 | .424 | .673 |
| | 독백학급 | 43 | 1.86 | .675 | | |
| 총 점 | 대화학급 | 43 | 1.77 | .485 | .042 | 6.966 |
| | 독백학급 | 43 | 1.77 | .505 | | |

대화학급과 독백학급의 쓰기 능력에 대한 사전 평가 결과는 〈표 5-10〉에서 보는 것과 같이 나타났다. 내용 측면에서 대화학급의 평균은 2.00, 독백학급의 평균은 1.95로 대화학급이 0.05 높은 것으로 나타났으나, t값이 .321로 유의차가 없는 것으로 나타났다. 구성 측면은 대화학급과 독백학급 모두 평균이 1.58로 나타나 유의차가 없음을 알 수 있다. 개성 측면은 대화학급의 평균은 1.53, 독백학급의 평균은 1.60으로 독백학급이 대화학급보다 0.07 높은 것으로 나타났으나, t값이 .628로 유의차가 없는 것으로 나타났다. 문장 구조 및 규범 측면에서 대화학급의 평균은 1.81, 독백학급의 평균은 1.84로 독백학급이 대화학급보다 0.03 높은 것으로 나타났으나 t값이 .884로 유의차가 없는 것으로 나타났다. 어휘 선택 측면에서 대화학급의 평균은 1.93, 독백학급의 평균은 1.86으로 대화학급이 독백학급보다 0.07 높은 것으로 나타났으나, t값이 .424로 유의차가 없는 것으로 나타났다. 이와 같이 대화학급과 독백학급의 사전 쓰기 능력은 비슷한 것으로 나타났다.

쓰기 활동의 결과인 텍스트는 독자와 분리되어 있는 객관적인 존재

가 아니다. 담화 공동체와의 끊임없는 대화를 통해 거절과 수용, 조정
과정을 거친 결과물이다. 그러므로 일방적인 창작으로서의 고립된 작
품을 생산하는 쓰기 활동은 담화 공동체의 공감을 얻을 수 없는 공허
한 작품이 되거나 더 나아가 무의미한 글자의 나열이 될 위험이 있다.
독자를 의식하고 독자와 활발한 대화를 통한 쓰기 활동으로의 안내는
학생들로 하여금 생명력 있는 글을 쓸 수 있도록 도와줄 것이다.

### 2) 사후검사 결과 분석

〈표 5-11〉 대화적 상호작용 3단계 강화 프로그램 적용 결과 검증

| 평가 항목 | 대상 학급 | N | M | SD | t | p |
|---|---|---|---|---|---|---|
| 내용 | 대화학급 | 43 | 2.70 | .802 | 2.622 | .012* |
| | 독백학급 | 43 | 2.17 | .732 | | |
| 구성 | 대화학급 | 43 | 2.42 | .731 | 3.774 | .000*** |
| | 독백학급 | 43 | 1.78 | .840 | | |
| 개성 | 대화학급 | 43 | 2.26 | .789 | 3.474 | .001* |
| | 독백학급 | 43 | 1.70 | .703 | | |
| 문장 구조·규범 | 대화학급 | 43 | 2.37 | .724 | .550 | .585 |
| | 독백학급 | 43 | 2.30 | .766 | | |
| 어휘 선택 | 대화학급 | 43 | 2.44 | .700 | 1.198 | .238 |
| | 독백학급 | 43 | 2.23 | .868 | | |
| 총점 | 대화학급 | 43 | 2.45 | .437 | 3.401 | .001* |
| | 독백학급 | 43 | 2.03 | .580 | | |

(*** $p > .001$, * $p > .05$)

대화학급과 독백학급의 쓰기 능력에 대한 사후 평가 결과는 〈표 5-11〉
에서와 같이 나타났다. 내용 측면에서 대화학급의 평균은 2.70, 독백
학급의 평균은 2.17이며, t값이 2.622로 .05 수준에서 유의차가 있는
것으로 나타났다.

구성 측면은 대화학급과 독백학급의 평균은 각각 2.42와 1.78로 t값
이 3.774로 나타나 .001 수준에서 유의차가 있음을 알 수 있다. 개성
측면은 대화학급의 평균은 2.26, 독백학급의 평균은 1.70이며, t값이
3.474로 .05 수준에서 유의차가 있는 것으로 나타났다. 문장 구조 및

규범 측면에서 대화학급의 평균은 2.37, 독백학급의 평균은 2.30으로 대화학급이 독백학급보다 0.07 높은 것으로 나타났으나, t값이 .550으로 유의차가 없는 것으로 나타났다. 어휘 선택 측면에서 대화학급의 평균은 2.44, 독백학급의 평균은 2.23으로 대화학급이 독백학급보다 0.21 높게 나타났으나, t값이 1.198로 유의차가 없는 것으로 나타났다. 총점으로 보면 대화학급의 평균이 2.45, 독백학급의 평균이 2.03으로 대화학급이 독백학급보다 0.42 높으며, t값이 3.401로 .001 수준에서 전체적인 쓰기 능력이 신장되었음을 알 수 있다.

'대화적 상호작용 3단계 강화 프로그램'의 적용은 그동안 폐쇄된 공간에서 독백적이고 일방적인 쓰기 교육만을 받던 학생들에게 구체적이고 실존적인 독자를 제시해 주고, 대화주의 패러다임을 적용하여 내용의 창안에서부터 고쳐 쓰기까지 전 과정을 독자와의 상호작용 과정에서 쓰기 활동을 가능하게 할 수 있도록 안내하였다. 그 결과 쓰는 목적에 맞게 적절한 정보와 세부적 내용을 사용하는 '내용'적 측면의 능력이 향상되었으며, 앞의 내용과 뒤의 내용이 논리적으로 연결되도록 하는 '구성'적 측면의 능력도 월등히 향상되었다. 또한 작가 자신의 뚜렷한 목소리를 글에 담을 수 있고, 독자를 사로잡을 수 있는 '개성'적 측면의 능력이 향상되어 전체적인 쓰기 능력이 향상되었음을 알 수 있다.

$$\boxed{\text{예시 3}}$$

✏️ **주제: 성 가치 명료화 성교육 프로그램 구안·적용을 통한 초등학생 성 의식 함양**[8]

● **프로그램 실시 후 성 가치 명료화에 대한 이해 수준**

성 가치 명료화 프로그램을 실시한 후에 실험집단 학생과 비교집단 학생의 성 가치 명료화 정도를 살펴본 결과는 〈표 5-12〉와 같다. 성 가치 명료화 프로그램을 실시한 후에 성 가치 명료화 정도를 살펴보면, 평균이 실험집단 3.61, 비교집단 3.24로, 성 가치 명료화 프로그램을 실시한 학생이 그렇

---

8) 백영미(2002). 제46회 전국현장교육 연구대회. 생활지도분과, 1등급.

지 않은 학생보다 성 가치 명료화 정도가 높았으며, 통계적으로도 유의미한 차이를 보였다(t = 4.94, p<.001). 따라서 성 가치 명료화 프로그램은 학생들의 성 가치 명료화 신장에 영향을 미침을 알 수 있다.

〈표 5-12〉 성 가치 명료화 프로그램 실시 후의 성 가치 명료화

| 구 분 | 연구반(N=40) | | 비교반(N=40) | | t | p |
|---|---|---|---|---|---|---|
| | M | SD | M | SD | | |
| 성 가치 명료화 | 3.61 | 0.31 | 3.24 | 0.36 | 4.94 | .000 |

(*** p<.001)

## (4) $\chi^2$검증

CR이나 t검증방법은 모집단의 분포가 정규적이어야 하고, 한 번에 하나의 통계치나 통계치의 차이밖에 다룰 수 없으므로 제약을 받을 수 있다. 모수치의 분포를 제시하지 않아도 이 $\chi^2$의 검증은 가능하다. 주로 빈도를 통계학적으로 의미 있는 수준에서 해석해 보려고 할 때 많이 사용된다. 그러므로 '빈도 비교법'이라고도 불리며, $\chi^2$을 '카이자승법'이라고 읽는다.

$\chi^2$이 사용되는 경우는 여러 가지가 있으나 현장에서 많이 쓰이고 초보적인 것(균등기대 가능성, 유관표)의 예를 〈표 5-13〉에 제시하고자 한다.

〈표 5-13〉 가정학습의 정도(예)

| 구분 \ 정도 | O | E | O−E | (O−E)² | (O−E)²/E | $\chi^2$ |
|---|---|---|---|---|---|---|
| 매일 지도한다 | 20 | 25 | −5 | 25 | 1 | $\chi^2$=10 |
| 자주 지도한다 | 30 | 25 | +5 | 25 | 1 | df=3 |
| 가끔 지도한다 | 35 | 25 | +10 | 100 | 4 | p=.02 |
| 전혀 지도 안 한다 | 15 | 25 | −10 | 100 | 4 | |
| 계 | 100 | 100 | | 250 | 10 | |

* O: 소득 빈도(실험의 결과로 얻은 빈도)
* E: 이론 빈도(가설하에서 기대되는 빈도)

예시 1

📝 **주제: 초등교사가 요구하는 교사 다면평가 방안**[9]

'교사 다면평가에서 학부모가 교사를 평가하는 것에 대해 어떻게 생각하십니까?'라는 물음에 대한 응답의 분석 결과는 〈표 5-14〉와 같다.

〈표 5-14〉 학부모 평가의 필요성에 관한 인식

단위: 명(%)

| 구분 | | 합계 | 전혀 필요 없음 | 필요 없음 | 필요함 | 매우 필요함 | 집단 간의 차이 검증 |
|---|---|---|---|---|---|---|---|
| | | 472(100.0) | 126(26.7) | 226(47.9) | 119(25.2) | 1(0.2) | |
| 성별 | 남 | 136(100.0) | 34(25.0) | 66(48.5) | 36(26.5) | — | $\chi^2=0.747$ df=3 p=0.862 |
| | 여 | 336(100.0) | 92(27.4) | 160(47.6) | 83(24.7) | 1(0.3) | |
| 직위별 | 보직교사 | 119(100.0) | 32(26.9) | 61(51.3) | 26(21.8) | — | $\chi^2=1.438$ df=3 p=0.698 |
| | 교사 | 353(100.0) | 94(26.6) | 165(46.7) | 93(26.3) | 1(0.3) | |
| 교직경력별 | 5년 이하 | 123(100.0) | 30(24.4) | 65(52.8) | 28(22.8) | — | $\chi^2=16.790$ df=9 p=0.520 |
| | 6~10년 | 73(100.0) | 16(21.9) | 32(43.8) | 24(32.9) | 1(1.4) | |
| | 11~20년 | 157(100.0) | 37(23.6) | 75(47.8) | 45(28.7) | — | |
| | 21년 이상 | 119(100.0) | 43(36.1) | 54(45.4) | 22(18.5) | — | |

〈표 5-14〉에서 알 수 있듯이 전체적으로 74.6%의 높은 비율로 학부모 평가가 필요 없는 것으로 응답하였다. 대부분의 교사들이 학부모 평가가 필요하지 않다고 인식하는 것은 교육현장에서 교사와 함께 교육활동을 하지 않는 학부

---

9) 박승란(2004). 초등교사가 요구하는 교사 다면평가 방안. 인천대학교 교육대학원 석사학위 논문. p. 8.

모가 학생을 통해 간접적으로 교사를 평가하는 것에 대한 객관성과 공정성 및
신뢰도가 없기 때문이다. 학부모의 교사 평가로 인해 전인교육을 하는 교사의
전문성이 위축될 것이라는 의견이 제시되었다. 또한 학부모 평가가 이루어지
려면 교사들을 설득할 수 있는 공정하고 객관적이며 신뢰할 수 있는 평가 준거
에 대한 깊이 있는 연구가 선행되어야 함을 시사한다. 성별, 직위별, 교직 경력
별로 살펴보았을 때 통계적으로 유의미한 차이가 없는 것으로 나타났다.

( 예시 2 )

📝 주제 : 편지 쓰기를 통한 간접 상담이 심리적 갈등 해소에 미치는 영향[10]

● 개인 생활에 대한 반응 결과

　　아동들의 개인 생활에 대한 각자의 반응은 〈표 5-15〉와 같았다.

〈표 5-15〉 개인 생활에 대한 반응

| 구분　　　　반응 | 연구반 | | | | | 비교반 | | | | |
|---|---|---|---|---|---|---|---|---|---|---|
| | 1차 | | 2차 | | 변화율 | 1차 | | 2차 | | 변화율 |
| | N | % | N | % | (%) | N | % | N | % | (%) |
| 심리적 갈등이 없어 매우 만족한다. | — | 0.0 | 2 | 5 | +5 | 1 | 2.4 | — | — | −2.4 |
| 심리적 갈등이 있으나 만족한다. | 5 | 11.9 | 22 | 55 | +43.1 | 12 | 28.6 | 14 | 34.1 | +5.5 |
| 심리적 갈등이 많아 불만족스럽다. | 20 | 47.6 | 14 | 35 | −12.6 | 23 | 54.8 | 21 | 51.2 | −3.6 |
| 나 자신이 밉고 싫다. | 5 | 11.9 | 2 | 5 | −6.9 | 5 | 11.9 | 5 | 12.2 | +1.3 |
| 기 타 | 2 | 4.8 | — | — | −4.8 | 1 | 2.4 | 1 | 2.4 | 0.0 |

( $\chi^2$=11.7280  df=4  p<.05)

---

10) 강래현(2000). 제44회 전국현장교육 연구대회. 생활지도분과, 1등급.

〈표 5-15〉에서 '만족한다'의 변화율을 보면 연구반은 48.1%로 비교반의 5.5%보다 높은 증가를 보였다. 이것은 간접 상담이 개인 생활에 대하여 긍정적인 영향을 주었다고 볼 수 있다. 그러나 '나 자신이 밉고 싫다.'고 반응을 보인 아동은 연구반과 비교반 모두 5명으로 별다른 감소나 증가가 없었다. 이에 대해서는 교사의 새로운 접근과 대처가 필요한 것으로 보인다. 연구반과 비교반의 결과는 $p<.05$ 수준에서 유의차가 있다.

## (5) F검증

대표본이나 소표본에서 Z검증이나 t검증법은 표본의 통계치를 하나의 선정된 값과 비교하거나 두 표본의 통계치를 일대일로 비교하는 것이라는 점에서 공통된다. 하지만 보다 복잡한 연구에서는 불충분할 때가 있다. 여러 집단의 통계치를 한꺼번에 비교하는 것이 더욱 편리하고 합리적일 때가 있다. 여기서 필요한 것이 변량분석이다.

2개의 표본 평균치를 비교하려면, t검증을 하면 된다. 그러나 더 많은 수의 표본들의 평균치가 표준오차의 범위 이상으로 차이가 있으리라고 하는 가설을 검증하기 위해서는 t검증은 번거롭고, 해석이 어려울 뿐만 아니라 a수준을 조절할 수 없는 단점을 가지게 된다. 가령 5개 집단의 평균 차를 분석하는 데 t검증을 사용한다면 10번의 t검증을 해야 한다. 그러면 이들 중 어느 하나라도 유의미할 확률은 1%보다는 훨씬 더 높아지게 된다.

공변량 분석도 물론 2개 이상의 집단에서 사용되며, 특히 실험연구에서 많이 사용하는 검증방법이다. 즉, 실험집단의 조건이 동일하지 않은 경우에 적용되는 변량분석법이라고 할 수 있다. 예를 들면, 초등학교 6학년 사회과를 대상으로 모듈학습, 토의학습, 일제학습의 효과를 비교·연구하기로 했다. 실험은 현재 학급 그대로 여러 학급 중에서 3개 학급만 우선 선정하고, 한 학급에 한 가지 교사방법을 1학기 동안 실시하였다. 이 실험에서 검증하려는 가설은 '사후검사 성적에서 3개 실험반의 평균치 간의 의미 있는 차가 없을 것이다.'라고 하였다. 그러나 이 가설은

3학급의 사전검사 평균치가 같거나 허용되는 오차 범위 내에서 같은 경우에만 타당성을 갖는다. 만약 사전검사의 평균치 차이가 허용되는 오차 범위를 넘었을 경우, 즉 3개 학급 간의 사전검사 평균치 차이가 5% 이상의 수준에서 의미 있는 경우 3개 학급이 모두 의미 있는 차가 있는 상태에서 시작되었기 때문에 사후검사 결과의 변량분석은 의미 있는 정보를 주지 못하고 있다. 이러한 경우 변량분석의 적용은 적합하지 못하므로 공변량분석을 사용하여야 한다. 변량분석 및 공변량분석법은 산출 과정도 매우 복잡하므로 일일이 계산할 수 없다. 변량분석에는 일원, 이원, 다원 변량분석이 있으나, 기본이 되는 일원변량분석 결과를 표로 제시하여 해석 요령만 진술하기로 한다.

〈표 5-16〉 변량분석한 결과

| 구 분 | N | M | SD | 비 고 |
|---|---|---|---|---|
| 3-1반 | 60 | 96.8 | 12.0 | 비율계획<br>간헐강화 학급 |
| 3-2반 | 60 | 93.25 | 12.11 | 시간계획<br>간헐강화 학급 |
| 3-3반 | 60 | 79.0 | 21.15 | 비강화 학급 |

위의 성적을 변량분석한 결과는 〈표 5-17〉과 같다.

〈표 5-17〉 변량분석법

| 변산원 | 자승화 | df | 변량추정치 | F |
|---|---|---|---|---|
| 집단 간 | 3673.62 | 2 | 1836.81 | 9.64* |
| 집단 내 | 33535.04 | 176 | 190.54 | |
| 전체 | 37208.66 | 178 | | |

(*p<.01)

df(집단 간)=2, df(집단 내)=176일 때 p=.01 수준에서 유의하기 위하여 필요한 F값은 6.8이다. 즉, F=9.64로서 6.8보다 높으므로 1% 수준에서 학력의 차는 의미가 있다.

예시 1

📝 주제: LT 모형 협동학습의 적용이 사회과 학업 성취 및 태도 변화에 미치는 효과[11]

● 학습방법별, 성별 교사 관계 태도 사전검사

학습방법과 성별에 대한 교사와의 친밀도는 평균 점수의 비교로 많이 향상된 것으로 나타났다. 그러나 그 향상도가 유의한 것인지 조사하여야 한다. 이를 위해 먼저 사전검사 결과에 대한 이원변량 분석을 시도해 본 결과는 〈표 5-18〉과 같다. 이 표에 의하면 사전검사에서는 학습방법 및 성별, 주효과에서 유의도가 없는 것으로 나타났다. 사전검사에서 피검사자들은 차이가 없었으며, 비교적 교사들과의 친밀도 부분에 대한 반응이 비슷하였다.

〈표 5-18〉 학습방법, 성별 교사 관계 태도 이원변량 분석(사전검사)

| 변량원 | SS | DF | MS | F |
|---|---|---|---|---|
| 학습방법 | 69.837 | 1 | 69.837 | 2.816 |
| 성별 | 19.642 | 1 | 19.642 | .792 |
| 주 효과 | 89.479 | 2 | 47.402 | 1.912 |
| 오차 | 1041.216 | 42 | 24.786 | |
| 전체 | 1220.174 | 44 | 29.731 | |

● 학습방법별, 성별 교사 관계 태도 사후검사

그러나 사후검사에서 학생들의 교사와의 관계 태도 수준은 다르게 나타

11) 김동식(2001). 제45회 전국현장교육 연구대회. 국사·사회교육분과, 1등급.

낫다. 교사 관계 태도 사후검사에 대한 이원변량 분석 결과는 〈표 5-19〉와 같다. 표에서 볼 수 있듯이, 학습방법의 효과에 있어서는 p<.01 수준에서 유의미한 결과가 있는 것으로 나타났고, 주 효과에서는 p<.05에서 유의미한 차이가 있는 것으로 나타났다. 그러나 교사와의 관계에서 성별에 따른 효과는 유의도가 없는 것으로 나타났다. 즉, 교사 관계 사후검사에서 향상된 것으로 보이는 것은 학습방법에 따라서 향상된다는 것을 보여 주고 있고, 학생들의 성별에서는 그 차이를 찾을 수 없었다. 또한 교사 관계 태도의 향상도는 유의도가 있는 것으로 검증되었고, 긍정적이다. 따라서 협동학습을 하면 교사와 학생 간에 친밀도가 깊게 조성되며, 학업 태도 개선에 도움이 되었다고 본다.

〈표 5-19〉 학습방법별, 성별 교사 관계 태도 이원변량 분석(사후검사)

| 변량원 | SS | DF | MS | F |
|---|---|---|---|---|
| 학습방법 | 266.101 | 1 | 266.101 | 7.880 ** |
| 성별 | 17.127 | 1 | 17.127 | .505 |
| 주 효과 | 283.288 | 2 | 141.614 | 4.193 * |
| 오차 | 1418.376 | 42 | 33.771 | |
| 전체 | 1984.892 | 44 | 45.111 | |

(*p<.05, **p<.01)

〈가설 2〉에 대한 결론

지금까지 학습 태도에 대하여 사전검사와 사후검사를 통하여 평균 점수의 차이를 비교하였고, 이원변량 분석을 통하여 유의도 검증을 하였다. 대체로 사후검사에서 평균 점수가 향상되었고, 유의도 검정에서도 차이와 효과가 있는 것으로 나타났다. 먼저, 학습방법별 학습 태도 수준을 분석해 본 결과, LT 협동학습의 평균 점수가 63.5점에서 81.5점으로 18점이, 경쟁학습의 평균 점수가 61.6점에서 65.4점으로 3.8점이 각각 향상된 것으로 나타났다. 이는 학습 태도 사후검사 점수에서 협동학습이 경쟁학습보다 14.2점 더 높게 향상된 것으로 나타났다. 또한 학습방법별, 성별 학습 태도 수준의 전체 평균 차이를 분석한 결과에서도 경쟁학습보다 LT 협동학습이 사후검사에서 남학생은 66.2점에서 81.4점으로 15.2점이, 여학생은 63.5점에서 81.6점으로 18.1점이 각각 향상된 것으로 나타났다. 또한 학습방법이 학습 태도 수준에 미치는 효과는 통계적으로 유의도가 p<.05, p<.01과 p<.001에서 유의미하게 나타났다. 학습 태도 점수를 하위 요소별로 구분하여 학업 태도, 교우관계 태도, 교사 관계 태도별로 각각 학습방법 및 성별 이원변량 분석을 시행한 결과, 학습방법별(LT 협동학습, 경쟁학습)에 있어서는 일관되게 통계적으로 바람직하면서도 의미 있는 긍정적 효과가 있는 것으로 밝혀졌다. 그러나 성별(남녀)에 따른 유의미한 효과는 나타나지 않았다. 지금까지 통계적 분석 결과를 판단해 보면, 〈가설 2〉 '학습방법에 따라서 학습 태도 사후점수는 높게 나타날 것이다.'를 비롯하여 '2-1'과 '2-2'는 긍정적으로 입증되었다고 볼 수 있다. 이러한 결과에 의하면 학생들의 긍정적 자아개념, 자아존중감, 동료와 학교에 대한 호감 등을 높여 주며, 성공에 대해 동료들이 격려하고 북돋워 주는 분위기는 학습 동기를 유발하므로 좋은 수업기술이라고 한 것과 일치한다.

$\boxed{\text{예시 2}}$

### 📝 주제 : 초등교사가 요구하는 교사 다면평가 방안[12]

학부모 평가 요소로 교과지도, 생활지도, 특별활동 지도, 학급지도의 타당성을 묻는 질문에 대한 직위별 응답 및 분석 결과는 〈표 5-20〉과 같다.

〈표 5-20〉 학부모 평가 요소의 타당성 인식에 관한 교직 경력별 차이

| 구분 | 전체 (N=472) | | 경력 구분 | | | | | | | | 집단 간의 차이 검증 | |
|---|---|---|---|---|---|---|---|---|---|---|---|---|
| | | | 1~5년 (N=123) | | 6~10년 (N=73) | | 11~20년 (N=157) | | 21년 이상 (N=119) | | | |
| | M | SD | M | SD | M | SD | M | SD | M | SD | F | p |
| 교과지도(눈높이 수업, 자료, 과제 등) | 2.66 | 0.806 | 2.67 | 0.707 | 2.59 | 0.831 | 2.67 | 0.820 | 2.68 | 0.873 | 0.234 | 0.873 |
| 생활지도(관심도, 이해도, 친밀도 등) | 2.81 | 0.781 | 2.76 | 0.747 | 2.77 | 0.858 | 2.84 | 0.738 | 2.83 | 0.827 | 0.323 | 0.809 |
| 특별활동 지도 | 2.42 | 0.745 | 2.34 | 0.663 | 2.32 | 0.743 | 2.48 | 0.764 | 2.50 | 0.791 | 1.765 | 0.153 |
| 학급경영 | 2.65 | 0.809 | 2.57 | 0.758 | 2.56 | 0.799 | 2.73 | 0.821 | 2.67 | 0.845 | 1.194 | 0.312 |

---

12) 박승란(2004). 초등교사가 요구하는 교사 다면평가 방안. 인천대학교 교육대학원 석사학위논문.

〈표 5-20〉에서 보는 바와 같이 교사들이 중요하게 인식하고 있는 학부모 평가 요소는 생활지도(M=2.81), 교과지도(M=2.66), 학급경영(M=2.65) 항목 순으로 나타났다. 학부모 평가 요소의 적절성을 알아보기 위한 질문에는 전 항목에 걸쳐 M=3 이하로 나타났으며, 이는 학부모 평가에 대한 부정적인 인식의 영향이 크다고 할 수 있다. 교과지도, 생활지도, 특별활동 지도, 학급경영에 관한 학부모 평가 요소는 교직 경력별로 살펴볼 때 통계적으로 유의미한 차이가 없는 것으로 나타났다.

## (6) 적률상관계수

### ① 상관도의 뜻

어떠한 두 현상 간의 공존 혹은 공변의 정도를 하나의 수치로 나타낸 것 또는 한 측정치에서 다른 측정치를 예언할 때 예언의 정확도를 수치로 나타낸 것을 상관계수 또는 상관도라 한다. 상관계수를 산출하는 방법 중 가장 중요한 것은 스피어먼의 p(Spearman's rho)와 피어슨(Pearson)의 적률상관계수다. 일반적으로 적률상관계수를 많이 사용한다.

### ② 상관계수의 이용

- 상관계수는 인과관계나 공통 요인을 발견하려는 연구에서 많이 사용된다.
- 상관계수는 한 변수(독립변수)에 의해서 다른 변수(종속변수)를 예언하려는 예언적인 연구에서 많이 사용된다.
- 상관계수가 많이 사용되는 분야는 교육평가 또는 심리검사의 신뢰도와 타당도 검증을 위한 연구다.

### ③ 상관계수의 해석

상관계수는 두 변인이 공변하는 방향과 정도를 표시한다. 즉, 상관계수의 부호

가 +이면 X가 늘어나는 데 따라 Y도 늘어난다는 뜻이며, 부호가 −이면 X가 늘어
나면 Y는 줄어든다는 뜻이다. 그리고 상관계수치가 크면 클수록 XY의 상관이 확
실하고 강하다는 것도 알 수 있다. 물론 한 상관계수가 나오면 그 상관이 어떠한
기준에 비추어 높다거나 낮다고 말할 수 없다. 그러나 일반적으로 언어적인 해석
을 할 수 있다.

$$\boxed{\text{예시 1}}$$

✏ **주제 : 학교장의 지도성, 의사결정의 질 결정 요인 및 조직 효과성 간의 관계 연구** [13]

  학교장의 지도성, 의사결정의 질 결정 요인, 조직 효과성 간의 상관관계를
알아보기 위하여 변수 전체의 단순상관계수를 산출하였다.

〈표 5-21〉 세 변수 간의 상관관계

| 변 수 | 지도성 | 의사결정 | 조직 효과성 |
|---|---|---|---|
| 지도성 | 1.000 | | |
| 의사결정 | .830*** | 1.000 | |
| 조직 효과성 | .571*** | .577*** | 1.000 |

(* p<.05, **p<.01, ***p<.001)

  지도성 요인, 의사결정의 질 결정 요인, 조직 효과성 간의 관계는 통계적 의
의가 있는 것으로 나타났다. 지도성과 의사결정의 질 결정 요인은 r = .830으
로 높은 상관 수준을 보였다. 지도성과 조직 효과성과의 상관관계는 r = .571
의 확실한 상관을 보였으며, 의사결정의 질 결정 요인과 조직 효과성과의 관계
도 r = .577로 상관관계가 확실한 것으로 나타났다.

---

13) 조평호(1998). 학교장의 지도성, 의사결정의 질 결정 요인 및 조직 효과성 간의 관계 연구.
   인하대학교 대학원 교육학 박사학위논문. p. 8.

〈표 5-22〉 하위 변수 간 상관관계

| 변수별 | | 거래적 지도성 | 변혁적 지도성 | 의사 결정자 | 구성원 참여 | 의사 소통 | 직무 만족 | 조직 헌신 | 직무 성과 |
|---|---|---|---|---|---|---|---|---|---|
| 지도성 | 거래적 | 1.000 | | | | | | | |
| | 변혁적 | .593*** | 1.000 | | | | | | |
| 의사결정 | 의사 결정자 | .583*** | .874*** | 1.000 | | | | | |
| | 구성원 참여 | .542*** | .768*** | .784*** | 1.000 | | | | |
| | 의사 소통 | .505*** | .712*** | .709*** | .768*** | 1.000 | | | |
| 조직 효과 | 직무 만족 | .495*** | .599*** | .594*** | .615*** | .647*** | 1.000 | | |
| | 조직 헌신 | .445*** | .519*** | .523*** | .488*** | .502** | .672** | 1.000 | |
| | 직무 성과 | .103*** | .115*** | .137*** | .041 | .034 | .158*** | .261** | 1.000 |

(* p<.05, **p<.01, ***p<.001)

(1) 학교장의 지도성과 의사결정의 질 결정 요인과의 상관관계

　　학교장의 지도성 변수를 거래적 지도성과 변혁적 지도성으로 나누어 두 변수와 의사결정의 질 결정 요인 간의 상관관계를 살펴보면 다음과 같다. 두 변수는 모두 통계적 의의가 있는 것으로 나타났다. 거래적 지도성과 의사결정자 변수와의 상관관계는 r = .583으로 나타났고, 구성원 참여 변수와는 r = .542로 나타났으며, 의사소통 변수와는 r = .505로 모두 확실한 상관이 있는 것으로 나타났다. 변혁적 지도성과 의사결정의 질 결정 요인 간의 관계는 의사결정자 변수는 r = .874이며, 구성원 참여 변수와는 r = .768로 나타났고 의사소통 변수와는 r = .712로 높은 상관을 나타냈다. 이를 통하여 보면 거래적 지도성 변수보다는 변혁적 지도성 변수가 의사결정의 질 결정 변수에 더 높은 상관을 가지고 있다. 이와 같이 지도성의 하위 변수인 거래적 지도성과 변혁적 지도성이 의사결정의 질 결정

변수와 높은 상관을 보이고 있음은 교사들이 두 변수에 대해 높게 지각하고 있기 때문으로 보인다.

### (2) 학교장의 지도성과 조직 효과성 간의 상관관계

변혁적 지도성과 조직 효과성 변수인 직무 만족, 조직 헌신, 직무 성과는 모두 통계적 의의가 있었다. 이들의 상관계수는 직무 만족은 r = .599, 조직 헌신은 r = .519로 확실한 상관이 있는 것으로 나타났고, 직무 성과는 r = .115로 상관이 거의 없는 것으로 나타났다.

거래적 지도성도 직무 만족과 조직 헌신, 직무 성과 세 변수 모두 통계적 의의가 있는 것으로 나타났다. 이들의 상관계수는 직무 만족이 r = .495, 조직 헌신은 r = .445로 확실한 상관관계가 있는 것으로 나타났다. 그러나 직무 성과는 r = .103으로 거의 상관이 없는 것으로 나타났다.

이상에서 살펴본 바에 의하면 변혁적 지도성이 거래적 지도성보다 직무 만족, 조직 헌신, 직무 성과에 있어 더 높은 상관을 나타냈다. 이는 학교장의 솔선수범하는 행동 특성이 교사들에게 영향을 주고 있으며, 학교장의 교사의 업무 성과에 대한 높은 관심 때문이라 생각된다. 이러한 결과는 변혁적 지도성이 거래적 지도성보다 조직 효과성에 더 밀접한 관계가 있다고 볼 수 있다.

## (7) 정의적 측면의 검증 및 평가

현장교육 연구에서 정의적인 측면을 검증 및 평가의 영역으로 끌어안는 것은 대단히 좋은 현상이며 마땅히 그래야 한다. 지금까지의 예를 살펴보면 대부분의 연구 보고서에는 수치를 주로 한 통계적 방법을 많이 사용하고 있다. 그러나 연구를 추진하다 보면 통계(수치)로 측정할 수 있는 부분도 있지만 때로는 측정할 수 없는 부분도 있다. 이 측정하기 곤란한 부분이 정의적 측면이다. 이 정의적인 측면을 수치로 나타낸 것은 어디까지나 간접적인 측정이다. 그러므로 정의적인 측면을 측정하는 데는 면접, 관찰, 자기보고, 누가 기록, 작품 분석법 등이 있는데 이것은 측정 대상과 내용에 따라 다소 차이가 있다.

학교에서 학생들의 정의적 특성을 측정·평가하는 일은 측정·평가의 기본 입장이 어떠하며, 또 구체적으로 정의적 특성이 무엇인가에 대한 시각에 따라 크게 달라질 수 있다. 특히, 정의적 특성과 다른 특성을 구별하는 것이 근원적으로 불가능하다. 거의 모든 행동은 개인의 지적·정의적·심동적 측면 모두에 의해 지배받는다. 지적 능력을 평가한다는 것이 단지 지적인 것만이 학생의 성취에 영향을 준다는 것을 의미하는 것은 아니다. 또한 정의적 특성을 측정한다고 할 때 학생의 반응에 있어서 지적 능력이 부재하다는 것을 의미하지도 않는다. 정의적 특성에 대한 측정이나 평가방법은 아직 많은 문제점을 가지고 있으며, 또한 현장교육 연구에서 이를 활용하는 데도 많은 어려움이 있다.

## 참고문헌

● **참고 서적**

교육대학교 교직과 교재편찬위원회(1970). 신판교육연구. 서울: 교육출판사.

교육인적자원부(2004). 초등학교 교사용 지도서(4-1).

교육인적자원부(2001). 수준별 교육과정 편성·운영의 실제.

김달배(1979). 국민학교 교사의 생활 가치관에 관한 분석적 연구. 한국의 교육 13집.

김재은(1971). 교육심리·사회연구방법. 서울: 배영사.

김종서(1991). 교육연구의 방법. 서울: 배영사.

노종희(1997). 교육행정학. 서울: 문음사.

노종희, 한만길(1982). 교원현직교육의 발전 방향과 과제. 한국교육개발원.

백용덕(1978). 국민학교 인구교육에서의 발견방법과 설명방법의 효과에 관한 실험연구.
　　　　문교부: 인구교육중앙본부.

이윤식(1999). 장학론. 서울: 교육과학사.

이정용(1980). 현장교육 연구 추진의 효율화. 서울: 관악출판사.

이종성(1996). 교육연구의 설계와 자료 분석. 서울: 교학연구사.

이종승(1984). 교육연구법. 서울: 배영사.

이찬기(1985). 현장교육 진행과정의 탐색. 서울: 신학사.

이철기(1979). 현장교육 연구 추진과정의 탐색. 교육연구총서, 12. 서울: 문종서관.

이철기(1985). 현장연구 진행과정의 탐색. 서울: 신학사.

정동화, 이현복, 최현섭(1991). 국어과 교육론. 서울: 선일문화사.

조주호, 지창호, 심원기(1987). 현장교육 연구논문 작성 요령. 서울: 한국교육출판사.

중앙교육연수원(1988). 21세기를 향한 한국의 교육개혁 주요 내용. 서울: 극동문화사.

진보영(1979). 현장연구의 이론과 실제. 서울: 문종서관.

진보영(1977). 현장교육 연구법. 서울: 배영사.

최지운(1979). 문헌연구의 이론과 실제. 서울: 문종서관.

허경철(1989). 현장교육 연구. 서울: 배영사.

● **현장교육 연구 보고서**

강래현(2000). 편지 쓰기를 통한 간접 상담이 심리적 갈등 해소에 미치는 영향. 제44회 전국현장교육 연구대회. 생활지도분과, 1등급.

강혁희(2001). 동학년 중심 자율연수 team 구성·운영을 통한 연수 효과 증진 방안. 제45회 전국현장교육 연구대회. 교육행정분과, 1등급.

구복호(1995). 능력별 분습 지도를 통한 철봉 운동의 기능 신장방안. 제43회 전국현장교육 연구대회. 체육교육분과, 1등급.

구영석(1996). 수학적 사고력과 문제해결력 신장 방안(TV 교육방송 프로그램의 재구성 활용을 중심으로). 제40회 전국현장교육 연구대회. 수학교육분과, 1등급.

김경아(2003). PBL 프로그램 구안·적용을 통한 창의력 신장 방안. 제47회 전국현장교육 연구대회. 과학교육분과, 1등급.

김동식(2001). LT 모형 협동학습의 적용이 사회과 학업 성취 및 태도 변화에 미치는 효과. 제45회 전국현장교육 연구대회. 국사·사회교육분과, 1등급.

김백원(2002). 어린이 안전 교육을 위한 초등학교 교사의 학교 관련 학생 사고 판례집 분석 활용. 제46회 전국현장교육 연구대회. 교육행정분과, 1등급.

김숙희(2002). 장단 짓기 소집단 협동학습을 통한 전통음악의 창의적 표현능력 신장. 제46회 전국현장교육 연구대회. 음악교육분과, 1등급.

김영인(2003). 문제해결 시나리오 온라인 토론활동을 통한 도덕적 가치 판단력 신장. 제47회 전국현장교육 연구대회. 도덕·윤리교육분과, 1등급.

김영희(1986). 창의성 신장을 위한 발상법 훈련에 관한 실천연구. 제30회 전국현장교육 연구대회. 주제분과, 1등급.

김유영(1992). 환경보호 정신의 내면화를 위한 자연보호 교재화와 실천방안. 제36회 전국현장교육 연구대회. 특수영역분과, 1등급.

김재동(1995). 농현의 단계적 지도를 통한 시김새 표현능력 신장. 제41회 전국현장교육 연구대회. 음악교육분과, 1등급.

김응균(2003). 담화 유형별 ICT 활용요소 적용을 통한 의사표현 능력 신장 방안. 제47회 전국현장교육 연구대회. 국어교육분과, 1등급.

김응균(2002). 행위 지향의 문학적 의사소통 활동을 통한 창의적 텍스트 수용 능력 신장 방안. 제46회 전국현장교육 연구대회. 국어교육분과, 1등급.

김춘현(2000). 유형별 정치 분석 프로그램 적용을 통한 건전한 정치의식 함양. 제44회 전국현장교육 연구대회. 사회교육분과, 1등급.

박남례(1994). 다양한 신체 표현 활동을 통한 전통음악 언어 형성. 제40회 전국현장교육 연구대회. 음악교육분과, 1등급.

박덕순(2002). 교감의 임상장학을 통한 초임교사의 반성적 교수 능력 신장 방안. 제46회 전국현장교육 연구대회. 교육행정분과, 1등급.

박숙희(2003). 체중 조절행위 예방 프로그램 구안·적용을 통한 여고생의 자기효능감 증진 방안. 제47회 전국현장교육 연구대회. 생활지도분과, 1등급.

박숭순(2000). 대중매체 자료 활용을 통한 쓰기 구성력 신장 방안. 제44회 전국현장교육 연구대회. 국어교육분과, 1등급.

박현호(2003). 채팅 도우미 프로그램 구안·적용을 통한 한글 파괴 현상 감소 방안. 제47회 전국현장교육 연구대회. 국어교육분과, 1등급.

백영미, 전남숙(2002). 성 가치 명료화 성교육 프로그램 구안·적용을 통한 초등학생 성 의식 함양. 제46회 전국현장교육 연구대회. 생활지도분과, 1등급.

변문식(2003). 웹 기반 디베이트 학습을 통한 고급 사고력 신장 방안. 제47회 전국현장교육 연구대회. 사회교육분과, 1등급.

서정순(1984). 국민학교 여교감의 직무행동과 애로점 분석 연구. 제28회 전국현장교육 연구대회. 교육행정분과, 1등급.

서정식(1999). 집단 괴롭힘의 실태 분석과 그 요인별 상황별 지도 방안. 제43회 전국현장교육 연구대회. 생활지도분과, 1등급.

서형신(1984). 현대미술 감상 자료의 구안·적용을 통한 사고력과 판단력 신장 방안. 제28회 전국현장교육 연구대회. 미술교육분과, 1등급.

서형신(2001). 만화자료 구안·적용을 통한 주제 표현력 신장 방안. 제45회 전국현장교육 연구대회. 미술교육분과, 1등급.

손수진(2000). 수평적 사고 기법 훈련·적용을 통한 크로키 완성 활동이 논리적 논술 능력 신장에 미치는 영향. 제44회 전국현장교육 연구대회. 국어교육분과, 1등급.

신건수(2003). 다의적 개념의 장단 체험학습을 통한 전통음악의 창의적 표현 능력 신장. 제47회 전국현장교육 연구대회. 음악교육분과, 1등급.

신연옥(2003). 실생활 중심의 프로젝트 학습을 통한 영어 의사소통 능력 신장 방안. 제47회 전국현장교육 연구대회. 영어교육분과, 1등급.

오정숙(2002). 삼죽 아이들과 편지 교환 등의 북한 이해 프로그램 구안·적용을 통한 북한 어린이들과 더불어 사는 마음 갖기. 제46회 전국현장교육 연구대회. 도덕·윤리교육분과, 1등급.

원은숙(2004). 창작 Domain Project 활용을 통한 음악성 신장 방안. 제48회 전국현장교육 연구대회. 음악교육분과, 1등급.

원향숙(2002). 행위상자 프로그램 구안·적용을 통한 독서 감상 능력의 신장 방안. 제46회 전국현장교육 연구대회. 국어교육분과, 1등급.

유기환(2001). 교내 Network 망을 이용한 초임교사와 협력교사 간의 동료장학을 통한 교수–학습 능력 향상 방안. 제45회 전국현장교육 연구대회. 교육행정분과, 1등급.

유복현(2003). Problem Posing 활동 중심의 수준별 놀이학습을 통한 수학 기본학습 능력 신장 방안. 제47회 전국현장교육 연구대회. 수학교육분과, 1등급.

유현정(2003). 몰입 경험 프로그램을 통한 중학생의 삶의 질 신장 방안. 제47회 전국현장교육 연구대회. 생활지도분과, 1등급.

윤석화(2003). 라반의 Effort Action 활용수업을 통한 무용 의도별 표현력 신장 방안. 제47회 전국현장교육 연구대회. 체육교육분과, 1등급.

윤치원(2002). 심화·보충형 수준별 웹사이트 개발·적용을 통한 과학적 태도 및 탐구 능력. 제46회 전국현장교육 연구대회. 과학교육분과, 1등급.

이동규(2000). 야생화 탐사반의 운영이 보존 가치의 내면화에 미치는 영향. 제44회 전국현장교육 연구대회. 특별활동분과, 1등급.

이병삼(2003). 사회과 수준별 교수·학습 활동이 학습 능력에 미치는 영향. 제47회 전국현장교육 연구대회. 국사·사회교육분과, 1등급.

이용길(2004). 드라마 활용 및 광고 텍스트를 활용한 창의적인 국어 표현 능력 신장. 제48회 전국현장교육 연구대회. 국어교육분과, 1등급.

이은혜(2002). 육자배기조 민요 체험학습을 통한 전통음악 어법의 이해력 신장. 제46회 전국현장교육 연구대회. 음악교육분과, 1등급.

이이석(2001). 실생활 탐구놀이 한마당 학습이 아동의 탐구 능력에 미치는 효과. 제45회 전국현장교육 연구대회. 과학교육분과, 1등급.

이정식(2000). 유형별 정치 분석 프로그램 적용을 통한 건전한 정치의식 함양. 제44회 전국현장교육 연구대회. 도덕·윤리교육분과, 1등급.

이홍식(1992). 다치적 사고에 의한 언어 습관 형성이 올바른 의미 전달에 미치는 효과. 제36회 전국현장교육 연구대회. 국어교육분과, 1등급.

임철순(1997). 도서지구 소규모 초등학교 기능직의 업무 조정을 통한 효율적인 사무 처리 방안. 제41회 전국현장교육 연구대회. 교육행정분과, 1등급.

임춘제(2002). 내 고장 자율탐구 활동을 통한 사고력 신장. 제46회 전국현장교육 연구대회. 국사·사회교육분과, 1등급.

임혜정(2003). Process based writing과 Speech의 연계를 통한 영어 표현 능력 신장 방

안. 제47회 전국현장교육 연구대회. 영어교육분과, 1등급.

장금순(2002). 문제해결 보고서 작성 활용을 통한 논리적 사고력 신장. 제46회 전국현장교육 연구대회. 수학교육분과, 1등급.

장인선(2002). 인천 삼대 문화원 현장 체험 전략을 통한 역사적 사고력 신장. 제46회 전국현장교육 연구대회. 국사·사회교육분과, 1등급.

정미애(2003). 인터넷 윤리 교육 프로그램 구안·적용을 통한 자아개념 형성 및 자기 성숙도 신장. 제47회 전국현장교육 연구대회. 도덕·윤리교육분과, 1등급.

정복순(2001). 도덕적 문제 상황에 대한 체험학습을 통한 가치판단력 신장. 제45회 전국현장교육 연구대회. 도덕·윤리교육분과, 1등급.

정재현(1999). 마이크로 티칭기법 적용을 통한 수업기술 향상 및 직무 만족도 조사. 제43회 전국현장교육 연구대회. 교육행정분과, 1등급.

조성환(2000). 단계적인 점증부하 줄넘기 프로그램이 중학교 비만 학생의 기초 체력에 미치는 영향. 제44회 전국현장교육 연구대회. 도덕·윤리교육분과, 1등급.

조은숙(2002). 창의학습 프로그램의 단계적 개발·적용을 통한 과학 탐구 능력 신장 방안. 제46회 전국현장교육 연구대회. 과학교육분과, 1등급.

조주호(1982). 학습 상황과 학습 결과에 대한 교사의 간헐 강화가 학습 성취에 미치는 영향. 제25회 전국현장교육 연구대회. 학습지도분과, 1등급.

최미숙(2003). 단계적 변형 동화 짓기 프로그램 구안·적용을 통한 창의적 쓰기 능력 신장. 제47회 전국현장교육 연구대회. 국어교육분과, 1등급.

최영선(2002). 가족사와 연계된 음악자료의 활용이 바람직한 현대사 인식 태도 함양에 미치는 영향. 제46회 전국현장교육 연구대회. 국사·사회교육분과, 1등급.

최왕림(2003). 변용적 봉사 체험활동 프로그램 구안·적용을 통한 공동체 의식 함양 방안. 제47회 전국현장교육 연구대회. 특별활동분과, 1등급.

한양선(2002). 매체 활용 학습 프로그램을 통한 시 쓰기 능력 신장 방안. 제46회 전국현장교육 연구대회. 국어교육분과, 1등급.

한철희(2002). 대화적 상호작용 3단계 강화 프로그램 적용을 통한 쓰기 능력 신장 방안. 제46회 전국현장교육 연구대회. 국어교육분과, 1등급.

홍성근(2001). 식물과의 상호교류 활동이 과학적 태도에 미치는 효과. 제45회 전국현장교육 연구대회. 과학교육분과, 1등급.

황병희(1994). 민속조의 리듬 및 가락 짓기를 통한 전통음악의 창의적 표현 능력 신장. 제40회 전국현장교육 연구대회. 음악교육분과, 1등급.

● 석사 · 박사 학위논문

강영진(1997). 중등교원 자격연수 개선을 위한 연구. 인하대학교 교육대학원 석사학위
    논문.

강혁희(1999). 일반 연수의 교육 효과에 대한 교원들의 인식 및 요구분석 연구. 인하대
    학교 교육대학원 석사학위논문.

강형순(1994). 육자배기조 민요의 장단과 선율을 이용한 창작지도 방안 연구. 한국교원
    대학교 대학원 석사학위논문.

김정주(2001). 육자배기 토리민요의 단소 연주 지도 방안. 한국교원대학교 대학원 석사
    학위논문.

김한규(1994). 교원의 전문성 향상을 위한 교원연수제도에 관한 연구. 경희대학교 교육
    대학원 석사학위논문.

박승란(2004). 초등교사가 요구하는 교사 다면평가 방안. 인천대학교 교육대학원 석사
    학위논문.

변규선(1995). 교원들의 현직연수에 대한 기대와 효과 분석. 창원대학교 교육대학원 석
    사학위논문.

송용자(1994). 개념수업모형을 통한 민속악 장단 지도. 연세대학교 교육대학원 석사학
    위논문.

유선옥(1992). 장단과 붙임새를 이용한 국민학교 고학년의 국악 창작 지도 방안. 연세대
    학교 교육대학원 석사학위논문.

이동재(1993). 한국민요의 음계에 따른 가락 지도의 단계 연구. 한국교원대학교 대학원
    석사학위논문.

조묘구(2001). 남도 민요 가창 지도 연구－육자배기 토리를 중심으로. 한국교원대학교
    대학원 석사학위논문.

조평호(1998). 학교장의 지도성, 의사결정의 질 결정 요인 및 조직 효과성 간의 관계 연
    구. 인하대학교 대학원 박사학위논문.

최순옥(1994). 교원 현직교육에 대한 교사들의 기대. 이화여자대학교 교육대학원 석사
    학위논문.

한윤희(2000). 장단의 개념 및 지도 단계에 관한 연구. 한국교원대학교 대학원 석사학위
    논문.

# 찾아보기

## 인 명

노종희  137

백용덕  188

서정화  139

이윤식  137, 138
이종승  26
이철기  339

조평호  376

## 내 용

t검증  74

가능성  18
가설  19, 20, 216, 232
가설의 도출  55
가치판단력  105, 108, 255
간헐강화  61
감각적 체험  203
개발 자료  275
객관도  353
객관성  15
검증 내용  224
검증 및 평가  216
검증도구  216, 338
검증성  15
결과의 해석  220
결론  286

결론 도출  232
경험적 근거  19
경험형 현장연구  34
계량성  15
공동 연구  50
공변량 분석  370
과학적인 탐구 활동  26
교육 혁명  30
교육연구  32
교육적 가치  29
귀납적 이론  26
기술  27
기술에 관한 문제  16
기술적 기능  113
기술통계  354

내용 타당도  350

## 저자 소개

### 조주호

인천사범학교 졸업
서울교육대학교 졸업
인하대학교 대학원 졸업(교육행정학 전공 석·박사)
전 인천시 교육과학연구원 교육연구관
　　경인교육대학교 부설초등학교 교장
　　인천시 강화교육청 교육장
　　인천대학교 겸임교수
현 경인교육대학교 출강
　　인천대학교 교육대학원 출강

〈주요 저서〉
　『신교육행정론』(2009, 참글사)
　『현장교육연구 논문 작성 요령』(공저, 1987, 한국교육출판사) 외 다수


### 이윤식

서울대학교 교육학과 졸업
미국 위스콘신 대학교 대학원 졸업(교육행정학 전공 석·박사)
전 한국교육개발원 교원교육연구부장
　　한국교원교육학회 회장
　　인천대학교 교무처장, 도서관장, 사범대학장
　　인천시 교육정책자문위원회 회장
현 인천대학교 교육대학원 원장
　　한국교육자선교회 부회장

〈주요 저서〉
　『장학론』(1999, 교육과학사)
　『학교경영과 자율장학』(2001, 교육과학사) 외 다수

# 현장교육 연구
## -이론과 실제-

2012년 2월  1일 1판 1쇄 인쇄
2012년 2월 10일 1판 1쇄 발행

지은이 • 조주호 · 이윤식
펴낸이 • 김진환
펴낸곳 • (주)학지사
　　　　　　121-837 서울특별시 마포구 서교동 352-29 마인드월드빌딩 5층
대표전화 • 02)330-5114　　　　팩스 • 02)324-2345
등록번호 • 제313-2006-000265호

홈페이지 • http://www.hakjisa.co.kr
커뮤니티 • http://cafe.naver.com/hakjisa

ISBN 978-89-6330-814-2　93370

정가 18,000원

인터넷 학술논문 원문 서비스 **뉴논문** www.newnonmun.com